新考・近衛文麿論

「悲劇の宰相、最後の公家」の戦争責任と和平工作

太田　茂　著

芙蓉書房出版

はじめに

近衛文麿は、日中戦争の間、三度にわたって首相を務めた。盧溝橋事件発生時の首相だった近衛は、日中戦争の拡大を阻止できなかった。三国同盟を締結し、南部仏印進駐を行うなどの誤った国策を進め、日米開戦への道を阻止できず、決断力に欠けていたなどと厳しく批判されてきた。他方、近衛は、盧溝橋事件発生以来、水面下で蔣介石との和平を模索し、日米開戦前は、開戦を阻止するための日米諒解案交渉に心血を注いだ。日米開戦以降も、特に戦争末期において、実弟の水谷川忠麿やブレーンであった中山優らを指示して密かに「何世禎工作」など蔣介石との和平工作を試みた。また、実弟であった指揮者近衛秀麿に、命の危険を冒してまでアメリカとの和平工作に取り組ませた。しかし、これらの和平工作は遂に実らなかった。

近衛文麿ほど、今日もその毀誉褒貶が激しく、その評価が定まっていない人物は珍しい。本書では、是々非々の立場で、「悲劇の宰相、最後の公家」という視点から、近衛文麿を論じた。

私は、本書と同時に、『日中和平工作秘史—繆斌(みょうひん)工作は真実だった』を芙蓉書房出版から公刊した。同書では、日中・太平洋戦争の間、試みられた中国やアメリカなど連合国との和平工作を詳しく論じた。とりわけ、今日も論争に決着がついていない繆斌工作について、それが真実であったことを、私の三四年間にわたる検事としての犯罪捜査の経験を踏まえ、「情況証拠を総合した事実認定」の方法によって論証した。これらの工作は、いずれも成功しなかったが、その原因は、軍部や政府のインテリジェンスの絶望的なお粗末さにあった。本書では、近衛が試みた和平工作とそれが成功しなかった原因について詳細に論じるが、それらは、前掲書で論じた様々な和平工作が失敗したことと多くの面で共通している。

また、本書では、陸軍と海軍の和平工作とその責任について論じた。一般に、陸軍では強硬論、和平反対論が主流であり、海軍は早期から和平工作を試みていたとの理解が少なくない。しかし、戦争末期の和平工作において、海軍は、重慶の蔣介石やアメリカを相手方とせず、延安の共産党やソ連のみを志向する誤りを犯したのに対し、陸軍では徹底抗戦の強硬論で知られた阿南惟幾陸相が密かに重慶・蔣介石との和平を強く求めていた。これまで余り知られていなかった事実だ。陸海軍による和平工作は、近衛が試みた水面下の和平工作と直接的には関係していない。しかし、戦争末期、時期をほぼ同じくして行われたものであり、近衛による和平工作の背景事情や、その実現可能性の面から、これを検討する意義は少なくない。

本書で論じる近衛らによる和平工作は、前掲の拙著とも密接に関連し、実質的に上巻・下巻の性質を持つ。読者の関心に応じて、両書を読んでいただければ幸いである。

私が、日中戦争史や和平工作史の分野に関心を持ったのは、『ゼロ戦特攻隊から刑事へ』(元読売新聞記者西嶋大美氏との共著)の執筆がきっかけだった。主人公の大舘(おおだち)和夫氏は、一六歳で予科練に入隊、国内での厳しい訓練を経て、台湾沖航空戦で初出陣し、レイテ沖海戦にも参加した。海軍の特攻作戦開始まもなく、フィリピンのクラーク基地で特攻を「志願」した。初の特攻に成功した関行男大尉率いる敷島隊の出陣を見送った。氏は沖縄戦開始とともに、台湾の基地から七回、特攻の出撃をした。しかし、敵艦に遭遇せず、八月一五日、最後の特攻出撃直前に天皇陛下の玉音放送により出撃が中止され、奇跡的に生還した。多くの戦友は特攻戦死した。帰国した氏は、警視庁警察官となり、亡き戦友たちへの鎮魂の思いに支えられ、名刑事として活躍した。少年時代からの剣道の修行と指導に励み、九五歳になる今日も朝稽古を欠かすことがない。

氏は、一九四五年二月下旬、国内で特攻用のゼロ戦を調達し、鹿児島笠之原基地から台湾に帰還しようとしていたとき、「三笠宮の侍従」と称する高級武官から依頼を受け、「三笠宮」が搭乗する一式陸攻を護衛して上海に渡った。この記憶の真実性を検証するため、私達は多くの時間を費やし、それが真実だったとの確信に至った。三笠宮が上海に渡ったとすれば、その目的は、敗戦が迫る中で、日中の和平を念願していた三笠宮が、重慶の蔣介石との和平工作を試みることにあったのではないか、と考えられた。それらの調査の経緯や内容は、同書の付記『「三笠宮」上海行護衛飛行』で詳述した。二〇二二年八月に刊行された同書の増補新訂版に、その後の研究経過も記載した。同書は英語版『Memoirs of a Kamikaze』（チャールズ・E・タトル社）としても翻訳出版され、ニューヨークタイムズ紙で大きく報道されるなど、国内外に大きな反響を呼んだ。

本巻の執筆方針について、参考文献は、一括して末尾に掲載した。これは、約四〇〇点の多数に及ぶため、「A　日中戦争・太平洋戦争関連」「B　和平工作史関連（近衛文麿が関与したもの以外）」「C　近衛文麿関連」「D　陸軍関連」「E　海軍関連」「F　天皇・皇室関連」「G　外交官関連」「H　アメリカその他国際関連」「I　蔣介石・中国関連」「J　その他（全般）」の10グループに大別し、各グループ内での整理番号を付した。これらは相互に関連するものが多いが、読者が参考文献の検索がしやすいよう、主要なテーマや内容に応じた大まかな整理による。

本文中の具体的引用個所には、原則として文献名と著者名、及びこれらのグループ表示と整理番号のみを記載した。出版社名と出版年については参考文献一覧に記載した。

本文記載の根拠となる参考文献については、大きなまとまりの部分は冒頭に主な参考文献を列挙し、本文中の個別の記載部分の根拠となる参考文献については、当該部分の冒頭ないし末尾に参考文献書名と頁を表示した。

「　」で示す部分は、原文献の引用であるが、中略箇所は「……」で示した。引用部分が長文にわたる場合には、「要旨」として適宜要約して引用した。引用部分には、読みやすさのために一部現代文の表記に改め、内容的に問題がない限り、表現を多少要約した部分もある。引用部分の、現代語でない漢字や仮名遣いについて「ママ」は省略した。

脚注は、参照がしやすいよう、当該項目ごとに記載した。脚注によるまでもなく簡単な補充で足りる点については、当該文中に（※……）と挿入した。

年号については、原則的に西暦で表示した。「支那」「満州国」の国名や、今日用いられていない用語についても、参考文献記載の用語をそのまま用いた。

文中の敬称や敬語は、皇室関係も含めて、原則的に省略した。

新考・近衛文麿論――「悲劇の宰相、最後の公家」の戦争責任と和平工作　目次

第１章
近衛文麿の生い立ちなど

近衛文麿は、一八九一（明治二四）年、公爵近衛篤麿の長男として生まれた。近衛家の家祖は平安時代末期の藤原基実で、その先祖は大化の改新を進めた藤原鎌足に遡る。近衛家は一三〇〇年以上続く公家で、その中でも最高の家格をもつ五摂家の筆頭だった。

近衛篤麿は、貴族院議長や東亜同文会会長として活発に政治活動を行ったが、藩閥政府に批判的な立場を貫き、歴代内閣への入閣の誘いはすべて断った。また、華族が単に「皇室の藩屏」としての存在にとどまらず、政治や社会の広範な分野でその地位にふさわしい役割を果たす義務を負うべきとする「ノーブレス・オブリージュ」を自覚し、学習院院長として、華族の子弟が将来日本を支える政治家、外交官や軍人になるための教育に打ち込んだ。

篤麿は、日清戦争以降、中国の分割支配を進める西欧列強の動きに危機感を抱き、同文同種である日本と中国とがこれに対抗し、アジアの中心となってその独立と自由、繁栄を求めるアジア主義の思想を早くから抱いていた。そのため、アジア主義の巨頭である犬養毅や頭山満を始め

近衛文麿

とする多くの人々と連携してその政治・文化運動を推進した。篤麿は、様々なアジア主義の運動母体を糾合して東亜同文会を設立して会長に就任し、日中の青年の教育や研究機関として東亜同文書院を創立した*1。

＊1 篤麿の思想や功績については、池田維ほか『人物からたどる近代日中関係史』(A-19) 中の栗田尚弥「『興亜』と『文明』のあいだ―近衛篤麿を中心に」二五頁〜。

篤麿は、一九〇四（明治三七）年、わずか四二歳で死去した。政治活動に莫大な私財を投じ、借財も重ねたため、篤麿の死後、それまで篤麿を支持していた債権者らが掌を返したように取立てに押しかけた。そのとき玄関に端座して借金取りを追い返したのが頭山満だった。頭山は、革命に度々失敗し亡命した孫文を庇護し、玄洋社を率いて日本の志士や兵器を送って支援し、自他ともに認める中国革命の恩人であった。父を畏敬していた文麿は、この体験に加え、成人してから、実母だと思っていた貞子が実は継母であったことに衝撃を受け、これらが文麿に人間への不信を生涯植え付けることになったという。

文麿は、学習院高等科には行かず、新渡戸稲造の感化を受けて第一高等学校に進学し、東京帝国大学哲学科に進んだが、飽き足らず、京都帝国大学に転学した。京大では、マルクス経済学の河上肇の薫陶を受けて社会主義・共産主義思想に傾倒し、在学中にオスカー・ワイルドの『社会主義下における人間の魂』を翻訳公刊したが掲載雑誌は発禁処分となった。近衛は若いころから将来の政界を担う人材として嘱望されていたが、自身は政治家ではなく大学教授か哲学者になりたいとの願望を持っていたという。

しかし、五摂家筆頭の当主にそのような道は許されず、文麿は一九一六年、満二五歳で、公爵として世襲の貴族院議員となった。一九一八年には、著名な「英米本位の平和主義を排す」の論文を発表して内外から大きな注目を受けた。一九一九年には、パリ講和会議で全権西園寺公望に随行したが*2、日本が提案した人種的差別撤廃案が否決されたため、白人支配中心の世界への反感を強めた。一九三三年に貴族院議長に就任したが、満州事変以来の風雲急を告げる政治情勢の中で、最高の家柄、一八〇センチを超す堂々とした風貌、聡明、雄弁の文麿に対する政界や社会の期待は嫌が上にも高まった。同年、文麿を中心に、そのブレーン的な政策研究団体として、文麿の盟友後藤隆之助らが昭和研究会を創設し、右から左まで幅広い各界の英才人士が参加した。風見章や後にゾルゲ事件で逮捕される尾崎秀実もメンバーだった。一九三四年、文麿は、アメリカに長期訪問し、フランクリン・ルーズベルト大統領やコーデル・ハル国務長官を始めとして幅広い政財界の指導者らと会談した。文麿は、満州事変以来のアメリカの日本に対する反発や怒りの強さを実感する一方、アメリカの国の懐の深さ、活気に満ちた社会や経済力に感銘を受け、自分の単純な白人への反発に対する自省の念も生まれたものと思われる。後に、文麿は長男の文隆をアメリカに留学させることとなる。

＊2　文麿は、パリ講和会議の後、イギリスやアメリカを経由して帰国した。一九二〇年に『戦後欧米見聞録』（C-5）を公刊し、既に老大国であるイギリスに比べてアメリカの活気と隆盛への驚きとともに、黒人差別問題、排日気運の蔓延、アメリカ人の好戦的気分などの印象を語っていた。

文麿は、父篤麿の感化でアジア主義思想を根強く抱いており、父が創立した東亜同文会の会長や東亜同文書院長を長期に歴任し、中国にも数回赴いた。パリ講和会議出席の途上に立ち寄った上海では、孫文と対面し、意気投合していた。

近衛文麿の実質的な後見者だった元老西園寺公望やその私設秘書の男爵原田熊雄は、近衛の共産主義や、欧米に対抗するアジア主義思想への傾倒、議会主義の軽視を危惧していた。しかし、時代の流れは近衛への期待をますます高め、一九三七年六月、近衛は第三四代総理大臣となって第一次近衛内閣が成立した。しかし、成立間もない七月七日、盧溝橋事件が発生し、上海事変、南京占領へと日中戦争が泥沼化し、一九三八年一月一六日には、悪名高い「爾後国民政府を対手とせず」の第一次近衛声明を公にした。日中戦争は更に徐州作戦、武漢攻略作戦など拡大の一途をたどり、同年一二月、親日派の汪兆銘が重慶からハノイに脱出した。一九三九年一月五日、近衛内閣は総辞職した。その後平沼、阿部、米内各内閣を経て、一九四〇年七月二二日、第二次近衛内閣が成立した。その年九月二七日、日独伊三国軍事同盟が調印された。近衛を戴こうとする「政治新体制運動」が異常な高まりを見せ、結局これは大政翼賛会という竜頭蛇尾かつ不毛な組織の成立に終わった。

泥沼化した日中関係の解決のためにはアメリカとの交渉が不可欠となり、近衛は、一九四一年春から日米諒解案交渉に心血を注いだ。独自・特異な言動で内閣を混乱させ、アメリカからも敵視されて交渉の障害となっていた松岡外相を更迭するため、一九四一年七月一八日、第三次近衛内閣を成立させた。しかし、同月末の南部仏印進駐は、決定的に日米関係を悪化させ、近衛はルーズベルトとの直接交渉の道も探ったが実現しなかった。日米交渉を成功させるための鍵は、中国からの日本軍の撤兵であったが、近衛の懇請を東條英機陸軍大臣は拒絶し、万策尽きた近衛は、同年一〇月、内閣を総辞職させ、東條内閣成立に至った。

日米戦争中、近衛は、周囲の冷視の中で失意の日々を送った。敗戦が迫る中で、日中、日米の和平を模索し、さまざまな水面下の工作に取り組んだがいずれも功を奏しなかった。

敗戦後、近衛は戦犯に指名され、一九四五年一二月一六日未明、巣鴨への出頭の前に荻久保の私邸荻外荘において青酸カリで服毒自殺した。

第2章
近衛文麿の戦争責任

近衛文麿に対する評価、特にその戦争責任についての評価は、今日も定まっていない。近衛自身は、戦争を欲せず、開戦後も和平、戦争終結のために努力したが、軍部、特に陸軍に利用され、統帥権の壁に妨げられて遂に目的を果たせなかった悲劇の宰相である、との同情的な見方もある。

しかし、大方の評価は厳しい。盧溝橋事件勃発の際、出兵を決定して声明し、政・財・報道各界を始めとして国民に対中国強硬方針を煽り、日中戦争を泥沼化させた。「爾後国民政府を対手とせず」の第一次近衛声明で日中の和平の可能性を封じ、更に戦争を拡大させた。三国同盟の締結、南部仏印進駐で日米関係を決定的に悪化させ、開戦への道を開いた。公家の「長袖者流（※その長い衣服を着た人。公家・僧侶などを嘲る言葉）」で右にも左にもいい顔をし、議会主義を軽視し、ヒトラーの独裁にも傾倒し、得体の知れない大政翼賛会を作った。粘り強さがなく、行き詰れば無責任に政権を放棄した、などその評価は散々だ。

近衛は、服毒自殺する前夜、次のような遺書を残した。

「僕は支那事変以来多くの政治上過誤を犯した。之に対して深く責任を感じて居るが、所謂戦争犯罪人として米国の法廷において裁判を受けることは堪へ難い事である。殊に僕は支那事変に責任を感ずればこそ、此事変解決を最大の使命とした。そして此の解決の唯一の途は米国との諒解にありとの結論に達し、日米交渉に全力を尽したのである。その米国から今、犯罪人として指名を受ける事は誠に残念に思ふ。しかし、僕の志は、知る人ぞ知る。僕は米国に於てさへそこに多少の知己が存することを確信する。戦争に伴ふ昂奮と激情と勝てる者の行き過ぎた増長と敗れた者の過度の卑屈と故意の中傷と誤解に本づく流言蜚語と是等一切の所謂輿論なるものも、いつかは冷静を取り戻し、正常に復する時も来よう。是時始めて神の法廷に於て正義の判決が下されよう」

この遺書に対する評価も様々であり、近衛の自己弁護に過ぎないとの厳しい批判もある。政治家の責任は客観的な「結果責任」である。「私にそんなつもりはなかった」「私は努力したがだめだった」との弁解は通用しない。たとえ意図したことに反する結果を招いたとしても、その政策の責任を担う立場にあったのなら、政治家はその政治責任を免れない。その意味で、近衛に対する厳しい評価は基本的に正しいというべきだろう。

しかし、そのような厳しい評価で近衛を「断罪」し、切って捨ててしまえば、近衛文麿論はそれで終わりであり、論じる意味は薄い。これらの戦争の過程で近衛が主観的にどのように考え、どのように行動したか、近衛が意図した結果が実らなかったとすれば、それを妨げた制度的な制約、組織や人々の力学がどのように働いたのか、悲劇を避けるために、現実に、近衛が採ることが可能な方策はあったのか、もしあったのなら近衛はなぜそれを採らなかったのか、あるいは採れなかったのか、などを詳細に分析することが重要であろう。また、この激動の時代に三度も首相を務め、悲劇的な最期を遂げた「近衛」という存在自体が興味の尽きない人間の歴史、ドラマであるといえよう。

以下に、近衛の戦争責任に関する批判の主な論点を中心に、このような観点から検討してみたい。

近衛の戦争責任について、大別して、まず、第一次内閣時代（一九三七年七月〜一九三九年一月）では次のような問題が挙げられる。

①盧溝橋事件勃発の際、事変拡大を防ぐことはできなかったのか？

②上海事変から南京占領までの事変拡大を防ぐことはできなかったのか？

③トラウトマン工作を成功させることはできなかったのか？

④なぜ、「国民政府を対手とせず」の第一次近衛声明を出してしまったのか？

⑤汪兆銘政権を傀儡化せず育成強化して和平に導くことはなぜできなかったのか

次に、第二次・第三次近衛内閣時代（一九四〇年七月〜一九四一年一〇月）では次のような問題が挙げられよう。

⑥なぜ得体の知れない大政翼賛会を作ってしまったのか？

⑦なぜ日独伊三国軍事同盟を締結してしまったのか？

⑧なぜ南進策を決定して日米関係を決定的に悪化させてしまったのか？

近衛が取り組んだ日米諒解案交渉がなぜ成功しなかったのかもこの時期の問題であるが、これについては、第３章で論じる。

近衛は、右から左まで極めて幅広い人脈を持ち、多くの人々や組織がそれぞれの思惑から近衛を担いだ。その中で、近衛のブレーンとなった昭和研究会、またその主要メンバーで、第一次内閣の書記官長となった風見章、ゾルゲ事件で死刑となった尾崎秀実の存在は重要であり、彼らと近衛の関係の真相がどのようなものであったかは大きな問題だ。これらについては、本項では必要な範囲で触れるに留め、第４章で詳述したい。

1　盧溝橋事件の拡大を防ぐことはできなかったのか？

盧溝橋事件勃発の際の内閣の派兵決定声明と政財界、報道界への働きかけが、国民の暴支膺懲論を煽り、陸軍の拡大派を勢いづけることになったのは事実だ。また、その後の戦線拡大を近衛内閣が阻止できなかったのも事実だ。しかし、その客観的な政治責任は別として、当時、近衛がこれらの事態悪化を避けるため、現実にどのような方策があったか、それが実際に可能であったか、の判断は単純ではない。それには、①盧溝橋事件は現地解決が可能な一過性の事件に過ぎなかったのか、②拡大を真に煽ったのは一体誰だったのか、③内閣がその動きを抑えることが現実的に可能だったのか、などの視点が重要だ。

事件前は日中衝突が一触即発の状況だった

盧溝橋事件はいわば起こるべくして起こった事件だった。その布石として、高まる抗日運動による日本軍人や居留民に対する攻撃の頻発があった＊1。一九三七年五月下旬から各地で反日行為が加速され、邦人に対する暴力や放火事件、日本人警察官に対する連行拘置、抗日ビラの散布、旅館への日本人宿泊の拒絶、などが頻発していた＊2。

＊1　今井武夫によれば、一九三七年に入ってから、立て続けに邦人の拉致暴行事件、日本軍用電線の切断事件、領事館警察官六名の監禁事件、日本人小学生への投石暴行事件などが発生し、抗日団体は華北だけで六〇余に上ったという。六月一日には、国民政府から、従来自由飛行ができていた満州航空会社系の恵通公司に華北への飛行禁止命令が出され、同月四日には天津の日本軍用無線台撤去の申入れがなされるなど、国民政府の抗日姿勢が顕著となっていた。それらの背景には、綏遠事件の敗北によって、日本軍の正体は棒ではなく麻殻に過ぎず、中国はもはや日本の恫喝や脅迫には屈しない、という考えが広まったことにもあるという

（今井武夫『支那事変の回想』（Ｂ－13）二一頁〜）。

＊２ 第一次近衛内閣の書記官長風見章は、就任前年の一九三六年八月から翌年一月まで中国を旅行し、上海や南京の日本の宿には日本人の来訪者がほとんど無くなっていたことなど反日感情の激しさを見聞した（『風見章日記・関係資料』（Ｃ－47）二頁〜）。このことは、盧溝橋事件発生の際の風見書記官長の初動対応に少なからぬ影響を与えたと思われ、第４章で詳述する。

五月中旬から、国民党の中央軍は税警団の名の下に山東省に進出し、日本側に強い圧迫を加え始めた。これは蔣介石の軍事顧問だったドイツのファルケンハウゼンの献策によったという。青島の大鷹正次郎総領事は、六月六日、現在の情勢では日本の勢力は一歩一歩後退を余儀なくさせられるので、毅然たる方針が必要だと上申した。米大使ジョンソンは、税警団派遣を知ると、日中衝突の危険性は強化されたと判断し、「（日中の軍事衝突の）可能性は間違いなく存在する。……河北省における事故は重大な紛争をもたらす確率が極めて高い」と本国に打電した（児島襄『日中戦争３』（Ａ－21）三六一頁）。これらは、盧溝橋事件が一過性の偶発的局地事件にとどまるものではなかったことを示唆する。以下は、主に、秦郁彦『日中戦争史』（Ａ－17）、河野収編集『近代日本戦争史　第三編　満州事変・支那事変』（Ａ－22）、今井武夫『支那事変の回想』（Ｂ－13）、池田純久『日本の曲り角』（Ｄ－24）、『風見章日記・関係資料』（Ｃ－47）、戸部良一『ピース・フィーラー』（Ｂ－２）、『軍務局長武藤章回想録』（Ｄ－９）、『河辺虎四郎回想録』（Ｄ－16）、堀場一雄『支那事変戦争指導史』（Ｄ－15）などによる。

事件の勃発が泥沼化する日中戦争の引き金となった

一九三七年七月七日夜　北平郊外の盧溝橋で、夜間演習のため豊台を出発し、盧溝橋の北方約一〇〇〇メートルにある竜王廟に向かっていた第三大隊（隊長一木清直少佐）の第八中隊（隊長清水節郎大尉）に対し、突然竜王廟方向から数発の射撃がなされ、事件が勃発した。これが、八月上旬には上海事変に飛び火し、泥沼化した日中戦争の引き金となった。

盧溝橋事件勃発以降の戦争拡大の原因は、陸軍参謀本部では停戦に努め戦線の拡大を防ごうとしたにもかかわらず、近衛を筆頭とする内閣がそれを煽ったためだとの指摘や評価が少なくない。しかし、実情はそのように単純ではなかった。

当初は現地も陸軍中央も不拡大方針で動いていた

八日朝、事件発生の報を知った陸軍中央や外務省は、現地で解決可能な局地的事件と見て事態を静観することとした。ただ、現地軍からの報告で必ずしも直ちに事態の終息を思わせるものがなかったので、午後六時四二分、とりあえず参謀総長から支那駐屯軍司令官に対し、「事件の拡大を防止するため更に進んで兵力を行使することを避くべし」との電命を与えるとともに、「今のところ支那駐屯軍の所信に任せるが、不幸にして内地より出兵を要することになっても、極力平津地方の局地事件として収拾したい」などの方針を決定した。

夕刻から、現地の松井太久郎特務機関長と日本大使館付武官の今井武夫は、華北を守る国民革命軍第二九軍副軍長の秦徳純、同軍第三七師長・河北省政府主席の馮治安らと交渉を開始し、天津の司令部でも支那駐屯軍橋本群参謀長と天津市長・第三八師長の張自忠が会談を始めた。橋本参謀長は当初から交渉による解決に努めようとした。このように、事件勃発当初は、現地も陸軍中央も、局地的事件として解決しようと考えていた。

八日早暁、日本軍の迫撃砲が火を吹くなど現地では不穏な状況が続いていたが、九日午前二時、ようやく、①双方の射撃停止、②日本軍は豊台に、中国軍は永定河右岸に撤退、などの協議が成立し、両軍に停戦命令が発せられた。しかし停戦命令は徹底せず、午前五時ころ、中国軍が射撃をしたり、午前七時五〇分には、苑平県城内の保安隊と日本軍が衝突するなどの小規模紛争が頻発した。午後に入って中国軍は撤退を開始し、日本軍も午後三時四〇分ころ、ようやく豊台に撤退した。夕刻には現地両軍幹部の間でシャンパンを酌み交わすなどの落ち着きも見られたという。

九日、午前八時半からの臨時閣議で、杉山陸相が事態悪化に備えて内地三個師団の派遣を要請したが、時期尚早として見送られ、①事変の原因は中国側の不法行為にある、②事件不拡大、③中国側の反省による事態の円満な収拾を希望、④中国側の反省がなく危険が切迫した時は適宜の措置をとる、の四項目が申し合わされた。夕刻、参謀次長から現地司令官に対し、①支那軍の盧溝橋付近永定河左岸駐屯の停止、②将来に関する所要の保証、③直接責任者の処罰、④謝罪の四項目を示して速やかに現地交渉を妥結させるよう指示した。

マスコミでは、八日午後〇時四〇分のニュースで第一報がなされた。九日の各紙報道はおおむね平静で、東京朝日は不拡大論を採ったが、中外商業は早くも強硬論を打ち出した。

拡大派と不拡大派。圧倒的だった拡大派

七月八日朝、事件の報が陸軍中央にもたらされたとき、陸軍省軍務課長柴山兼四郎が参謀本部第二（戦争指導）課長河辺虎四郎大佐に発した第一声は「厄介なことが起こったな」であったのに対し、参謀本部第三（作戦）課長武藤章大佐の第一声は「愉快なことが起こったね」だった（戸部良一『ピース・フィーラー』（B-2）一六頁）。

参謀本部では、第一部長の石原莞爾、第一部付の秩父宮雍仁少佐、第一部第二課（戦争指導）の河辺虎四郎大佐、堀場一雄少佐、今田新太郎少佐らは、不拡

石原莞爾

大を強く主張した。しかし、第一部第三課（作戦・編制・動員）課長の武藤章大佐、編制課員の服部卓四郎大尉、第二部支那課の課長永津佐比重大佐、支那班長高橋但中佐らは一撃強硬論で、鋭く対立した。作戦課と支那課が中心の拡大派の勢力は不拡大派の戦争指導課を大きく上回っていた*3。

武藤は、不拡大を強く主張する直属上司の石原莞爾と激しく対立した*4。同年九月に石原左遷後の後任の第一部長となった戦史部長下村定も拡大論だった。陸軍省では軍務局軍事課長の田中新一大佐が拡大派、軍務課長の柴山兼四郎、軍事課高級課員の稲田正純中佐らが不拡大派だった。武藤は八日に田中新一軍事課長と懇談し、「北支に兵力を増派して、状況によっては機を失せず一撃を加える。これによってのみ時局の収拾ができる……取り敢えず内地三ケ師団と飛行十八中隊を骨幹とする兵力を派遣すべきである」とまで具体的内容について意見を一致させていた。

当時、陸軍省と参謀本部で最も実力があった武藤と田中の二人が拡大論でがっちりと手を握っていたのであり、この意味は非常に大きいというべきだろう*5。しかし、日中戦争では拡大論で一致した二人だったが、後に日米開戦が迫った時、開戦論の田中と非開戦論の武藤が激しく対立することになったのは皮肉だ。

関東軍*6は強硬で、八日早朝には早くも一撃論の結論を出していた。当時東條英機参謀長が最も強硬で、富永恭次参謀副長*7も追従し、八日早朝の幕僚会議で冀察への一撃論を唱え、中央部に関東軍の即時の待機態勢を電報した上、今村均参謀副長*8、田中隆吉中佐*9、辻政信大尉を次々華北に派遣して事変拡大を煽った*10。現地では、支那駐屯軍の橋本群参謀長、河辺正三旅団長、池田純久作戦参謀*11と、大使館付陸軍武官補佐の今井武夫が不拡大派で停戦協定の成立に努力した。しかし、情報参謀の和知鷹二中佐と専田盛寿少佐らが拡大派であり、中央部や関東軍の強硬派と連絡をとりあいながら事変拡大を画策していた。牟田口連隊長は強気で独断的行動が目立った*12。

＊3　近代外交史研究会編『変動期の日本外交と軍事』（A-11）所収の高橋久志「日華事変をめぐる軍事・外交戦略の分裂と錯誤」（一一六頁～）によれば、当時の閑院宮参謀総長は象徴的存在、参謀次長の今井清中将は病臥中。参謀本部の圧倒的多数は暴支膺懲論や対支一撃論に凝り固まっていた。強硬論の武藤章課長の作戦課は二一名、永津佐比重課長の支那課は八名に対し、事件不拡大、現地解決方針の戦争指導課は河邊虎四郎課長、高嶋辰彦中佐、今田新太郎中佐、堀場一雄少佐のわずか四名であり、作戦部長石原莞爾とともに、強硬派からの下剋上で孤立状態にあったという。

＊4　武藤の部下だった井本熊男の回想（『軍務局長武藤章回想録』（D-9）九六頁～）によれば、石原に同調する不拡大勢力は著しく弱く、省部の主脳およびほとんど全部の幕僚は石原に反対だったという。また、出先軍の大勢も支那膺懲思想で、支那派遣軍司令部の幕僚には拡大派が多く、関東軍は東條参謀長以下拡大思想が極めて強く、朝鮮軍司令官小磯國昭大将も同様だった。武藤の部下だった今岡豊の証言（同一〇六頁～）によれば、石原の部長室で、石原と武藤が「君がやめるか、私がやめるかどっちかだ」などと怒鳴り合う声が廊下まで聞こえたという。盧溝橋事件に先立つ、綏遠事件の発生当時の一九三六年一一月、参謀本部戦争指導課長の石原が満州に飛び、関東軍参謀連と対峙し、関東軍の露骨な内蒙政策を謀略だと非難した時、第二課長武藤は、「これは驚きました。私たちは石原さんが、満州事変の時、やられたものを模範としてやっているのです。あなたからお叱りを受けようとは思っておらなかったことです」と反論し、参謀連の哄笑に石原は一言もなかったという（筒井清忠『昭和史講義　軍人編』（A-2）一〇五頁）。

＊5　同盟通信の松本重治は、一九四〇年七月一六日米内内閣が総辞職して近衛に大命降下し、第二次近衛内閣の組閣後しばらくたったある日、国策研究会の矢次一夫から武藤陸軍軍務局長を紹介され、料亭で会うと、いきなり矢次が「松本君、この人が日本政府だよ」と武藤を指していったのには驚いたと回想する（松本重治『近衛時代（下）』（C-8）五〇頁）。武藤は、大命降下前、自ら近衛に面談して大命拝受を要請した。当時の

武藤の軍部での実力や驕り、政界への影響力の強さを示している。

＊6　一九〇〇年の義和団の乱後、北京・天津の居留民保護等を目的として清国との条約により駐屯が認められていた支那駐屯軍（司令部は天津）は、設置当初は僅か約二〇〇〇名程度であり、一九三六年五月には約六〇〇〇人に増強されていた。しかし、当時、関東軍は四個師団及び独立守備隊五個大隊を有する大規模軍であり（一九四一年には一四個師団に増強）、支那駐屯軍は関東軍よりずっと小規模だった。華北自治・分離工作を進めようとする関東軍と、無用な進出をすべきでないとする支那駐屯軍の橋本参謀長らとの間には根強い対立があった。現地軍より圧倒的に規模の大きな関東軍が強硬な拡大論だったことは重要だ。

＊7　富永恭次は、北部仏印進駐の暴走や、東條英機の腹心として陸軍次官を務めたころの振舞いなどで批判が強い軍人だった。

＊8　今村均は、人格能力とも極めて優れた軍人だった（保阪正康『陸軍良識派の研究』（D‐37）一〇七頁～など）。満州事変のときには作戦課長で張学良政権との交渉を優先し、関東軍の現地行動を押さえようとした。皇道派の荒木旋風により。省部の中枢から離れ、戦地指導者として日中太平洋戦争を迎えた。一九三九年の南寧作戦で、この成功が日中戦争終結の絶好の機会と認識していた。一九四二年からはラバウルで軍政を指揮、現地民への寛大な対応に努め、戦局の悪化時期には、自らも部下や現地人と農耕作業に従事するなど、ラバウルの名将と讃えられた。それは戦後の独立運動につながる指導者の育成にもつながった。降伏後、オーストラリアの軍事裁判にかけられたが、自らの責任逃れをせず部下を守ることに努力した。死刑判決も予想されていたが、現地住民からの支援もあり、禁錮一〇年の刑となった。巣鴨に移送されたが、部下と共に現地で服役したいと申し出、マッカーサーは、真の武士道の軍人だと称賛して、これを許可した。今村は現地の四〇〇〇名の旧部下たちに歓声で迎えられた。刑務所では部下たちに英語を教える青空教室を開き、ますます尊敬を集めた。刑期を満了して帰国後は、自宅の隅に小屋を建て、軍人恩給のみの質素な生活で、思索と反

省の日々を送った。回顧録を執筆し、その印税はすべて旧部下たちの支援に用いた。しかし、盧溝橋事件発生当時、強硬意見の関東軍は参謀副長の今村を中央に送り込んで強硬意見を述べさせた。かつて満州事変の処理当時、忠実な部下として補佐した河辺虎四郎戦争指導課長は、「拡大派の者たちをおだてあげさせる。人格的に考え、いかにも残念の行為であります」などと今村を非難した（前掲『変動期の日本外交と軍事』（Ａ‐11）所収の高橋久志論文一二一頁〜）。このような陸軍の良識派の象徴的存在であった今村ですら、強硬論一色で染まる関東軍の中で意見行動を共にしてしまったのだ。当時の関東軍の拡大論の強硬さと舞い上がった熱気を物語るものだろう。

＊9　田中隆吉は、綏遠事件を画策し、第一次上海事件の謀略をし、東京裁判においては連合国側の証人となって被告に不利な証言をするなど悪名が高い。

＊10　当時北京特務機関補佐官だった寺平忠輔大尉は、事件の翌日、関東軍の辻政信大尉が盧溝橋の戦場に現れ、牟田口連隊長に「関東軍が後押しします。徹底的に拡大してください」と激励したことを回想したという（須田禎一『風見章とその時代』（Ｃ‐48）一〇九頁〜）。七月二〇日ころ、不拡大に腐心していた池田純久支那駐屯軍参謀に対し、辻は、「関東軍は山海関にある爆撃機をもって盧溝橋付近の支那軍を爆撃します。私が先頭機に乗って行きます……中央がぐずぐずしているから、独断でやるのです」と突飛な申し出をした。しかし、池田から、どうしてもやるというのなら「その代わりわれわれ北支軍の戦闘機で関東軍の爆撃機を叩き落としてやる……あとで泣き言を言っても知らんぞ」と脅かされてようやく引き下がった（池田純久『日本の曲り角』（Ｄ‐24）八七頁〜）。

＊11　近衛は、後に論ずる「近衛上奏文」などで、梅津や池田を事変拡大の張本人だと批判しているが、近衛のこの認識には誤りがあった。

＊12　牟田口は、前年の一九三六年九月一八日の満洲事変記念日に、中国兵が日本軍将校の乗馬を殴打するなどし

た豊台事件が発生した際、歩兵第一連隊長として、中国側に寛大な対応をした。ところが、牟田口は、中国側がそれは日本が中国軍の勢威を恐れたためだと公言したことに怒り、中国に対する寛大な措置はかえって中国側に日本への侮蔑を招くとして、今後類似の事件が発生したときには「直に起って之に膺懲を加え」るべきで、その方が「皇軍の威武を宣揚し」事件を早く終焉できることになる、と決心したという（児島襄『日中戦争3』（A-21）三六五頁）。一木大隊長が牟田口に敵軍発砲の場合の対応を尋ねた電話に対し、牟田口は「敵に撃たれたら撃て」と即答し、「軍人が敵から撃たれながら、如何したらよいかなどと聞く奴があるか」と呟いた。今井武夫は傍でそれを聞き、一連の連鎖反応が重大問題に発展することが必然なので、慄然としたという。また一木大隊長は、後に今井に「この時連隊長が、撃てと命令したには吃驚した」と語ったという（今井武夫『支那事変の回想』（B-13）四頁）。当時の駐屯軍の考え方は、中国軍に対しては、相手方の増長を防ぐために「モチつき主義」つまり、まず叩いてから丸めるべきであり、日本軍が攻撃すれば中国軍は逃げ、反撃しても長続きしないという固定観念があったという（児島襄前掲書三九二頁～）。牟田口は、陸軍史上最悪の作戦と言われたインパール作戦を強引に指揮した。

石原莞爾ら不拡大派は、今は対ソ戦準備に全力を挙げる時で、その阻害要因となる中国との軍事衝突は極力避けるべきと考えていた。しかし、武藤や田中ら拡大派は、日本側が強い態度を示せば蔣介石は屈服する、一撃で屈服させて華北五省を勢力下に入れ、次期大戦に備えるため華北の軍需資源と経済権益を確保しよう、と考えていた。そこには、中国は統一国家たり得ず地域の分断支配が可能だとの思い込み、中国の抗日感情の劇的な高まりや共産党と合作をしてまで抗日しなければならないほど追い込まれた蔣介石の立場や決意に対する無理解、中国軍の士気と戦闘力に対する低い評価があった。

状況の悪化、不拡大派の石原莞爾の腰が砕けた中央軍北上の報

しかし一〇日に入ると、午前から再び不穏な情況が続き、現地軍から「危険な状況」と報告があった。橋本参謀長は、前日九日の臨時閣議の申合わせで指示されていた四項目の現地妥結条件を天津市長張自忠に提示して交渉を進めていた。しかし、夜半にかけての交渉でも協議は難航し、張らは中国軍の盧溝橋撤兵と責任者の処分には応じなかった。夕刻には牟田口連隊の一個小隊が竜王廟付近で中国軍と衝突した。牟田口連隊長は中国側の約束違反だとし、独断で一個大隊を竜王廟に突入させて中国部隊を殲滅し、河辺正三旅団長から強い叱責を受けた。

この一〇日、南京の大城戸駐在武官から、蔣介石の中央軍が北上するとの情報が入った。この報は、小兵力の現地支那駐屯軍や約一万二〇〇〇人の居留民を危機に陥らせると石原を悩ませ、石原はついに不拡大方針を撤回した。一〇日夜、統帥部として、関東軍および朝鮮軍から各一個師団と内地三個師団の動員方針が決定された。

河辺虎四郎の回想によれば、石原は、もとより絶対不拡大の方針だったが、交渉が妥結せず中国側が北上して武力攻勢に出れば現地軍が苦境に陥るため、ジレンマに陥り、万一の場合を考慮して朝鮮から応急派兵の措置を採ったという。飽くまで不拡大を貫くべきだとする河辺は、石原に「部長の真意が分からぬ」と強く主張したが、石原は、「貴公の兄貴の旅団*13が全滅するのをおれが見送って良いと思うか」と叱りつけるように言った。秦郁彦は、中国軍北上の情報は後から見ればかなりの誇張があったようだとし、一〇日夜の派兵決定に関する石原の判断の誤りは大きいとしている（秦郁彦『日中戦争史』（A-17）一四四頁～）。ただでさえ不拡大派は数と勢いに勝る拡大派の圧力に押されていた。不拡大派の旗頭だった石原が方針転換したことは、不拡大派のたがを外し、拡大の道を一挙に広げてしまったのだ。

＊13　河辺の兄河辺正三（後に陸軍大将）は、当時支那駐屯歩兵旅団長だった。

中国を甘く見ていた「支那通」の軍人たち

拡大派は、関東軍、朝鮮軍から各一個師団、内地から三個師団合計一〇万人を出兵させ、戦費も三億円あれば短期で中国を屈伏させられると考えていた（児島襄『日中戦争3』（A-21）四〇八頁）。そのころ武藤章は、華北に内地三個師団を派遣すれば「あそこらの有象無象が双手を挙げてくるだろう」と発言していた（川田稔『昭和陸軍全史2』（D-3）一八五頁）。また、参謀本部支那課長の永津佐比重大佐は「上陸せんでもよい。塘沽付近まで（輸送）船をまわしていけば、それだけで北京とか天津は参るであろう」と言い、同課支那班長高橋但中佐は「内地動員の掛け声、あるいは集中列車の山海関通関にて支那側は屈服する」、兵要地誌班長渡佐近中佐は「せいぜい保定（※北京の南南西一〇〇キロ余）の一会戦にて万事解決すべし」などと嘯いていたという（児島襄前掲書四〇八頁）。杉山陸相が、事変拡大を案じる天皇に、「支那は一か月で片づけて御覧に入れます」と言ったことは著名だ＊14。中国は一撃で屈服する、脅しさえすれば引っ込む、と考えていたのが「支那通」の軍人たちで、それを否定できる指導者は、軍にも政府にもどこにも存在しなかった。そこに盧溝橋事件勃発後の事変拡大の最大の原因があった。それは一九三三年の塘沽協定と一九三五年の梅津何応欽協定、土肥原・秦徳純協定などの「悪しき成功体験」によるものだった＊15。また、蔣介石が、苦渋の中で塘沽協定を呑んで臥薪嘗胆し、まず国内での剿共作戦に専念して大きな成果を上げ、国力を高めるとともに、来るべき対日戦への防御・戦闘態勢を強めていたことを全く洞察できていなかったことも大きな原因だった。

しかし、拡大派といえども、中国全土への戦線拡大は全く考えておらず、満州から北支までの支配を獲得する以上の考えはなかった。後に戦線が泥沼化し、参謀本部から駐支那方面軍司令部に参謀副長として赴任した武藤章は、当時の自己の判断の誤りを痛切に反省させられることとなった。このことは、盧溝橋事件発生当時の陸軍の拡大派の事実認識がいかに甘く、熱に浮かされていたような状況にあったことを浮き彫りにしている。

＊14　この杉山の言が、後に、日米開戦の際の上奏において、天皇から「お前は支那事変の勃発当時の陸相だ。そのとき、陸相として『事変は一か月くらいで片付く』といったが、それから四年になるのでまだ片付かんでないか」と厳しく咎められることとなった。

＊15　満州事変、満州国建国後、関東軍は、更に華北への支配と権益拡大を目指し、熱河作戦で中国軍を圧倒し、長城を超えようとする勢いを示した。国民党軍は日本軍に対抗できる力がなく、剿共戦に追われていた蔣介石は、日本軍の圧力に屈し、一九三三年五月、日本軍が長城線まで撤退するのと引き換えに、北京の西部・南部まで中国軍を引き揚げ、非武装地帯を設けることで停戦する塘沽協定を締結した。これによって満州事変以来の両国の紛争は一段落した。しかし、日本軍は、更に、反蔣介石・親日の新聞社社長らが暗殺されたことなどを契機に、中国側に強硬に圧力をかけ、一九三五年五月の梅津・何応欽協定、同年六月の土肥原・秦徳純協定により、共産党や軍の組織を河北省や察哈爾省から撤退させることなど屈辱的な条件を認めさせた。これらは、中国軍民の反日感情の火に油を注いだ。

内地師団派遣の閣議決定と政府声明が中国側を刺激

現地の事態が悪化する中、七月一一日午前一一時三〇分から五相会議が開催された。杉山陸相は、関東軍と朝鮮軍に加え、内地からも三個師団の動員を強く主張し、反対する米内海相と激論になった。しかし、派兵の目的は、「威力の顕示により支那軍に謝罪と将来の保障をさせること、あくまで不拡大現地解決主義によること、必要なくなれば動員を取り止めること」などの条件で了解され、この方針は午後二時からの閣議で承認された。広田外相は沈黙し、近衛首相は事件が陸軍の陰謀ではないかと疑っていたが、差し当たりは反対意見を述べなかった*16。午後四時二〇分、近衛首相が華北派兵の上奏裁可を仰ぎ、天皇は裁可した。

午後六時二四分、「今次事件は全く支那側の計画的武力抗日なること最早疑いの余地なし……政府は本日の閣議において重大決意を為し、北支派兵に関し政府として執るべき所要の措置をなす事に決せり」という政府声明が内外に公表されるとともに、今次事変を「北支事変」と称することが決定された。この声明は、表面上は強硬に見えるが、それは中国側を威圧することで事態を解決するのが目的だった。午前中の五相会議・閣議では飽くまで不拡大現地解決主義によることとされており、表面と本音には落差があった。しかし、この北支派兵の政府声明は関東軍や天津軍内部の強行論を沸騰させ、今井武夫らが現地で懸命に取り組んでいた協定交渉の効果を著しく弱めてしまい、中国側には日本が武力による華北侵略を決意したものとして急速な応戦態勢に移らせてしまった。

*16　五相会議では、米内海相の提議で「今回の事件をもって第二の満州事変たらしめることは絶対にやらない」と申し合わされた。軍中央部は当初、拡大意思はなかったが、かえって政党出身の閣僚の方が強気で、永井柳太郎逓相、中島知久平鉄相は平気で勇ましい暴論を吐き、この際中国軍を徹底的に叩きつけてしまわねばならぬなどと発言した。民間にも強硬論が沸騰していた（杉森久英『近衛文麿（下）』（C-12）一一八頁）。

各界代表を招致した近衛の協力要請

午後九時から、近衛首相は、政・財・報道の各界代表を官邸に招致して協力を要請した。各界は一致してこれを支持し、政友会や民政党も「政府のとれる断固たる措置を承認」「挙国一体奉公の至誠を発揚する」などと声明した。外務省東亜局長の石射猪太郎は、「官邸はお祭り騒ぎのように賑わっていた。政府自ら気勢をあげて事件拡大の方向へ滑り出さんとする気配なのだ。事件があるごとに政府はいつも後手に回り、軍部に引き摺られるのがいままでの例だ。いっそ政府自身先手に出る方がかえって軍をたじろがせ、事件解決上効果的だという首相側近の考えからまず大風呂敷を広げる気勢を示したのだといわれた。冗談じゃない。野獣に生肉を投じたものだ」と慨嘆した（石射猪太郎『外交官の一生』（G-10）二六七頁）。現地で懸命な交渉を続けていた今井武夫は、「私らにすれば現地で交渉が妥結するというときに、出兵を決定されることは致命的だったのです……（風見書記官長は）新聞記者出身ですから、ジャーナリズムの利用が上手なんです。すぐ各界の代表を集めて、大いに日本がやるのだと言った。それがすぐシナ側に反響して『いよいよ日本はやるそうだ、これは大変だ』というので硬化しちゃった」と語った（今井貞夫『幻の日中和平工作』（B-15）一五一頁）。しかし、このような見方をする者は僅かで、翌日の新聞は一斉に「挙国協力一致対処　政府昨夜各方面と懇談」「挙国一致の結束なる　政府の方針遂行に協力」など追従記事を書き立てた。

近衛が各界の代表を官邸に招いて協力を要請したのは風見書記官長の進言によるもので、これが暴支膺懲の好戦論を煽ったことは石射が厳しく批判したとおりだ。ただ、その前提には、陸軍を始め、当時、中国は脅せば屈する、短期間で一撃できるとの考えが蔓延していたことがあった。これに加えて、後述する近衛のいわゆる「先手論」の手法があった。

二度目の五相会議

同日午後一〇時ころ、その日二度目の五相会議が開催された。この席で、杉山陸相は現地での「停戦協定成立の見込みが強い」旨報告し、その日夕刻に採られた、満州と朝鮮からの派兵は予定どおり実行するが、内地からの派兵はとりあえず見合わせる旨の説明があった。これは後述の今井武夫らの停戦交渉の途中経過を踏まえたものだった。この席で、米内海相は事件解決時の出兵の取扱いについて質し、杉山陸相は中国側が日本の要求を文書によって承諾すれば「全部復員するも可なり」と答えた。

入れ違いになった今井武夫らによる現地停戦協定

論者の中には、七月一一日に現地で停戦協定ができたのにもかかわらず、派兵の声明をしたり、各界代表を招致して協力要請をし、強硬論を煽ったとして近衛の対応を批判するものが少なくない。しかし、これは不正確な事実認識に基づいた批判だ。一一日午後六時二四分に派兵の声明が出された時、今井らはまだ停戦の交渉中で、合意に漕ぎつけつつあったが、停戦の調印には至っていなかった。停戦の調印がなされたのは、声明後の午後八時頃のことだった。しかも、午後九時に各界代表を官邸に招致したときや、午後一〇時ころ開催された五相会議では、停戦の調印がなされたことまでは報告されていなかった。その経緯は以下のとおりだ。

今井は現地で停戦交渉に奔走していた。派兵の閣議決定に先立つ七月一一日午前一一時、今井は単身で天津市長張自忠の代理である冀察政務委員の張允栄宅を訪ね、張ら中国側代表と停戦の協議を行った。張らは容易に応じなかったが、今井は、独断で、「協定成立すれば日本軍は自発的に撤退する」と約束し、これに動かされた張らは、協定に応じることとした。引き返した今井は、飛行機で天津に戻ろうとしていた橋本参謀長にその旨報告し、同意を得た。橋本はこれを踏まえ、停戦協定の見込みが強いこと、現地軍としては派兵の必要を認めないことなど、意見具申の電報を打った。これを受けた参謀本部はとりあえず内地師団の動員下令については見合わせることとした。しかし、前日一〇日に、南京政府が飛行部隊の出動及び中央軍四個師団の河南省北部省境への集中を命じたとの報告を受けていたことから、華北情勢は楽観できず中国側の条件実行の保障の確信はなかった。そのため関東軍と朝鮮軍の部隊のみは予定どおり行動させることとし、一一日午後六時三五分、その旨発令した。

しかしこの間、前記の午前一一時半からの閣議で内地師団を含む派兵が既に決定されたことにより、中央や現地の強硬派の間では、それまでの湿っぽく沈んだ雰囲気が一変して開戦の気構えが旺盛となり、強硬意見が沸騰していた。

今井の回想によれば、今井が張自忠との約束後、ほっとして午後二時ころ特務機関に帰り着くと、支那駐屯軍司令部の専田参謀少佐から至急の電話があり、「本日東京の閣議は、重大な決意の下に内地の三個師団と関東軍及び朝鮮軍の有力部隊を動員することを決定した。多年懸案であった中国問題を解決するため、今こそ絶好の機会である。従って今更現地交渉の必要もないし、又既に協定ができたなら、之を破棄せよ」と高飛車に言われた。今井は一言の下に拒絶して電話を切った。今井は、交渉を継続して解決条件に調印すべきと決意し、松井機関長の同意にも力を得て、天津に戻っていた橋本参謀長に改めて協定調印の決意に変化はないことを確かめた。しかし、これらの段取りのため、午後三時の中国側との約束時間に数時間遅れ、中国側に数回の延期を申し入れた。

午後六時、松井や今井ら日本側代表は再び張允栄宅に赴いて中国側代表と会見し、先にいったん合意していた協定案を修文し、ようやく午後八時になって、日華両軍の代表者松井久太郎、張自忠の間で協定調印に漕ぎつけた（今井武夫『支那事変の回想』（B-13）三〇頁〜）＊17。

しかし、今井らは懸命な努力で協定に漕ぎつけたとはいえ、それは現地強硬派との狭間で、薄氷を踏むようなものだった。その内容は、謝罪の方式や謝罪者を定めず責任者の処罰も特定の人物を指定せず、また日本軍の自発的撤退を約するなど、今井の独断も含めた寛大なものだった。このような協定内容の不安定さ（現にこれはその後数日で反故にされた）、調印に漕ぎつけたのが午後八時になった時間的遅延、それが夜一〇時からの五相会議では報告されていなかったことなどに照らせば、午後六時二四分に発表された声明を変更・撤回することや、既に手配済みの各界代表の官邸招致を取り消しないし中断させることが現実に可能であったとは思われない。

さらに、現地協定によって事変を収束することは、蔣介石が絶対に許さない状況にあったことは後述する。

一二日の各紙は近衛声明を大々的に報道し、一撃膺懲論が世論を席捲したのに対し、現地協定の成立の報はごく小さな記事にとどまった。国内では、陸軍、議会、ジャーナリズムなど国民各層の間に暴支膺懲論が席捲した＊18。

＊17　秦郁彦『日中戦争史』（A-17）（二〇二頁）によれば、一一日夜一〇時ころからの五相会議での杉山陸相の説明については、「杉山陸相は現地停戦協定成立の見込みが強い（橋本天津軍参謀長が、今井北平駐在武官から解決案を示され、これに同意を与えたとの報告）旨報告した」とされる。これは前述の、天津に戻ろうとしていた橋本参謀長に今井が張自忠の協定応諾の意向を口頭で報告したことを指しているだろう。報告されたのは飽くまで「見込み」に過ぎなかった。

また、緒方竹虎『一軍人の生涯』（E-21）（二八頁）が引用する米内光政の手記では、「七月一一日午後一〇時頃五相会議において陸軍大臣は『本日午後七時、北平に於ける日支折衝に対し、我駐屯軍参謀長（※橋本群）は折衝に見切りを附け、飛行機にて帰津せんとしたるが、支那代表は追い掛け来り、我が要求全部を承認せり』と報告せり。依って海軍大臣は、若し事件が和平裏に解決せば、本日閣議にて決定を見たる出兵は如何に取扱はるべきやと問ひたるに、陸軍大臣は『関東軍は既に動員を下令し、朝鮮軍は明朝動員下令の豫定なり。内地動員の部隊は見合はすこととすべく、支那側において若し我が要求を文書を以て承諾せば、全部復員するも可なり』と答ふ」とされている。米内の記述は、一一日午後に今井武夫が天津に飛行機で戻ろうとしていた橋本参謀長を追いかけて合意成立の見込みを口頭で報告したことについて、その時間や、それが支那側の人間であったかのような事実の誤認があった。しかし、いずれにせよ、午後一〇時の五相会議において、午後八時に停戦協定が調印されたことまでは報告に含まれていなかったことは確かであろう。今井らからの協定調印の報告が何時に参謀本部に届いたのか、五相会議の時点ですでに参謀本部には届いていたが、なんらかの事由で杉山陸相の耳に入っていなかったのかなど、疑問が残る点だ。今井自身も、夕刻になされた政府の派兵声明が、今井らの停戦の努力を困難にし、破局的な影響を及ぼしたと批判しつつも、「これは事変が拡大した場合に備え、現地の居留民保護のため用意したもので、当時の情勢上已むを得なかっただろうが、……」と、一一日当時の客観的な情況を踏まえて、声明が出されたことの意味を全否定はしていない（前掲『支那事変の回想』三一頁〜）。

＊18　前注の秦郁彦（二三七頁）によれば、一般国民の暴支膺懲熱も高く、国防献金の殺到や国民大会が開催されるなどし、政府声明では「領土的野心はない」とされていたにもかかわらず、「中国を膺懲するからには華北や華中の好い地域を頂戴するのは当然」とまでの考えも見られたという。日露戦争後のポーツマス条約締結に際し、賠償金の放棄について世論が激高し、日比谷公園焼き討ち事件まで発生したことを彷彿とさせるものがあろう。

強硬派を勢いづけた香月司令官の着任

病臥中であった田代皖一郎司令官は一六日に死亡した。田代司令官は穏健で今井武夫らかの信頼も厚かった。その後任として、香月清司新司令官が一一日に発令され、一二日、現地に着任した。香月は東京を離任するとき杉山陸相から不拡大方針を指示されていた。しかし、途中京城に立ち寄ったとき、朝鮮軍の小磯國昭司令官から強硬論を説かれ、もともと勇猛な軍人であったため、強硬論に転じてしまい、その着任は現地の強硬派に勢いをつけることとなった＊19。香月の下で、「七月一三日に於ける支那駐屯軍情況判断」と題し、「(支那軍が) 万一協定を履行せざることを発見せば、第三十七師は誠意なきものと認め河北省南部の地区に即時撤退を要求し之を肯んぜざるときは兵力を行使して要求を貫徹す」など強硬方針が策定された。これには、①共産党策動の徹底的弾圧、②排日要人の罷免、③排日的中央系各機関の冀察駐在の撤去、④藍衣社、ＣＣ団等の排日団体の冀察よりの撤去、⑤排日言論及び宣伝機関、学生、民衆の排日運動の取締り、⑥学校・軍隊等における排日教育の取締り、⑦北平の警備は将来保安隊を以てし、城内に軍隊を駐屯せしめず、など、一一日の停戦協定に含まれておらず、軍事を超えて政治内政にまで及ぶ極めて強硬な七項目の要求方針も含まれていた。しかも中国側がこの要求に応じなければ一挙に第二九軍を撃滅すべきであり、そのための戦略的基礎配置は七月二〇日前後に完了する予定だともされていた。この「状況判断」は東京にも打電されたが、この現地の強硬姿勢は、陸軍中央を当惑させるほどのものだった（児島襄『日中戦争４』（Ａ-21）一四頁〜）。このように、現地の軍が、本来の権限外である政治外交上の問題まで含めて独断で和平交渉の条件を釣り上げていたことは近衛の責任論を検討する上でも無視できない重要な事実である。

＊19　不拡大派だった池田純久は、「なくなった田代中将は最も支那に理解ある優れた将軍で、支那の将領に知人多く、その信頼を受けていた人格者だった。もし田代中将が健在であったなら、支那事変は起こらなかっただろうし、起こっても拡大せずに済んでいたであろう……香月中将は支那通ではない。典型的な武人型で……軍中央部から不拡大方針を注入されて東京を出発したのだが……途中朝鮮に立ち寄り、……小磯國昭中将から意見されて拡大主義に共鳴し、さらに大連において強硬論の関東軍参謀たちから拍車をかけられて着任した……着任早々、われわれ支那駐屯軍の幕僚に向かって、腰抜けだといわんばかりの剣幕である」と回想する（池田純久『日本の曲り角』（Ｄ-24）九三頁）。香月は日中戦争が拡大後、九月の保定会戦では「盲進」の速さのため敵軍を両翼から捕捉して殲滅することに失敗して批判を受けた。徐州会戦の直後、香月は更迭され、失意のうちに帰国した。

陸軍中央も次第に強硬方針に

陸軍中央は現地の状況を注視していたが、華北の中国軍の戦備強化、南京統帥部の揚子江以北各省軍隊への動員下令などの状況悪化を知り、一三日午後八時、「北支事変処理方針」を決定した。それは、局面不拡大、現地解決方針の堅持、内地部隊の動員は状況を見て決する、としつつも「中国側が右の実行に誠意を示さない場合、あるいは南京軍が中央軍を北上させて攻勢を企図するような場合には断固たる決意に出る。ただし、この場合には支那駐屯軍はあらかじめ中央部の承認を受ける」としていた*20。参謀総長は同夜参内し、①内地航空部隊等一八個中隊の山海関、錦州、大連地区進出、②関東軍及び朝鮮軍より派兵したものに対する兵站部隊の派遣、について裁可を得、これらは天津軍に通報された。

天津軍では、陸軍中央の明確な承認のないまま、強硬派の専田参謀が、一四日、宋哲元*21と会談し、「個人的意見」として前記の強硬な七項目要求を提示した。宋哲元や張自忠らは、「原則として異議はないが、実行は緩慢にしてほしい」と述べるなどその姿勢は曖昧で交渉は容易にまとまらなかった（秦郁彦前掲書二〇六頁～）。

＊20　香月司令官は、兵力使用についてあらかじめ中央の承認を必要とすることは統帥権の干犯であると強く不満を述べたという（秦郁彦前掲書二〇七頁）。

＊21　冀察政務委員会委員長で、国民党の第二九軍長。冀察政務委員会は、梅津何応欽協定の後、国民党と日本軍との妥協による緩衝的な地方政権として一九三五年一二月に成立し、河北省、チャハル省を統治した。宋哲元は、日本軍と蒋介石との板挟み的立場にあった。

石射猪太郎外務省東亜局長の努力と陸軍軍務局長の食言問題

この間、政府では、石井猪太郎東亜局長と陸海軍両軍務局長との協議により、一五日、①一一日の現地協定の解決条件は政府において承認する、②国民政府が軍事行動即時停止を受諾する場合にはこれ以上の派兵を中止するとともに増派部隊は条件履行を待ち直ちに帰還させる、という方針を合意し、翌日の閣議に付することとされた。にもかかわらず、一旦これに同意していた陸軍の後宮淳軍務局長（※東條と陸士同期）は、陸軍に戻ったあと、陸軍が既に強硬な方針を決めていたため、翌一六日「陸軍においては已に方針が決定しているので、先ほどの話し合いは水に流して欲しい」と申し入れてきた（秦郁彦前掲書二〇九頁～）＊22。この食言問題は石射ら外務省や米内海相を怒らせた。このように現地で今井武夫が奔走して漕ぎつけた停戦協定は、陸軍中央により反故にされてしまったのだ。

石射猪太郎

＊22　七月一五日、支那駐屯軍は武力行使の際の作戦計画を東京に報告し、七月二〇日までに、第二九軍を永定河以西に「掃討」し、石家荘、徳県の線で中央軍と「決戦」するとしていた。一五日、陸軍中央では、内地の航空兵力の半分以上に当たる一八個中隊による航空兵団と増派兵力の後方担任部隊の動員が下令された（児島襄『日中戦争4』（A－21）一七頁）。

強硬方針に転じた陸軍中央と五相会議、閣議決定

陸軍中央では、現地の強硬な姿勢にも影響され、七月一六日、①七月一九日を履行期限とし、宋哲元の陳謝、馮治安の罷免、八宝山付近中国軍の撤退、②期限内に履行しないときは宋哲元の第二九軍を武力で膺懲する。そのため期限満了時に内地部隊を華北に動員派遣するという方針を決定していた。これは前記の香月司令官が独断で決めていた七項目を簡略化したもので、一一日に今井らが成立させた現地協定より遥かに加重された強硬なものだった。

一七日の五相会議で、陸相提案の陸軍案を討議した。外、海、蔵各相は一九日を期限とする要求提出に

は消極的だったが、結局この陸軍案は承認され、支那駐屯軍司令官、在南京武官及び在華大使から、冀察政府、国民政府軍、軍政部、外交部に対してこれを提出することになった。陸軍は、これによる交渉開始を天津軍に命じた。

この方針は、橋本参謀長や宋哲元を困惑させたが、同日から一九日にかけて、現地では、橋本参謀長や香月司令官と宋哲元や天津市長張自忠らとの交渉により、七項目要求を概ね承認する合意に達した（秦郁彦前掲書二一二頁〜）。

現地での妥協を断固許さなかった蔣介石―梅津何応欽協定当時との根本的な変化

ところが、蔣介石の姿勢と対応は現地の宋哲元らの妥協的対応とは全く反し、これを否定するものだった。かつて蔣介石は「安内攘外」の方針の下に日本との対決は避け、国民党内部の抗争での主導権確立や掃共作戦に力を入れていた。塘沽協定、梅津・何応欽協定、土肥原・秦徳純協定にもほとんど抵抗せずに応じたのはそのためだった。しかし、前年の西安事件以来の国共合作、抗日を強く主張する共産党やその支持勢力増加の下で、もはや従来の妥協的な対日姿勢は許されなくなっていた。

児島襄の『日中戦争3』（A-21）（三九六頁〜）、『日中戦争4』（一七頁〜）によれば、事変勃発翌日の八日午前六時ころ、宋哲元からの第一報に対し、蔣介石は、「苑平城はあくまで固守せよ。全兵力を動員して事態の拡大に備えよ」と命令を返電した。続いて、重慶に出張中だった何応欽軍政部長に至急南京に戻るよう指示し、南京の軍事委員会弁公長主任徐永昌及び参謀総長程潜に対し「全国戒厳」の布告と「全部動員」準備を下令した。黄河以北に一個師団の派遣、二個師団の出動準備、二個師団の石家荘に派兵などを相次いで下令し、石家荘への部隊は宋哲元の指揮下に入れることとした。重慶から戻った何応欽は、華北に五十個師団を集中させ、各部隊は七月末までに展開を終え、七月末までに大本営及び各級司令部を秘密に成立させて、長期抗戦に備えるための弾薬火器などの確保等の指示をした。蒋介石は、一三日にも、宋哲元に対し、いまや盧溝橋事件の和平解決はあり得ず、政府は対日宣戦を決定したので、単独行動をして和平の妥協をするなとの指示を重ねて訓電した。宋哲元は、一一日に今井らとの間で調印した現地の停戦協定も、一四日の香月司令官主導による七項目要求も、蒋介石には報告していなかった上、現地では前記のように一六日からの厳しい要求をほぼ呑むなど弱腰の姿勢だった。このような現地の弱腰に対し、蒋介石は、盧山から急電を送り、かつての上海事変の際、日本側が「和解条約」を結んでから攻撃した「実際之経験」に照らして、騙されるな、と指示した。

驚くほど速かった共産党の対応、国共一致しての徹底抗日へ

共産党の動きは驚くほど速かった。秦郁彦『日中戦争史』(A-17)(二二九頁)、児島襄『日中戦争3』(A-21)(三九八頁)によれば、事変勃発翌日の七月八日、共産党は、早くも、「日軍盧溝橋進出に関する通電」を発し、「日本帝国主義の平津華北武力侵略の危険はすでにすべての中国人の面前にある。全中国の同胞よ、中華民族今や危急全民族が抗戦を実行することこそ我々の出頭だ～我々は宋哲元将軍が全二九軍を即時動員し、前線に出動応戦することを要求す。我々は南京中央政府が即時且つ切実に二九軍を援助するを要求するとともに全国民衆の愛国運動を解放し……全国海陸軍を動員し応戦を準備し……」などと激しく抗日戦を訴えた*23。そのころ行われていた盧山会議で、一七日、周恩来、馮玉祥らは、蒋介石に対日開戦を迫った。周恩来は共産党軍が中央の指導下に対日協同抗戦に当たること、満州・北支・朝鮮の共産党員を動員して遊撃戦を行って後方攪乱をすること、各界を動員して民族的共同戦線を張ることを提案した。二三日には、毛沢東及び中央委員会名で、抗日戦線の結成、日本との妥協条件の拒否、即時武力発動を全国に呼び掛けた*24。このような国共が一枚岩となった抗日気運の激しい盛り上がりの状況の下で、日本軍の侵略に弱腰の対応をすることは、蔣介石や国民党の政治基盤を根本から揺るがすものだった。蔣介石が、塘沽協定、梅津何応欽協定、土肥原泰徳純協定を「竹のようなしなやかさ」で受け入れざるを得なかった当時の状況は完全に変化していたのだ。それを見抜けていなかったのが日本陸軍と為政者だった。「支那は一か月で片付く」「塘沽沖に船を浮かべるだけで支那は屈服する」と嘯いていた「支那通」の軍人たちは、「脳天気」そのものだった。

蔣介石は、七月一七日、廬山で「盧溝橋が日本軍に占領されれば故都北平は第二の瀋陽（奉天）となる。北平が瀋陽になるならば、首都南京は北平の運命をたどらないとはいえない。したがって盧溝橋事件を解決し得るか否かに最後の境界がある、と述べたのち「万一避くべからざる最後の関頭にいたったならば、我々は当然ただ犠牲あるだけであり、抗戦あるのみである」との著名な「最後の関頭演説」を行った。この声明では、①領土と主権の不可侵（冀察も含む）、②二九軍駐屯区域に対する制限の拒否、③軍事行動の即時停止と同時撤兵、④地方的解決の拒否、の四原則を明らかにした。この演説は、一九日午後六時、ラジオで放送された。これらに照らせば、橋本参謀長や今井武夫らの努力で一一日に成立した現地の停戦協定とは相いれず、ましてや香月司令官主導による七項目要求とは妥協の余地が皆無だった。今井らが懸命な努力によって締結した一一日の停戦協定は、いわば、ナイアガラの滝が落ちる寸前で懸命に上流に向かって漕いでいる小舟のようなものだったといえよう。

＊23　盧溝橋事件を誰が起こしたのかについては、諸説があり、その中で共産党が日本軍と蔣介石軍との戦争を起こさせようとした謀略であるとの説も強いが、このような事変発生直後に声明を出したことがその節の根拠の一つともされている。

＊24　事変の本格化に伴い、八月二二日、陝西省の共産軍は第八路軍（朱徳が軍長、彭徳懐が副軍長）として国民革命軍に編成されて山西省北部の対日遊撃戦に加わった。江西省を中心に遊撃戦を実施していた華南の共産

軍は、新四軍として抗日戦に参加した（秦郁彦前掲書二一九頁、笠原十九司『海軍の日中戦争』（E-5）八八頁など）。このように盧溝橋事件発生後、蔣介石の剿共作戦は雲散霧消し、国共が合作して抗日戦を戦うこととなった。しかし、その実、両者には深い対立の火種を抱えており、連合国側に戦局が有利になるにつれて、国共の内紛、内戦が復活するようになる。

現地の妥協的対応を絶対に許さなかった蔣介石と、拳を下ろせなくなった日本

蔣介石は、日本との妥協の結果として樹立された冀察政務委員会の宋哲元らが、現地で妥協的な対応による事件解決を行うことを許さなかった。七月一二日、南京の国民政府王寵恵外交部長は、日本大使館の日高参事官に対し、現地におけるいかなる協定も、国民党中央の承認なしには認められないことを強調した。その後一七日に日高参事官が、五相会議決定に従って申し入れた前記期限付き要求についても、一九日午後、董道寧日本科長が提出した覚書の内容は、ほぼ日本の要求を拒絶するものだった（秦郁彦『日中戦争史』（A-17）二一二頁〜）。

一八日には、日本機に対する対空射撃がなされ、一九日には盧溝橋近くの一文字山付近で日本将校が負傷し、同日夜には中国軍による迫撃砲射撃がなされた。香月司令官は、これらの不信行為が続けば「断乎必要と認むる処置に出る」と中国側に通告した。陸軍中央では第二九軍の膺懲は免れがたいとして予定通り内地三個師団の動員をふたたび行うこととした。二〇日や二一日にも、中国側からの不規則な攻撃と日本軍の反撃が頻発した。

現地情勢の悪化を踏まえ、二〇日夜の閣議で、動員発令後も事態が好転すれば直ちに復員するとの条件付きで、内地三個師団の華北派遣が決定された（秦郁彦前掲書二一五頁〜）。

石原莞爾の懊悩、近衛・蔣介石直接会談の模索

石原莞爾第一部長は懊悩し、全面戦争を避けるためには、此の際思い切って華北の日本軍全体を一挙に山海関の満州国境まで下げ、近衛首相が自ら南京に飛んで蔣介石とひざ詰めて交渉して日華問題を解決すべきだとし、梅津次官や風見章内閣書記官長を通じて近衛首相に懸命の働きかけをしたが実らなかった（詳細は一四〇頁～）。

蔣介石の宋哲元へのダメ押し、宋哲元の人を食った豹変

七月二二日、蔣介石は、宋哲元が状況の報告もせず現地で妥協的態度を採っていることを憂慮し、第三戦区参謀長の熊斌を北平に派遣し、宗哲元に対し、日本への妥協は許されないことや中央の承認のない現地の停戦協定は認められないことを強く説得した。そのため、現地協定により中国軍の撤兵を認めていた宋哲元は、ようやく中央政府の真意を理解し、蔣介石の指示に従って行動することを明言した。宋哲元は、七月二三日、一一日に現地で成立していた停戦協定の内容を蔣介石に報告し、ここで現地と中央政府との挙国一致の抗日体制の意思が統一された。そのため宋哲元は、現地で約した撤兵を開始しなかった。たまりかねて憤然とした松井特務機関長が今井武夫と共に宋哲元を訪ねて撤兵の時期などを詰問したところ、宋哲元は、うちわを仰ぎながら「まだ撤兵計画が出来上がっていない……概ね一か月後……今は暑い、涼しくなったら実行する」などとのらりくらりとした態度に終始したという。今井武夫は、「唖然として宋の人を食った態度に毒気を抜かれた」と回想する（今井武夫『支那事変の回想』（B-13）三五頁、児島襄『日中戦争4』（A-21）三一一頁～）。

決定的だった廊坊事件と広安門事件、石原莞爾の完全転換、北平・天津の占領

七月二五日、北平と天津のほぼ中間の廊坊で、天津市長張自忠の諒解を得て軍用電線の修理を行っていた日本軍の修理班と護衛部隊を、張の指揮下の第三八師団兵が機銃を乱射して攻撃し、一四名の死傷者が出た廊坊事件が発生した。翌二六日には、居留民保護のために秦徳純の承諾を得て北平の広安門から入城しようとした日本軍を、中国軍が城門を閉鎖し、城壁の上から攻撃した広安門事件が発生した。ここに至り、香月司令官は、不拡大方針を完全放棄して二八日から軍事行動をとることを決心した。天津軍内には池田純久参謀のようになおも慎重論者がいたが、大勢は一撃論に傾いた。それまで不拡大方針で奮闘、懊悩していた石原莞爾ですら、事件発生を知り、田中新一軍事課長に「もう内地師団を動員する他はない。遅延は一切の破滅だ、至急処置してくれ」と「せき込みながら語り」内地師団動員を求めた（児島襄『日中戦争4』（A-21）三六頁～）。不拡大派の重しは雲散霧消したのだ。二七日早朝の陸軍首脳部会議で、香月司令官の決心は容認され、動員案は正式決定、同日午前の閣議に提出され。直ちに承認を得て、勅裁を得た*25。

＊25 これが公表され、両議院は各院議で陸海軍将兵に対する感謝決議を行ったが、衆議院では政党政治家で自由主義者と言われていた島田俊雄議員がその主唱者だったという（秦郁彦『日中戦争史』（A-17）二二二頁）。なお暴支膺懲論一色に染まった世論やジャーナリズムの動向については、同二二三頁以下参照。

翌七月二八日、日本軍は北平に進撃を開始したが、北平城内から中国兵は逃亡し、日本軍は容易に北平を占領し、天津も占領した。翌二九日には、通州（※現北京市通州区）で、中国の保安隊が日本の居留民に対して言語を絶した暴行陵虐を加えた通州事件が発生した。

七月二八日、近衛内閣は全面戦争を予測し、揚子江流域特に漢口より上流の各地居留民の引き上げを指令し、八月四日から重慶などからの邦人が順次引き上げを開始した。上海到着後に、漢口商工会議所は、一一日、陸軍省に対し、抗日排日の徹底的撲滅、租界の大々的拡張、特殊国策会社の設立、治外法権の維持、中国関税自主権の取消しなどの実現要求を上申した（臼井勝美『日中戦争』（A-18）四一頁〜）。このような現地の居留民たちの強硬な要請も、当時の「中国何するものぞ」という日本の官民を挙げた熱気を伝えるものであろう*26。

＊26　松浦正孝『大東亜戦争はなぜ起きたのか』（A-49）は、「アジア主義」の源流や「大東亜戦争」をもたらした政治的・経済的背景に関する詳細な研究であるが、「盧溝橋事件勃発直後から、繊維産業や海運業を中心とする産業界には対中強硬論・対英強硬論が強くあった。例えば、鐘紡社長の津田信吾は『支那に対する国策の根本は彼に向って強力なる圧力を加えることにあるのだから今回の事変はその絶好の機会である、その意味からわが軍は大部隊を現地に集結し、即戦即決をもって支那を徹底的に膺懲すべきである』と述べていた」としている（五九七頁）。

私の見方──近衛が派兵決定と声明をしたのは、当時においては不合理ではなかった

盧溝橋事件勃発から北支事変に至る過程で、近衛は事変の拡大を阻止できなかったどころか、現地で停戦協定ができたにもかかわらず、派兵決定をして声明を出し、各界代表を招いて協力を呼びかけるなど、事変の拡大を煽ったとの批判が強い。しかし、私はこれには賛同できない。塘沽協定や梅津何応欽協定の当時とは情況が著しく変化し、盧溝橋事件は起こるべくして起こったものだった。共産党と抗日の合作をした蔣介石は、以前のように日本の圧力に屈することはその政治生命を失うものだった。抗日のマグマは溜まりに溜まって爆発寸前だったが、陸軍の拡大派も、また内閣もそれをまったく洞察できていなかった。仮に盧溝橋事件自体は現地でなんとか収まったとしても、第二、第三の盧溝橋事件が発生していた可能性は高いであろう。陸軍では拡大派が圧倒しており、不拡大派の石原莞爾ですら腰が砕けてしまった。近衛の声明や各界協力要請などは、後述する近衛の「先手論」の表れでもあり、それが裏目に出てしまった面

ている。

もある。しかし、世論自体が暴支膺懲論に染まっていた。私は「結果責任」としての近衛の責任は否定できないが、現実的に近衛が盧溝橋事件の発生、拡大を阻止できる力はなく、その状況にもなかったと考えている。

近衛や風見が派兵決定声明や各界の官邸呼び込みと協力要請をしたのは、後述するが、「先手論」によって、国内に沸騰する暴支膺懲論をある程度吸い上げ、強硬派世論の暴発を抑えるとともに、蔣介石に対して強い威嚇の姿勢を示すことにあった。右手のこぶしを振り上げて威嚇し、それと並行して左手で和平工作を進めるというのが近衛の考えだった。最初から単に平和的姿勢で交渉をするだけであれば、中国側はそれに乗ってこず、かえって足元を見られるという経験則による考えは広くあったのであり、近衛や風見特有のものではない＊27。

＊27　事変発生当時陸軍省軍務局軍事課に所属し、後に軍事課長や支那派遣軍参謀を務めた西浦進は、「西浦進『昭和陸軍秘録』（D-19）（一八〇頁～）で次の回想をし、これが当時の軍部の一般的な思考だったとしている。「両方で予防しようと思って兵力を出していく、動員する、ということが、『非常な予防的な施策だ』と思ってやることが、相手方からは非常な拡大の施策になってくるということで、戦というものはそういうものじゃないかと思う。南部仏印進駐にしても、私なんかの当時の考えでは、あそこに行っておかないとにっちもさっちもいかないから、予防措置としていったんだ。それが向こう側から見れば非常な積極的動作になる。鯉口三寸をととのえた、というのが向こうから見ると切りつけると思って切りかかる。あのときがそうであり、南から北支にどんどん中央軍がやってくる。これはほっとけないので石原さんでもあの不拡大論者が「ほっといたら京津地方の居留民は皆殺しになる、だから動員をしてくれ」とこうなる。……自分の心境は、当時、戦さなんていうことはひとつも考えていなかった……田中（※新一）軍事課長も保定、独流鎮の線でとめるといっておられた」。また、西浦は『対手にせず』声明のときは、杉山陸相はやはり兵力でひとたた

きしたらいいという考えが最初非常に強かったように思える。それと、政友会あたりの影響、島田俊雄あたりの強硬論者の影響が杉山さんにかなり強く響いたんじゃないか」と回想する（同一二八頁）。

当時の近衛の心境をよく伝えるのは。梨本祐平の回想だ（梨本祐平『中国の中の日本人』（B-19）一六八頁～）。梨本は優れた中国研究者であり、松岡洋右の懐刀として渡満して政治工作に従事したが、近衛文麿や石原莞爾とも接触しつつ、日中和平実現に苦悩・奔走した。盧溝橋事件発生後、戦争拡大を恐れた梨本は、近衛の依頼を受けた松岡の紹介で、八月初め、荻外荘や軽井沢の近衛邸を訪ね、近衛や岩永祐吉と長時間会談した。近衛は梨本に、停戦はもとより望むところだ、と繰り返し言ったので、梨本が「現地解決の機運が動いているときに、政府が二個師団の出兵を決定したことが、現地解決を不可能にしたようなものですが、当初から政府は全面戦争にもってゆくご意思だったのですか」と厳しく尋ねた。近衛は苦渋の色を深くしており、「政府が急いで出兵を決定したのは、不拡大の方針を貫徹する以外には何もありません……私は盧溝橋事件の二週間ほど前に総理となって、華北の事情はまるで知らない。それで事件をいかにして最小限度で食い止めるかということは軍の意見を聞くより外はなかったのです……私たちが話をするのは陸軍大臣を通じてです。出兵を決定して日本の強硬なる戦意を示せば、中国側は折れて出ることは間違いないと信じたのです……その後どうも情勢が少し不安になってきたので、現地軍の参謀（和知鷹二ならん）の意見も直接聞きました。現地軍の参謀は、日本が逡巡していれば、日本弱しと見て、かえって増長してくる。これが中国の特性だというのです。それで早急に出兵を決定するということは、石原さんの言うように絶対出兵はしないということと、究極において一致すると思っていたのですがねえ」と語った。梨本は「近衛首相の善良な性格に触れ、真摯な苦悶を見るにつけて、何とか総理として失敗させたくないという気持ちが、『清水の舞台から飛び降りるような離れ業も、決断もできない』性格の首相に、一度決定した出兵を取り止めるとか延期するとかいうことはとうていできない。私はシェクスピアのハムレットを思わずにはいられなかった」と回想する。

近衛の弱さを批判することは容易であろう。しかし、陸軍の首脳が「支那事変は一か月で片付く」「中国は威嚇すれば引っ込む」と口を揃えて公言しているとき、軍事には素人の近衛や風見が、それは間違いだと否定することができたとは思えない。「近衛が拡大を煽った」と批判するのは、後世の人間の「後知恵」によるものだろう。

天皇も「威嚇すると同時に平和論」が必要だと考えていた

天皇自身が、そのような認識をもっていた。『昭和天皇独白録』（四二頁〜）によれば、天皇は、盧溝橋事件発生以前は、天津北京で日中の衝突が起きることを恐れ、「近衛に話して蔣介石と妥協させる考」だった。しかし、「参謀総長と陸相の見通しは、天津で一撃を加えれば事件は一か月内に終るといふのであった……これで暗に私の意見とは違つてゐる事が判ったので遺憾ながら妥協のことは言い出さなかった」という。

しかし、上海に飛び火してからは、天皇は、石原莞爾が上海には二ケ師団しか出そうとしなかったことを次のように回想している。

「二ケ師の兵力では上海は悲惨な目に逢ふと思ったので、私は盛に兵力の増加を督促したが、石原はやはりソ連を恐れて満足な兵力を送らぬ。私は威嚇すると同時に平和論を出せと云ふ事を常に云つてゐたが、参謀本部は之に賛成するが陸軍省は反対する……妥協の機会をこゝでも取り逃がした」

つまり、天皇も中国と妥協するためには、兵力増強も含む強い威嚇の姿勢をとることが必要だと考えていた*28・29。近衛は、手記（近衛文麿『大統領への証言』（C-2）一一〇頁）で、こう回想している。

「事件直後の閣議で、不拡大方針を申し合わせたが、外にあって同盟通信社長の岩永祐吉が心配して、事件解決には『ビスマルクの故知に学べ』と閣僚を説いて回った。これは普墺戦争のとき、ビスマルクがのちのフランス打倒に備えるため、オーストリアに大勝しながら、わざと首都のウィーンを衝かず寛大に扱い、これと手を握り、他日に備えたのだと、岩永はビスマルクの例を持ち出したのである。……宮崎、秋山両名を南京に派遣しようとしたのも、実はこれと全く同じ考えのものであった」

いわゆる「城下の盟」のような考え方だったのだろう。相手方の首都ないしその直近にまで攻め込み、相手方に和議に応じなければ首都が破壊される、との圧迫を加え、和議に持ち込んだ上で首都攻撃はしない、というものだ。右手を振り上げて威圧し、左手で和を結ぶのだ。それは、近衛特有の考えではなく、天皇も含めて広く受け入れられていた考え方だった。

外見的には強硬姿勢を示しながら水面下で和平を求めるという政治的な対応は、近衛に限ったことではない。鈴木貫太郎は総理就任直後、自分の内閣での終戦を決意していたが「まず私が一億国民諸君の真っ先に立って、死に花を咲かす」と声明し、徹底抗戦の姿勢を示した。米内までが、鈴木総理に和平の意思があるのかどうか不安をもっていた。鈴木はこう回想している（『鈴木貫太郎自伝』（E-17）三〇六頁～）。

「(陛下は) すみやかに大局の決した戦争を終結して、国民大衆に無用の苦しみを与えることなく……和の機会を掴むべしとの思召と拝された……それは陛下に対する余の以心伝心として、自ら確信したところである。だがこの内なる確信は当時としては深く内に秘めてだれにも語り得べくもなく、余の最も苦悩せるところであった。……組閣当時夜のラジオ放送において『国民よ我が屍を越えて行け』といった真意には次に二つのことが含まれていた。第一に、余としては今次の戦争は全然勝ち目のないことを予断していたので、余に大命が下った以上、機を見て終戦に導く、そうして殺されるということ。第二は余の命を国に捧げるという誠忠の意味から彼のことをあえていったのである。……余は余の内閣をもって、今次戦争の最終の内閣たらしめたかった。……余としては戦争終結は心内の問題であり、よし終結に導くとしても、国民の士気、軍の士気というものは最後の段階に至るまで決して落としてはならぬという信念を持っていたので、ある場合には進んで主戦論を述べたりもした」

ポツダム宣言受諾問題の当時、阿南陸相は、最後の最後まで徹底抗戦の姿勢を示していた。その中で、阿南は、陸軍の暴発を防ぎながら巧みに降伏への道筋をつけていった。近衛も、幣原外交が軟弱だったと世論が強く批判していた中で、幣原外交の轍を踏まず、中国に強い威嚇の姿勢を示す一方で、水鳥のように、蒋介石との和平のために密かに工作を進めていたのだ*30。「本心が不拡大なら派兵の予算をつけなければいい」というような単純なものではなかった。

幣原外相の対中協調路線は中国側の武力抗日になすすべがなかったのでイギリスからも批判され、国内では軟弱外交と激しく批判されていた*31。近衛や風見が、一方では強い威嚇姿勢を示しながら、同時に水面下で蒋介石との和平交渉を進めるということは、当時の状況において決して不合理ではなかった。根本的な問題と原因は、軍部も政府も、また世論の大半も、過去の悪しき成功体験に染まっていたことによる情況の読み違えにあった。

*28 天皇は、『昭和天皇独白録』（F-2）（九七頁〜）で、戦時中国民を鼓舞激励する意味で詔書を出していただきたいと各総理から要望があったが「出すとなると、速やかに平和に還れとも云へぬからどうしても、戦争を謳歌し、侵略に賛成する言葉しか使へない、そうなると皇室の伝統に反するから断り続けた」と回想している。しかしそのような考えの天皇ですら、中国に対しては強い威嚇の姿勢を示す必要があると考えていた。

*29 不拡大を主張した戦争指導課でも、堀場一雄は、真にやむを得ず自主的に兵力を行使するのなら、充分強大な兵力をもって短期間に北支問題の一挙解決を期するべきだとした。七月一〇日、戦争指導課は、若し実力行使をするなら、一五師団を同時動員し、上海方面を含み、作戦期間は約半年で戦費五五億という、強烈な戦力の一気投入により、一気に日支問題の平和的大転換を図る必要があるとし、わずか三師団の逐次投入で

相手を屈服させられるとの考えの愚を説いた。しかし、財政当局はこれは財政の破綻と称して取り上げなかった（堀場一雄『支那事変戦争指導史』（D-15）八三頁～）。

＊30 黄自進ほか『日中戦争とは何だったのか』（A-28）所収の鈴木多門論文「鈴木貫太郎と日本の『終戦』」（二六五頁）によれば、鈴木が戦争が継続できないと考えつつ、含みのある言葉を使い続けたことについて、「外部に漏れた場合、事あれかしと望んでいる自称、他称の国士たちが、どういう所行に出るか、想像しても恐るべきである。そんな事が起こればいっさいがっさいめちゃめちゃである。私はそれを恐れた。水鳥のそれのごとく悠々と水の上に浮かんでいるようだが、その足は絶え間なく水を掻いていたのである」と鈴木は回想したとしている。

＊31 幣原外交について、中西輝政は、ウイルソンの提唱した理念を金科玉条のように受入れ、軍縮や満州問題などで譲歩を重ねたことが日本を追い詰めて満州事変への道を不可避なものとしたと批判する（『歴史街道』二〇一九年五月号、四三頁）。他方、孫崎享は、田中義一の積極外交と対比させて幣原外交の意義を肯定的に論じている（『日米開戦の正体』（A-64）一七九頁～）。

また、鹿錫俊『中国国民政府の対日政策　１９３１-１９３３』（I-5）（一〇頁～）は、「（要旨）第一次南京事件で、日本が英米の攻撃には参加せず、イギリスからの対中強硬制裁提案を再三拒否したのは、英米が革命勢力を一体として捉えていたのに対し、幣原ら外交当局が、その勢力の左右の分化と対立の実態を捉え、蔣介石派を『健全派』と認めて支持し、国民党左派の武官国民政府と共産党の『過激派』を抑えて、蔣介石らの立場を有利にさせようとする『苦衷と好意』によるものだった。蔣介石らは、当時日本の外交当局と密接に連絡をとり、日本の対応を救世主的存在として感謝していた。しかし、これは、田中義一外交での済南事件により、蔣介石の失望と怒りを招いた」としており、幣原外交が単なる「軟弱外交」とは言えなかったことを示唆している。しかし、軍部や世論は、幣原の「軟弱外交」との批判で一色だったので、軍部と正面切って争うことはできず、世論の支持のみが政治基盤だった近衛にとっては、このような批判を招くわけにはいかなかったといえよう。

山本七平の近衛批判は当たらない

故山本七平氏は、山本七平『裕仁天皇の昭和史』(F-19)(一六三頁~)で次のように記している。

「近衛が本当に『不拡大方針』を貫くなら、拡大作戦ができないように臨時軍事費を予算から削れば、それで目的が達せられる。なぜそれをしなかったのか。彼にはそれだけのことを行う勇気がなかった。というより軍に同調してナチスばりの政権を樹立したい意向があった。園遊会で彼はヒトラーの仮装をしているが、翼賛会をつくり、ナチスの授権法のような形で権力を握って『革新政治』を行いたいのが彼の本心であったろう。しかしこのお公家さんには、独裁者の能力はなかった、というだけの話である」

しかし、これはおかしい。まず、予算とは、閣議でなされる政策決定に伴ってそれに必要な予算が決定されるものであり、政策を離れて予算があるのではない。ある政策決定を閣議で行いながら、その予算はつけない、ということは内閣の自己矛盾である。したがって、近衛内閣が派兵の予算を決定したことの是非は、予算決定の問題ではなく、派兵決定自体の当否の問題だ。派兵決定の経過は次の通りだ。

七月一一日午前の五相会議では

「派兵ノ目的ハ威力ノ顕示ニ依リ、支那軍ノ謝罪、将来ノ保障ヲ為サシムルニ在リ」
「我ガ要求に応ゼザル時初メテ撃ツ」
「飽クマデ現地解決主義ニ依ル」
「動員後派兵ノ必要ナキニ至ラバ派兵ヲ取止ム」

「派兵兵力ハ五個師団但シ差当リ三個師団トス」

とされ、引き続く閣議で決定された。つまりその日の夕刻の声明では対外的に強硬な姿勢を示しつつも、閣議決定は基本的に不拡大が前提だった。派兵決定は、飽くまで段階的かつ条件付きのものだった。同日夜の五相会議では、午前の会議で派兵に消極意見だった米内海相が、杉山陸相から、中国側が日本側の要求を文書で承諾すれば「全部復員するも可なり」との言質をとった＊32。

＊32　前掲『一軍人の生涯』が引用する米内の手記では「（米内が）出兵に同意を表せざりしも、陸軍大臣は五千五百の天津軍と、平津地方における我居留民を皆殺しにするに忍びずとて、強って出兵を懇請したるにより、渋々ながら之に同意せり。而して陸軍大臣は、出兵の声明だけにても（イ）支那軍謝罪、（ロ）招来の保障を確保し得べしと思考したるが如し」としている。居留民への抗日テロは頻発しており、不拡大派の石原でさえ、その後、中央軍北上の報を聞いて強硬な派兵方針に転じたことにも照らせば、居留の軍民保護のため、それも威嚇のため、という派兵決定の要請を、近衛が拒否できたとは考えられない。それを批判するのは後世の人間の後知恵であろう。緒方竹虎は、「近衛文麿は、東亜保全を唱えて日華問題の解決に専念すべく、そのため松隈内閣、板隈内閣の入閣交渉をも一蹴して受け付けなかった霞山公（※近衛篤麿）の後であるだけ、自分の内閣時代に日華事変が勃発し、陸軍の無軌道からほとんど拱手してその拡大を見送る外なきをすこぶる遺憾とし、風見書記官長をしばしば米内の処に派して陸軍の牽制に海軍の協力を求めて居ることが、その頃の米内の手記に散見している……（トラウトマン工作失敗の後）業を煮やした近衛が、陸軍大臣をほとんど罷免にひとしく更迭したのは、近衛ならではできない工作であった。近衛の門地というか、近衛とお上の特別の関係があって始めて行われる非常手段であった。然し、板垣を杉山に換えてみても、軍の下克上の勢いは如何とも出来なかった」などと、近衛の事変不拡大への真剣な努力を語っている。

七月一一日夜、現地で今井武夫らが停戦協定調印に漕ぎつけたので、内地師団の動員下令は見合わせることとなり、とりあえず、朝鮮と満州からの部隊のみ予定通り行動することとされた。

七月一七日の五相会議では、現地の香月司令官の強硬方針に引きずられ、七月一九日を期限として加重された解決条件が決定され、中国側がこれに応じないときには武力で膺懲すると決定された。しかし、この間、国民政府は現地での協定は認めないと外交ルートで公式に日本に通告し、また七月一〇日以来、蔣介石は中央軍を北上させた。そのため、不拡大派の砦であった石原莞爾第一部長ですら、もはや派兵しかないと強硬方針に転じた。また現地で一八日、一九日には、中国軍からの射撃などによる日本兵の負傷などが続き、そのため、二〇日夜の閣議で、内地三個師団の華北派兵が決定された。その後、廊坊事件、広安門事件が発生し、七月二八日、北平攻撃の事変になだれこんだ。

このように、派兵決定は、直ちに派兵を実行するということでなされたのではなく、中国側が蔣介石の強硬な方針で妥協を断乎拒否し、現地情勢が緊張を増す段階に従って、派兵決定が具体化されて実行に至ったのだ。この過程で、近衛が内心では不拡大方針であったとしても、これらの段階的、条件付きの派兵決定を拒むことや、派兵を潰すために予算だけを決定から外す、ということは考えられない。つまるところ、これらの派兵の決定自体の当否の問題だ。それは、既に述べた事件発生後の詳細な経過の下で、局地解決は不可能であったことと、強い威嚇方針を示して相手方を屈服させ、和議を導くという軍や近衛らの方針が、客観的には実現不可能な情況にあったことが原因だった。

百歩譲って、近衛が、派兵の決定やそれに伴う予算決定をしなかったらどうなっていただろうか。直ちに内閣は倒れるしかない。陸軍は拡大派が多数で不拡大派は無力となっていた。

ロンドン軍縮条約の調印は、軍艦の対米保有量が海軍の求めた七割をわずかに切った六・九七五になったことで、政府による統帥権干犯だと軍部や国会で激しく非難された。これは、戦争自体に関する問題ではなく兵力量の問題だ。しかし、派兵の決定は戦争そのものに関するものであり、より統帥権に近いものだ。段階的、条件付きの派兵決定さえ拒み、そのための予算をつけない、ということは、ロンドン軍縮条約調印以上に、統帥権干犯だとの囂々とした非難が巻き起こったであろう。

もし近衛が派兵決定ないしその予算決定を閣議で行わない方針を示せば、杉山陸相は強硬に反対するのは当然だ。他の閣僚も多くは拡大論だった。すると内閣不一致で総辞職となる。当時、総理大臣には閣僚を罷免する権限はなかった。もし杉山が辞職したとしても後任の陸相を陸軍が出さなければ内閣はやはり総辞職となる。また、社会全体に蔓延していた暴支膺懲論の下で、近衛は袋叩きとなっていただろう。近衛個人の人生からすれば、そうして政治的に葬り去られた方が幸せだっただろう。

私は山本七平氏を畏敬しており、同氏の著作から多くのことを学んできたが、同氏のこの論には承服できない。山本氏は近衛に対して極めて冷たい視線をもっているが、少なくとも同書を見る限り、私が本書で述べたような近衛の思想と行動、事変に至る長期間の詳細な経過を踏まえた上での近衛論であるとは思えない。読者はどう考えるであろうか。

２　上海事変から南京、武漢三鎮攻略までの事変拡大を防ぐことはできなかったのか？

実らなかった船津工作

盧溝橋事件発生後の強硬な政府声明は、強い言葉で中国を威圧することが主眼であり、軍中央や政府の大方の本音は事件不拡大にあった。近衛首相は、不拡大を説く石原莞爾の強い進言で自ら南京に乗り込んで蒋介石と談判しようとの決意をいったんはした。また、宮崎龍介や西園寺公一、頭山満を派遣して蒋介石と交渉しようと様々な工作をした。しかし、これらは主に陸軍内の強硬派による妨害のため実らなかった（第３章で詳述する）。外務省では、石射猪太郎が広田外相の指示のもとに、八月四日、船津辰一郎（在華紡同業界理事長）を上海に派遣し、日本の撤兵を含む大幅な譲歩の案をもって国民党外交部との非公式折衝を行うべくその段取りを取った（「船津工作」）。しかし、これは、現地の川越大使の対応の不適切さもあったうえ、綏遠事件の影響や、九日、上海郊外で海軍特別陸戦隊の大山勇夫中尉と斎藤輿蔵一等水兵が中国兵に殺害された大山事件によって水泡に帰した。

第二次上海事変。米内海相の拡大論への豹変、「狼」となった海軍

米内海相は、盧溝橋事件発生当時は不拡大方針であり、杉山陸相と激しい応酬をしていた。しかし、八月九日、上海郊外で海軍特別陸戦隊中隊長の大山勇夫中尉と斎藤輿蔵水兵が中国軍に殺害される大山事件が発生し、現地の海軍や居留民の怒りを沸騰させた*33。

主に笠原十九司『海軍の日中戦争』（E-5）（九七頁〜）によると、大山事件の翌一〇日、伏見宮軍令部総長は米内海相に対し、今や陸兵を上海に派遣して治安維持を図るべきだと督促した。一二日、長谷川第三艦隊司令長官は、約三万人の中国軍部隊に対し、現地の海軍特別陸戦隊（上海、漢口、軍艦出雲など合わせても約四〇〇〇名）だけでは居留民保護任務を達成し難いとして、陸軍の増援派兵を強く求める急電を送った。もともと華中や華南に関心が薄かった陸軍は上海派兵には消極姿勢だった。しかし、当初慎重だった米内海相も現地の強い要請を受けてこれに同意し、一二日夜、静養中の近衛首相を訪れて緊急に四相会議を開催させ、陸軍出兵に関する政府方針を決定する臨時閣議を要請した。翌一三日の閣議で陸軍の上海派遣が正式に決定された。米内は非常に興奮して、派遣に伴う財政問題を持ち出した賀屋蔵相を怒鳴りつけたという。上海の不穏な情勢は悪化し一三日夜からは両軍の戦火が広がった。

一四日朝から、中国空軍数十機が陸戦隊の本部や海軍の旗艦出雲、総領事館にまで爆撃を行い、フランス租界や共同租界まで爆撃がなされ、民間人三〇〇〇人以上の死傷者が出た。同日夜に緊急閣議が開催さ

れたが、これらの動きは、以前は慎重姿勢だった米内海相の態度を一変させ、非常に興奮して不拡大主義の消滅を主張し、「海軍としては必要なだけやる考えである……日支全面作戦となった上は南京を撃つのが当然ではないか」などの発言までする強硬姿勢に転じたという。この閣議でこれまでの不拡大方針の見直しが決定され、翌一五日未明、政府は、中国軍を「膺懲」し、国民政府に断乎たる処置をとるとの声明を行った。前日、台風のために延期されていた大村から南京・南昌への渡洋爆撃が一五日から開始され、上海への爆撃も激化した。世論は沸騰し、宣伝運動に一層の拍車がかかり、東京朝日新聞を始めとして報道各社は「軍用機献金運動」を大々的に展開した（笠原十九司前掲書一二五頁）。

＊33　笠原前掲書（三八頁～）は、海軍内ではかねてから陸軍の北進策に対抗した南進策推進のために上海での戦火拡大を企図しており、大山事件は海軍が謀略工作によって計画的・意図的に発生させたものであると論じている。また、その後の重慶への激しい空爆は、きたるべき日米戦をも想定した海軍の準備作戦の性格があったとも指摘している。当時、石射猪太郎は、日記に「海軍はだんだん狼になりつつある」と書いた（同九七頁）。

徹底抗戦態勢を構築していた蔣介石、それを読めていなかった日本

蔣介石は、満州事変後、安内攘外政策を堅持しつつも、近い将来、日本と戦うことを決意し、長期持久戦となる可能性を想定して着実に準備を進めていた。満州事変以前の一九二九年一二月当時においてさえ、対日参戦を要求して南京に集まった五万人の学生に対し、蔣介石は「現在の中国の武力は日本にはかなわない……今日この日から抗戦の準備をする。我に数年の準備期間を与えよ。日本を破るには強力な武装と訓練と抗戦精神を必要とする。今日この日から始めよう」と演説し、学生は熱狂したという（田中秀雄『日本はいかにして中国との戦争に引きずりこまれたか』（A-32）（二〇五頁～）。一九三二年四月、蔣介石

は第二次大戦が一九三六年に始まるだろうと予測して抗日戦準備をそれまでに完成するよう指示した。盧溝橋事件発生数か月前の一九三七年三月に策定した「民国二六年度国防作戦計画」では、日中戦争を国際化することによって最終的勝利を目指すこととし、第一段階で上海中心の揚子江流域で決戦を行い、有利な戦いをして国際的干渉を誘発させ、第二段階としてそれが難しい場合には奥地に拠点を移して長期的に抗戦することを考えていたという（波多野澄雄ほか『決定版日中戦争』（A-20）六一頁～）。軍費はイギリスとアメリカ、武器はドイツに依存する方策だった。上海では、第二次上海事変を想定し、ドイツのファルケンハイゼン軍事顧問団長の指導を受けて、市内のクリークやトーチカを利用した堅固な防御態勢を強化し、また火器も充実し、ドイツ陸軍式に訓練された近代的軍隊とし、兵士の戦闘能力、意志も格段に向上させていた。そのため、上海戦争は当初の予想を超えた激しく困難な戦いとなった（堀場一雄『支那事変戦争指導史』（D-15）一〇五頁～、新名丈夫『あなたが知らない太平洋戦争の裏話』（A-66）二四頁～）。

中国をみくびっていた陸軍。なし崩しの戦線拡大

事変は上海に飛び火して本格的戦争に突入したが戦闘は困難を極めた。政府軍部は、中国軍の戦闘能力や態勢をみくびっており、短期間の攻撃で蔣介石は容易に屈服するとみていた。八月末の時点で、陸軍は、当初、作戦地域は基本的に保定（北京の南南西約一〇〇キロ余）と独流鎮（天津の西南西約五〇キロ）を結ぶ以北の華北に留める考えだった。戦局の見通しとして、北部では保定、中部では上海でそれぞれ中国軍を撃破して、一〇月下旬ないし一一月初めに終戦できる、としていた*34。ただ、その前提として、短期間で中国を屈服させるためには、戦力の逐次投入ではなく、一挙に大規模な戦力の投入が必要だという主張が少なくなかったが、現実にはそうならず、ずるずるとした戦線の拡大に陥ってしまった*35。

八月二四日、参謀本部が決定した四個師団動員が閣議で可決され、これまでと併せ中国への派兵は人員

一〇三万人余、馬一五万四〇〇〇頭に及んだ。九月二日には、閣議で「北支事変」を「支那事変」に改称が決定された。

九月二四日から、中国軍四〇万人を保定南方で捕捉して一気に決戦を挑む作戦が開始された。しかし、板垣征四郎中将が率いる第五師団が保定と大同市の中間の山間部にある平型関で中国軍の抗戦に苦戦し、大部分を脱出させてしまい、なし崩し的な長期持久戦への端緒となった。一〇月四日、中国軍を戦意喪失させるための上海決戦が企図された。日本軍は一〇月一〇日石家荘、一四日綏遠、一七日包頭、二六日金門島と占領地域を拡大した。一〇月三〇日には松井石根大将が中支那方面軍司令官に任命された。一一月五日、柳川平助中将＊36が率いる勇猛な第一〇軍の柳川軍団が杭州湾に上陸し、果敢な進出攻撃を敢行したことから、戦局はようやく変化し、一二日上海占領、一九日蘇州占領、二二日無錫占領、と上海全域を陥落させ、南京に迫るまでに至った。上海戦全体で、日本軍の戦死は九〇〇〇人以上、負傷は三万人以上に及んだ。

＊34　参謀本部作戦班の西村敏雄少佐は「当時参謀本部の誰人と雖も今日一二、三年の如き大作戦を導くことを希望した者はなく、又斯様な大作戦になることを怖れ予想した人もなかった……大作戦まで進展しない以前にある限界に達すれば支那側が屈服するであろうと漠然たる想像に支配されて居った」と述べた（『みすず現代史資料12　日中戦争４』四六二頁）。

＊35　笠原十九司『日中戦争全史（上）』（A-30）（二二六頁～）によると、天皇は、七月三〇日に近衛首相に「永定河東北地区を平定すれば軍事をやめてもよろしいのではないか」と意見を述べ、また八月六日には軍令部総長に、一〇日には参謀総長にそれぞれ外交的解決による収拾策を望む意向を伝えていた。ただ、天皇は、戦後になって、「二ケ師の兵力では上海は悲惨な目に遭うと思ったので、私は盛んに兵力の増加を督促したが、石原はやはりソ連を恐れて満足な兵を送らぬ」と語った（『昭和天皇独白録』（F-2）四四頁）。不拡大派の堀

場一雄ですら、前述のように（五〇頁）戦力の逐次投入はだめで一気に一五師団を投入しなければ事変は解決しない、と主張していたし、拡大派の田中新一は、上海戦の初期の大失敗は不拡大政策のためであると厳しく批判した。拡大派・不拡大派の双方に、石原がソ連を恐れるあまり戦力の逐次投入という方針を採ったことへの批判が強かった。また、戦力の逐次投入の問題に加えて、石原は、対ソ戦に備えて関東軍の精鋭の現役兵は温存し、後備兵や召集兵の比率が高く士気や統率に問題がある兵力を華北以下に投入したことが短期決戦勝利を阻害し、ひいては統率の乱れによる南京虐殺事件を始めとする日本軍の非行を招いたとの指摘も少なくない。

＊36　柳川平助は、本来日中戦争反対の皇道派の重鎮であり、二・二六事件後、予備役となっていたが、極めて勇敢で優れた作戦指導力により、召集されて杭州湾上陸作戦から上海、南京への攻略に貢献した。しかし、統制派から疎まれて、一九三八年三月召集解除された。近衛文麿は、柳川への期待が大きく、第二次、第三次内閣で、柳川を司法大臣、国務大臣に起用した。

南京攻略へ

一一月一五日、柳川平助中将率いる第一〇軍は独断で南京進撃を開始し、松井司令官もこれに同調して軍中央を突き上げた＊37。しかし、現地軍の勢いを中央は制御することができず、日本軍は、ついに南京に迫り、一二月一三日、攻略して占領するに至った＊38。日本国内は、提灯行列などのお祭り騒ぎで国民は驚喜した。しかし、蔣介石は既に一一月一三日、首都を攻略されても、遷都して長期抗戦を行うことを決め、一一月二〇日に重慶への遷都を正式に発表していた。一二月七日、蔣介石は宋美齢とともに南京を離脱して廬山に逃れた。

＊37　松井は、東京駅を出発する際、杉山陸相に「どうしても南京まで行かせてくれ」と懇願したという。ただ、

それが、最初から南京攻撃、占領まで意図していたのか、南京に迫って包囲した上での「城下の盟」を求めるためであったのかは判然としない。笠原十九司『日中戦争全史(上)』（A‐30）（二五六頁）によれば、松井は当初から南京攻略を強く主張し、蔣介石は南京を攻略すれば下野するだろうと考えていたという。他方、松本重治『昭和史への一証言』（B‐7）（六五頁〜）で、松本は、「松井石根大将とは三年前から知己を得ていたので、松井に呼ばれて上海出兵について中国はどうみているかと尋ねられたとき、上海派遣軍が南京まで進撃せず、途中でほこを収めて欲しい、南京まで占領すれば日中は全面戦争になり、一撃での話し合いなどはできなくなる、と進言した。松井は、他言せぬようにと念を押しつつ、南京に行かずにほこをおさめるようひそかに心を砕いている、と言ってくれた」「(戦後松井の追悼会で派遣軍参謀長をしていた安藤氏から)松井司令官は、南京に行くまでに停戦する機会を求めていた。ところが中国軍があまりに早く退却するので、追撃せざるを得なくなった、と聞いた」と回想している。松井は対外的には強硬な姿勢をとりつつ、矛のおさめどころを考えていたのかもしれない。

＊38　武藤章は、現地を訪れた河辺虎四郎作戦課長（※前戦争指導課長で不拡大派）に対し、南京を取ったら蔣介石は手をあげると言い張り、「おれは凱旋の際は東京駅から自動車でなく馬車で参内するんだ……」と嘯いていたという（『変動期の日本外交と軍事』（A‐11）所収高橋久志論文一一三頁）。

徐州作戦から武漢三鎮攻略戦へ

他方、南京を攻略しても屈服しない蔣介石に対し、政府や軍部の中央は、それ以上の戦争拡大には慎重になっていた。しかし、現地の支那派遣軍では、より徹底した作戦展開を求める力が強く、一九三八年四月七日、大本営は徐州作戦の実施を下令した。しかし、徐州方面に向けて南下する日本軍と中国軍が激突した台児荘での戦いでは中国軍の戦闘に対し日本軍は多数の死傷者を出して苦戦した。また、日本軍は五月一九日徐州を占領したが、中国軍を包囲して追い込み殲滅しようとする作戦は、中国軍が後退逃走を繰り返したため失敗した＊39。また、蔣介石は、六月九日、日本軍の前進を阻止するため、開封付近で揚子江を決壊・氾濫させるという大胆な作戦も実施した。日本軍はさらに、漢陽、漢口、武昌の武漢三鎮を攻撃して一〇月二七日、攻略・占領し、日本国内は提灯行列や紙吹雪で沸き立った。これに呼応した広東攻略戦で、一〇月二一日、広東を占領した。それにもかかわらず、日本軍は蔣介石軍の捕捉殲滅を果たすことはできず、戦線はさらに泥沼化した。

＊39　これまで暴走的な進軍のため捕捉殲滅作戦に失敗していた第一軍香月清司令官は、五月二八日更迭され（後任は梅津美治郎中将）、失意のうちに帰国した。

私の見方――戦線拡大の責任を近衛に問うのは酷である

事変が上海に飛び火してからの日中戦争泥沼化を近衛が阻止できなかったと責めるのは余りに酷であろう。軍部ですらその拡大を誰も予想せず、ずるずると戦線が拡大していった。近衛は統帥権の壁に阻まれて陸軍の戦争予定や行動について何一つ事前には知らされなかった。七月、事変勃発から二〇日ほどたったころ、戦線がどこまで拡大するのかを大谷尊由拓相から問われた杉山陸相が答えないので、米内海相が「永定河と保定の線で停止することが大体において決定した」というと、陸相が顔色を変えて「こんな場所で言うては困るでないか」と米内を怒鳴りつけたエピソードは著名だ。近衛はこのことをつぶさに上奏し、総理大臣が将来の計画を立てるために是非とも必要と認められることである限り、たとえ統帥事項であってもあらかじめ内閣にお知らせ願いないかと天皇にお伺いをした。天皇はもっともなことなので、しばらく考えさせてくれと言った。後日、天皇から、陸軍は政党出身大臣の同席する閣議での報告は困るというので、今後は天皇自らが、総理と外相のみに必要なことは伝えてくれるということになった（近衛文麿『大統領への証言』（C-2）二一頁）。その後も軍部は重要な戦局についてまったく近衛には知らせなかった。軍が南京侵攻を決定して着々その準備に取り掛かっていた折、近衛はそのことを全く知らされておらず、天皇に拝謁した折、始めて天皇から、近く南京攻略にとりかかる旨を耳打ちされて初めてそれを知ったという有様だった（『風見章日記・関係資料』（C-47）四八三頁〜）。

のみならず、同年一二月一四日、王克敏を担いで中華民国臨時政府が北平に樹立されたが、これは華北分離策を目論む北支軍特務機関の工作によるものだった。これは純粋の軍事の統帥事項ではなくむしろ政治外交の分野の問題だ。しかし、近衛や風見には、それさえ何の連絡もなく、新聞で初めてそれを知った。風見は、これは和平を求める方針に全く相反するもので、北支軍が陸軍中央部と連絡打合せの上に実現したのに相違なく、陸軍中央部は口では和平を説きながら和平を妨害しているのではないかと憤った＊40。

＊40 風見章『近衛内閣』（C-9）（八六頁〜）によれば、成立した中華民国臨時政府について、風見は事前に噂を聞いたので杉山陸相に真偽を質したがいつも要領を得ず、いやしくも重大な政治措置だから必ず相談があると思っていたが、新聞報道で初めて新政権成立を知って驚き、「陸相の顔にげんこつをくらわしてやりたい」ほど怒った。風見は、陸相ですらあずかり知らず、事後承諾を余儀なくされたものだろうと思い、怒りの感情を抑えたという。

当時、近衛の胸に去来していたのは、怒りを超えた無力感だっただろう。総理といえども統帥権の壁に遮られて重要な国家的軍事戦略や方針をまったく知らされない。その軍部は、本来統帥事項ではない政治や外交まで大きく干渉しようとする。近衛は、度々辞意を漏らし、西園寺公望や原田熊雄からそのたびに慰留されていた＊41。

＊41『西園寺公と政局』（J-4）によれば、例えば、一九三七年一一月中旬に、近衛がどうしても辞めたい……自分には堪えられないと木戸に言い出し、木戸や原田、西園寺から慰留された（第6巻、一四二頁〜）。一九三

八年三月にも「議会が済んだら辞めたい」（同二六五頁）、四月にも「誰かに代わる方法はないか、辞めたい」（同二八一頁）など、翌一九三九年一月に辞職するまで再三辞意を漏らしていた。一九三八年三月の末には、近衛は原田熊雄に「先刻陛下に謁を賜はって『たゞ空漠たる声望だけあって力のない自分のやうな者がいつまでも時局を擔當するといふことは、甚だ困難なことでございます。やはり實力のある者に當らしめることが適當と存じます』といふことを申し上げておいた」と語った（同二七〇頁〜）。

3　トラウトマン工作を成功させることはできなかったのか？

盧溝橋事件の勃発、その後の戦線の拡大について近衛の責任を問うのは酷であるとしてもトラウトマン工作失敗についての近衛の責任は問題だ。和平工作は、統帥事項とは異なり、基本的には政治と外交の問題だからだ。

簡単に屈服させられるはずの中国軍の抵抗により事変が長引いたことを苦慮した日本の政府・軍部は、一九三七年一一月から、駐華ドイツ大使トラウトマンの仲介による和平工作を開始した。当初日本側が示した条件は合理的なものだったが、一二月一三日の南京陥落によって舞い上がった日本の政府・世論の強硬論により、当初の条件は大幅に加重され、中国には到底受け入れられないものとなった。大本営政府連絡会議では、交渉継続を主張する参謀本部多田次長と、強硬論を吐く末次内相らが激しく議論したが、多田の継続論は孤立し、受け入れられなかった。翌年一月一六日、「爾後国民政府を対手とせず」の第一次近衛声明によって、この工作は水泡に帰した。

末次内相の強硬論に悩まされた近衛

近衛が、トラウトマン工作の過程においてどのような心境、考えを持っていたかについては必ずしも明確でない。一連の会議で、近衛は聞き役にまわり、自分の意見を主張することはほとんどなかった＊42。しかし、一月一五日の会議では、軍令部総長が「今後例えば三、四か月間において当方の条件を全部容れ来らば尚はねつけるか」に対し、近衛は「然り」と答えている。会議で最も強硬に交渉打ち切り論を吐いたのは末次信正内相だった＊43。ただ、末次が、「これ以下の条件では国民が納得せず、内相として治安の責任がとれない」と言ったとき、近衛は身体を起こして末次を一瞥し、珍しく厳しい口調で「成り立たぬ条件では、国民が納得したところで無意味だ」とズバリと言った。末次は反論できなかった（有馬頼義『宰相近衛文麿の生涯』（C-7）一四四頁）。近衛は、条件は中外から見て公正なものでなければならぬ、国民が納まらぬとか軍人が不平を言うとかいって、不可能なことや無理なことを要求するのは国家の威信にかかわると考えていた。このことは、後述する近衛の事変勃発以来の様々な和平工作の取り組みの経緯に照らしても、近衛が基本的には和平の成立を期待していたことを窺わせる。しかし、近衛は、トラウトマン工作成功のために積極的に主導権をとろうとすることはなかった。そして、近衛は内心では和平を願いながら、盧溝橋事件以来の陸軍強硬派の対中強硬策やそれに追従する指導者層に嫌気がさし、辞意を漏らすようになっていた＊44。

近衛が末次を内相に起用したのは、末次が、右翼に顔が広いので、右翼を抑えるためには末次が役に立つと考えたためだった＊45。しかし、末次は終始、対中強硬論で近衛を悩ませた。このような近衛の人事の方針は近衛のいわゆる「先手論」の表われでもある。後述するがこのような「先手論」がしばしば結果が裏目に出て近衛を苦しめることとなり、これは第二次内閣での松岡外相起用の失敗をも彷彿とさせる。

＊42　石射猪太郎は、「一二月一四日の政府大本営連絡会議で石射は和平条件案を説明……近衛は終始沈黙……原案を忠実に支持したのは米内と古賀軍令部長のみ……末次、杉山、賀屋諸氏から出された異論によって条件

が加重……末次内相は、米内海相に『海軍はこんな寛大な条件でいいのか～華南地区に海軍基地として永久占領地を持つ必要はないのか』と詰問を放った……わが広田外相に至っては一言も発言しない……私はもうがまんならなくなり『かくの如く条件が加重されるのでは、中国側は到底和平に応じないであろう』と争ったがこの発言は冷たく無視された」と回想している（石射猪太郎『外交官の一生』（G－10）二九二頁～）。

＊43『「変動期の日本外交と軍事』（A－11）（二五三頁～）所収の「大本営陸軍参謀部第三課・機密作戦日誌」によれば、末次は、「条件を書き物にして渡せば世界に発表せられ内外言論に曝し者となるならん……支那に対し和を求めるということは、兵備が足らずというようなことからソより侮りを受けることになりはせぬか……斯くして国家の前途に危険を醸することになる」「武力で四川に追い詰めなければ（壊滅を計るということは）、出来ないではないか。漢口や広東をとることは常識で考えてもわかるじゃないか」と発言して多田と激論した。

また、戸部良一『ピースフィーラー』（B－2）（一六八頁）によれば、一九三八年二月四日開催の最後の連絡会議において、末次は蔣介石政権武力潰滅を主張し、多田との間で激しい言い争いが繰り広げられた。そして、驚くべきことに、これ以後近衛内閣では連絡会議が一度も開かれなくなってしまった。近衛は、「末次が癌だ」と木戸に嘆くほどになっていたという（古川隆久『近衛文麿』（C－17）一四六頁～）。

＊44 南京陥落の前日、近衛は、「もうとても自分には堪えられない。南京が陥落して蔣介石の政権が倒れる。で、日本は蔣政権を否認した声明を出すが、その時が、ちょうど自分の退き時だと思うから、その時に辞めたい」と語っていた（原田熊雄『西園寺公と政局　第六巻』（J－4）一八〇頁～）。

＊45 末次は、艦隊派の巨頭として軍縮条約締結に抵抗し、閣僚としては事態を混乱させることが多かったが、海軍軍人としての指揮作戦能力には定評があり、高木惣吉は末次をこの面で高く評価していた。「阿川弘之『米内光政（上』（E－19）（九二頁）によれば、末次は米内より二期先輩であり、頭はシャープで独創性はあり、

なかなかの政治性もあって新時代の海軍を背負って立つ人と高く評価されていたが、米内は末次の不純な政治性を認めていなかったらしい。末次は右翼関係者とのつながりが深く、近衛が末次を内相に起用したのは、右翼への抑えを期待したからだった。「中村菊男『昭和陸軍秘史』（D‐35）（二二五頁）で、当時参謀本部の作戦課長だった稲田正純は「これは近衛さんのイカ物食いだと思います。近衛さんは必ずこうしたことをやる人なのですね」と語っている。

私の見方――近衛の責任は少なくないが、米内・広田も同罪

私は、トラウトマン工作の失敗についての近衛の責任は少なくないと思う。何よりも近衛が主宰する閣議で正面から審議されたものだ。しかも盧溝橋事件当時とは状況が異なり「一か月で片付く」「南京さえ落とせば蔣介石は屈服する」との読みがことごとく外れ、和平の必要性が強く認識されるようになった時期だった。末次の発言をぴしゃりと制したこともあったのだから、近衛が断乎、和平条件の苛酷化に反対し、交渉継続を強く主張することはできたはずだ。確かに、南京陥落に国中が沸いたこの時期に、最初に示した条件で和平することは、末次内相が言ったように国民は納得せず、凄まじい批判を招いたであろう。ポーツマス条約締結の時に賠償を放棄したことで日比谷公園焼き討ち事件のような暴動が起きることもあり得たであろう。しかし、近衛が、一度政府が示した和平条件を吊り上げるようなことはすべきでない、と肚をくくり、蛮勇を振るって多田次長の参謀本部意見を支持することはできたはずだ。そうすれば、当然末次内相ら強硬派と意見が対立し、米内が案じたように内閣不一致で総辞職は免れなかっただろう。しかし、もともと近衛は盧溝橋事件以来軍部の横暴に嫌気がさして辞職したいと考えており、総理の座に未練はなかった。近衛が内閣総辞職の覚悟で臨めば、軍部も閣内の強硬派も、平沼・阿部・米内と三代の短命内閣が続いた後で近衛に代わる総理は容易に思い当たらないだろう。近衛がそのように開き直り、国家

百年の大計のために、断乎当初の和平条件を維持し、あるいは少なくとも粘り強く交渉を継続する、と決断することはできたのではないだろうか。

しかし、多田参謀次長や石射東亜局長らが孤立無援で交渉継続を主張したとき、近衛は何の手も差し伸べず、ほとんど沈黙した。近衛は盧溝橋事件以来、無力感に支配されていたのだろう。やはり、そこに近衛の弱さがあった。しかし、末次ら強硬派はもとよりであるが、多田次長を突き放した広田と米内の責任も大きいというべきだ*46。

＊46 原田熊雄『西園寺公と政局　第6巻』（J-4）（一九三頁）によれば、当時近衛内閣の閣僚だった木戸幸一もトラウトマン工作を批判し、「参謀本部が非常に急いで平和解決を促そうとしてゐるのを見るとまことに危険でたまらない……自分は今日も閣議でも強く主張して……『ドイツに無理に頼む必要はないじゃないか』といふことまで言ったけれども、どうも参謀本部があれほどまでに熱心になってゐることはすこぶるおかしい……」などと言っていた。

4　なぜ「国民政府を対手とせず」の第一次近衛声明を出してしまったのか？

この声明は、蔣介石との和平の途を閉ざし、日中戦争を泥沼化する決定的な要因となった。近衛自身が、その失敗を深く悔いていた。しかし、なぜこのような声明を近衛が出してしまったのかは単純ではない。

この声明は、盧溝橋事件発生以来の拡大派、トラウトマン工作の交渉打切り派の動きと表裏一体だった

拡大派は、満州のみならず華北をも分離させ、日本の支配下に置こうとした。中国は統一させず地方政権を分立させるのが望ましいと考えていた。そのため、北伐により中国の統一を目指し、満州も中国の領土だと主張する蔣介石は目の上のたんこぶだった。しかもその蔣介石が共産党と合作してまで日本に反旗を翻し、頑強に抗日戦を続けることは憎くて仕方がなかった。拡大派は、蔣介石の政権は屈服させるか、せいぜい一地方政権に陥れさせ、親日的な地方政府を、華北を始めとする広い地域に樹立させようと画策した。一九三五年一二月には反蔣介石派だった殷汝耕を担いで冀東防共自治政府を樹立させた。トラウトマン工作進行中の一九三七年一二月一四日には、王克敏を行政委員会委員長として華北四省と北京天津地区などを統括する中華民国臨時政府を樹立させた。

当時、この華北新政権を中央政権とすべきと主張する支那課や現地の北支方面軍からの要求が激しかった。華北に出張した梅津次官と柴山軍務課長に、北支方面軍は、「南京政権を速やかに否認すべし」と主張した。中支那方面軍司令官の松井石根大将からも「帝国は速に蔣政権の支那中央政権たることを否認すべし」との意見具申があった。一月七日には、必ずしも強硬派に属さない川越大使ですら、華中の新政権樹立に期待を表明し「新政権が出現するには日本政府が南京政府を公式に否認することが必要だ……再び国民党政権の復活はあり得ないことを十分認識させてやらなければならない」と語ったと報じられ、軍の強硬意見とあいまって、「対手にせず」声明発表を促す大きな要因となった（戸部良一『ピース・フィーラー』（B－2）一四八頁）。

声明が準備されて発表に至る経緯―外務省原案説、風見章説、中山優の関与、秋山定輔草案説、王克敏要請説など

戸部前掲書（一四九頁～）によれば、政府内外ではかなり前から国民政府否認論が強力に唱えられており、陸軍省では、南京陥落以前から国民政府否認声明を準備しており、「対手とせず」声明の原案は、陸海外三省主任者間で、約一か月研究されていたという。

この声明案が最終的に近衛によって了承され、その判断で発表されたことは事実だ。しかし、誰が、どのような経緯でこの声明原案を作成し、どのような協議や検討を経て成案に至ったかということについては、いまだに定説といえるものがないほど錯綜している。

一月一一日御前会議決定の「支那事変処理根本方針」では、次のように記されていた。

「支那現中央政府が和を求め来らざる場合に於ては、帝国は、爾後之を相手とする事変解決に期待を掛けず、新興支那政権の成立を助長し、これと両国国交調整の調整を協定し、更生新支那の建設に協力す。支那現中央政府に対しては、帝国は之が潰滅を図り、又は新興中央政権の傘下に収容せらるる如く施策す」

このように、当初は、国民政府を相手とする「事変解決」には期待をかけない、とされていたのが、発表された声明では、「事変解決」が抜け落ち、国民政府そのものを否定するようなトーンに変わってしまった（同一五一頁〜）。

戸部前掲書や、鳥居民『昭和二十年　第一巻』（A‐74）（五〇頁〜）などによると、諸説は次のようなものだ。

《外務省原案説》

これは、主に内閣書記官長だった風見章の説だ。風見は、「外務省で原案をつくり、それをわたしが中心となって、陸海外関係事務責任者とともに、二、三、重要でない字句の修正をしただけである。『あいてにせず』の文句は、原案にあったままである」と語った。原案は外務省東亜局第一課長上村伸一によってつくられた、と口述を受けた同課員中島嘉寿雄は記憶するが、上村は記憶がないとする。その後、陸軍軍務局軍務課の佐藤賢了、海軍軍務二課の藤井茂、外務省の上村伸一が原案を推敲し、さらに外務省東亜局長の石射猪太郎、陸海双方の軍務局長による三局長会議で声明案が本決まりになったという。しかし、佐藤は「あの声明の起案には私も参与している……しかしあの声明はあんな声明じゃなかった。もう少し委曲を尽くした声明だった」と語っているなど、外務省原案説の具体的経緯についての関係者の供述には符合しない点が少なくない（鳥居前掲書五二頁～）。

一説では、国民政府否認とか交渉打ち切りとかの表現では部内を纏めかねるとの要求が陸軍側からあり、その結果、ある外務省員が、「対手トセス」と、硬軟いずれにもとれる曖昧な表現に故意にひねって案出したものだという（戸部前掲書一五二頁）。

《風見章説》

これは、むしろ風見が主体的に案を作成したという説だ。鳥居民によれば、風見は声明について、記者会見では言葉が少なく、あれは非常に苦労したのだから何も聞いてくれるなと答えただけだった。声明が発表されたとき、多くの人は執筆者は風見だと推測した。法制局長官だった船田中もその一人で、風見の背後には尾崎秀実と日本を是が非でも蔣介石と戦い続けさせようとするクレムリンの謀略が存在したのではないかと疑っていた。しかし、鳥居は、結論として、風見と尾崎の陰謀説には否定的である（鳥居前掲書五〇頁～）。

《陸軍省軍務課起案説》

歴史家中村菊男は、当時陸軍省軍務局軍事課高級課員だった稲田正純と対談した（中村菊男『昭和陸軍秘史』（D-35）二二六頁～）。稲田は、「第一次近衛声明の最初の起案は、軍務課だった。外務省や海軍とも相談したでしょうが、中心になったのは佐藤賢了（※当時軍務課国内班長）で、交渉相手は戦争指導課の堀場一雄少佐（※不拡大派の中心だった）でした。堀場はソ連帰りの理論家で、参謀本部の立役者だった～～。ところが、私が支那に旅行して留守の間に、佐藤と堀場がけんかしてしまい、（堀場は）『稲田さんがいないので、佐藤賢了のくそ坊主にだまされた』と言っていた」と回想している*47。

＊47　堀場一雄『支那事変戦争指導史』（D-15）（一一六頁～）で、堀場は、「南京陥落前に蔣政権の否認を提唱した急先鋒は軍務課佐藤（※賢了）中佐にして、講和斡旋（※トラウトマン工作）の傍受電報を読みて憤慨せるは川本少佐を先頭とする軍務課及び支那課なり。河辺作戦課長は敢然之等と闘う気力に乏しく、予は孤軍奮闘せり。爾来予は佐藤中佐と相好からず。由来、軍務課長及び支那課は政権運動に興味を有す。当時偶々北支新政権問題あり。之が首班に擬せられたる王克敏は、蔣介石打倒せられず、日本が之と事変を解決するにおいては自ら奸漢たらざるを得ず。彼の出馬条件は、日本が蔣介石と絶縁し、彼を絶対支持することに在るは明瞭なり。前掲事変対処要綱方針第二項に於て、右支持者たちは北支政権を以て新支那の中心勢力たらしめんとの決定的意志表示を強硬主張せり。予は激論の末、右、実現不可能の含蓄において之を修文せるものなり。当時以来暫くの間予は装填せる拳銃を机の引出しに入れて執務セリ」と書いている。

《中山優の関与》

近衛のブレーンだった中山は、次のようにこの声明について痛恨の思いを語っている（近衛文麿『大統領への証言』（C-2）二五六頁～）。

「第一次近衛声明については世間から誤解されている。一二年の暮れに、トラウトマン交渉が駄目になったときの用意にと言って、秘書官が半枚足らずの簡単な覚書程度のものをもってきて字句を修正してくれと頼まれた。後日出た本で風見氏は、その原案は陸軍が作ったと言っているし、矢部氏は外務省の起案で、のちの北支臨時伊政府の王克敏の要望により、陸軍が、これに便乗したものと書いているが、いずれにせよ、当時の空気では、陸軍・外務の間で打ち合わせたものであったに相違ない。それはどう考えても閣内限りの申し合わせで、総理大臣が、正式に外に向かって発表するという文体のものではなかった。老練な広田外相の目の届く下で、そつがあろうとは思わなかった。当時まだ私は外務省にいたが、あれが発表されたときには、ハッとした。隣の席の外務省きっての英語の大家の小畑薫良氏に、

『対手にせぬというような英語があるかね。あれはまるで私は嫌だね。バツというようなものじゃないか』と言ったように思う。陸軍の主流の圧力がどんなに強かったにせよ、近衛公ほどの人が、あの一貫して中日間の親善を心から希望した人が、このような粗笨な発表をしたということは、抗すべからざる時の勢いというものであろうか。いかにも残念で、これが結局公の命取りの種子となった。……たとえ字句だけにせよ、私も、それを事前に見た一人である。多年中国問題に従事している一人として、私はもっと敏感にその機微を把握し、生命がけでも、それを阻止するべきだったのである。当時の私としては、それほど自ら任ずるものがなかったことを、いまにして自ら鞭打たざるを得ぬ。しかし、これはいわゆる近衛声明ではない。不用意に出されたこの対手にせずの声明を一年がかりで修正したのが翌年一二月の近衛声明である」

《秋山定輔草案説――二つの草案説》

鳥居前掲書（五六頁～）が詳細に論じている。声明の草案は二つあり、外務省を中心に関係各省の責任者が検討会を開いて作成した案のほかに、近衛が右翼とのつながりが強い秋山定輔に委嘱して作らせたもう一つの草案があったという。近衛の取り巻きに、革新派の強行的なグループである秋山定輔、麻生久、中溝多摩吉らがおり、秋山は近衛から依頼されてグループで草案つくりをした。秋山は当時七〇歳で、桂太郎の参謀として活躍し、近衛篤麿と親しかった。盧溝橋事件発生後、近衛は秋山と相談して宮崎龍介を南京に送り込もうとしたことがあった。中溝は「防共護国団」頭領の壮士であり近衛から資金提供を受けていた。

緒方竹虎と嘉治隆一が一九三九年一二月に訪中したとき、天津で本間雅晴師団長から驚くべき話を聞いた。本間はトラウトマン交渉当時、参謀本部第二部長で、多田参謀次長とともに早期和平を望み、トラウトマン工作の成功に腐心していた。本間の話によれば、交渉の進展を知った浪人組や右翼団が簡単に事変が治まっては仕事のタネがなくなるため、近衛の私行上の弱点の数々を調べ上げ、近衛に面会を強要して蔣介石との和平交渉をさせないために、蔣介石を相手にしないと明言しなければ近衛の弱点を暴露すると脅し上げたというのだ。緒方も、戦後、秘書官の中村正吾に「(声明は)やっぱり当時の政府が愛国団体に脅迫されたのではないかと今に疑っている」と語ったという。

鳥居は、この秋山や中溝の脅迫により、近衛が政府声明を出す草稿を彼らに作ってくれまいかと依頼したと推論する。しかし、「対手にせず」声明が、ふたつの草案のいずれをもとにし、どのように修改されたのかは霧に包まれたままだとする。

《王克敏の要請説》

声明草案の起案者が誰であったかはさておき、「国民政府を対手とせず」という強い声明になった背景には、当時、北支軍の画策によって一九三七年一二月一四日に北平に樹立された中華民国臨時政府の行政委員会委員長王克敏の強い要請があったとする説は多い。

矢部貞治『近衛文麿』(C-6)(九〇頁)は、「近衛によると、この声明は、『外務省の起案により広田外相から閣僚に諮られたもので、これは後の北支臨時政府の王克敏の要望にもとづき、軍部が正面から乗って』出てきたものだとのことだが、もちろん本来の陸軍首脳の考えだった」としている。

松本重治『近衛時代(上)』(C-8)(一〇頁〜)で、松本は、こう回想している。

「当時、私は、この声明は、『中華民国臨時政府』から出された、蔣介石政権打倒実現の要望に対し、政府が応えずともよい問題に応えてしまったと思われる節があると思った……そう憶測したのは、その年の末に、臨時政府樹立の工作責任者である特務機関の塩沢清宣大佐が、上海の私のもとに立ち寄ったとき……『日本がトラウトマン仲介に便乗したり、国民政府との直接交渉を考えているようでは、臨時政府には有能な人材は集まらない……今のまま南京政府を認めて交渉を続けていると、臨時政府の人間は、いつ逆賊（漢奸）にされるかわからないと、首席の王克敏が困惑している……自分は王克敏援護のためにも、蔣介石政権との断絶を上申しにこれから東京に行く』と聞いた。その三週間後に声明。塩沢大佐の意志を日本政府が尊重するようになった……」

ただ、この王克敏要請説については、本当にそれが王自身の強い希望であったのか否か、疑問があり、後述する（八七頁～）。

独り歩きを始めた近衛声明

このように、蔣介石を「対手とせず」との声明については、その案作成の過程で関係者の様々な思惑の違いがあり、いわば同床異夢で作成・発表されたという面もあったようだ。しかし、このように不透明な経緯で発表された声明には徐々に強硬な解釈が加えられていった。声明が独り歩きを始めた感がある。

戸部前掲書（一五六頁～）によれば、一月一八日の閣議後発表の「補足的説明」は、強硬な解釈論を後押しした。閣議申し合わせのメモを基に風見書記官長は談話形式で「対手とせずと云うのは同政府の否認よりも強いものである……今回は国際法上新例を開いて国民政府を否認すると共にこれを抹殺せんとするのである」と語った。その直後、近衛は記者会見で、次のように語った。

「日本は飽く迄も蔣政権壊滅を計るのだから日本との間に今後和協の話の起りやうは無い。ただ、新興政権との間に話ができて親日政策の下に合流するといふことならこちらの関係したことではない」

また二二日の議会ではこう答弁した。

「将来如何なることがあっても対手としないことを言明しておく、政府は蔣政権を対手としないのみならずこれを潰滅せしむべく軍事上その他あらゆる工作を現に進めておる……内閣記者団との会見で蔣政権が新政権に合流した場合と申したのは、これは両政権が対等の立場に立った場合を意味するものではなく蔣政権が新政権の傘下に裸となって吸収された場合を意味したのである」

広田外相も、二月一日、予算総会での質問にこう答弁した。

「若し存在を維持しようとしても日本は之を撲滅する考えでいる……従って其の政府は全然無くなってしまふ」

このように、政府声明の解釈は次第に厳しいものとなったが、これはもともと声明が世論や議会対策の側面があったためでもあった。引き続き蔣介石に威圧を加えていく姿勢を示す意味もあっただろう。しかし、柔軟な姿勢の余地が全くなくなっていた訳でもなかった。二月中旬、堀内外務次官は、クレーギー大使に、日本は、国民政府は相手にはしないが、まだ正式に否認したわけではない、と語っていたという。

近衛、風見、中山の悔恨と反省

しかし、「蔣介石は脅せば引っ込む」との過去の悪しき成功体験に引きずられた思い込みを前提とするこの声明は完全に裏目に出た。近衛らはそれを痛切に後悔、反省することになった。近衛は回想する。

「一月一〇日まで南京政府の回答は遷延を重ねたため遂に『蔣介石を相手とせず』となった……この声明は非常な失敗であった。余自身深く失敗なりしことを認むるものである。従ってこの声明の誤謬を是正せねばならぬといふ考への下に、再び重慶との撚りを戻すことに種々手を打ったのであるが成功せず、同年一一月三日、国民政府と雖もその抗日政策を放棄し、東亜新秩序の建設に努力するにおいては敢てこれを拒否するものに非ずとの声明を出すに至ったのである……一二月二二日帝国の要求は領土に非ず賠償に非ず真の日支融合であるといふ近衛声明を出したのである（近衛文麿『失はれし政治』（C-4）一七頁～）。

また、近衛文麿『大統領への証言』（C-2）（二六頁～）では、次のように記している。

「トラウトマン工作は、支那側が思うように交渉に乗ってこないので、不成功に終わった。そこでやむを得ず『爾後国民政府を対手とせず』という声明書を発表して様子をみた。しかし、事態は少しも好転しないので、この声明を緩和して『国民政府が改替更生して新秩序建設に参ずれば拒まず』と言い換えた（※一一月三日の第二次近衛声明）。このときはじめて「東亜新秩序」という言葉を使った」

この「様子をみた」という表現は、この声明がもたらす深刻な影響についての見通しが近衛に欠けていたことを如実に示している。半面、近衛が本気で蒋介石政権を抹殺しようという本音をもっていたのではないことをも示唆しているだろう。近衛は、声明案を吟味し、熟慮の上で、毅然とした信念に基づいてこの声明を出したのではなく、周囲の様々な思惑や圧力に流され、時の勢いに乗っていたというのが実情ではないだろうか＊48。近衛は、蒋介石は脅せば頭を下げて来るとの誤った認識を捨てきれていなかった。「今後相手にしない」と蒋介石を脅せば、「それは困ります。和平の協議を始めましょう」と言ってくるだろうから、「様子を見よう」というのが近衛の甘い本音だったのだろう。

＊48　木舎幾三郎は、声明の直後に、近衛と懇意にしていた友人が「近衛さんは何故あんなバカな声明を出したんだ～」などと憤慨していたので、それをそのまま近衛に伝えたところ、近衛はフンフンと聞いていたが、最後に「ぼくの力が弱いんですよ」とポツンと一言だけいっただけでそれ以上語ろうとしなかったが、心中密かに「これはしまった……」と、悶々の情を抱いていたのではなかったか、と回想している（木舎幾三郎『政界五十年の舞台裏』（C-26）二〇二頁）。

風見章は、『近衛内閣』（C-9）で、この声明について、回想している。

「（要旨）国家にとっても、近衛内閣にとっても、とりかえしのつかぬひどい失敗であった。日本民族今日の不幸も、せんじつめてゆけばその第一歩をこの声明からふみだしたのだといってよい。私も当時、内閣の中枢部にあって、この声明を出すことの決定に責任を負うものの一人である。故に、民族今日の不幸をかなしんで思いをそのことに致すと、あいすまぬことをしてしまったと、自責の念に胸はうずきにうずくのである。しかし、そのときの内閣としては、こうするほかはなかったのである」（七八頁〜）

「声明以来、国民政府はますます堅固で戦力増大の傾向を示した半面、華北、華中の新政権は領域も狭く、漢奸集団と思われて全く権威はなかった。近衛は、声明の方針について深刻な自責の念にかられて、悩み悶え始め、この方針を切り替えるため、胃腸をいためて寝込んでいるあいだも、風見が毎日通うと、声明方針切り替えの善後策を練るのにいとまないという状況だった」（二〇五頁〜）

中山優が、この声明が発されたことに対する痛切な自己反省を語っているのは前述のとおりだ。

近衛の蔣介石評価の揺れ動き

《近衛の中国観とその限界》

支那通の軍人たちを中心とする拡大派、強硬派は、蔣介石を憎み、本気で蔣介石政権を抹殺しようと考えていたが、近衛はそうではなかった。単純にいえば、拡大派＝中国統一反対派＝反蔣介石派」であり、不拡大派＝中国統一支持ないし容認派＝蔣介石支持・支援派、といっていいだろう。

近衛は、基本的には後者だった。近衛は、満州事変については、日本にとって資源と移民先を求める死活的な行動で、必然的、運命的な出来事であると肯定していた。しかし、アジア主義の下で日本と中国が連携して東亜を発展させるためには、政治的、軍事的、地域的に乱れ切った中国が孫文の後継者である蔣介石によって統一され、日本との真の友邦となることの意義を近衛は理解していた*49。しかし、それにもかかわらず、近衛は「対手とせず」の声明を出し、外見的には蔣介石を否定する姿勢に転じてしまった。それには拡大派、蔣介石否定派の突き上げの大きさと、中国は甘く出るとつけあがる、との支那通の根強い考え方の影響があった。しかし、見逃せないのは、近衛自身が、蔣介石に対する評価について、一貫性がなく揺れ動きがあったことだ＊50。

＊49　近衛忠大『近衛家の太平洋戦争』（C‐30）（七三頁〜）によると、取材班は陽明文庫に保存されていた「日支関係の歴史（明治以降）と大東亜新秩序の理念」と題する鉛筆書きの近衛の未発表の手記を発見した。それは、「東亜諸民族は互助連環の関係に立ち、白人の重圧を脱し東亜の興隆に協力するという思想は明治初年より日本の側にはありたり……日本にとり最も恐るべきは露なり。支は日本と人種・風俗・宗教を同じくする天然の同盟国なり。欧州に対し勢威を張るには日支共同して当るにあらざれば不能なり……日支両国離るれば、Asia 破れ、合すれば欧州に拮抗し得べし」としたうえで、近衛は、資源の供給先、製造品の販売先、そして移民の移住先として、列国は植民地を解放すべきだと主張し、満州事変やその後の日支事変は「いつかは一度は起こらなければならぬ必然の運命であった」として日本の満州事変以降の大陸進出を肯定する。他方、「しかし日本だけの必要に基づいて大陸に進出するならば、必ず支那民族との間に軋轢抗争を招く結果となるは火を見るよりも明らかである。白人の侵略に対するよりも同文同種の日本の侵略に対しては一層大なる反感を持つべき心配がある。日本の大陸進出は、一面、民族生存の切実な要求に基づくとはいえ、他面、東亜における同文同種の兄弟国に対する道義感と矛盾するものなり……日清日露の両役は日本の国士防衛を目的としたものだが、結果から見れば日本は侵略的意図を持って戦ったという風に見られ、また第三国から見て日本の行為が好戦的侵略的と見られるもやむを得ない」としている。この手記はおそらく一九三九年ころに書かれたものと推定されている。この洞察は、当時の「支那通」と言われる軍人や政治家の多くが中国を見下して支配権益の対象としか見ていなかったこととは違いがある。

＊50　近衛の対中国、対蔣介石観については、その限界を指摘するものも少なくない。『変動期の日本外交と軍事』（A‐11）所収の庄司潤一郎論文「近衛文麿像の再検討」（九七頁〜）は、近衛の大陸政策が生存権確保のための日本の正当な権利であるという認識と、東アジアにおける日本の盟主論が、

中国に対する侵略意識の欠如を生んだ、と詳細に論じている。庄司は、近衛が、一九三三年一〇月に発表した「対支政策の調整を提唱す」において、「(要旨) 満州国建国に忙殺され、日中関係を軽視することを戒めて日中関係是正の必要性を強調したこと、中国の現状は軍閥の割拠と党派の対立、財政の逼迫、共匪の暴威などの危殆にありながら、国民党政府が以夷以夷の外交政策で欧米を頼って抗日排日の態度を続けることは自ら崩壊を導くことであり、隣国日本は広く東アジア全体の問題としてこれを黙認できず、日本は東アジアの盟主としてその安定を保つ責務があると強調し、そのための日本の中国への働きかけに対する諸外国の批難は誤解か嫉視であり、日本はなんら躊躇する要はない、としたこと」を指摘する。そこには、台頭しつつある中国のナショナリズムに対する理解や中国を一主権国家として取り扱う姿勢が欠如しており、これらから、近衛は中国の知識が多い理解者であり、日中戦争に反対して解決に努力したという近衛像がある一方、満州事変の大陸政策を肯定した故に中国侵略主義者と断罪する見方があるとする。

また、池田維ほか『人物からたどる近代日中関係史』(A-19) 所収の高村聰史論文「東亜同文会の経営と近衛文麿」(七七頁〜) では、「近衛文麿は、東亜同文会の副会長、会長として活動するについて、父篤麿以来の興亜の理念の継承を決意していた。ただ、日中戦争の中でナショナリズムをもって成長しつつある中国を理解することはできず、東亜同文会の理念である興亜と中国のナショナリズムの現実の間で苦悩するだけだった」とする。

近衛が、中国人を余り信用せず見下す傾向にあったことを窺わせるエピソードは、しばしばみられる。桐工作の際に、蔣介石の代表と称する「宋子良」が本人でなかったことが判明したが、近衛は蔣介石に親書を送るに当たって「又騙されるのかも知れないが、とにかく自分としては支那事変の解決は蔣介石と手を握るのでなければ駄目だと思うから、軍のいう事でも、これだけは聞くんだ」と言った。しかし、九月五日には、「やっぱり騙された」と原田に語った (富田健治『敗戦日本の内側』(C-22) 一一七頁)。汪兆銘工作で、汪の重慶脱出に呼応して近衛が声明を準備していたところ、汪の脱出が遅れた際、近衛は「まさか騙されてゐやしないとは思ふけれども、支那人のことだから、悪く思へば或は今までぺてんにかゝってゐたかもしれない」と語った（原田熊雄『西園寺公と政局　第七巻』（J－4）二三三頁）。

ただ、近衛の対中国観にこのような限界はあったにせよ、支那通軍人の間に支配的で、また、日清日露戦争の勝利によって驕慢となっていた国民一般の圧倒的な中国侮蔑・敵視の感情とは大きく異なっていた。

《孫文との意気投合、蔣作賓との会談》

近衛は一九一八年にパリ講和会議へ向かう途上、上海で孫文と会談して意気投合した。近衛の「英米本位の平和主義を排す」に孫文は共鳴し、「孫氏一度説いて東亜民族覚醒の事に及ぶや、肩揚り頬熱し、深更に及んで弾尚尽くるを知らず……」、白人優位の支配に対する黄色人種の覚醒という点で二人は賛同したという（前掲『変動期の日本外交と軍事』所収の庄司潤一郎論文一〇四頁）。

近衛文麿『平和への努力』（C－3）（一頁～）によれば、一九三二年五月、駐日支那公使だった蔣作賓が、近衛の一高時代の同窓生だった秘書役の参事官丁紹伋に伴われ来訪し、以来しばしば訪問を受けることになった。蔣作賓は、東京振武学校から陸士に学んだ蔣介石直系の外交官だった＊51。蔣作賓は、近衛に、蔣介石こそが真に実力のある支那の中心人物であり、今日支那のほとんど全部を把握していること、日本軍がその蔣介石の国民党を叩こうとしているのは間違った方針であり、支那を武力で征服しようとしても蔣介石は倒れることはなく、長引けば欧米が蔣介石を支援して世界戦争に発展し、支那も日本も共倒れになってしまうこと、だから、日本は政策を改めて蔣介石と手をたずさえて大アジアの問題を処理すべきであり、これが孫文以来の理想であること、を強く説き、日本が満洲国を承認するのを思いとどまるよう求めた。

＊51　鹿錫俊『中国国民政府の対日政策』（I－5）（三一頁）によれば、蔣作賓は、国民党元老の一人で、蔣介石に

厚く信頼されていた。蔣作賓は、一九三一年、蔣介石の指示で満州の実地調査を行い「これ以上対日関係を放置すると、何かが起こりうる」と警告し、至急対日交渉に取り組むべきことを提議した。蔣作賓は、八月、駐日全権公使に任命された。

帰国した蔣作賓が重慶で蔣介石と練り上げた案が、丁紹伋から一九三五年暮れにもたらされた。それは

「① 満州問題は当分不問に付す、②日華関係は平和を基礎に置く。そのため満州に関係のあるものを除き、一切の不平等条約を撤廃。中国の反日教育は防止、③平等互恵の下に日華経済提携、④経済提携の成績を見た上で軍事協定を結ぶ」

という当時としては合理的なものだった。近衛は賛同して広田に伝えたが、軍部が憤慨し、満州を「不問」でなく「承認」でなければならないと反対して不成立に終わった。

丁は、「まだ希望を持っている。今後この問題をとりあげる場合には日本の連絡係として、若いところなら宮崎龍介、老人なら秋山定輔をよこしてほしい」と文麿に告げて帰国した。宮崎龍介は孫文の辛亥革命を支援した宮崎滔天の息子で、東大法科を出た後、新聞記者、弁護士として活躍していた＊52。秋山は、東大法科を卒業後法制局に勤め、のち日刊紙『二六新聞』を創刊して社長になったが、滔天とともに孫文の革命に深くかかわってきたジャーナリストで代議士経験もあった。孫文直系の後継者である蔣介石を、近衛は基本的には理解し支持していた。それは日中戦争拡大中も、一貫して蔣介石との和平のきっかけを作るため様々な工作をしていたことからも明らかだ＊53。

＊52 宮崎龍介は、大正デモクラシーに共鳴し、若いころ父滔天とともに孫文とも親しく交遊し、一九二七年には訪中して蔣介石と会談したこともあるなど、中国の革命に深くかかわった。戦後も孫文の活動を顕彰する日本中山会を結成し、日中友好協会の理事となるなど日中の友好に努めた。後に盧溝橋事件勃発の際、近衛は蔣介石への使者として宮崎の派遣を試みたが陸軍の妨害で宮崎が逮捕されて実現しなかった（後述一四二頁～）。

＊53　ただ、前掲庄司論文（一〇六頁）では、蔣作賓との会談について、知人に「今日も支那公使がやって来ますが、来るたびに、ああいうようにしてもらいたい、こういうふうにしてもらいたいと、支那に都合のいいような希望ばかり持ち込んでくるので、実に困ります」と語ったという。近衛の言動には、時々、「支那人は信用できない」という抜きがたい意識を示すものがみられる。

《蔣介石に対する評価の変化》

陸軍が蔣介石憎しの排除論で固まっていたのに対し、近衛を始めとしたアジア主義の人々は、基本的には蔣介石を支持支援していた。しかし、元々の蔣介石支持者の間でも、支那事変の泥沼化とともに、共産党と合作してまで頑強に抗日戦を戦う蔣介石に対する評価には変化が生じた。

黄自進ほか『日中戦争とは何だったのか』（A-31）所収の戸部良一論文「日本人の日中戦争観」（一八二頁〜）によれば、著名な外交評論家だった半沢玉城は、戦火が上海に飛び火した後、八月二一日の中ソ不可侵条約の締結について、日本の戦争目的には抗日侮日の膺懲に加えて赤化拡大を防ぐ世界的使命が加わったと論じた。中国で教育事業に献身していた清水安三も、戦争目的が中国の膺懲から中国を共産主義から救うことに変ったと指摘した＊54。

＊54　清水安三は、同志社大学神学部を卒業し、キリスト教の信仰に支えられて北京の貧民窟で児童教育に献身した。戦後帰国して桜美林大学を創設した。その生涯は山崎朋子『朝陽門外の虹』（A-13）に詳しい。

蔣介石と国民党の支持者が一転してその批判に転じた典型は、佐々木到一（陸士一八期）だ。戸部良一『日本陸軍と中国─「支那通」にみる夢と蹉跌』（D-4）、田中秀雄『日本はいかにして中国との戦争に引きずりこまれたか』（A-32）によれば、筋金入りの軍人一家に生まれた佐々木は、中国の独立発展に軍人人生を捧げることを決意した。一九二二年、佐々木は広東駐在武官となった。佐々木は、山田順三郎の紹介で孫文と会った。山田は、支那通で孫文や蔣介石の革命運動を支援していた。佐々木は、孫文や蔣介石ら国民党の幹部と深い信頼関係を築き、国民党による革命を支援した。陸軍中央からは国民党かぶれと揶揄されながらも日本は共産党と戦う国民党による中国の近代化や統一を支援すべきだとして、蔣介石の北伐軍にも顧問の立場で参加するなど奔走した。しかし、佐々木は、第一次南京事件（一九二七年）や漢口事件の残虐無法の抗日運動などの経験を通じて、国民党の腐敗、軍紀の乱れ、日本居留民に対する想像を絶する残忍さ、連ソ容共による抗日運動が激化の一途をたどったことに怒った。済南事件が発生したとき、佐々木は、両軍の無益な衝突を防ぐ為に奔走したが、自らが中国兵から激しい暴行を受けて昏倒・入院したこともあった。これらの経験を通じて、佐々木は、次第に蔣介石の国民党に絶望するようになった。佐々木は、一九三三年一二月、「山東第二次出兵以来、蔣介石は心からの排日に転向している……国民党と握手ができると考えるのは余りにも虫が良すぎるか甘すぎる考えと言わねばならぬ」などと「国民党及び蔣介石の回顧」なる文章を書いた。佐々木は、そのころ、関東軍司令部付として新京（※現長春市で当時の満州国の首都）に赴任して満州国軍政部顧問を拝命し、軍隊改造こそ中国近代化の最重要点であると唱えて満州国軍の建設に活躍した＊55。上海事変が始まってからは、中国戦線に第一六師団所属の第三〇旅団長として戦闘を指揮し、南京攻略戦も指導した。戦後、シベリアに抑留され、一九五〇年に中国の撫順戦犯収容所に送られ、一九五五年に獄中で死亡した。最後の階級は陸軍中将だった。

＊55 佐々木は、一九四二年に『私は満州を斯く見る』を出版し、「蔣介石の十年にわたる国家統一も革新政治も、その反面に於いて軍警の鬼畜の行為は寸毫と雖も改められてはいないのである……吾々同胞はこれを支那民族の残忍性の一面として牢記せねばならぬ。将来と雖も機会だにあらばこれを再び三度繰り返すものであることを銘肝しておかなければならないと思うのである。弱しと見ればつけ上がり威たけだかになるところの心理は、恐らく支那人を知る限りの日本人は承知している筈である。これに油を注げば如何なる非道の行為にも発展するものであることを」と述べた（田中秀雄前掲書三三九頁～）。

《宮崎龍介すら蔣介石批判に転じた》

蔣介石の支援者だった宮崎龍介も、事変勃発後に蔣介石批判に転じた。田中秀雄前掲書（三三二頁〜）によれば、事変勃発から三か月後の一九三七年一〇月に宮崎が『中央公論』に書いた「蔣介石に与ふるの書」では次のように説いた。

「日本の現下取っている軍事行動を、蔣介石ら国民政府が支那への侵略と解するのは遺憾と言うほかない。支那事変は国民政府の誤れる国際政策に対する警告であり、支那民族大衆の反省を促し、その動向を国際正義の大道の上に展開させようという義戦にほかならない。第一次大戦後、世界は『持てる国』と『持たざる国』との闘争の舞台と化するに至った。英米ソは一切の資源と土地と資本を独占する『持てる国』、反対に日独伊は『持たざる国』であり、国際的には無産階級に過ぎない。そして支那をはじめとした被圧迫民族も同じ範疇に入る。日本は現在世界三大政経ブロック制覇の現状に、解放自立の戦いを余儀なくされているのであり、絶対不可分の運命的関係にある支那民族もまたこの戦いに協同すべき立場にある。しかるに蔣介石らは日本のこの立場を理解せず、東洋赤化を目的とするソ連と結び、彼らの師である孫文の忌避した英国帝国主義の財政援助にその身をゆだねようとしている。これは支那のインド化を推し進めるだけだ。満州国を独立させ、日本との政治的経済的連携を緊密ならしめたのは、三大ブロックの前に日本が生存権を得るためであり、将来の決戦期における戦時経済ブロックの一要素たらしめ、一方には共産主義の思想防衛に当たらしめるためである。蔣介石らが反発するような侵略行為ではない。蔣介石よ、日本に対する感情的反発をやめ、英国依存による日本との無駄な戦いはやめよ……」

また、蔣介石と四半世紀にわたり交遊した山田純三郎も、『改造』の一九三八年一月号に、「（蔣介石は）抗日を看板に国難を呼んで、多くの民衆を手なずけたが、これは全く間違いで、孫文の日支連盟の線に沿って進むべきであった。日本と手を携えて白人専制に対抗すべきであった。今日の状態としては、彼は南京で討ち死にした方がいいのである。潔く死に花を咲かせてもらいたい。友人として私はそう言いたい。しかし、今日の蔣介石は昔の情に厚い、武士的な彼とは違うから、その上宋美齢が付いている以上、逃げるだけ逃げるであろう」と述べた（田中秀雄前掲書三三二頁～）。

宮崎や山田は近衛の古い知己だった。宮崎は、盧溝橋事件勃発のとき、蔣介石と談判するために近衛が南京への派遣を試みた男だ。人の話をよく聞き、幅広い情報収集にたけていた近衛が、宮崎や山田らのこのような蔣介石批判への主張の変化を知っていたことは想像に難くない。宮崎らのこれらの主張が公にされたのは、トラウトマン工作や第一次声明を出した時期と重なっている。近衛がトラウトマン工作に断乎として取り組まなかったことや、「対手とせず」の声明をいわば無造作に発した背景には、もともとは蔣介石を支持支援していた宮崎らのこのような蔣介石批判への主張の変化の影響もあったのではなかろうか。

《再び蔣介石を「対手」とする方向へ》

かつての蔣介石支持・支援者ですらその批判に転じていた中で、再び、蔣介石を対手とすべきだとの主張が高まってきた。それは一撃で屈服させられるはずの蔣介石の思わぬ頑強な抗日により中国戦線が膠着したためだった。蔣介石憎しで凝り固まっていた陸軍中枢ですら、例えば拡大派の巨頭だった武藤章は、やはり蔣介石を対手として和平すべきだと考えるようになった（拙著『日中和平工作秘史』二二一頁～）。原田熊雄『西園寺公と政局』にも、しばしば、参謀本部がなんとか蔣介石と和平できないかと焦り、模索していた情報がもたらされていた記載が少なくない。

北支那軍の画策によって北京で樹立された中華民国臨時政府の行政委員会委員長の王克敏は、来日し、一九三八年五月四日、永田町の近衛邸で近衛と会談した。木戸幸一は会談の翌日に近衛から次の内容を聞いた（『木戸幸一日記　下巻』（J-5）六四〇頁）。

「王（克敏）は最後の目的を達する見込なくなれば辞めたしと述懐す〜〜最後の目的は何かと云へば、それは日支提携なり。而して蔣の位地は容易にくづれずと見る……然らば蔣に代る他の政権樹立の見込みありやと云ふに、到底無力にて問題ならずと見る……また新政権に蔣を吸収することは可能なりやと云ふに、不可能なりと見る……漢口を落せば蔣は参るかと云ふに、王はかくは見居らざるものの如く、漢口を攻めて見らるゝもよからんと云ふ。其の裏には攻めたとて駄目なりとの意を含めたる言い方なりしと。即ち結局は、蔣と共に両国関係の調整を図らざるべからずとの結論となる」

また、六月三日、近衛は原田に、次のように話した（原田熊雄『西園寺公と政局七巻』五頁〜、古川隆久『近衛文麿』（C-17）一三六頁）。

「自分も広田も、あまりに蔣政権打倒といふことを徹底的に言ひ過ぎたから、そのうち外交の転換をするとなると、やっぱり自分が辞めて、宇垣にやってもらひたいと思ふ。で、宇垣には『あんまり蔣政権を相手にしないとかいふやうなことを世間に言ってくれるな』といふやうなことを、この間も話しておいた」

前掲の堀場一雄『支那事変戦争指導史』には、次のように書かれている（一一七頁）。

「当時偶々北支新政権問題あり。之が首班に擬せられたる王克敏は、蔣介石打倒せられず、日本が之と事変を解決するにおいては自ら奸漢たらざるを得ず。彼の出馬条件は、日本が蔣介石と絶縁し、彼を絶対支持することに在るは明瞭なり」

このように、陸軍の中のトラウトマン工作中止の強硬論の大きな理由は、王克敏が蔣介石との絶縁を強く求めていたためだったという指摘が多い。しかしその王自身が、近衛に、掌を返したように日中関係の調整は蔣介石と共にするしかない、と言うのを聞いて、近衛は驚いただろう。ちなみに、汪兆銘は重慶を脱出する目的が蔣介石との対立や訣別にあるのではなく、いずれ和平が実現すれば汪らは蔣介石と合流しようと考えていた。私の想像だが、王克敏も、もともと蔣介石と完全に訣別する気はなく、汪兆銘と同じような考えを持っていたが、蔣介石憎しで凝り固まった陸軍が、工作打ち切り主張の根拠とするため、王克敏の蔣介石否認の主張を過剰に脚色していたのではないだろうか＊56。

＊56『西園寺公と政局　第六巻』（三〇八頁）によれば、一九三八年五月上旬、原田熊雄は広田外相と会った。広田から、「王克敏と会ったとき、王克敏は一時も早く和平を望んでおり、『蔣介石政府に国民として新しい政府が通電でも出してみようか』といふようなことまで言っておった」と聞いた。「今井武夫『支那事変の回想』（B-13）（一五六頁）は、「王克敏は昭和一五年二月から燕京大学学長スチュアートと、密かに連絡していた」としている。また、児島襄『日中戦争5』（A-21）（二二九頁〜）は、「汪兆銘政府を樹立するという方針が決定されているかたわらで、蔣介石との直接交渉をこころみる者もいた。たとえば、臨時政府主席（※王克敏）と親しい興亜院華北連絡部長喜多誠一中将は、王克敏に接近してきた燕京大学学長J・スチュワートを通する『蔣工作』を進めようとした」という。

こうして、一時は蔣介石に対する評価が悪しき方向に転じていたものの、やはり近衛は和平の相手方は蔣介石しかいない、という確信が強まったであろう。そして戦争が末期に近づくにつれ、陸軍を始めとし、最高戦争指導会議すら、和平の相手は蔣介石であることを認め、重慶との和平工作を考えるようになった。しかし、それは日本が自ら正面に出ずに南京政府を通じて行うという「姑息」な方策だった。

私の見方――「様子を見る」という甘さ

「対手とせず」の声明文案を具体的に誰がどのような経緯で作成したのかについては、依然不明な点は残る。しかし、最終的に近衛がこの声明を自ら公にしたことは事実であり、近衛自身や風見章、中山優が深く悔いたように、極めて大きな失敗だった。「様子を見る」という程度の意識で、その声明がもたらす影響を十分吟味し、文章を精査して練り上げることなく、勢いにまかせて不用意に出してしまった。近衛の判断の甘さは明らかだ。しかし、それは、つまるところ、派兵決定声明の時と同様、軍部や世論に中国に対する安易な一撃屈服論や暴支膺懲論が支配的な中で、トラウトマン工作を成功させるために近衛の毅然とした決意を欠いた延長線上のことであった。

５　汪兆銘政権を傀儡化せず、育成強化して和平に導くことはできなかったのか？

近衛の汪兆銘工作への関与――汪兆銘に終始冷たかった近衛

蔣介石が短期間で屈服するとの目論見が外れて事変が泥沼化すると、陸軍では、親日政権を樹立し、これを育成することで事変解決を図る動きが活発化した。もともと陸軍の考えの主流は、蔣介石による中国の統一を許さない、地方政府の「分治合作主義」だった。しかし、王克敏の北平の中華民国臨時政府も、梁鴻志の南京の中華民国維新政府もいずれも傀儡性が明らかな弱体政府だった。汪兆銘工作の進展に伴い、陸軍は次第に、国民政府で蔣介石と並ぶ大物の汪兆銘による親日中央政府樹立の方向に変化した。近衛は、影佐らによる汪兆銘工作開始の時から、汪兆銘の重慶脱出、一九三八年一二月二二日の第三次近衛声明発出後間もない一九三九年一月五日の内閣総辞職の日まで、第一次近衛内閣の総理大臣としてこの工作を進める立場にあった。しかし、近衛は終始、汪兆銘に対しては冷たく、その梯子を外した。私は、汪兆銘工作の挫折、失敗についての近衛の責任はもっと検討されるべきだと思う。

汪兆銘工作を失敗させた決定的な原因は、興亜院を中心とした露骨な権益要求の下に、梅華堂での苦渋の協議を経て一九四〇年三月三〇日に樹立された汪兆銘政府が、その当初から既に傀儡政権となったことだった。しかし、そのレールは、近衛内閣の下で既に敷かれていた。影佐らが高宋武らとの懸命な協議によって漕ぎつけた日華協議記録の内容は、一九三八年一一月三〇日御前会議決定の日支新関係調整方針によってかなり後退した。もう一つは、重慶を脱出した汪兆銘が最も期待していた「日本軍の撤兵」が第三次近衛声明に欠落し、汪兆銘の梯子を外してしまったことだ。

近衛は、陸軍の盧溝橋事件以降の大陸侵攻については、統帥権の壁に阻まれ、全く知ることも、それを制御することもできなかった。これらについて近衛を批判するのは酷に失するだろう。しかし、汪兆銘工作については、近衛はその開始時点から報告を受け、内閣として取り組める立場にあった。

近衛内閣の下で御前会議で決定された「対支新関係調整方針」

影佐や今井が、上海の重光堂において、高宗武、梅思平との間で協議を重ね、一九三八年一一月二〇日、合意に漕ぎつけた日華協議記録では、共産主義の排撃と侵略的諸勢力からの東亜の解放、東亜新秩序建設が謳われ、次のような内容だった。

①防共協定の締結、日本軍の防共駐屯を認め内蒙地方を防共特殊地域とする（地域は別紙諒解事項により、内蒙と平津地方）

②満州国の承認

③中国は日本人の中国内地での居住・営業の自由を承認し、日本は治外法権の撤廃を許容、租界の返還も考慮

④互恵平等の原則に立つ経済合作の実を挙げて日本の優先権を認め、特に華北資源開発利用に関する特別の便利を供与

⑤事変の為生じた日本居留民の損害の補償、ただし戦費賠償は要求せず

協約以外の日本軍平和克服後即時撤退を開始、治安回復と共に二年以内に完全撤兵を完了

⑥日本政府がこれら条件を発表すれば汪精衛氏等同志は直ちに蔣介石との絶縁を闡明し、機を見て新政府を樹立

しかし、一九三八年一一月三〇日御前会議決定の日支新関係調整方針及び別紙の「日支新関係調整要項」においては、日華協議記録を踏まえつつも、以下のようにされた。

①満州国の承認
②新支那の政治形態は分治合作主義により施策
③蒙疆は高度の防共自治区域とする
④上海、青島、厦門は特別行政区域とする
⑤日本は新中央政府に少数の顧問を派遣、強度結合地帯等では所要機関に顧問を配置
⑥漸次租界、治外法権等の返還を考慮
⑦共同防共のため、北支と蒙疆の要地の日本軍の駐屯
　それ以外の日本軍は全般・局地の情勢に即応し成るべく早急に撤収。但し北支、南京、上海、杭州には治安確立まで保障駐屯。支那は、駐屯に財政的協力の義務。
⑧駐兵地域の鉄道、航空、通信等に対して軍事上の要求および監督権を保留
　日本は支那の軍隊建設に関し顧問を派遣

つまり、分治合作主義を謳い、撤兵条項は含まれつつも「二年以内」の文字が消えて曖昧となり、駐屯地域は拡大されるなど内容は後退した。また、中央政府や所要機関に日本人の顧問を送ることを要求し、日本の権益支配の色が濃厚なものとなるなど、中国統一に水を差し、いわば中国の「満州国化」を目指すものだった。しかし、近衛が、日華協議記録から御前会議決定に至るまで、この流れに抵抗し、日華協議記録の内容を最大限活かすべく指導力を発揮した形跡はない。

興亜院の創設――丸投げした近衛

近衛は、第一次声明にこだわることなく蔣介石との和平を推進させるため宇垣を外相に登用した。宇垣が宇垣工作に失敗し、外相を辞任した理由の一つには、興亜院設立に反対する宇垣の梯子を近衛が外してしまったためだといわれる。

宇垣外相辞任の原因ともなり、外務省の権限を大幅に制限することとなった興亜院は、一九三八年一二月一六日、設立された。総務長官に柳川平助陸軍中将が、政務部長に鈴木貞一陸軍少将が就任した。興亜院は、内閣直属の機関で、近衛自身が総裁だった。したがって、統帥権の壁に阻まれることなく、本来の政治経済外交問題として、近衛がその最終責任を担う立場にあった。近衛内閣は、まもなく翌一九三九年一月四日に総辞職した。しかし、後継の平沼内閣との連続性はあり、近衛も無任所大臣として入閣した。これは、汪兆銘を中心とする対中国政策の連続性を担保することにあった。それにもかかわらず、興亜院は、日本の対中権益確保の争奪戦の場と化してしまった。柳川平助は近衛が第二次近衛内閣では司法大臣に任用して重用した皇道派だった。しかし、近衛は対中政策を興亜院に「丸投げ」し、なんら指導力を発揮しなかった。鈴木貞一は、「近衛さんは『汪兆銘を出しても支那のことが止まらないのなら、これはとても責任を負えん』と言って逃げちゃった……この時から支那の問題は……放棄状態……興亜院に任し切り……柳川さんはなんにもしないで僕に任し切り……ほとんど自分（鈴木）の思う様に興亜院というものは動かしておった」と回想する（松浦正孝『大東亜戦争はなぜ起きたのか』（A-49）三二八頁、七三六頁）。

このように、傀儡性が顕著な対支新関係調整方針を内閣として決定した上、興亜院を設立し、内閣を総辞職させ、その前後の興亜院に対する指導性をなんら発揮せず、興亜院を利権争奪戦の場に化してしまったことは、汪兆銘工作を決定的に失敗に導くものだった。命がけで重慶を脱出した汪の梯子を残酷にも外してしまったのだ。近衛が、汪兆銘工作の意義目的を、影佐らからの報告によって当初から認識していながら、その目的達成のために真剣に努力した跡は窺われない。このような近衛の総理大臣、無任所大臣としての行政責任は極めて大きいだろう。こうして、影佐らが腐心した、汪兆銘の政府の独立と自主性を尊重し日中和平のモデルとして育成することにより、蔣介石の抗日の理由を失わせ、やがては蔣介石もこれに合流させようという目的は最初から破綻してしまった。

撤兵条項が欠落し、汪兆銘の梯子を外した近衛第三次声明

汪兆銘が重慶を脱出し、日本との和平を目指すことの意義を内外に理解させるための最大の武器は「日本軍の撤兵」を明らかにすることだった。これによって汪兆銘が蔣介石と袂を分かった目的が理解され、漢奸のそしりを受けることなく、やがては蔣介石とも合流して和平の実現に向かうことができたはずだ。そのため、前述のように、影佐らは日華協議記録に「撤兵については日本軍の駐兵地点は改めて日中相互会議を開いて決定し、それ以外の地域からは「治安回復と共に二年以内に完全に撤兵を完了」との条項が盛り込まれていた。しかし、一一月三〇日の御前会議決定で国策となった「日支新関係調整方針」では、「二年以内」の文字が消えて曖昧となった上、北支や蒙疆での防共駐屯を認め、北支や南京、上海等での治安確立までの保障駐兵を認めることとされるなど大幅に後退した。ただ、撤兵条項自体が全く消えたのではなく、防共駐屯や保障駐兵以外では「情勢に即応し、成るべく早期に撤収」とされ、曲りなりにも撤兵条項は含まれていた。

しかし、一二月二二日に発表された近衛第三次声明では撤兵条項が全く欠落した。近衛は、その手記で、第一次声明の失敗などについては反省しているが、第三次声明で撤兵条項の欠落させたことについてはなんら語っていない。

保阪正康『昭和陸軍の研究（上）』（D‐2）（三三八頁～）によると、日華協議記録は、今井武夫が板垣陸相に示し、強硬派はあまりいい顔をしなかったが、結局は陸軍省も参謀本部もこれを受け入れたという。また、上海から戻った影佐は犬養健＊57と共に近衛を訪ね、この案を示すと、近衛は「この案に自分としては賛成。五相会議で決めるようにしたい」とあっさりと認めたという。松本重治『近衛時代(上)』（C‐8）（四六頁～）によると、重光堂会談において、中国側が最も重点をおいて力説したのは撤兵問題で、これが協定の眼目だと主張して譲らなかった。高宗武は松本にこう言い切った。

「いますぐ撤兵しなくてもいいんだ、ただ、撤兵する方針だと声明してくれたら、それだけで我々の和平運動は有力化する」

こうして日華協議記録に「二年以内の完全撤兵」という条項が盛り込まれたのだった。松本は、同年七月以来、近衛と会うたびに、和平を進める条件は日本の撤兵声明にあると進言し、諒承を得ていたという。松本は、近衛声明から撤兵の二字が落ちていることを知り、こう回想している。

「なんのためにこれまで運動をやってきたか分からないことになってしまうと西義顕君は怒り、私も憤慨した……ああこれでもう、汪兆銘がせっかく出てきたが、駄目だなあと思った」

＊57 犬養健は『揚子江は今も流れている』（B‐8）（七二頁～）で以下の回想をしている。犬養は、一九三八年七月に訪日した国民政府亜州司長の康紹武（※高宗武）から、「撤兵について特別に蔣さん（※蔣介石）の気持ちを知っている。……今度の旅行中の最大のお願いをする。是非、さっぱりと、文句を言わずに停戦協定の第一ページに『日本軍はすべて長城以北に撤退する』と簡単明瞭に書いてください。そう書いたからといって、蔣さんは決して『それじゃあ明日から全部撤兵しろ』とは言いませんよ。必ず付属文書か何かで撤兵の事務的な取定めをすることになりますよ。そうなると、事実は相当の月日がかかります。だから大事なのは、第一頁の第一行です。ここだけは、ケチな但書なぞ付けないでください。これが心からの注文です」と

言われていた。第三次近衛声明発表の直前、犬養は、官邸の秘書官室で待機していた。八時近くに影佐と、海軍軍務局岡敬純第一課長が入って来て風見も落ち会い、八時二〇分に記者会見が開かれた。犬養が、影佐から「君にはどうも読ませたくない書類なんだ」と言われて見せられた声明文は、二年内の撤兵条項がまったく落とされ、防共駐屯だけが強調されており、犬養は深く失望した。会見後、影佐は疲れ切った顔で、「ああ。嘘が万事の始まりか」と嘆息した。

誰が撤兵条項を欠落させたのか?

風見章は、「近衛氏はその案文を一人で作成し、誰にも相談しなかった。なにしろ重大な声明だから、……五相会議のメンバーにだけはそれを発表する前に一応見せる必要があろうかと思ってそのことを私が相談すると、近衛は……その必要はありませんよ、といってそれらの閣僚にも見せずに発表した……影佐は教えてくれと首相官邸の秘書官室につめかけていた」と回想する（風見章『近衛内閣』（C-9）一七一頁）。

このように、新関係調整方針では、内容が後退したとはいえ、それなりに含まれていた撤兵条項が、近衛声明に盛り込まなかった経緯と理由は極めて疑問だ。松本重治は、「近衛さん自身で作ったものならば、声明文の中から撤兵条項だけがおちるはずはない」としている（松本前掲書四九頁）。それなら、いったい誰が画策して撤兵条項を削除させたのだろうか。

《陸軍犯人説》

影佐は、その回想記「曽走路我記」（『人間影佐禎昭』（B-5）所収、三九頁）で、それは、陸軍の要望によるものであったとしている*58。また、保阪前掲書（三四〇頁）は、「声明文は近衛が一人で纏め、風見が五相会議に諮ったらとか閣僚に見せたらと進言したが耳を貸さなかった。だが、陸軍側が内々に圧力をかけ、性格の弱い近衛がそれに負けたというのが真相であろう。中国で戦っている日本兵の士気をそぐ、あるいは軍事上の作戦は統帥権の範囲であり、首相であろうとその干犯は許さない、という陸軍の参謀たちのごり押しがあったと推測される」としている。

＊58　影佐は、「近衛声明が重光堂会談における約束事項に比し、防共駐屯の区域を抽象化して『特定地点』とし又撤兵に関する字句を省略されているのは声明発表に当たり陸軍の要望によるものである。この問題は日本側としては国内的に非常に微妙なる関係を有することで当時の国内情勢上及び陸軍の士気に及ぼす影響上撤兵に関し触れたくなかったためである。しかし支那側から見れば日本とは正反対である。……彼等に和平理論を鼓吹するためにはどうしても撤兵について発表しなければならないのは当然であった」と回想している。

犬養健は、当時、総理大臣室の隣の秘書官室に詰めていた。前掲『揚子江は今も流れている』（一〇一頁～）での犬養の回想では、参謀本部にいた影佐からの電話で、参謀本部の最も重要な地位に新しく転任してきたばかりの留永少将＊59が、「いやしくも戦勝国が撤兵の時期を戦敗国に約束するなどという不名誉な発表は断じて許さぬ。前線で苦労している将兵に申し訳がない。自分の在任する限り絶対に反対だ」という勢いだ、と聞いた。犬養は落胆した。総理大臣室を覗くと近衛が長椅子に寝転んでいたので、近衛に「留永」が頑張っているので総理大臣から参謀総長の宮殿下に督促してください」と頼むと、近衛は「駄目だよ。効き目はないよ……影佐君をもう一度激励して働かせたまえ」などと他人事のような言い方をしたので、犬養はいたく失望したという。

＊59　開米潤『松本重治伝』（C-43）では、「留永少将」とは実在せず、仮名らしく、犬養が「参謀本部の最も重要な地位に新しく転任して来たばかり」としていることから、一九三八年一二月に多田駿の後任の参謀次長となった中島鉄蔵中将のことではないか、としている。しかし、中島は支那事変発生当時、東条と対立した不拡大派であり、ノモンハン事件の収拾にも苦心した。中島が、参謀本部に着任後いきなり強硬論を煽るような人物には見えない。「留永少将」とは、富永恭次のことではないだろうか。富永は、盧溝橋事件当時、関東

軍で東條英機参謀長の下で腹心の参謀だった。東條と富永が事変拡大を煽ったことは前述した（二二頁）。富永は、一九三八年三月一日に近衛歩兵二連隊隊長となり、近衛第三次声明当時、既に東京で勤務していた。一九三九年三月、少将に昇任して参謀本部第四部長、九月には第一部長となるなど参謀本部の中心だった（『日本陸海軍総合辞典』（J-2）など）。近衛第三次声明当時、富永はまだ参謀本部には入っていなかったが、その直前まで陸軍次官だった東條が腹心の富永を参謀本部の部長に登用することは既定の路線であっただろう。富永は参謀本部第一部長のとき、一九四〇年の北部仏印進駐で、協定に反して強引な武力進駐を指令して問題を起こしたこともあり、陸軍内の強硬論者だった。

《尾崎秀実犯人説》

他方、春日井邦夫『情報と謀略（下）』（J-8）（九二頁）は、尾崎秀実ら、近衛の取り巻きの左翼のブレーンによるものと推論している。その根拠として、犬養健の軍機保護法違反事件の弁護関係書類の中の犬養の手記の、「近衛声明原案を尾崎は牛場首相秘書官と共に執筆したり。この時執筆はせざりしも同室に在りて意見を述べつつありし者に西園寺公一と岸秘書官あり。この声明案は文章等に付陸軍方面に異論あり。異論の有する事を影佐軍務課長より風見書記官長に対して述べた結果、更に一つの試案を中山優氏が書き*60、首相の意見を加え、最後に之を基として陸海立会の上にて清書したるものが、一二月二二日発出の近衛声明なり……但し当夜は同じ首相官邸に勤務せる横溝情報部長にすら秘密にし居たるに拘らず、尾崎は何時風見書記官長より諮問あるやも計られずとして首相秘書官室の真下の自室に夜まで居残りいたり」などを引用し、撤兵条項を削除させたのは、日中戦争の拡大を煽っていた尾崎の働きが大きいと推論している。なお、江崎道朗も『コミンテルンの謀略と日本の敗戦』（A-65）（二一二頁〜）でこの説を支持している。これが真相なら、撤兵条項を削らせまいと秘書官室に押しかけていた影佐はないがしろにされ、「（五相会議のメンバーへの相談は）その必要はない」とした近衛が、密かに、後に共産主義者と判明する尾崎ら側近に、撤兵条項を削除した声明案を作成させたということになろう。

近衛は、「対手とせず」の第一次声明については深い反省を手記で示しているが、第三次声明の撤兵条項の欠落についてはなんら語っておらず、黙殺している。しかし、松本や影佐らからたびたび懇請されていた撤兵条項の重要性について当時近衛が認識していなかったはずはない。近衛は尾崎が後にゾルゲ事件で検挙されたとき受けた衝撃は大きかった。自らがブレーンとして重用していた尾崎がソ連のスパイだと知ったことのショックは測り知れなかったであろう。尾崎に関する近衛の回想には、尾崎と自分との関係をできるかぎり曖昧なものにし、尾崎から受けた影響力を矮小化したいとの姿勢が窺われる。風見が勧めた、本来なら行うべき五相会議のメンバーへの相談すら近衛は拒み、他方で、後日ソ連のスパイと判明した尾崎ら取巻きの者たちの画策によって、汪兆銘工作を絶望的なものにした撤兵条項の削除をしたことの過ちの大きさを、近衛は密かに痛恨の思いで自覚していたからこそ、これについて一切口にしなかった、いやできなかったのではなかろうか、という推測も成り立とう。

ただ、影佐も犬養も、また中山優も、撤兵条項の欠落に尾崎が関与したことはまったく述べていない。尾崎犯人説も決定的とまではいえない。

このように、撤兵条項欠落の経緯については、なお真相不明の部分が残る。しかし、近衛が決断さえすれば、声明に盛り込むことはできたはずだ。なぜなら、日支新関係調整方針の御前会議決定では、「(北支と蒙彊の要地以外の)日本軍は全般・局地の情勢に即応し成るべく早急に撤収」とされ、日華協議記録よりも内容が後退したとはいえ、曲がりなりにも撤兵条項は含まれていた。したがって、近衛は、少なくとも御前会議決定に反しない限度で、例えば抽象的にでも「日中和平の確実な見通しがたてば日本軍は撤兵する」という程度であれば声明できたはずだ。にもかかわらず、それをしなかった近衛の責任は極めて大きいというべきだろう。

＊60 中山優は、近衛第一次声明の失敗を深く悔い、一一月の第二次声明で「対手とせずの声明を訂正して「重慶の国民政府といえども拒否するものにあらず」と加えた。中山は第三次声明については、「参謀本部の意向を主として当時の堀場一雄中佐が原案を作ったものと聞いている。ただ、その原文に『日本の求むるものは区々たる領土にあらず、また戦費の賠償にあらず』の一句を中山は自分の独断で加えたという。これは閣内最高の機関で決定した原案に対する実質的修正で、容易ならぬことであるが、近衛公は首相一任の約束を楯にとりて、強引に押し通した。公の半面のそうしたいわゆる筋を通すというか、道義的勇気に私は感謝し敬服したと回想している（『大統領への証言』（Ｃ-２）所収の中山の手記『近衛家の悲劇』二六一頁）。近衛が「道義的勇気」で筋を通したというのであれば、御前会議決定にそれなりに含まれていた撤兵条項を維持することはもっと簡単だったはずだ。しかし、中山も撤兵条項の欠落についてはなんら触れていない。

近衛は汪兆銘工作に乗り気でなく、対蔣介石工作と二股をかけていた

「近衛は汪兆銘工作にはそれほど期待をかけていなかった」という指摘は少なくない（保阪前掲書など）。前述の、日支新関係調整方針決定や第三次近衛声明に至る経緯で、近衛が汪兆銘を支援してその立場を強化しようと努力した形跡がまったく窺われないのはそこに基本的な原因があると思われる＊61。

＊61 犬養健は、原田熊雄との会談で、近衛が汪兆銘には冷たかった、と回想している。原田が「どうも持って生まれた性格だろうが、近衛はそのわりには汪（兆銘）に熱心になったことがないな……汪が仏印から脱出してきたことがあったろう……あの時に汪が脱出の日を二度変えたことがあるね。すると近衛は僕に『どうせ中国人のことだ。これは汪に一杯食わされたかな』といったものだ。僕はその時、近衛は本当は中国人を根っから信用していないなと思ったな」と語り、犬養が「そういう冷淡な態度が汪精衛（汪兆銘）の命がけの和平運動を弱くしてしまったんですよ」とのやりとりをしたという（犬養健『揚子江は今も流れている』（Ｂ

-8）二一六頁）。

近衛は、もともと中国の真の指導者は蔣介石であり、和平も蔣介石を相手とすべきであると考えていたので、蔣介石に圧力をかけて「様子をみる」ために第一次声明を出したことの失敗を悔いていた。そのため、近衛は、宇垣を敢えて外相に登用したように、蔣介石を相手とする和平工作を模索していた。かといって、影佐らによる汪兆銘工作を陸軍中央も是認し、進めようとしている以上、はなから否定することもできなかった。要するに、近衛は「汪兆銘工作は、あまり期待はできないが、やりたいのならやらせてみよう。でも和平の相手方はやはり蔣介石だ」と思っていたのだろう。いわば汪兆銘工作と、蔣介石との直接和平交渉との二股をかけていたのだ。現に、当時、影佐らの汪兆銘工作と並行して、陸軍ロシア課が派遣した小野寺信大佐による重慶との直接交渉が進められていた。上海の東亜同文書院に派遣されていた近衛の息子文隆が、父文麿の口添えにより、小野寺と連携してこの工作を進めていた。しかし、政治力に勝った影佐らは、小野寺工作を妨害し、小野寺は失意のうちに帰国することとなった。

私の見方――工作失敗の近衛の責任は大きい

私は、このようないわば近衛の二股をかけた対応の問題と責任は大きいと思う。盧溝橋事件勃発以来の陸軍の進撃や謀略工作を、統帥権の壁に阻まれた近衛が押しとどめ得なかったことは責める気にはなれない。しかし、親日政権樹立という本来の政治・外交問題について、最終責任を有する近衛としては、もし汪兆銘工作を進めさせるのであれば、中途半端に蔣介石との和平工作を進めるようなことはすべきではなかっただろう。もし、並行して蔣介石との和平工作を水面下で進めるとしても、汪兆銘の南京政府を和平の模範となるようにしっかりと樹立育成するための努力は決しておろそかにしてはならなかった。当時、蔣介石の側が和平に応じる可能性が見えていなかった上、「国民政府を対手とせず」と声明した以上、近衛は、総理大臣として、また興亜院総裁として、指導力を発揮し、汪兆銘工作が本来期待していた、傀儡ではなく日中和平のモデルとなるような政権に育成することに全力を尽くすべきではなかっただろうか。影佐らも、汪兆銘も、この成功によっていずれは蔣介石を和平に合流させることを目指していたからだ。命がけで重慶を脱出して日本との和平を目指した汪兆銘の期待に反して撤兵条項を欠落させ、その梯子を外したのは残酷だったとしかいいようがない。

軍事において、兵力の分散やいたずらな多方面作戦は失敗を招くことが指摘されるが、近衛の中途半端に二股をかけた汪兆銘工作と対蔣介石工作の失敗の責任は大きいものと私には思われる。

６　なぜ得体の知れない大政翼賛会を作ってしまったのか？

近衛の期待に反した翼賛会の立ち上げ

大政翼賛会は、議会主義、政党政治を崩壊させ、ついには東條内閣の下で軍国主義推進の精神運動の道具となってしまった。大政翼賛会は、近衛なくしては生まれなかった。近衛は、一九四〇年一二月、第二次近衛内閣の改造で内務大臣に平沼騏一郎を登用しようとしたとき、それまで大政翼賛会はアカだと攻撃していた平沼から、「貴下は大政翼賛会の総裁であって欽定憲法を冒とくした首領である。大政翼賛会の制定者たる貴下が総理大臣たる内閣に、どうして自分が入閣することができるか」と痛烈に拒絶された。しかし、近衛は「ケロリとして他人ごとのように……翼賛会も困ったものですね。……ついては、私が直接では、従来の行きがかりからなんともできないので、貴方が内務大臣となってお考えどおり翼賛会を始末してくれまいか。改組のことは挙げて一任する」と答えたという（新谷卓『終戦と近衛上奏文』（C-38）一八二頁）。常人の感覚からは、大政翼賛会の生みの親の言葉とは思えないほど無責任な言いぐさだ。しかし、大政翼賛会の創立とその後の推移をみると、この近衛の心境はそれなりに理解が可能だ。

一九三九年一月の第一次近衛内閣総辞職の後、平沼、阿部、米内の三代の内閣が続いたがいずれも短命に終わり、再び近衛の大命降下を求める動きが高まった。近衛自身はこれを免れたいと思いつつ、それは許されない状況になっていた。しかし、近衛としては第一次内閣で軍部に牛耳られた苦い経験から、軍部を抑えるためには、右から中道、左まであらゆる国民層をバックとした強力な政治体制を作ることが不可欠だと考えていた*62。しかし、近衛の思いとは別に、近衛を帽子として戴きつつ、自分たちの政治、軍事の思惑を実現しようという諸勢力が、熱気を帯び、近衛の「政治新体制」運動に過剰な期待を持つようになった。近衛としては、軍部を抑えることができる強力な政治の新体制は、国民各層からの自発的な国民運動、政治運動の盛り上がりによって初めて実現できると考えていた。しかし、近衛が一九四〇年六月二四日、枢密院議長を辞任したときから、近衛を戴く政治新体制運動にそれぞれの思惑から乗り遅れまいとする各政党がなだれをうって自ら解散してしまった。陸軍では、武藤章を始めとして、近衛を戴き、背後から操って、ナチス的な親軍政党を作ろうともくろんでいた。そのため、陸軍は画策し、畑陸軍大臣を辞任させることによって米内内閣を倒してしまった*63。

*62 近衛を党首に戴いて新党を作ろうという動きは、近衛の第一次内閣当時からすでに生まれていた。しかし、近衛の第二次内閣を期待する動きが高まってから、近衛は、新党運動ということを嫌い、政治新体制運動という方針に変化した。

*63 武藤らとしては、親軍的な一党独裁体制を近衛を頭に戴いて作り上げることを目指した。しかし近衛の本来の構想は、軍部を抑えることができるような国民勢力の結集を目指すものだったため、根本的に武藤らの狙いとは矛盾していた。

近衛としては、新体制運動は倒閣運動ではなく、国民各層の支持の下で盛り上る政治運動であるべきと考えていた。しかし、その目算は外れ、運動が盛り上がって統一される前に、近衛は総理の座につかされてしまった。そうなれば、新体制運動は、国民運動ではなく、総理大臣が率いる官製運動となってしまう。またすべての政党が解散してしまったので、このような近衛内閣は幕府的な存在となってしまう。近衛はこの批判を最も恐れたが、それでも運動に対する国民的期待のため、矢部貞治らに新体制構想を練ることを依頼した。しかし、大政翼賛会が政治結社となることには、法律面でも様々な問題があった。そのため、新党的な政治組織ではない「公事結社」という組織にしかなりえず、「大政翼賛会」というものができ上ってしまった。結局、一九四〇年一〇月一二日に開催された大政翼賛会の創立総会では、近衛は前日まで綱領の検討に苦心していたものの、力強い運動の展開を期待して集まった会衆に、近衛は「本運動の綱領は大政翼賛、臣道実践というにつきる。これ以外に綱領も宣言もない」と言って会衆を唖然とさせた。

翼賛会には、右から左まで様々な人士が幹部となっていたが、次第に「翼賛会はアカだ」との批判が強まり、その批判を受けた初代の事務総長有馬頼寧らの辞任を余儀なくさせた＊64。近衛内閣が倒れ、東條内閣となってからの翼賛会は、軍国主義を煽り、追随するだけの組織に化してしまった。

＊64　有馬は、久留米藩主有馬家の一五代当主で伯爵だった。貴族出身でありながら若いころから、女子教育、農民の救済や部落解放運動、震災義捐などの社会活動に広く活躍し、農山漁村文化協会の初代会長や日本農民組合の創立にも関わり、華族制度の廃止も訴えていた。衆議院議員、貴族院議員、農林大臣を務めた。そのため、戦時中は「赤い貴族」と揶揄され、大政翼賛会は「アカ」だという非難を受ける的となってしまった。戦後は日本中央競馬会理事長を務めた。「有馬記念」は有馬を顕彰したレースだ。有馬の子息有馬頼義は、直木賞作家で、『宰相近衛文麿の生涯』（C-7）を著したが、私情を交えない客観的な近衛論を述べている。同書に含まれる、父有馬頼寧の『七十年の回想』（三〇六頁～）では、「(支那事変が）第一次近衛内閣成立直後に起ったものであるとしても、その責任の全部が近衛氏の政治的責任であるとは思えません。しかし近衛氏

は、一年半に亙る在任中、一番心を痛めたのは支那事変を拡大するに任せたことであって、たとえそれが軍部の不明に基くものであったとしても、それを速やかに終熄せしめ得なかったことを深く憂い、その責任を痛感していました……近衛氏は、新党運動が幕府的存在になるという非難を殊のほか気にしました……幕府的存在という意味は独裁政治を意味するもので、それに必要欠くべからざるものは、政治力はむろんですが、莫大な財力と強力な武力をもつことです……ところが、（近衛氏には）無限の財力もなければ僅少な武力すらないのです……近衛氏の委嘱によって事務総長の職を引き受けたが、最初に逢着した難題は資金がないことでした……革新の急進さが禍根となって、各方面からの反撃が近衛氏の熱意を失わせました……昭和一六年三月末、近衛から職員の辞表をまとめることを求められ、私は自分の無力無能を招致していましたから自分の辞表を出すことは承諾しました」と、自分に辞任を求めた近衛を批判することなく、誠実、謙虚に当時のことを回想している。

近衛は、いつごろから翼賛会への期待を失ったか？

近衛は、第二次近衛内閣に、第一次内閣の書記官長だった風見章を司法大臣に起用した。風見は司法関係には素人だったが、近衛は、司法大臣の任務は次官に任せておけばよいので、風見には新体制構想を進めるよう指示した。近衛は、政治新体制運動を国民から盛り上げていくためには、米内内閣が倒れ、自分が総理となったのは早すぎたと思っていた。とはいえ、総理就任前から、矢部貞治らに新体制構想を練るよう依頼し、風見にその任務を与えたことに照らせば、近衛は、国民各層に支えられた政治新体制を構築する希望は失っていなかったようにもみえる。

しかし、実は、近衛は総理就任の時点で、政治新体制運動への期待を既にほとんど失っていたと思われる。近衛は、各政党が勝手に近衛に期待して解散したことを情けないと見下していたし、陸軍が自分を帽子に戴いて親軍的一党独裁体制を作ろうとの魂胆があったことも見抜いていた。

富田健治は、警察幹部としての勤務時代から近衛と肝胆相照らす仲で、腹蔵なく時世を語り合い、兄弟のような交友関係にあった。近衛は、その富田を第二次内閣の書記官長に抜擢した。富田は右翼的だとの批判もある人物だったが*65、書記官長として近衛を的確に支え続けた。富田の『敗戦日本の内側　近衛公の思い出』（C-21）は、優れた近衛の評伝であるが、その中で富田は次のように回想している。

「近衛は思い上がった軍部を抑えるためにはどうしても政治新体制が必要だと思っていた。軍部が要望していたナチス的一国一党ではなかった」（四六頁）

「昭和一五年五月上旬（※組閣の二か月前）、富田は永田町の近衛邸を訪ねた……（近衛は）寝台に横になり、喉にも湿布をしておられたが、政治新体制の構想を述べ、政党の腐敗堕落と軍部への追従、軍部の専横、非常識を慨嘆し、……『自分は裸になって野に下り、新体制を作り、新鮮で真剣な国民大衆の組織によって軍部を抑えたい。それについて幹事長になる人がいない。知事を辞めてそれを一つやってくれませんか』とシミジミ言われた」（四七頁）

「（組閣の約一〇日前の七月六日、軽井沢で近衛と会う）近衛は『（近衛の）枢密院議長辞任が倒閣となることは最も避けたい。政治新体制は、飽く迄も国民大衆から盛り上がったものでなくてはならない。従って自分が組閣して総理大臣としてやるのでは民間運動でなく官製のものになってしまう。全然私の理想に反する。……これはどうしても米内君に今暫く持ちこたえてもらわなくてはならぬ処です。……米内君や石渡君さえ、誤解して私が倒閣の尻押しでもしているように思っているらしい。馬鹿らしいにもほどがある』などと言って、早急に新政治体制の構想をまとめるよう、矢部貞治や後藤隆之助と皆でまとめるよう、昂奮と焦燥にかられたように頼まれた」（四九頁）

＊65『西園寺公と政局　第六巻』（一九五頁）で、原田熊雄は近衛が一九三七年一二月に富田を警保局長に昇進さ

せたとき、「富田保安課長（※当時）はいはゆる内務省きっての極端なファッショ的傾向のある人で、安井とか或は平泉澄とか、神兵隊の前田あたりと非常に懇意である」と富田を批判していた。しかし、富田の上掲書を通読すると、富田にファッショ的傾向はなく、実直で常識に富んだ人物であったように私には感じられる。

このように、七月上旬までは、近衛はまだ新体制構想の望みを完全には失っていなかった。しかし、富田は更に、次のように回想する*66。

「（七月一六日、軽井沢の近衛山荘で近衛公中心に、矢部貞治、後藤隆之助、富田らが政治新体制を相談中）、東京からの電話で中座されていた公が、席に帰る迄もなく、立ったまゝで、いつもと異なって少し昂奮の態で、『もう新体制論議は後回しになってしまった。閣僚の人選云々。とうとう内閣はダメになってしまった』と悲痛な顔で言われた～～余程官製新政治体制がいやだったらしい……その席上で、米内内閣が総辞職になったこと、第二次近衛内閣組織の已む無き情勢など、原田熊雄氏からの電話だったと述べた。翌一七日、次期政権担当者を検討する重臣会議が開かれるため近衛は軽井沢を発った」（五六頁）

この富田の回想が当時の近衛の心境を最も正確に伝えているだろう。近衛は、第二次内閣組閣の当初から、すでに新体制運動の先行きへの期待をほとんど失っていたと思われる*67・68。このことは、風見章と近衛との関係を考えるうえで、見逃せない事実だと思われるので第4章で後述する。

＊66　近衛は米内内閣を倒す気持ちはなかったが、陸軍が近衛を担ごうとする思惑で畑陸相を辞任させてしまったため、外見的には近衛が新体制運動のために米内内閣を倒した、と思われることになった。これが米内の近衛に対する不信感のものとなった。その誤解が解けて、和平のために協力し合うようになったのは、戦争末期の一九四五年二月の京都の近衛別邸虎山荘会談のころからのことだった。

＊67　ジャーナリスト・評論家で近衛と懇意だった木舎幾三郎も、『政界五十年の舞台裏』（C-26）（二五七頁～）

で、「米内内閣が総辞職したのには、公自身大分面食らったらしく『こんなに早く辞められるとは夢想だにしていなかったんだ』と語った……（近衛さんは）屡〻『総理大臣の現職中に政党組織などはやりたくない』といっていた……米内氏が突如として辞職したことには非常にショックを受けたようだった……『政党組織もこれによって万事休した』と考えていたのではないかと思う……軽井沢から大命を拝して帰京した公は、京都で会った公とはまるで別人のようになっていた。新政党という言葉を持ち出すと、あまりいい顔をせずただ、『それがねえ……』といったままで、多くは答えなかった」と回想している。

また、「有馬頼義『宰相近衛文麿の生涯』（C-7）（二八九頁〜）が引用する木舎幾三郎の「近衛公秘聞」によれば、木舎は、第二次内閣ができる前後の新党運動の渦中にあった。風見、有馬らと緊密に連絡を取り合い、会合を重ねて各方面からの情報をとり、逐一近衛に報告してその蹶起を促していた。木舎は、約一ヵ月以上、毎日午後九時から参邸した。近衛は「どうも困ったものだ。新党派というて騒いでいるが、何パーセントが真に新政党の必要を感じて騒いでいるのか、僕にはさっぱり判らん。君も僕も狙っているところは成る可く軍との正面衝突を避けて、新党を組織し、この政治力によって、軍の横車を或程度おさえようというのに反し、新党派と称せられる連中の中には、親軍党、軍政党を組織しようとして僕をかつごうとしている者も相当あるらしい。陣笠の連中がやるのなら兎も角、堂々たる新党派の幹部中にこれが大分あるというのだから、ウッカリ乗れんではないか。又一方、右翼の方面では、近衛が新党を組織するのは幕府政治を再現しようとしているのだと頻りに騒いでいる。……無論その背後に軍が糸を引いているということも判り切った話で、今後声が大になればなる程、軍のこうした陰険な反対工作は熾烈となってくるものと覚悟せねばならぬが、果して所謂新党派の幹部連にこれに対抗する勇気があるだろうか、僕はその点一番懸念されるのだ」と語った。

＊68　原田熊雄も、組閣より約一か月半前の六月三日のこととして、「近衛の気分も、どっちかというと前より多

少動いてはいるけれども、それでも積極的に乗り出そうとするえらい熱意は認められなかった。しかしまづ捨鉢的になんとなくそういう気持ちになっているらしい。すなわち、已むを得ず出てもいい、或は出なければならない」という様子だったとする（『西園寺公と政局　第八巻』二五六頁）。また、六月二二日には、原田に「どうも有馬や永井が勝手なことをいいふらしては、実に迷惑至極だ。結局自分は逃げるといわれても困るから寧ろ純青年層に呼び掛けて、将来新党を作りたいとは思ってゐるけれども、現在のやうな空気の世間で、所謂新党と称するやうなものは、到底自分の理想とは遠い。だからとても自分はその上に乗ることはできない」と言った（同二六一頁）。

私の見方——「帽子」に利用された近衛の悲劇

結果として得体の知れない大政翼賛会を作ってしまった近衛は、その客観的な政治責任を批判されても仕方がないだろう。しかし、少なくとも近衛が政治新体制運動を進めようとした目的は、第一次内閣で陸軍の横暴に振り回された近衛が、自分に対する国民の絶大な人気と支持を背景に、軍部をも抑えられるような強力な国民的政治体制を作ろうとすることにあった。しかし、そのような絶大な人気は、その裏腹に、さまざまな勢力が自分たちの思惑を実現しようとして、近衛を帽子にかぶるために利用された。近衛はそれをよく理解していたが、近衛が国民運動によって政治新体制を作り上げる前に、米内内閣が陸軍によって倒されてしまった。そして近衛を総理に戴く政治新体制は、幕府的存在となるという近衛が最も嫌った批判の対象となってしまった。近衛は第二次内閣組閣の当初から、すでにこの失敗を自覚し、政治新体制運動に対する期待をほとんど失ってしまった。この経過について近衛を厳しく批判するのは酷に失するだろう。

７　なぜ日独伊三国軍事同盟を締結してしまったのか？

日独伊三国軍事同盟は、一九四〇年七月に近衛が第二次内閣を組織後、わずか二か月余り後の九月二七日に締結された。これはアメリカやイギリスを大きく刺激し、緊張感が高まった。これについての近衛の責任を厳しく指摘する向きが強く、少なくとも近衛の結果的な政治責任は否定できない。しかし、ここでも、当時近衛が置かれていた客観的な状況からは、単純に近衛を責めて切り捨てるわけにはいかないと思われる。

日独伊三国軍事同盟締結の経緯

この同盟締結問題に先立ち、一九三六年に日独防共協定、一九三七年に日独伊防共協定が締結されていた。アジアにおける日本の指導的地位とヨーロッパにおける独伊の指導的地位を相互に確認し、コミンテルンに対抗する共同防衛が目的だった。平沼内閣の下では、これをより強固な軍事同盟に格上げしようとする陸軍中心の軍事同盟の推進派と、それが英米との対立関係を招く危険を主張する海軍中心の反対派との間で七〇回以上にも及ぶ激しい議論が重ねられていた＊69。しかし、一九三九年八月二三日、ドイツは突如、背信的に独ソ不可侵条約を締結した。当時日本はノモンハン事件でソ連と戦っている最中だった。八月二八日には平沼騏一郎首相が「欧州の天地は複雑怪奇なる新情勢を生じた」と声明して総辞職し、同盟問題は立ち消えとなっていた。

＊69　実松譲『米内光政正伝』（E-18）（一〇八頁～）によれば、米内は、三国同盟について「独伊と結びたりとて支那問題の解決になんの貢献するところがある。よろしく英を利用して支那問題の解決をはかるべき……英米を束にして向こうにまわすの愚」を板垣陸相に説いた。一九三九年八月二一日の陸海軍の会議では、米内

は板垣陸相と五時間半にわたって激論するも折り合わなかった。米内は独伊が信用ならないことを強く主張。英国まで相手にするのなら「職を賭しても」阻止しようとしたという。阿川弘之『米内光政（下巻）』（E−19）（四頁）によれば、湯浅倉平のみるところ、陛下の御信任は米内にもっとも厚く、平沼内閣総辞職の折、陛下は、海軍出身侍従武官平田昇中将に「さきほど米内が来たから、よくお礼を言っておいたよ」と言い、平田は感激した。米内が命を張って三国同盟を阻止し抜いたことへの御礼だった、という。

しかし、独ソ不可侵条約直後からドイツはポーランドに侵攻して第二次大戦の火ぶたが切られた。ドイツは、一九四〇年四月にノルウェー、デンマーク、五月にはベルギー、オランダ、ルクセンブルク、六月にはフランスに次々と侵攻して降伏させ、八月にはイギリスに上陸侵攻するべく大空襲を開始し、イギリスが降伏するのは時間の問題とさえ思われる状況になった。この怒涛のようなドイツの進撃に幻惑され、日本では陸軍を中心として「バスに乗り遅れるな」との声が高まり、推進派が俄然勢いを増した。ドイツ大使の大島浩とイタリア大使の白鳥敏夫が強力な推進派だった。推進派は、この同盟によって英米に対抗し、中国を支援しているアメリカを牽制することで日中戦争を有利に進めるとともに、既に敗北していたオランダ、フランスや、敗北間近なイギリスのアジア太平洋地域の植民地支配を我が手にしようと目論んでいた。しかし、主に海軍を中心に、この同盟がアメリカとの決定的な対立を招き、日本はアメリカとの戦争には到底勝つことはできないとする反対派の声も強かった。

第二次近衛内閣で近衛が外相に起用した松岡洋右は、アメリカに対しては弱みを見せず強く出ることが要諦だとの信念をもち、同盟締結を強力に主導した。松岡は、この同盟に更にソ連も引き込み、四か国による強力な同盟によってアメリカの参戦の意図をくじくべきだと考えていた。一九四〇年九月七日、ドイツから特使ハインリヒ・スターマーが来日し、松岡との交渉を開始した。松岡のソ連を含めた四か国同盟の構想に対し、スターマーは、「ドイツは、正直な仲介人となる」と言明したことが松岡構想を強く後押しした。問題は、同盟を締結することにより、ドイツが第三国である米英と開戦した場合に日本も自動的に参戦義務が生じるか否かということにあり、反対派はその危険を強く主張したが、松岡は巧みにそれを回避して自動的参戦条項を空文化しようとした。海軍中央も、山本五十六連合艦隊司令長官は最後まで同盟反対を主張したが、次第に容認派が大勢となった。天皇は終始三国同盟締結に不安を持っていた。九月一九日の御前会議で、原嘉道枢密院議長は同盟の危険を主張したが＊70、その日、同盟締結が決定され、九月二七日、締結に至った。

＊70　九月二六日、枢密院に諮詢された際、石井菊次郎が「ドイツと結んで利益を受けた国はない……ヒトラーも危険少なからぬ人物である。我が国と防共協定を結んでおきながら、それと明らかに矛盾する独ソ不可侵条約を結んだ」と痛烈に反対するなど同盟の危険を主張する声が強かったが、松岡、東條、及川の楽観的な答弁で通過した（富田健治『敗戦日本の内側』（C‐22）九三頁〜）。

しかし、反対派が恐れたように、同盟締結に対する米英の反応は厳しかった。満洲事変後、アメリカは日本の満洲支配の強化や華北への進出に神経をとがらせており、一九三七年一〇月五日、ルーズベルト大統領はいわゆる「隔離演説」をして日本やドイツの侵略を強く批判していた。また、一九三八年一一月三日の第二次近衛声明が「東亜新秩序」を謳ったことは、日本がアジアで列強を排除し、九か国条約を実質的に否定しようとしたものと受け止められ、アメリカの対日意識は更に硬化していた。三国同盟締結は更にアメリカの対日感情を悪化させた。九月二五日には中国の国民政府に対する二五〇〇万ドルの借款供与、九月二六日には日本への屑鉄・鉄鋼の全面禁輸など経済制裁の強化が決定された。また、同盟締結は、蒋介石の「日中戦争の国際的解決」への期待を強め、蒋介石の抗日意志をますます固めさせた。当時、松岡外相が田尻愛義らに進めさせていた銭永銘工作などの重慶との直接和平工作を、中止に至らせることとなった。また、汪兆銘はこれが日米の開戦につながるのではないかと、大きな不安を抱いた＊71。

＊71　今井武夫『幻の日中和平工作』（B–15）（二一三頁）によると、九月二七日三国同盟締結数日後の汪兆銘自宅での招宴で、汪は外交儀礼上祝意を述べたが、「英米を敵として戦争を始めては拙い。どういうことがあっても、開戦だけはせぬようにしてほしい」と憂心を湛えて感想を漏らしたという。

強く反対していた外務省

重光葵、東郷茂徳、有田八郎など外務省の幹部は同盟締結に強く反対していた＊72。当時ロンドンにいた重光は御前会議での締結決定を知り、「之は国家興亡の岐路に立つ空前の重大事である。……三国同盟の爆弾は落ちた」とし、また「近衛内閣は、内外、事変の拡大、戦争の延長を政策とする内閣。おそらく近衛公という人はその生い立ち及び家柄からなんでも操縦し、抱擁して調子を把って上べを繕って行く事が政治の要諦であり、之に成功することが政治家の任務であると考えて居る人の様である。国家の利益に向かって他を率い、自己を犠牲にする精神はないように見える。いわば調子者である。したがって極端派、極端論が常にこれに乗ずる」と近衛を批判した（『重光葵手記』（G–5）一九六頁〜）。

＊72『東郷茂徳外交手記』（G–9）所収の東郷の部下だった昌谷忠の東京裁判での宣誓供述書（一一六頁〜）によれば、東郷は、三国同盟は推進論者が論ずるように日支事変の解決に貢献するものではなく、目的達成のためには凡てをリスクするヒトラーと協力することは二〇〇〇有余年の歴史を有する日本として甚だ危険であると上申していた。東郷は三国同盟に絶対反対であったため、在勤僅か一〇か月でベルリンを去ることになったという。また、来栖三郎は、一九三九年駐独大使となり、三国同盟に反対したが、交渉の蚊帳の外に置かれ、松岡とスターマーの直談により同盟が締結され、来栖はその調印にのみ関与させられた。後に日米諒解案交渉、その後半に野村大使の交渉支援の目的で派遣されたが、三国同盟締結調印をした来栖の経歴が来栖を辛い立場に置くこととなった（来栖三郎『泡沫の三十五年』（G–11）四二頁〜）。

また、後に日米諒解案交渉に従事した陸軍の岩畔豪雄は、『昭和陸軍謀略秘史』（Ｄ‐20）（一五三頁〜）で、「有田八郎は頑固で三国同盟には断然反対だった……『日本のような立派な国体とヒトラーのような成り上がり者の国家とは全然違うのだから』というのが終始変わらぬ態度で、敵ながら天晴という感じをいだいていた」と回想している。

三国同盟容認の陸軍と、近衛の梯子を外した海軍

川田稔『昭和陸軍全史２』（Ｄ‐３）（三二五頁〜）は、三国同盟は、必ずしも陸軍がリードしたものではなく、近衛首相の支持の下に松岡外相主導で行われたものだったが、武藤軍務局長ら陸軍中央もそれを容認していたとする。武藤軍務局らは、当初はアメリカを刺激することを避け、対英軍事同盟にとどめる意向であったなど、三国同盟締結には積極的ではなかったという。ただ、南方武力行使の際は独伊との連携が必要であり、また、三国同盟及びソ連との提携によってアメリカの参戦防止を期待していた面もあったようだ＊73。また、三国同盟推進派の陸海・外務の実務担当者の間では、三国同盟の目的は、ドイツの勝利を信じ、ドイツが勝利すれば戦後に東南アジアや太平洋地域の英仏蘭の植民地をすべてドイツが独占することを恐れたため、ドイツとの合意によりそれを日本も分割・確保することにあったとも言われる（ＮＨＫスペシャル「開戦　太平洋戦争　日中英米知られざる攻防」二〇二一年八月一五日放映）。

＊73『軍務局長武藤章回想録』（Ｄ‐９）によれば、東京裁判での武藤への尋問で、武藤は「私個人としては三国同盟に反対でありました。同盟締結は松岡外相が強く主張したもので、東條陸相らはこれに同意したというのが正しいのです。私はその決定に従っただけであります」と供述した（四二九頁）。また同書掲載の部下石井秋穂の口供書によれば、「武藤は自から三国同盟を主張したことは絶対にない。それは松岡外相の独り舞台で、私は条約文を成立後初めて読んだくらいだった……昭和一六年四月半ころ日米諒解案が報告された時、武藤

は非常に喜び『これで日本は救われた』と申した。……五月在ベルリンの日本武官より日米交渉の条件が三国同盟の脱退を前提とするなら反対なる旨の電報が来た。武藤は私に叱責の電報を書けと命じた。この電報案を局長、次官を経最後に東條に持って行ったら彼は自ら手を入れてさらに酷な文章にして厳戒を与えた」

という（同四三二頁～）。

海軍は、平沼内閣以来、三国同盟が日米開戦につながることを恐れ、基本的に反対姿勢であり、同盟に躊躇していた近衛は海軍が明確に反対してくれることを期待していた。しかし、その近衛が積極論に転じたのは海軍が反対論を取り下げ、近衛の梯子を外したことが大きかった。近衛文麿『失はれし政治』（C－4）（三六頁～）及び矢部貞治『近衛文麿』（C－6）（一三四頁～）によれば、吉田善吾海相が及川海相に代わってから海軍の態度が豹変した。近衛が不審を抱いて豊田貞次郎次官に訊したところ、

「海軍としては腹の中では三国条約に反対である。しかし、海軍がこれ以上反対することは、もはや国内政治情勢が許さぬ。ゆえに、政治上の理由でやむをえず賛成する。軍事上からみれば、まだアメリカを向こうにまわして戦うだけの確信はない」

というので、近衛は

「まことに意外なことをうけたまわる。国内政治のことは我々政治家の考えるべきことで、海軍が御心配にならんでもよいことである。海軍としては純軍事上の立場からのみ検討されて、もし確信なしというのなら、あくまで反対せられるのが国家に忠なるゆえんでないか」

と反論し、豊田は

「今日になっては海軍の立場もご了承願いたい。ただ、この上は、できるだけ三国条約における軍事上の援助義務が発生しないよう、外交上の手段で防止するほかない」

と逃げをうった。近衛がこれを山本五十六に話すと、山本は、今の海軍省はあまりに政治的過ぎる、とい

たく不満だった。山本は、近衛に、日米戦争の見込みについて
「ぜひやれといわれれば、はじめ半年か一年はずいぶん暴れてごらんに入れる。しかし、二年、三年となればまったく確信はもてぬ。こうなった上は、日米戦争を回避するよう極力ご努力を願いたい」
と話した＊74。

＊74　高木惣吉『山本五十六と米内光政』（E-27）（五九頁）によれば、三国同盟が成立した九月、及川海相が海軍首脳部を参集させて了解を求めた時、及川は、もし海軍が反対すれば近衛内閣は総辞職しかなく内閣破壊の責任をとることができない、と説明したのに対し、誰一人発言しなかったが、山本だけが、三国同盟を結べばこれまで資材の八割を英米勢力圏に頼っていた八割の資材を失うこととなるが、その不足をどう補うのかと説明を求めたのに対し及川はなんら答えず、最古参の大角大将の賛成の声で一同賛成になってしまった、という。

近衛も、当初は三国同盟に乗り気でなかったが松岡に乗せられた

近衛は、当初は三国同盟に乗り気ではなかった＊75。しかし、松岡の、同盟締結がアメリカに対する牽制効果が大きいとの主張や、ソ連を引き入れて四か国条約とする構想についての強硬かつ巧みな弁舌に乗せられ同盟締結に舵を切ることになった＊76。

＊75　松本重治は以下の回想をしている。「昭和一五年九月上旬、牛場友彦と軽井沢に行き、近衛と一～二晩過ごす。近衛は『いよいよスターマーがやってくるよ。日独伊の三国軍事同盟ができそうだね』とまるで他人事のように、ニタニタしながらも内心『困ったなあ』という表情でいうので、『お厭ならば止めになすったら』というと『そうもいかんのでね』と答えた（松本重治『近衛時代

松岡洋右

（上）』（C-8）一三五頁〜）。「近衛は松岡さんの考えているのとは違っていて……三国同盟の問題が日米の関係にどう響くのか……三国同盟を結んだためにアメリカがますます対日姿勢を強化してくるではないか……近衛さんは日米関係が悪化してくることは実に心配だ、という感じをもっていて……そのときは日米関係の悪化はある程度避けられまい、なんとかそれをしなければならない、と思っていたに違いなかった（同（下）三七頁）」「近衛は、三国同盟の締結は日米関係を悪くするだろうが、それが即日米開戦にはなるまいとそのように考えて三国同盟に肚を決めたと思う（同八四頁）」。

また、工藤美代子『近衛家七つの謎』（C-31）（一五一頁〜）は、高校時代からの近衛の友人山本有三が一九三九年夏ころに近衛から聞いた次の回想を引用している。「昨日軽井沢の近衛のところへ行ったら、近衛が言うんだ。ここに海軍次官の山本五十六が来ているとね。三国同盟ができないですんでいるのは、あの人のお陰だそうだよ。偉い人だなあ。右翼がしきりに狙っているんで、身を隠さないとあぶないというんだけど、なかなか承知しないんだそうだ。こんどひんぴんと危険な情報が入ったんで久しぶりに軽井沢にきてもらったと言っていたがね。まったく偉い人だ（『新潟日報』昭和五〇年九月二九日、星野慎一）。

また、近衛のブレーンであった昭和研究会も三国同盟には反対だった。酒井三郎『昭和研究会』（C-50）（一八五頁〜）によれば、昭和研究会としては、三国同盟に反対し、対米戦争は絶対に避けるべきだと考えていた。研究会内では、蔣介石を唯一の中央政権と認めて中国領土主権の尊重、民族の統一、近代化の推進助長の立場に立ち、対中国政策を根本として日支及び東洋の安定を図り、然る後に世界の流れに対処すべきだとの考え方と、高橋亀吉のように、中国の無能力、非近代性を強調し、分割統治する方が得策で、三国同盟にソ連を加えた新しい世界体制が必要とする考え方との激論があったが、大勢は反対説で、研究会は平沼内閣の末期に、軍に三国同盟反対の意見書を提出した。

＊76　新名丈夫は、『あなたが知らない太平洋戦争の裏話』（A-66）（六九頁〜）で、「近衛の密使」と題して興味深

いエピソードを紹介している。日本は一九四〇年九月一九日に御前会議で三国同盟締結を決定し、二七日に調印された。松岡外相とドイツのスターマー特使との交渉により、三国同盟にはいずれソ連も加えて四国同盟とするという構想があり、近衛はそれを強く期待していた。しかし、ドイツの対英国勝利は間違いないと思われていたが、一九四〇年九月一五日の英本土上空の空戦でドイツは致命的打撃を受けるなど、侵攻は失敗してドイツの勢いに陰りがさし、また独ソ間がバルカン半島などをめぐって雲行きが怪しくなってきた。事態を憂慮した近衛は、小西増太郎を密かに密使としてソ連に送り、ソ連の慎重な態度を要望しようとした。小西は、キリシタン大名小西行長の末裔で、若くしてロシアに渡り、トルストイから直接薫陶を受け、日本のロシア文学の先駆者となった。敬虔なクリスチャンで、同志社の教授となり、新島襄と親交が深かった。近衛は京都大学時代、小西の家に頻繁に出入りして小西に私淑していた。松岡がモスクワでスターリンと会ったとき、スターリンは松岡に「プロフエッサー小西を知らないか、ぜひ会いたい」と言ったほど、小西はソ連の要人から信頼されていた。近衛は、当時既に七九歳になっていた小西に、密かにモスクワに行って、スターリンに会い、ドイツと手を握るよう努力を進めることとした。小西は、長男得郎（※戦後プロ野球の名解説者として活躍した）夫妻に「こんど重大な使命を帯びてソビエトに行くことになった。近衛に頼まれたのだ。どっちみち生きては帰れぬ。ことが成就すれば政府から百万円をくれることになっている。その半分をお前がとり、あとの半分はみんなで分けるようにと言った。しかし、明日出発という一九四〇年一二月一〇日、小西は外出先の新宿駅プラットホームで倒れ帰らぬ人となった。死因は心臓麻痺とされたが、不思議なことに憲兵が直ちに駆けつけて身体を調べて家族に通報した経緯について、新名は疑惑を示唆している。

新名は、毎日新聞の記者で、「竹槍では勝てない、もっと飛行機を」という記事を書き、激怒した東條から報復徴兵された。フィリピンで特攻隊員らに親身に接して慕われ、戦後も特攻隊員の慰霊の様々な活動に尽力した（これは拙著『ゼロ戦特攻隊から刑事へ』でも紹介した）。

新名の推論によれば、増太郎派遣の目的は、近衛はソ連を同盟に引き込むことを期待して一九四〇年九月に三国同盟を締結したが、その後にドイツとソ連が不穏な状況に変化したので憂慮し、独ソの関係改善のために増太郎をスターリンと会談させることにあったということになる。

ところが、近衛が小西に特使派遣を依頼した時期については問題がある。小西増太郎の孫にあたる吉橋泰男氏は、二〇一九年、『近衛文麿とスターリンを結ぶ男』（C-36）を出版した。これに記載された小西増太郎の年譜によると、増太郎が新宿駅頭で倒れて死亡したのは一年前の一九三九年一二月一〇日のこととなっている。私は吉橋氏に直接お尋ねして確認したが、それは間違いないとのことで、新名の上記記載は事実に一年の間違いがあることが判明した。そうすると、新名が書いた増太郎派遣の目的も違ってくることになる。吉橋氏の同著によれば、増太郎は、大学を退職して実業界に身を投じ、ウラジオストックで日本人居留民や企業関係者の中心人物として活躍し、樺太における石油石炭開発に関するソ連との交渉に深く関与していた。当時、ドイツのリッベントロップ外相が模索していたソ連を含む四国同盟について、スターリンが提示した条件の一つに日本の北樺太石油石炭採掘権放棄があった。近衛は、この構想を推進するため、スターリンと個人的に親しい増太郎をロシアに送り込もうとしたのであろうと吉橋氏は推測している。

増太郎派遣の時期と目的については、両書にこのような違いがあるが、いずれにしても、近衛が増太郎を派遣しようとしたのは、日本とソ連、ドイツとの関係を改善してアメリカとの開戦を避止できる強い協力関係を構築しようとの考えがあったことには間違いがないであろう。

御前会議決定へ——天皇の深い憂慮

こうして同盟締結に舵を切った近衛は、九月一六日に緊急閣議を開いたが、松岡の独り舞台で誰も反対意見を述べず、同盟締結の閣議決定が行われた。近衛がそれを天皇に奏上すると、天皇はなおも憂慮し、

「万一日本が敗戦国になった場合、いったいどうだろうか、そのような場合近衛も、自分と労苦を共にしてくれるだろうか」と近衛に言った。近衛は、原田熊雄に「平素自分はまことに冷ややかな者だが、このとき陛下のお言葉をうけたまわって、目頭が熱くなった」と語った（矢部貞治『近衛文麿』（C－6）一三二頁～）。三国同盟は九月一九日の御前会議で決定され、二七日、ベルリンで調印に至った＊77。

＊77　種村佐孝『大本営機密日誌』（D－18）（五三頁）によれば、御前会議で原枢密院議長の「本条約は米国を刺激し日本に対する経済圧迫が強化されて困らぬか」との質問に対し、松岡は、「ヒトラーの考え方も極力米国との戦争を避け、加うるに対英作戦が終結すれば極力米国との親善を図りたい意向である～我が国も機会を捉えて進んで日米関係の改善に努むべく、これがため独伊系米国市民を利用することも考えて居る」などと説明した。

予想に反した独ソの開戦

松岡は、翌年の一九四一年三月、ドイツを訪問してヒトラーやリッベントロップと会談した。それまでは、ドイツも、ソ連を引き入れる四国提携構想に積極姿勢を示していた。しかしその後の独ソの交渉で、ソ連がドイツにバルトや東欧などへの極めて膨張主義的な要求をしたため、ヒトラーは激怒し、既に独ソ戦の開戦を準備していた。松岡は、日本への帰途、モスクワでスターリンと会見し、四月一三日、日ソ中立条約を締結して意気揚々と帰国した。しかし、それは、ソ連が日本とドイツとの二正面作戦を避けてドイツとの戦争に集中するためのスターリンの巧妙な策であることを松岡は見抜けなかった。

一九四一年六月二二日、電撃的な独ソ戦が開始された。これは、独ソ不可侵条約の締結に続く二度目のドイツの裏切り行為だった。激昂した松岡は、対ソ戦開始を主張したが、陸軍もそこまでの決意はできなかった。

近衛は三国同盟締結の前提だったソ連を含む四国の連携策が不可能となったことから同盟破棄の検討を陸海相に文書で申し入れたが、松岡は問題にせず、軍部もドイツの破竹の進撃に目がくらんで独ソ戦は三〜四か月で片付くと思い込み、同盟破棄の検討は応じなかった（富田健治『敗戦日本の内側』（C-22）一五五頁、矢部貞治『近衛文麿』（C-6）一四九頁）。

その後、後述する日米諒解案交渉において、三国同盟の有名無実化を主張する近衛と、なおもドイツとの同盟維持に固執する松岡との対立が、その交渉を困難なものとした。

三国同盟の評価の後日談と近衛の回想

このように、三国同盟締結が、日米関係を決定的に悪化させ、日米戦争への道を開くことになったのは事実であり、松岡に振り回されたとはいえ、同盟締結に舵を切った近衛の客観的な政治責任は否定できない。しかし、近衛は、同盟締結の経緯や目的について、次の回想をしている（近衛文麿『大統領への証言』（C-2）四七頁〜）。

「（要旨）三国同盟の目標は、①アメリカの参戦防止による戦火の拡大を防ぐこと、②対ソ親善関係の確立にあった。特使として来日したスターマーは「まず日独伊の約定を成立せしめ、しかるのち直ちにソ連に接近するにしかず。日ソ親善につきドイツは『正直なる仲買人』たる用意がある」と言明した。松岡も、米国に対しては、礼譲とか親善などの態度では改善の余地がなく、この同盟によって米国に毅然たる態度を示すことこそが、米国の参戦防止の効果をもたらすと締結直前の御前会議でも強調した。

米国が参戦する前に日本が進んで宣戦してしまったために、同盟の効果を確言することはできないとしても、少なくとも同盟締結後、一年有余米国が参戦せず、日米交渉においても、米国は三国同盟の骨抜きのために執拗に努力したことは、この同盟が米国にとって厄介なものであり、これが存する限り米国は容易に参戦できない事情にあったことを雄弁に物語る。日独ソの連携も最後の狙いは対米国交調整であり、その調整の結果としての支那事変処理にあった。

対ソ接近を好まない余が何故に日独ソの連携に賛成したかというと、当時の形勢では、むしろこうすることが米国との了解に達し得る唯一の途と考えられたのみならず、他方警戒すべきソ連の危険は日本がドイツと東西からソ連を牽制することで十分緩和できると信じたからだった。三国同盟は、ソ連を引き入れるということを前提にして締結された。

三国同盟の議を進めながら突然独ソ不可侵条約を締結したのが一回目の裏切りであり、次に三国同盟を締結しながら独ソ開戦をしたのは二回目の裏切り行為であり、日本としてはこの条約を御破算にすることが、当然ではないかと軍部大臣と懇談したこともあった。しかし、ドイツ軍部を信頼すること厚き陸軍は、殊に緒戦におけるドイツの大戦果もあり、この説にとうてい耳を傾けようとしなかった。（近衛としても）いかに相手の裏切り行為になるとはいえ、締結したばかりの同盟を直ちに廃棄することは日本の国際信義の問題となるので適切でないので、そこには踏み切れないとしても、同盟の目的である対米戦争危険の防止については十分に備える必要があり、そのためには日米接近のほかにはないと考えた。

三国同盟締結は、当時の国際情勢下ではやむを得ない妥当な政策であった。これを危険だというのは感情論である。しかし、昭和一五年秋には妥当であった政策も一六年夏には危険な政策となった。独ソ戦争の勃発により日独ソ連携の望みは絶たれ、ソ連は否応なしに英米の陣営に追い込まれたからだ。したがって、速やかに日米接近の必要が生じた。しかし、陸軍はこの期に及んでもなおドイツとの同盟に執着し、余の心血を注ぎたる日米交渉に対し種々の横槍的注文を発しついに太平洋の破局をもたらした。

法理上、日本は米国がドイツに宣戦した場合において初めて米国に宣戦する義務があるのであり、日本はその前に自ら宣戦したのであり、法理上、日米開戦と同盟には因果関係はない。事実上も、通商条約の廃棄は同盟締結前の一五年四月に行われており、資産凍結令は、同盟締結後約一〇か月後の仏印進駐を契機として行われたのであって、同盟締結を直接の反響とするものは何もなかった」

近衛のこの弁明には虚偽や事実の歪曲はなく、少なくとも近衛が同盟問題検討中にこのような認識をしていたことは、筋が通っている。また、近衛の弁明に沿う事実もある。

天皇は、三国同盟締結が米英との関係を悪化させるとの懸念を深く抱いていた。『木戸幸一日記（下巻）』（J-5）には、例えば締結三日前の九月二四日、天皇が木戸に「今度の場合は日英同盟の時の様に只慶ぶと云ふのではなく、万一情勢の推移によっては重大な危局に直面するのであるから、親しく賢所に参拝して報告すると共に、神様の御加護を祈りたいと思ふがどうだろうと」とのお尋ねがあり、木戸が誠に恐懼したとある（八二五頁）。ただ、その天皇も、翌一九四一年四月、日米諒解案交渉開始の報告を受けたとき、四月二一日、天皇は、次のように木戸に語った（八七〇頁）。

「米国大統領があれ迄突っ込みたる話を為したるは寧ろ意外とも云ふべき（だ）が、こう云ふ風になって来たのも考へ様によれば我国が独伊と同盟を結んだからとも云へる、総ては忍耐だね、我慢だね」

つまり、天皇は、締結当時から、同盟締結の危険を懸念してはいたが、近衛と同様、同盟締結でアメリカに強い姿勢を示すことによって、日本への柔軟な態度に転じさせることができるとの松岡の主張をそれなりに理解していた。そのため、日米諒解案交渉にアメリカが応じてきたのは三国同盟の効果である、と認識したのだ。

また、日米諒解案交渉に参加した陸軍の岩畔豪雄の『昭和陸軍謀略秘史』（D-20）（三三五頁〜）によると、岩畔は、交渉が進められていた時期に近衛と会談した。岩畔が「米国が今日まで日米交渉を問題としてきたのは、日本が三国同盟を結んだからである。若し日本が孤立していたなら、日米交渉等顧みられなかっただろう」と述べると、近衛総理は「自分も全く同意見である。自分が昨年三国同盟を結んだ真意は、対米問題と対支問題を片付けるためであった」といわれたが、私としては深山で人に遭ったような思いであった、と岩畔は回想する。

新谷卓『終戦と近衛上奏文』（C-38）（二八二頁～）によれば、一九四二年八月、陸軍の戦史通で国際派であり、開戦に反対して東條を批判していた酒井鎬次中将は近衛と初めて軽井沢で会った。酒井が近衛に三国同盟締結の責任を責めると、近衛は悲痛な面持ちで真面目に自己弁護したという。酒井は当初近衛に期待していなかったが、近衛の真摯な態度に惚れ込み、その後終戦工作のために近衛と頻繁に情報や意見の交換をするようになった。近衛は手記に書いたようなことを酒井に語ったのであろう。これも近衛の手記が、単なる言い訳や弁解がましいものでなく、人を首肯させうる真摯なものであったことを示していよう。

とはいえ、近衛は松岡の独断的振る舞いを厳しく制して主導権を発揮できる強さはなかった。松本重治は、『昭和史への一証言』（B-7）（一七三頁～）で、「（近衛は）情報を聞くことは非常に上手でした。いろいろな人がご注進、ご注進でいいにくる。それをよく聞く人でした。……国際情勢も一応はわかっておられたと思います。けれども、三国同盟を結べば日米関係が決定的に悪くなるということまでは考えませんでした。……非常に大事なときに重大な正しい決意をされるけれども、粘着力が足りないのです。……うまくいかないとやめちゃおう、という気になるのです。……そこらへんが松岡洋右と全然違います。松岡は舞台装置を全部つくって、それから大芝居をやるわけです」などと回想している。

松岡のその後――「一生の不覚」と慟哭

近衛は、曲がりなりにも、三国同盟締結が裏目に出たことを真摯に反省し、方向転換をして、これを有名無実化して日米交渉を実らせるために懸命な努力をした。しかし、松岡にはそれができず、なおも同盟維持に固執し、近衛を苦境に陥らせた。しかし、その松岡は、日米開戦を知り、打ち砕かれることになった。豊田讓『松岡洋右　悲劇の外交官（下巻）』（G-2）（三二八頁）は、元外務省顧問の斎藤良衛が日米開戦後に松岡と会った際、開戦にショックを受けた松岡が「三国同盟締結は小生一生の不覚、事ことごとく志と違い、……これを思うと死んでも死にきれない」と慟哭したという回想を伝えている。

私の見方――近衛の弁明は理解できるが、「公家流」で登用した松岡の毒が効きすぎた

近衛が、三国同盟を締結し、更にソ連を引き込むことが対米英への強い体制を築き、それが日米開戦の防止策となるとの考えに乗ったことは、当時天皇も一定の理解を示していたように相当程度の合理性はあった。しかしその結果は裏目に出た。近衛は独ソ開戦後、日米諒解案交渉を進めるとき、三国同盟の有名無実化を試み、松岡を更迭して交渉を実現させようと努力した。近衛の前記手記の弁明は理解できる。三国同盟締結について近衛を一方的に批判するのは、後世の人間の後知恵であろう。この問題の根本は松岡の外相登用にあった。近衛が松岡を登用したのは、横暴な陸軍を抑えるため松岡の強硬さに期待したためだった。しかし、結局その人事が裏目に出たのだ。近衛のこのような人事は、「毒をもって毒を制す」「先手論」の表れだった。松岡の毒が効きすぎたのだ。これは右翼への抑えを利かせることを期待して内務大臣に起用した末次信正が、トラウトマン工作失敗の原因を作ったことにも通じる。これは近衛の「公家流」の問題でもあり、第４章で後述する。

8　なぜ南進策を決定して日米関係を決定的に悪化させてしまったのか？

一九四一年七月二八日の南部仏印進駐は、日米間を決定的に悪化させた。それは当時進行していた日米諒解案交渉の重大な支障となり、日米開戦への道を開いてしまった。近衛はこの交渉に心血を注いでいた。その近衛がなぜ、総理大臣として南部仏印進駐の決定をしたのかは大きな問題だ。

海軍の高まる南進策

陸軍では、伝統的にソ連を仮想敵とする北進論が根強かった。これに対し、海軍では、米英を仮想敵とし、日米戦に備えて石油などの軍需物資を確保するための南進策を求めていた。一九三六年六月、二・二六事件の衝撃を利用した海軍の主導で、「帝国国防方針」を、ソ連を仮想敵とする北進論に米英を仮想敵とする南進論を加えて、南北併進論に改訂させた。広田内閣はそのための予算を配分して軍備拡張することを認める「国策の基準」を決定し、陸軍は対ソ戦、海軍は対英米戦を準備していくこととなった。この時の海軍の条約派は一掃され、対米強硬派の伏見宮軍令部総長の人脈で固められていた。

一九三六年九月、海軍の管轄である広東省北海で日本人商人が殺害された事件、上海で海軍陸戦隊員が殺害された事件が発生し、海軍はただちに日中戦争発動準備態勢に入るなど緊張が高まった。一九三七年八月九日の大山事件を契機とする上海事変で海軍の対中国攻勢は激化し、戦線を拡大して重慶への長距離連続爆撃を行った＊78。海軍は、一九三九年二月、海南島を攻略、占領し、これは蒋介石や連合国の著しい批判や危機感を招いた。海軍内には強硬な南進論者が少なくなかった＊79。しかし、海軍は将来の対米戦を想定していたとはいえ、現実に対米戦に勝利できるとは考えていなかった＊80。

＊78　笠原十九司は、『日中戦争全史（上・下）』（A-30）、『海軍の日中戦争』（E-5）で、海軍の南進策は、海軍の組織的利益に基づいて、軍事予算を獲得することに主な動機があり、海軍首脳にとっては、仮想敵のアメリカとの戦争が日本に壊滅的危機をもたらすであろうという国家の命運よりも、陸軍に対抗して海軍軍備の強大化をはかることの方が重要だったとする。また、一九三七年の上海事変発生のきっかけとなった大山事件

は、海軍が秘かに謀略によって発生させたもので、その後の重慶への連続爆撃は、将来の対米戦に備えた演習の目的が強かったとする。

＊79 黄自進ほか『日中戦争とは何だったのか』（A-31）所収の相澤淳論文「日本海軍と日中戦争」（一四一頁～）によれば、海南島作戦に最も積極的で実現に至らせたのは、軍令部作戦課長の草鹿龍之介だった。また、「松本重治『近衛時代（下）』（C-8）（二六頁～）によれば、当時、海軍内では「南洋王」と呼ばれた強硬な南進主義者である中原義正が軍令部第一部直属の戦争指導班長で、「英独の開戦というものは、日本にとって天与の好機である、と確信する。外南洋の攻略は、今を措いて、画策すべきときはない」と日記に書いていた。笠原前掲書『海軍の日中戦争』（三三〇頁～）によれば、蔣介石は、日本の占領翌日の一九三九年二月一一日、記者会見で、日本の海南島占領は、「太平洋上の九・一八事変（※満州事変）」と同様の意義を持つ、とし、日本の決然たる南進の最後の冒険が、太平洋の戦局の開始を造成すると語った。フランスのアンリ駐日大使やグルー大使はこれに抗議した。アメリカは日本の海南島軍事占領が、日本の南進政策の具体化であるとの懸念を強めた。

＊80 米内海相は、ドイツの華々しい進撃が続いているころ「日本の海軍は英米を相手にして戦争をするようにつくってありません」と断言していた。一九四〇年五月、海軍は、アメリカの干渉を誘発しないでオランダ領東インドの石油を手に入れるという課題で図上南進作戦を試みたが、アメリカの干渉は必至で、日本への海上輸送は難しく、持久戦は不可能、という結論が出ていた（松本重治『近衛時代(下)』（C-8）二八頁）。

北進策から南進策に転じた陸軍

陸軍は、基本的にソ連を仮想的とする北進策であり、南進策はとっていなかった。支那事変の拡大派といえども、日本が華北まで支配できれば足り、黄河以南や揚子江領域での戦線拡大は、いたずらに英米との対立を招くだけだと考え、上海事変の拡大にも消極的だった。

しかし、陸軍は、一九三九年五月から九月にかけたノモンハン事件で著しく強化されたソ連軍の攻撃で大きな損害を受け、対ソ戦の困難さを知って北進論に影が差していた。また、重慶との和平が絶望的となるにつれ、重慶を屈伏させるためにはインドシナからの援蔣ルートを遮断させる必要があると考えが強まった*81。一九四〇年九月、陸軍は北部仏印に進駐した。一九四一年四月に松岡外相が日ソ中立条約を締結させたことで対ソ戦の主張は更に後退した。同年六月の独ソ戦の開始は再び陸軍内の北進論を過熱させたが、海軍は強く反対した。独ソ戦開始を知り、松岡外相は、自分が日ソ中立条約を締結させたにもかかわらず、対ソ開戦を主張したが、受け入れられなかった。

第二次近衛内閣の下で、同年七月二日の御前会議で決定された「情勢の推移に伴う帝国国策要綱」では、対ソ戦の準備を行いつつも南方進出のため対米戦を辞せずという南北併進の妥協的な方針が決定された。陸軍の北進論は、対ソ戦を想定して七四万人もの大兵力による関東軍特別演習を実施させたが、八月九日、陸軍は北進論を断念するに至った*82。こうして陸海軍とも南進論に収斂することとなり、七月二八日、南部仏印進駐が敢行された*83。しかし、当時陸軍内部は、南進論に転じたとはいえ、その目的が援蔣ルートの遮断による日中戦争解決のためか、資源獲得を目指す南進そのものが目的なのか、南進の対象地域は英領か蘭印か、あるいはその双方か、など意見は一致せず様々な思惑がからみあっていた。

南部仏印進駐は決定的にアメリカを刺激し、石油などの全面禁輸の厳しい制裁措置が課されることとなり、陸海軍の中に、日本が完全に追い詰められる前にアメリカと開戦すべきだとの開戦論が高まった*84。

＊81　岡義武『近衛文麿』（C‐11）（一〇八頁〜）によれば、汪（兆銘）の新政権樹立は事変の終結を意味しないため軍部は焦り続け、樹立の当日、陸軍省参謀本部の合同会議で、事変が（昭和）一五年中に解決されない場合には、華北、蒙疆、上海中心地域に防共駐兵をするほかは、二年間で中国全土から撤兵することを沈鬱な

空気の下に決定した。しかし、ドイツ軍の電撃戦が国内の空気を一転させ、南進論が陸軍内に沸き起こり、もともと南進の夢を抱いていた海軍も色めき立った。独伊との提携問題が再燃し、陸軍は米内内閣打倒に動くことになった。

＊82 田中新一『田中作戦部長の証言』(D-10)(一六〇頁～)によれば、田中新一参謀本部作戦部長は北方武力解決を強硬に主張して関特演を推し進めた。田中は六月二九日、東條陸相に、対ソ開戦は九月一日を目途とすることを進言した。田中は真田穣一郎陸軍省軍事課長を呼びつけ、本格的動員を強要したが真田は応じず、陸軍省は消極的で、東條も必ずしも田中に同意しなかった。海軍もこれに反対した。また、極東ソ連軍の西方への移送が期待したほど進まず、ソ連軍の戦力には遠く及ばない現実、米英蘭の資金凍結、アメリカの石油禁輸の影響から、田中も北進論をあきらめ、陸軍は南進政策に移行することとなった。当時、南北の二正面作戦ができる状況には到底なかった。笠原十九司『日中戦争全史(下)』(一九二頁)によれば、辻政信は、台湾軍研究部員として対米戦もふくめた南方作戦の計画準備に携わる中で、北進論者から一転して南進論者になったという。

＊83 南部仏印進駐は、まず、七月二三日、日本軍がドクー仏印総督との間で、南部仏印進駐についての協議が成立した。豊田外相は、七月二五日、グルー大使にそれを伝えてアメリカの理解を求めた。しかし本国に報告して帰ってきたアメリカの回答は極めて厳しいもので、グルーと豊田の間は平行線だった。アメリカは、同日、在米日本資産凍結令を発し、イギリスや蘭印もこれに続いた。しかし、日本軍は七月二八日南部仏印上陸を決行した(J・C・グルー『滞日十年(下)』(H-2)一九一頁～)。

＊84 しかし、陸軍内でも南進論に強く反対し続けた者もいた。盧溝橋事件発生当時、陸軍内で不拡大に努力した堀場一雄は、一九四一年六月に総力戦研究所(一九四〇年九月に開設された内閣総理大臣直轄の研究所)に配属されたが、「大東亜戦争の進展と共に民心悉く南を望み進む。支那における覆轍を再び踏まんとするの虞

あり。余は甚だ之を憂へ、内閣総力戦研究所の名において少壮有為の史家を集め、占領地統治及戦後建設の事に関し、古今東西に亘り過去数千年の間人類の経験せし所を研討し、以てその教訓規範を索め、一は以て向後東亜建設の指針を提供し、他は以て自ら支那事変処理に歩みし道を反省せんとせり」と記している（堀場一雄『支那事変戦争指導史』（D-15）六六四頁〜）。

南進策を煽った尾崎秀実

日中戦争の拡大を煽りに煽った尾崎は、日本が対ソ戦の北進策をとらず、南進策をとり、英米と敵対させて戦線を開かせようと懸命に動いた。それはゾルゲを通じたソ連・コミンテルンのスパイである尾崎の確信犯としての行動だった。

特に、独ソが開戦し、陸軍に北進論が巻き起こった時、尾崎は南進論のために必死で動いた。一九四一年七月二日昼過ぎ、西園寺公一が尾崎を訪ね、その日の御前会議決定について、「対米英戦を辞さず」の覚悟をもって南部仏印を占領することと、万が一の対ソ戦にも備えて必要な武力の発動を準備せよということのようだ」と伝えた。両論併記に危機感をもった尾崎は、南進論一本に政府と軍部を誘導させるため、「改造」への論文や近衛の側近らの「朝飯会」で、繰り返し「シベリアに日本が侵入してもソビエトはただ防御するだけ。シベリアで日本が獲得できる政治上経済上の利益は何一つない。ドイツがソ連を破れば日本は指一本挙げずにシベリアが懐に飛び込んでくる。日本が中国以外に進出するなら南方こそ価値がある。南方には日本の政治体制に不可欠な緊急物資があり、その南方にこそ、日本の発展を妨害阻止する真の敵がいる」と強硬に南進論を主張し続けた（「工藤美代子『近衛家七つの謎』（C-31）六六頁〜、江崎道朗『日本は誰と戦ったのか』（A-64）七五頁〜など）*85。

＊85　一九四一年一〇月四日、ゾルゲは、日本が南進論に決しソ連には向かってこないという決定的情報をソ連に

送り、これによりソ連は独ソ戦に専念して勝利できた。尾崎の逮捕は同月一五日、ゾルゲの逮捕は一八日だった。尾崎は逮捕直前に『改造』掲載の論文で大戦への参戦を煽り、これを戦い抜いてこそシナ事変は解決されると呼号した。取調べで、尾崎は、近衛側近などにシベリアを攻めても意味がなく、資源のある南方進出こそ意味があるとたびたび働きかけたことを供述した。一九五一年から五二年にかけて、下院非米活動委員会は、ゾルゲの取調べに当たった吉河光貞検事を証言聴取し、尾崎やゾルゲが、日本に北進論をとらせず南進させて米英を攻撃させるよう誘導していたことを証言させた（江崎前掲書七九頁～）。

太田尚樹『尾崎秀実とゾルゲ事件』（C-56）（一二〇頁～）によれば、尾崎は、日本が軍事行動に出るのを押さえて一九四一年の夏と秋を無難に乗り切れば、冬季のシベリアでは行動を起こせなくなると読んでおり、その後は南進策を近衛の周囲の人間に進言するだけだった。近衛は戦後「あのときは何か見えない影に踊らされていた」と述懐したが、その影こそ尾崎だった。尾崎は南進論の理論的裏付けをし、日本の対米戦が不可避となり、それによってソ連は安泰となり、日華事変の早期解決も可能となると信じると、「俺の役割はもう終わった、もう死んでもいいよ」と親友の柘植秀臣に語ったという。

遠藤誉『毛沢東　日本軍と共謀した男』（A-46）（一七五頁）によれば、一九四一年九月に近衛内閣の御前会議で「帝国国策遂行要領」が採択され、南進が決定された情報を入手した毛沢東は飛び上がって喜んだという。

南部仏印進駐の誤算

こうして陸海軍共に南進論に収れんしたとはいえ、両軍のいずれも、南進によって日米が開戦することは望んでいなかった。両軍共に、基本的には一九四一年四月から開始された日米諒解案交渉が成立して開戦を阻止できることを期待していた。前年の一九四〇年九月二三日、当時のドイツの華々しい進撃の間に行った北部仏印進駐*[86]は、三日後の二五日に、アメリカの国民政府に対する二五〇〇万ドルの借款供与や、翌二六日にアメリカの日本に対する屑鉄・鉄鋼の全面禁輸発表を招いた。それにも関わらず、陸海軍や近衛内閣部内では、南部仏印進駐がアメリカを怒らせて更なる制裁に踏み切ると予測したものはほとんどいなかった*[87・88・89・90]。その前提として、主に陸軍を中心に、南進してイギリスと敵対し、ドイツと共にイギリスを屈服させることになっても、国際紛争には不介入の立場をとっていたアメリカがイギリスを助けるために戦争に介入することはないだろうという、「英米可分論」があった。しかし、これは陸海軍共に甘い判断だった。

＊86 筒井清忠編『昭和史講義２』（A-２）所収の森山優論文「南部仏印進駐と関東軍特種演習」（二一九頁～）は、一九四〇年九月の北部仏印進駐において、フランスとの交渉による平和的な進駐が計画されていたのに、強引に武力進駐しようと画策した富永恭次参謀本部作戦部長らが暴走したが、責任を問われてもほどなく要職に復帰したことに陸軍の南方への認識が窺えると指摘する。

＊87 グルー大使の七月二六日の日記（『滞日十年（下）』（H-２）（一九八頁）には「豊田提督も多くの日本人官吏と同じく、米国は報復手段に出ぬものと信じていた」とある。

＊88 参謀本部の佐藤賢了は、『大東亜戦争回顧録』（D-14）（一四八頁～）で、「私は南部仏印に進駐しても日米戦争にはならないと判断していた」とし、その理由として、①既に北部仏印に進駐しており、それがただ南部に進むだけであること、②進駐はフランスのヴイシー政府との協定に基づいてやるもので戦争でも侵略でもないこと、③アメリカの領土でも植民地でもなく、フィリピンの安全は保障すること」などを挙げ、陸軍では一般にこのような考え方だったとしている。ただ、佐藤は、海軍では南部仏印進駐により日米戦争が起こるかもしれぬとの判断は陸軍よりもずっと強かったとしている。

＊89『軍務局長武藤章回想録』（D-９）所収の部下石井秋穂の手記（二三九頁～）によれば、南部仏印進駐につい

ては、多少の反応は生じても祖国の命取りになるような事態は招くまいとの甘い希望的観測を大多数の人が持っていたという。海軍でも多くの人々はたいして憂慮していなかった。海軍省軍務二課で海軍省の政策立案担当者の藤井茂局員は、石井に「ええか、これが南進の限界だぞ。これで米とゴムは確実に手に入り、錫もある程度は取得できよう。もうこれ以上誰が何と言っても抑えようぜ」と言った、という。西浦進『昭和陸軍秘録』（D-19）（三三七頁～）によれば、当時陸軍省軍務局軍事課高級課員だった西浦は、南部仏印進駐がもたらす対英米関係について「そこらの分析が疎漏であったといえばそれまでですけれども、私なんかは当時耳にしておったのは、南部仏印進駐でイギリスに非常な脅威を与えるから、むしろいい変化が来るのじゃないかという意見が……さかんに聞いておりました」と回想している。

＊90『東久邇宮日記』（F-14）（三九頁～）には、一九四一年三月三日に次の記載がある。「海軍省の高木惣吉大佐来たる……（議会への失望、陸海軍の対立などを語った後、高木の話として）出来得るならば日米戦を避けるべきだが、もしアメリカが攻めて来ればただちにこれを撃破する準備がなくてはならない。それでこそ初めて日米戦を避けることができる。……仏印とタイについては、英米は武力を用いてまでも日本の南進を拒否することはないだろう。しかし蘭印は別である。日本が蘭印まで兵力を用いれば、彼も必ず兵力を用い、日・米英戦争となるにちがいない。わが国としては、蘭印には兵力を用いず、日米協力して蘭印を開発するようにし、日米同等の立場で、平和的に前進するようにすべきだ」。

また、五月一八日の記載には、木戸が来訪し、木戸が、「石油およびゴムを有する蘭印は、日本のもっとも欲するところである。これがために南進政策は必要だが、ただちに占領は日米戦争を覚悟しなくてはならない……現況においてわが国力は蘭印の即時占領を許さない……故に今は蘭印に手を付けず、平和会議で日独伊三国の管理にすればよい……」などと語ったとある。

このように、南進するとしても、南部仏印までは可能だが、蘭印には武力で手を付けるべきでないとの考えは有力だった。

近衛の対応とその責任

近衛が、陸海軍と共に南進策に舵を切り南部仏印進駐を決定したことについては、厳しい批判が少なくない＊91。

＊91　中川八洋は、『大東亜戦争と開戦責任』（C‐39）（四一頁～）で、「日本の南進は、日本からの『逆ハルノート』だった。南進によってアメリカが激怒し、石油全面禁輸をすることは予想できなかったとする海軍幹部らの回想は嘘である……海軍による海軍のための戦争だった……日本が英米との戦争を公式に決意したのは七月二日だった……ドイツ軍のソ連侵攻直後であり、『ソ連危うし』とばかりにドイツの快進撃で推移しているときだった。このようなときに何の必要性もないのに南進の決定をしてしまった。ソ連を守るためソ連に侵攻させないためだった。日米戦は避けられないことを十分理解し覚悟していた……近衛が松岡のクビを斬ったのは対米交渉を進めるためというのは空々しい。それが本気なら南進決定などするはずがない。日米交渉を積極的に決裂させようとしていた」と近衛を手厳しく批判している。

近衛自身は、その手記で、七月二一日から二四日にかけて、ウェルズ次官や大統領から、ワシントンの野村大使に、日本の仏印占領が交渉の基礎を全く失さわせるほど重大であるとして、仏印からの日本軍撤退を条件として仏印の中立化の共同保障を行うなどの提案があったとし、二六日には日本政府での仏印進駐とアメリカ政府の資産凍結声明が相前後して行われたと述べている。それを踏まえて、八月四日の連絡会議で、停滞した交渉再開のため、日本が仏印から支那事変解決後に撤退する意思や、フィリピンの中立を保障するなどの対米申入れの決定をしたことなどを述べている。これらの交渉の行き違いの原因には野村大使との意思疎通が円滑を欠いたことなども指摘している（『失はれし政治』（C‐4）九六頁～）。

近衛の説明は事実経過にとどまっており、そもそもなぜ南進を決定したのか、それがアメリカの重大な制裁を招くことを予想できなかったのか、について歯切れが悪い。

近衛の側近の松本重治は、この経緯を詳しく述べている（『近衛時代（下）』（C-8）一三〇頁〜）。

「ついに南仏印進駐は日米の太平洋戦争の復帰不可能点になってしまった。……当時の近衛さんの心境に通じている牛場君をつかまえ、なぜ近衛さんは軍の南仏印進駐を許したのか、と尋ねてみた。（牛場君は）『南進を決めたのは、北と南と両方をやられちゃ、たまったものじゃない。しかし、両方をやめさすことは、あの当時の情勢からとても無理だ。軍が暴発するからである。ついに南進を許したものの、それは近衛さん自身が選択（オプション）という言葉を使って言ったことなのだが、悲しい選択だったんだよ。当時、陸軍および海軍の一部の空気として、北進か南進か、少なくともそのいずれかは到底抑制することができない勢いであった。近衛さんがそのいずれも断乎として抑止したら、結局ご自身が殺されるか、総理をやめさせられるかの他はなく、しかもその結果は、極端な形で北進か南進かが実現されるだけで、事態は悪化するだけのことと思われた。だから、近衛さんとしてなし得る最善のことはせめてこの両者を同時にやらせないことであった……（北進を）抑止するため、その代わりの〝コムプロマイズ〟……近衛さん自身が寂しそうにそう言った……』（と語った）」

また、富田健治も、同様の回想をし、「それほど重大な結果には至るまいという考えの下に、仏印進駐の決定に賛成したというのが、近衛公の真意であった」としている（『敗戦日本の内側』（C-22）一六七頁〜）。

近衛が、南仏印進駐決定がそれほど重大な結果をもたらすとは予想していなかったことを示すエピソードとして最も信頼できるのは、幣原喜重郎の『外交五十年』（G-3）（二一七頁〜）の次の回想だろう（岡義武の『近衛文麿』（C-11）（一六四頁〜）も引用している）。

「ある日思いがけず近衛首相から面会を求められた。……近衛公は私に向かって『いよいよ仏印の南部に兵を送ることとしました』と告げた。私は『船はもう出帆したんですか』と訊くと、『エエ、一昨日出帆しました』という。『それではまだ向うに着いていませんね。この際、船を途中、台湾かどこかに引き戻してそこで待機させるということはできませんか』と訊くと『すでに御前会議で論議を尽くして決定したのですから、今さらその決定を翻すことは私の力ではできません』との答えであった。『そうですか。それならば私はあなたに断言します。これは大きな戦争になります』と私がいうと、公は『そんなことになりますか』と目を白黒させる。私は『きっと戦争になります～交渉を進行させる意味はありません』というと、公は非常に驚いて『それはどうしてでしょうか。いろいろ軍部とも意見を戦わし、しばらく駐兵するというだけで、戦争ではない。こちらから働きかけることをしないということで、ようやく軍部を納得せしめ、話を纏めることができたのです。それはいけませんか』というから、『それは絶対にいけません。……ひとたび兵隊が仏印に行けば、次には蘭領印度へ進入することになります。英領マレーにも進入することになります……絶対にお止めするしかありません』……と断言し、話はこれで打ち切りとなり、（会談は）不愉快な煮え切らぬもの別れとなった」

これらに照らせば、近衛が、少なくとも主観的には、南部仏印進駐が決定的に対米関係を悪化させるとまでは認識していなかったことが真相であろう。

しかし、近衛の主観的な認識は、その結果責任としての政治責任を免れさせるものではない。深刻な事態を招くことについての十分な予測と検討が足りなかったことは明らかであろう。松岡外相は、日米諒解案交渉を引っ掻き回し、また仏印進駐に関しても軍部を翻弄していたが、松岡は、少なくとも、南部仏印に進駐すればアメリカとの戦争になるとして反対していた。しかし、近衛らはそれが分からなかった。ある程度のところでとどめるならアメリカとの戦争にはなるまいとの甘い見通しだった*92。

ただ、その責任について近衛一人を責めるのは酷であり、当時、南部仏印進駐だけではアメリカがあれほどの厳しい制裁にでるとは予測していなかった陸軍・海軍の幹部すべてが負うべきものであろう。

＊92　蔣介石の次男の蔣偉国は、『抗日戦争八年』（I-12）（二〇五頁）で、「勝てるか勝てないか別にしても、ドイツと日本が連合してソ連を攻めれば、日本は北進策を採った以上南進策はできず、南進しなければ強大な海軍戦力は健在であったろう。第二次大戦がどう終結したにしても、日本は強大な海軍力を保有し続けていたはずで、うまく行けば戦争から名誉ある撤退ができたのであり、少なくとも原爆攻撃にあって不名誉な無条件降伏をするような結果にはならなかったと断言できる」と回想する。

近衛が抱えた矛盾

近衛は、陸軍の統制派よりも皇道派の方に強い親近感を持っていた。近衛は、『失はれし政治』（C-4）（六頁～）で、「皇道派は日本の赤化を極端に警戒し、国体護持を標榜し、対外政策は対ソ一本やりで、支那に手を付け、あるいは南進することには極度に反対意見を有しており、満州事変にも支那事変にも勿論反対であり、仏印進駐更に今次戦争には絶対反対であった。二・二六事件に皇道派が連座して一斉に葬られたことが、支那事変、今次大戦に対外政策が持っていかれる途が開かれた契機になった」と述べている。また、富田健治は『敗戦日本の内側』（C-22）（七頁）で、二・二六事件後、近衛が大命降下を固辞した当時の近衛の心境として、次のように近衛の述懐を記している。

「皇道派は、……赤化防止、国体の護持を標榜し、日本主義又は日本精神の作興を中心とする反面、対外政策はソ連一本鎗で、支那に手をつけ、或いは南に向かって進むことには極度に反対意見を有している。この一派は満州事変にも反対だった。……二・二六事件で皇道派が一斉に葬られたことは、将来、南進論であり英米を敵視する統制派の抬頭ということになるおそれがある。このようにいわゆる対英米自重派、対支自重派たる皇道派が二・二六事件の結果、ほとんど全員一掃せられ、勢の赴くところ今後の動向についても寒心に堪えぬものがあるので、自分は組閣の大命は拝したけれど、以上のような理由でこれに対する自信なしと西園寺公に語り、表向きは病気を理由として拝辞した次第である。しかし、園公の見方は皇道派の方が危険であって、対外的にも対内的にも最も危険な皇道派が一掃せられ、せっかく粛軍の実も結ばれようというのにと、極めて私の考えに不満の様子であった……」

富田は、当時、近衛が語ったこの見識なり見通しが正鵠なものであったことはその後の歴史的事実がこれを明らかに示しているとする。

近衛自身がそのような見識を持っていたのであれば、皇道派が一掃せられた後であっても近衛自身が、南進策に強く反対するのが一貫した姿勢であるべきだったろう。しかし、近衛自身が、一九三八年の近衛第二次声明により「東亜新秩序」を謳ったことが、その後の「大東亜共栄圏構想」に発展し、必然的に南進策を進めさせることとなった。

「東亜新秩序構想」では、「この新秩序の建設は日滿支三國相携へ、政治、經濟、文化等各般に亘り互助連環の關係を樹立するを以て根幹とし、東亞に於ける國際正義の確立、共同防共の達成、新文化の創造、經濟結合の實現を期するにあり。是れ實に東亞を安定し、世界の進運に寄與する所以なり」とされ、その新秩序は「日満支三国」間のものだった。

しかし、近衛第二次内閣成立後まもない、一九四〇年七月二六日、近衛内閣が決定した「基本国策要綱」では、「皇国の国是は八紘を一宇とする肇国の大精神に基き世界平和の確立を招来することを以て根本とし、先づ皇国を核心とし日満支の強固なる結合を根幹とする大東亜の新秩序を建設するに在り」「日満支を一環とし大東亜を包容する皇国の自給自足経済政策の確立」とされ、新秩序の範囲は、日満支のみに限らず、それを核とした「大東亜」にまで広がることとなった。「大東亜の新秩序」を「大東亜共栄圏」という言葉で表現したのは松岡洋右だったという*93。この要綱は、それに先立って、陸軍の武藤軍務局長が、陸海軍、企画院官僚、「革新」派官僚の参加のもと一九四〇年一月から半年かけて策定した「総合国策要綱」をほとんどそのまま踏襲したものだった。近衛は武藤からこれを示されてそれに全面的に賛同したという。この構想は、日満支をひとつの経済共同体とするのみならず、東南アジアを資源の供給地域とし、南太平洋を国防圏と位置付けるものだった。

つまり、もともと、皇道派の思想に親和性を有していたはずの近衛が、自ら「東亜新秩序声明」を打ち出し、その「新秩序」が膨張して、「大東亜共栄圏構想」にまで発展し、それは必然的に南進策を包含するものとなった*94。近衛は、皇道派の南進否定の思想と、自己が種をまいた大東亜新秩序から大東亜共栄圏に至る南進策包含の思想の間の根本的な矛盾を自己のうちに抱えていたといえるのではないだろうか。また、遠くたどれば、近衛の若いころの「英米本位の平和主義を排す」の論文に流れる、欧米に対抗するアジアの連帯の思想が、そこに根差していたといえるのではないだろうか。

＊93　一九四〇年八月一日、松岡外相は、談話で初めて「大東亜共栄圏構想」の言葉を使い、「蘭印・仏印など南方諸地域を包含し、日満支はその一環」と語った（『近代日中関係史年表』（J-1）五九六頁）。

＊94　田中新一『田中作戦部長の証言』（D-10）（四二頁〜）によれば、田中は「支那事変そのもののみを取上げて解決する望みはほとんど絶えた。支那事変の解決は、ただ欧亜を総合した国際的大変局の一環としてのみこれを期待することができる……杉山参謀総長は嘆じて語っていた。『近衛も松岡も支那事変には飽きてしまっている……今のままでは解決なんて望みはない。南方に足をおろすこと、事変を解決する道はそれだけだ。支那に向けてある力を南方に移すべきだ』と。これは大東亜共栄圏構想絶対観である」と回想した。田中新一は、その後、日米開戦をめぐって、早期開戦を主張し、これに反対する武藤章と激論になった。

第3章

近衛が取り組んだ和平工作

近衛は、巣鴨プリズンへの出頭の前夜、残した遺書に、「僕は支那事変以来多くの政治上過誤を犯した……殊に僕は支那事変に責任を感ずればこそ、此事変解決を最大の使命とした。そして、此解決の唯一の途は米国との諒解にありとの結論に達し、日米交渉に全力を尽した」と書いた。

盧溝橋事件勃発以来の日中戦争の泥沼化、日米開戦に至るまでの近衛の「客観的・結果的な政治責任」が厳しく批判されることは当然だ。しかし、他方でこの間、近衛は日中、日米の和平のために様々な工作に取り組んだ。なぜ近衛は、このような一見矛盾する姿勢や方策を採ったのか。それを考えるためには、日中戦争開始以来、敗戦まで近衛がかかわった様々な和平工作を、具体的かつ十分に整理検討しなければならない。それによって、近衛の「此事変解決を最大の使命とした」「日米交渉に全力を尽した」ということがただの弁解や「ポーズ」に過ぎなかったか否かが自ずと明らかになるだろう。

それらは、大別して、日中戦争開始の初期から和平の道が事実上閉ざされるまでの近衛内閣時代の対中和平工作、日米諒解案交渉、そして近衛の下野後、敗戦が必至となったときから敗戦直前までの間、密かに試みられた対中・対米の和平工作、の三つである。

1　盧溝橋事件勃発直後から近衛は密かに和平工作に取り組んだ

近衛は盧溝橋事件勃発直後から、派兵決定声明などで威圧の姿勢を示す一方、それと並行して、いくつものルートで蔣介石との直接和平工作に取り組んだ*1。

*1『西園寺公と政局　第6巻』（三五頁）によれば、七月一五日、近衛は原田熊雄と会ったとき、近衛が軍の態度を非常に懸念しており、「かうちょいゝ　いろんなことを支那なんかでやると、結局非常な損害を蒙る。思はぬところに國を持って行かれちゃあ困る」と言って大変心配していた。

自ら訪中を試みたが風見章の反対で挫折

以下は主に『風見章日記・関係資料』（C-47）（二四頁〜、六〇頁〜）、風見章『近衛内閣』（C-9）（六六頁〜）による。

派兵決定声明の翌日七月一二日、石原莞爾参謀本部第一部長から風見書記官長に電話があった。石原は、解決のために近衛が自ら南京に乗り込んで蔣介石とひざ詰めの談判で片づけるのがよいと依頼した。風見は、夕刻、ひどく腸を痛めて静養中だった近衛を訪ねて相談した。近衛は

「余は元来病弱にして果たして何時まで生きて御奉公できるやも知れざるなり。余の一身の安全の如き元より問ふ所に非ず、果たして蔣介石氏と膝詰め談判することによりて問題を解決し東亜の平和をもたらし得ば、幸ひこれに過ぎず。今病床にありと雖も起つ能はざるの症状に非ず、必要あらば貴下と共に南京に飛ばん」

と言い、看護婦を同道すれば南京には行ける、と決意を述べた。

辞去した風見は、自分と秘書官も同行することとし、いったんは飛行機の手配に取り掛かった。しかし、風見は熟考の結果、①蔣介石自身が果たして対日強硬派を押さえて支那軍を統率できるのかは疑問、②ある程度まで支那軍を叩きつけておかなければ交渉の見込みが薄い、③近衛を行かせるためには支那駐屯軍を満州まで後退させる必要があるが、石原の地位でさえそれを実行できないであろう、④本来なら石原自身が陸軍首脳部を動かし、陸相から近衛に対し首相の南京行を提議させるべきであり、それができずに直接に近衛に要請するとは筋違いである、⑤交渉が成功しなければ世界に酷態を晒すことになる、ことから石原の提言を無視すべきだとの考えに至った。風見は再び近衛を訪ね、この考えを伝えた。風見は、石原は、陸軍の方で事態を重大化させながら、それを棚に上げてこちらにばかり責任を押し付けることについて憤慨したが、近衛も同感だった。

近衛は自分が行けないなら広田外相ではどうかというので、風見は外相なら失敗しても責めは軽いと考えた。七月一五日、外務省河合達夫情報部長が来訪し、石原の依頼だとして返答を求めたが風見は答えなかった。翌一六日、風見は石原に、理由は言わず、首相の訪中は見合せるとのみ手紙を送った。風見は近衛を訪問してそれを報告し、近衛は了承した。近衛は陸海両相の了承を得た上、広田を招いて要請したが、広田も「南京に出かけるのもいいが、その前に陸軍の方がもっとしっかりしてくれなければ」と述懐し、言を左右にして応じなかった。

風見　章

風見は石原に南京行の見合わせを電話でも話した。石原はしきりに理由を聞いてきたが、陸軍の統制力のなさを口にすることは控えた。風見は、後日、近衛が南京に行かなかったのは風見が細工をしたように石原がいいふらした、と言う。

こうして近衛の訪中は流産となった。いったん訪中を決意した近衛は風見の強い意見に従ってこれをあきらめた。この経緯は、私は、近衛と風見の関係を考える上で意味が少なくないと考えており、第4章で後述する。

宮崎龍介を派遣するも陸軍の妨害で実らず

自分や広田の訪中を断念した近衛は、特使を送ることを考えた。最初に考えたのが宮崎龍介だった。宮崎は、孫文の盟友宮崎滔天の長男で、弁護士、社会活動家であり、かつて蔣作賓大使が、和平の問題についての連絡係としては、「若いところなら宮崎龍介、老人なら秋山定輔をよこしてほしい」と近衛に告げて帰国した経緯があった。

大野芳『無念なり』(C-16)(一七六頁)などによれば、近衛は、秋山に相談して宮崎を派遣することとした。七月一九日、秋山は宮崎龍介を呼んで「なんとか蔣介石を連れてこい」といい、宮崎は「それは、無理でしょうが連絡を取ってみましょう」と答え、駐日中国大使館に高級武官簫叔宣を訪ね、蔣介石との連絡方を依頼した。蔣介石は上海まで来れば会うといい、乗船名を知らせるようにと返電がきた。しかしこの電報は軍部に傍受されていた。

宮崎の派遣を決めた近衛は杉山陸相の了解をとった。

七月二三日、宮崎は東京を出発した。翌二四日朝、宮崎は京都駅で秋山と電話で話した。秋山から、陸軍の後宮軍務局長が宮崎の訪中のことで近衛に会いに来たが近衛は面会を謝絶したので気を付けろ、と言われた。捕まると覚悟した宮崎は暗号帳を破り捨てて神戸港に向かったが待合室で私服の憲兵に捕えられた。秋山も二七日、東京で逮捕された*2。

後日、近衛は、陸軍が宮崎派遣を了解しながら妨害したことで、杉山陸相を詰問した。

*2　木舎幾三郎『近衛公秘聞』(C-24)(二七頁〜)では、「(近衛は)それでも初志をまげず、小川平吉氏を廣東

に派遣して先方の打診にあたらせたり、はては旧鈴木商会の支配人だった金子直吉まで煩わしたらしいがこれも上海で憲兵隊にとらえられてしまい、公折角の意図もとうとう水泡に帰してしまった」とあり、近衛の蔣介石との交渉を求める懸命さが窺われる。

西園寺公一を派遣――宋子文と密かに会談

近衛が次に考えたのが、西園寺公一の派遣だった。当時近衛には右から左まで様々な多くのブレーンや側近的人物がいたが、西園寺はその「左」の一人だった*3。

＊3　西園寺は、公爵西園寺公望の孫であったが、マルクス主義に走り、ゾルゲ事件で逮捕・起訴されて有罪判決（執行猶予）を受け、公爵家は廃嫡となった。戦後は中華人民共和国で「民間大使」として長く活動し、日本共産党の党員になったこともあった。

西園寺は、西園寺公一『貴族の退場』（B-10）（一〇頁〜）で近衛の指示による訪中の経緯を詳細に語っている。

盧溝橋事件勃発の数日後、西園寺は近衛に呼ばれて官邸に行くと、病床の近衛の表情には心痛の色が濃く、いかにも自信なげな様子だった。傍らに同盟通信社長の岩永裕吉がいた*4。近衛が「公一君、上海へ行ってくれないかナ」と言い、岩永が熱心に説明した。

「事件の不拡大方針、局地解決と決まったには決まったが、今度の事件を局地の一小事件と考えてその場限りで解決したって何もならないと、近衛君も僕も思う。そこで、此の際これまでの行きがかりを一掃したい。禍根を残してはいけない。根本的な手を打つには今が良い機会だ。近衛君は大決心をして自分で中国に行くと言ってるんだ」

と言い、近衛は大きく頷いた。岩永はさらに熱心に説明した。

「中国へいって近衛君と蔣介石との間で十分話し合って、日華両国間の問題を根本的に解決する。それには前提条件が二つあり、一つは盧溝橋事件の不拡大、もうひとつは満州問題の解決。これは満州国承認より他に手はない。これさえできれば後は必ず片付く。そこで公一君に上海に行ってもらって、中国側の空気を打診してきてもらいたいんだが」

西園寺が、軍が歩調を合わせてくるのかと聞くと、岩永は、石原莞爾がいるという。岩永は、上海に松本重治がいるから相談してくれ、と言った。

＊4 近衛の側近の一人。新渡戸稲造の門下生で鶴見祐輔、前田多門、田島道治とともに「新渡戸四天王」といわれ、牛場友彦、松本重治、松方三郎の兄貴分であった。

訪中を決心した西園寺が上海に行くと、松本重治が待っていた。松本の人脈で、英国の商務官ホールパッチの協力で、宋子文と密会することになった＊5。壮大な宋の邸宅を訪ねた。来訪の趣旨を伝えると、宋は、こう言った。

「日本の軍部は中国の軍部に対して今までどおりの考え方で一つ叩けば忽ち手を挙げる、と思って居るが、中国軍は満州事変、上海事変で勉強し、装備も近代化し、強くなったと自覚している。日本の軍部は中国軍部を過小評価しており、中国軍部は自己を過大評価しているところに非常な危険性がある」

西園寺が近衛の和平についての強い思いを伝えると、宋は、日本軍部を納得させるための近衛の条件を訪ね、西園寺は、たった一つ、満州国承認だと言った。宋はうめくように繰り返して黙り込んだ。「できない。中国に面子を失わせるようなことを持ち出すのは逆効果だ」と言う。西園寺は「満州国のことに関してはお互いに触れない」ということでどうか、と言うと、宋は「難しいが可能性があるかもしれない。すぐに南京に飛んで、蔣主席の考えを聞きましょう」と言った。

二日後、宋子文から、ＹＥＳの返答があった。ホールパッチは、西園寺が上海を去る時、手を固く握りながら「打ち合わせの結果実現を心から願っています。宋子文がイエスという返事を持ってきた以上、蔣介石は本気です」と言った。

西園寺が神戸に上陸し、七月二七日、東京駅に着くと、出征する皇軍兵士を見送る歓呼の声でもみくちゃにされた*6。西園寺は、これを見て頼みの綱の不拡大方針がぷっつり切れてしまったことを知った。

こうしてこの工作も挫折した。

＊5　宋子文は、蔣介石の国民政府で財政部長、外交部長、行政院長などを務めた。「宋三姉妹」として知られる宋慶齢・宋靄齢・宋美齢は、実の姉妹である。三姉妹はそれぞれ孫文、孔祥熙、蔣介石と結婚した。和平工作の窓口としてしばしば登場した。

＊6　須田禎一『風見章とその時代』（C-48）（一一二頁）は、その日が「帝国政府の自衛権発動声明（二七日）」の日だったとする。

頭山満派遣の試み

それでも近衛はあきらめなかった。八月に入ってから、近衛は、元老松方正義の三男で衆議院議員の松方幸次郎（※松方コレクションで有名）や頭山満を派遣しようと考えた。近衛は、八月三日、原田熊雄と相談したが、原田は松方派遣には反対した。近衛は、

「やっぱり頭山でもやろうかと思ふ。頭山と蔣介石といふものは昔から非常によい。どうせ蔣介石と自分が手を握るといふことになると、北支に政権を樹てようと思ってゐるやうな右傾の連中が騒ぎだす。その時にやっぱり毒をもって毒を制するのに、頭山を使ったらいゝじゃないか。殊に頭山なら広田と非常に懇意だから、この二人をやりあいゝじゃないか」

と語り、原田も反対しなかった（『西園寺公と政局　第六巻』五六頁～）。

しかしこの試みは、九日の大山事件発生による第二次上海事変の勃発により霧消した。そして、事変は泥沼化し、上海占領、南京攻略を経て、翌年一月の「国民政府を対手とせず」の第一次近衛声明に至った。これらのように、近衛は、一方では派兵決定声明などで中国を威嚇するような外見も示しながら、それと並行して水面下で懸命に蔣介石との和平の試みを重ねていた。前述（四八頁～）のように、天皇は「私は威嚇すると同時に平和論を出せと云ふ事を常に云つてゐた」が、近衛がとっていた行動もそのように理解できるだろう。

宇垣外相の登用――「対手とせず」の声明にこだわらず

事変が泥沼化し、一九三八年一月一六日の「国民政府を対手とせず」の近衛の第一次声明は裏目に出て、ますます蔣介石を硬化させ、戦線は拡大した。徐州作戦は四月から開始されていた。他方、二月に、国民政府外交部亜州司日本科長の董道寧が極秘で来日し、参謀本部の影佐禎昭と会見した。これが、蔣介石との直接交渉は断念して汪兆銘を引き出すことになった影佐工作の始まりだった。しかし、前述したように、近衛はもともと汪兆銘工作には冷淡であり、やはり和平の相手は蔣介石しかないと考えていた。そのため、第一次声明の失敗を悔い、なんとか蔣介石との和平交渉の道が開けないかと模索していた。

そこで近衛が取りかかったのは、宇垣一成の外相登用だった。宇垣は、日中戦争の早期和平が必要だと考えていた。そのため、近衛は広田に代えて宇垣を外相に登用しようと考えた。

『宇垣日記』（D-7）（三一一頁～）によれば、一九三八年五月二四日、宇垣は近衛から外相就任の懇請を受け、いったんは辞退したが再考して受諾した。宇垣は近衛に、入閣の条件として四条件を示した。

①閣内の一致結束を一層強化す
②速に対時局の和平方針を決定す

③対支外交の一元化を期す
④蔣政権を相手にせず云々に深く拘泥せず
④について宇垣は、付記で「一月一六日の近衛声明は必要が迫ってきたら取り消すこと」としている（三一四頁～）。

近衛はしばらく考えていたが「それは宜しい。四条件とも賛成だ、是非入閣してくれ」ということだった。その時近衛は

「一月一六日の声明は、実は余計なことを言ったのですから……しかしうまく取り消すように……」

とも付け加えた。宇垣が

「それは私の胸に含んでいる。あなたの恥になるようなことはやらない。なるべくあなたの御意向を通すようにやるつもりだ。しかしこの声明問題が一つだけで、和平の話が纏まるという所に話合が進んできたときには、あれは撤去させてもらわなければならぬかも知れない」

と言うと、近衛は再び「あれは余計なことを言ったのですからよろしく」と言った。そこで宇垣は入閣した*7。

宇垣は、蔣介石については、日記（七月七日、一五日）に次のように書き、その実力は認めつつ、批判的評価もしていた。近衛の宇垣に対する期待にもかかわらず、蔣介石の下野問題にこだわった宇垣の蔣介石観が、宇垣工作失敗の一因ともなった。

「蔣介石を相手とする和平は、交戦相手とし、勝者と敗者の立場で交渉されるべきなので、相当に厳粛な意味が含まれなければ日本国民は納得しない」

「蔣介石は愛国者である。しかし、大局を誤りし愛国者である」

宇垣一成

「巧みに（支那の民族主義、外国搾取の排除、国民生活の向上への目覚め）の気流の波に乗ったのが蔣介石とその一味であり、従って彼らの動きには根底があり、弾力がある。連戦連敗を続けながらも、今日尚その地位を保ち、しかも偉人として、英雄としての声望を日々に増しつつあるが如き観の或るのは、対手国たる日本としても相当に冷静に考慮すべきことである。換言すれば、蔣介石を支持し、推進するこの隠然たる気流の大いなる力を無視してはならぬ。蔣を没落せしめても、この空気は依然として消滅すべきではない。我々は、寧ろこの気流を増進せしめ、民族国家強化を達成せしめて、搾取より免れしむるよう利導すべきである。断じて、搾取者のお先棒となり、仲間入りなどしてはならぬ」（同三一七頁～）

＊7　木舎幾三郎は、「近衛公自身も今度こそ何とか支那事変に終止符を打ちたいと念願していたらしく、宇垣が外相を承諾したときなどは、よほどうれしかったとみえて、僕が顔を出すが早いか、『宇垣さんも外相を引き受けてくれましたよ』と言っていた。しかし、改造の滑り出しは好調だったが、板垣陸相の起用も効を奏せず、宇垣の対支方針も軍部の横ヤリで動きがとれず、支那事変はますます深みに入った。近衛は『事、志と違いという言葉をこのごろほどシミジミ味あわされたことはありません』と苦衷の一端を漏らしていた」と回想する（木舎幾三郎『政界五十年の舞台裏』（C-26）二〇〇頁～）。

板垣陸相登用の極秘工作――「陸軍へのクーデター」であり、梅津は激怒

近衛は、煮え湯を飲まされた杉山陸相に代えて板垣征四郎を陸相に登用した。しかしこれは大きな裏目に出てしまった。以下は主に岩淵辰雄『敗るゝ日まで』（C-23）（一七七頁～）＊8及び風見章『近衛内閣』（C-9）（二〇六頁～）による。

近衛が板垣を起用しようとしたのは、石原莞爾と同様、板垣は支那事変非拡大派だと思っていたからだ

った。板垣を推挙したのは非拡大派の多田駿参謀次長と石原莞爾だった。近衛は、板垣は満州事変を起こし、不拡大命令を無視して戦線を広げた男なので当初は躊躇した。しかし、多田が「板垣を陸軍大臣にしてくれれば、必ず皇道派を起用しましょう」と言いい、近衛が「皇道派では誰が助けてくれますか」と聞くと、「真崎大将です」と言った。そこで、多田を通じて真崎の考えを聞かせたところ、「柳川（※平助中将）に重要な地位を与えて板垣の顧問にするがよい」とのことだった。柳川は上海攻略戦に活躍したが、本来は支那事変拡大に反対の皇道派であり、陸軍中央から疎まれて召集解除されていた。また、近衛は、石原らから板垣が西郷隆盛のような人物だと聞いていた。近衛は、板垣を登用するなら、柳川を現役に戻して重要な地位を与えるという真崎の考えについて、多田に念を押すと、「必ずそうする」と断言した。近衛はそれでもまだ安心できず、板垣自身の考えを聞こうと考えた。

板垣征四郎

＊8　岩淵辰雄は、ジャーナリストで政治評論家であり、近衛の側近の一人だった。統制派を批判し、日中戦争不拡大のため皇道派を支持していた。後に近衛上奏文の作成に、吉田茂と共に関与し、憲兵隊に逮捕された。一九四六年には貴族院勅選議員に選ばれるとともに読売新聞に復帰し主筆になった。鳩山一郎のブレーンともなった。

その前にもう一つあった難関は、杉山陸相に辞任を承諾させることだった。当時、陸軍では、陸相の人選は、現任の大臣と参謀総長と教育総監の三者が協議して決定することになっていた。近衛は、杉山に辞任を承諾させるため、近衛を熱心に支持していた閑院宮参謀総長に密かに手を回し、杉山に引導を渡させるのに成功した。そこで、近衛は早速、風見書記官長と共に極秘で板垣の説得工作に着手した。そのころ板垣は山東省に出陣していた。風見は、懇意だった同盟通信社の社長岩永祐吉（※前述一四三頁）に相談し、その部下だった古野伊之助に親書を渡して山東に派遣した。板垣は古野に「近衛公と多田、石原との間の話は、必ず、自分が陸軍大臣になった暁には実行する」と約した。こうして板垣の陸相起用が実現した。しかし、陸軍大臣の更迭を、肝心の陸軍に関与させず、首相と書記官長が極秘で工作したことは異例中の異例であり、事変拡大を阻止して蔣介石と和平しようとした近衛の執念ともいえる努力だった。全く蚊帳の外に置かれ、後にこの人事を知った陸軍次官梅津美治郎は、統帥権干犯だと激怒した＊9。

＊9　西浦進『昭和陸軍秘録』（D-19）（二〇五頁～）によると、西浦は「これは多田、石原、近衛、それに古野（伊之助）という……石原さん一派の近衛さんとの通謀による陸軍内のクーデターですから。……梅津さんとしてみればそれはもう憤慨で……」と回想している。また、矢部貞治『近衛文麿』（C-6）（八九頁）は、「政府が陸相更迭に手を付けて後任を名指しするなどということは当時の政治情勢ではタブーであったが、近衛はその『奇跡』を実現したのである。……板垣を強硬に主張したのは不拡大派だったためで、（近衛は）その主眼が、『国民政府を相手とせず』を改めることにあったといっている。……内閣大改造の成功は内外を驚嘆させ、政局不安も完全に解消した」としている。

《近衛を裏切った板垣》

しかし、陸相に就任した板垣は、その直後から近衛を裏切り、柳川登用の約束を反故にした。板垣は中国から帰り、近衛と会い、陸相に就任したが、親任式がすんで、宮中から退下しようとして近衛が車に乗ろうとしていたときのことだ。板垣が寄って来て「ちょっと待ってください。話があります。実は先日のあのお約束は実行できなくなりました」と言った。近衛が「いまさらそんなことを言われても困ります」と言うと、板垣は「あのときはそう思っていたのですが、東京へ帰って中央の事情をいろいろ聞いてみますと、なかなか現地で考えていたようにはゆきません」と言った。近衛が「それならどうして親任式の前に言ってくれなかったのですか」と言うと「申し上げようと思ったのですがつい忘れてしまって」「こんな大事なことを忘れるということがありますか」とのやりとりとなり、板垣はケロリとしていた。

近衛は板垣を自分の車に乗せて荻外荘に行き、深夜までひざ詰め談判したが、板垣は「何しろ部内の事情が許しません」とらちが明かない。大臣になりたくて嘘をついたとしか思えず、近衛には板垣がペテンにかけたとしか思えなかった。近衛は後々まで「恥も外聞もあったものじゃない。あれで西郷隆盛の風格を伝える東洋豪傑というんだから、あきれてものがいえません」「随分ひどい話でね。信用もなにもあったものじゃない」と怒って述懐した（岩淵前掲書一八一頁〜）。

近衛から見れば、板垣は、事変を速やかに解決しようとする方針も熱意もなく、ただ宇垣を口を極めて攻撃していた。板垣は近衛の期待したことはなにもできず、事変は拡大の一途をたどった。

近衛が想定できなかったもう一つは、梅津が次官辞任に当たり、東條英機を後任に据えたことだった。これは、近衛が期待した柳川登用の目的に真っ向から反するものだった。当時、東條という人物については謹厳で実直な軍人、という程度の評価しか近衛はもっておらず、これが後々の日本の運命を破滅に追い込むことになってしまった＊10・11。

＊10 風見章『近衛内閣』（C-9）（一二八頁）によれば、一九四三年、軽井沢に引きこもっていた近衛は、風見に「せっかく大きな期待を板垣氏の力にかけたものであったのを、ついに、その期待が裏切られるにいたったのは、杉山、梅津が、そのおき土産に東條を次官にすえておいたせいだ。あの場合は気づかなかったが東條は梅津と同心一体の存在だったのだ」と述懐した。

＊11 近衛は板垣を厳しく批判したが、『秘録　板垣征四郎』（D-40）に現れる板垣の実像は大きく異なる。板垣に仕え、接した片倉衷、今村均、岡田芳政、十河信二、星野直樹、鈴木貞一、今井武夫ら極めて多くの人々が、口を揃えて、板垣に対し、その豪放磊落さと半面の細心と誠心、私心や物欲の無さなどの人間性や戦地における果敢で大胆な指揮ぶりなどに魅了されて畏敬し、懐かしく回想している。上官に腰をかがめることのな

い石原莞爾も、命令無視で独断専行に陥ることの多かった辻政信も、板垣には心服していた。板垣は、進んで陸相就任を望んだのでなく、当初は固辞したが周囲の強い勧めによりこれを受けた。板垣は、今村均に「自分ではいやだと思うのだがもう引っ込みがつかない……率直に言うてくれ、君の考えを」というと、今村は、「誠に失礼なことを申しますが満州時代のように、公私、清濁あわせ呑まれることが、やめられそうもないのなら、拝辞をおすすめいたします」と言った(同書一九七頁)。板垣の「太っ腹」は時には裏目にでることもあった。近衛が、十河信二(※満鉄理事、戦後に国鉄総裁)に、「板垣は陸相にしたが、一向駄目じゃないか」と言ったとき、十河は「それは総理が駄目だから板垣の大きさが分からないんだ。彼は頭梁の器であり、よき相棒が必要なのだ。例えば石原のような智者が必要だ。東條のような次官では犬猿の間柄であり、人材を駄目にして使うものだ」と反論した(一〇九頁)。板垣自身は「自分の欠点短所を一言に申せば『愚』に尽きる。智慧が足らなかったといことに帰着する」と述懐した(二六二頁)。しかし、板垣は決して「暗愚」ではなく、勉強家、読書家であり、禅の人でもあった。喜久子夫人は、板垣は、早稲田大学講義録やエコノミストなど種々の勉強で夜は遅く、食事中でも本を片手に読みふけることが多かったと回想する。また、部下の進言を清濁併せ呑むことが多い反面、「便所のドア」と揶揄された杉山元とは異なり、ここという時には信念を通した。今井武夫は、板垣に心服していたが、一九四〇年の桐工作のとき、板垣が重慶との和平には積極的でありながら、「満州国承認」を頑として譲らず、それが工作失敗の原因となったと回想している(二六〇頁)。板垣は、石原莞爾と共に満州事変を起こした。石原は、満州国が自分が構想した五族協和の精神を失って傀儡化したことに失望し、一九三八年に汪兆銘工作が進められた頃には、満州国は中国に返すことによって蔣介石に誠意を示そうとの考えに変化していたという(犬養健『揚子江は今も流れている』(B-8)(六四頁など)。ここでは、板垣の「一徹さ」が裏目に出たといえよう。板垣は、シンガポールで戦犯として収容されたが「自分は必ず戦犯として召喚せられるであろうが、自分はそれを回避することはしない。

進んでその法廷に立って日本の満州、支那大陸に対して採った政策等に就き、その因って来る所以を明確に説明せねばならぬ」と語っていた（前掲『秘録板垣征四郎』一六八頁）。板垣に対し、イギリスの将官らは、当初敵将として侮蔑の態度を取っていたが、次第に板垣の従容・毅然とした態度に感化され畏敬の念をもって接するようになり、若い大尉参謀らは、板垣と廊下で行違う時、不動の姿勢で敬礼するようになったという（同一七〇頁）。巣鴨プリズンでの収容中の生活や東京裁判での態度も立派であり、教誨師を務めた花山信勝は、死に臨む態度が最も印象深かった人物として板垣と広田弘毅を挙げた。近衛は板垣を厳しく批判したが、近衛が自ら認めるように、近衛は人を信じることができず、冷酷でさえあり、近衛に心服する人は側近の一部に限られていた。人間的な器量や魅力の上では、板垣の方が遥かに優れ、人々からの信望と信頼が厚かったといえるようだ。

実らなかった宇垣工作と宇垣の辞任

振り出しから失敗に終わった板垣の起用とは異なり、宇垣外相は、当初、近衛の期待に沿って、和平工作を熱心に進めた。以下の経緯は、主に戸部良一『ピースフィーラー』（B-2）（二〇九頁〜）、石射猪太郎『外交官の一生』（G-10）（三〇九頁〜）による。

上海に事変が飛び火したとき、船津工作に奔走しながら挫折した外務省石射東亜局長は、宇垣新外相に期待した。一九三八年五月二六日の宇垣の就任直後、とるべき方策としては国民政府相手論以外にはあり得ないことを具申する意見書を提出し、力説した。宇垣は「それを入閣の条件とした。命を投げ出して事変を解決する決心じゃよ」と石射に言った。

六月二日、近衛は、著名なアメリカ人ジャーナリスト、ジョン・ガンサーとのインタビューで、蔣介石が対日態度を変えれば日本政府としても彼と和平交渉に入る用意があると述べた。宇垣も一七日、外国記者団との会見で、中国側に重大な変化が生じれば、日本としても「対手とせず」を再検討する必要があるだろうと言明し、対外的に大きな反響を引き起こした。重慶側も宇垣の就任に好感をもち、就任直後、旧知の張群行政院副委員長から、就任祝いと宇垣の経綸に期待するとの電報が中国大使館経由で届けられた。

宇垣工作は、中国側では蔣介石と直接ではなく、国民政府の要人の孔祥熙＊12を相手とし、その秘書の喬輔三を窓口として開始された。日本側では、香港総領事の中村豊一が窓口となった。日中の和平に種々関与していた大陸浪人の萱野長友＊13も直接宇垣と会って、その指示諒解の下に工作にかかわった。朝日新聞の緒方竹虎は、編輯局顧問の神尾茂を現地に派遣し、また、萱野が情報を送るために朝日新聞の飛行機を使わせるなど強く支援した。小川平吉＊14がこれらを背後で支援した。

＊12 南京国民政府時期に財政部長、行政院長を務めた財政家で、妻の宋靄齢を通じて宋子文や蔣介石とは姻戚関係にあった。

＊13 政治運動家・民間外交家の大陸浪人、アジア主義者の代表的人物で玄洋社社員。自由民権運動に傾倒した。中国に渡って中国語を学び、広東・香港で新聞通信員となり、辛亥革命中の孫文と知り合う。宮崎滔天らとともに孫文らの辛亥革命をアジア主義の立場から支援した。

＊14 近衛篤麿に従って上海の東亜同文書院創立に参画した。衆議院総選挙に一〇回当選し、田中義一内閣の鉄道大臣、原敬内閣の国勢院総裁、加藤高明内閣の司法大臣を務めた。北昤吉（北一輝の弟）らと共に『日本新聞』の再発行を開始し日本主義を主張した。疑獄事件で逮捕されて一九三六年に入獄し、政界を引退していた。

しかし、これらの人々の努力にも拘らず、この工作は進展しなかった。日本側の交渉の条件は、共産党の分離、国民政府は解散して北京・南京の新政府と合して新政府を建設することに加え、蔣介石の下野を求めていた。この中で蔣介石の下野の問題だけが残り、これが交渉進展の鍵となった。石射、萱野、中村らは、蔣介石下野は困難と主張したが、宇垣はこれは最後のカードであるとしてその要求維持にこだわった。蔣介石の政治的責任、国内の反蔣介石感情への配慮、国民政府の「屈服」による新中央政権参加を求める五相会議決定の拘束などが原因だった。そのため、喬からは、蔣介石の下野を前提とした交渉には応じられないとして打ち切りの連絡があり、この工作は一時中断した。しかし、宇垣は、蔣介石下野問題についての国内の態度の緩和を判断し、中村への新たな訓令起草を石射に指示し、蔣介石下野を前提条件にせず、講和後に蔣介石の自発的下野でもよいとした。これを踏まえて、宇垣と孔祥熙との直接会談開催の折衝が萱野ルートで始められた。萱野から小川に中国側が孔祥熙と宇垣の直接交渉に応じるとの意向が報告され、宇垣は同意した。これは五相会議でも了解され、九月二三日、近衛からその旨や陛下も内諾された旨小川に伝えられ、小川は「国家の為真個一大慶事」と日記に書いた。

ところが、宇垣は突然辞表を提出し、九月三〇日辞任に至った。中国側の態度は硬化し、宇垣・孔祥熙工作は終了した。

この宇垣工作は、当時、影佐禎昭らによる汪兆銘工作と競合しながら進められていた。しかし、宇垣の辞任により、重慶との直接和平の道は一年以上後の桐工作、銭永銘工作までほとんど閉ざされることとなった。この間、七月には国民政府亜州司長の高宗武が来日して首相・陸相らと会談するなど影佐禎昭らによる汪兆銘工作が着々と進んだ。

《宇垣辞任の原因》

宇垣辞任の原因については、様々な指摘があるが、一つには、陸軍が宇垣を徹底的に嫌い、特に拡大派の勢力が宇垣による和平工作を妨害しようとしたことにあった*[15]。当時、陸軍中央は、影佐による汪兆銘工作を方針としていた上、宇垣を徹底的に嫌っていたため、宇垣の和平工作には終始非協力で、妨害しようとしていた。辞任の直接的原因は、宇垣が外務省の権限を大幅に縮小する興亜院設置問題について反対したのを、近衛が梯子を外してこれに乗ろうとしたことにあった。宇垣は「(近衛)公は、私と約束した入閣条件を無視して興亜院新設を容認しようとしたので九月末辞表を出した」と日記に書いている(前掲『宇垣日記』三三四頁)*16・17。

*15 宇垣は一九二四年、陸軍大臣のとき大規模な宇垣軍縮を断行したことなどから陸軍から強い反発を受けていた。一九三七年二月に広田内閣が総辞職したとき、宇垣に大命が降下されたが、陸軍の徹底的妨害により組閣できず大命を拝辞した。今井貞夫『幻の日中和平工作』(B-15)(一八二頁)は、「東條次官と影佐が、宇垣工作に反対し、九月二日、宇垣・孔会談はつぶれた。影佐が反対したのは高宗武工作に期待していたためだ」としている。

*16 石射猪太郎は、「宇垣外相就任後から興亜院設置論が再燃し、外務大臣の権限を削るのみか、占領地にその機関の出店を置いて現地の政務処理に当たらせるとの案で、影佐・岡両課長が石射をしばしば口説きに来たが断固反対した……近衛も承知の上のことだった……この案を閣議にかければ宇垣は窮地に陥る。宇垣は外相辞任を決意した……宇垣に傾倒して事変解決に腐心した石射は深く失望した。宇垣辞任後、宇垣にその心境を伝えると『事変の解決を自分に任せるといっておきながら、今に至って私の権限をそぐような近衛内閣に留まり得ないのだ。余の心境を諒とせよ』宇垣さんの言葉には温情がこもっていた。惜しい大臣だった」(前掲『外交官の一生』三一三頁〜)と回想している。

また、前掲『宇垣日記』(三一三頁)では、外相就任当時の六月一〇日、宇垣は「近衛公の人情観に就き、……余に警告するの人がある。余は夙にそれを承知しており、又公の感情に求むる所も全然考えておらぬ。藤原氏一統が、千数百年栄華の地位を保持し来たりし伝統の血は、公の脈管の内にも通うていることは百も承知している。自主独往、何らも公に私的に期待する所は絶対に持たぬ!」と近衛への不信感を書いていた。

*17 他方、宇垣の人物、処世については、批判的な見方もある。須田禎一『風見章とその時代』(C-48)(一二〇

頁～）は「表面は興亜院問題のようであるが、これは外務省顧問佐藤尚武の尽力で解決にこぎつけていたはずである……宇垣のこの時の態度は今もって謎であるが、〝近衛の次は宇垣〟という側近の皮算用に誤られたのだ、との説もある」としている。また岩畔豪雄は、「宇垣という人は非常に優れた人ではあるが、ちょっと悪いのはあの人は色気があるんだな……自分が地位のいいところとか名声を博したいというような色気が見えるわけです」と回想している（『昭和陸軍謀略秘史』（D－20）三〇頁）。

近衛文隆が加わった小野寺工作とその失敗

小野寺信中佐は、一九三八年一〇月、参謀本部ロシア課から上海に派遣され、アスターハウスを拠点に「小野寺機関」を設け、中国通の吉田東祐を右腕として、重慶との和平工作を始めていた。当時、参謀本部の支那課では、蔣介石に見切りをつけ、汪兆銘に親日政府を樹立させる汪兆銘工作を進めており、これが軍部や政府の主流だった。しかし、ソ連や共産党の支配の増大を恐れていたロシア課は、蔣介石と和平すべきだと考えており、両者の路線は対立していた。この小野寺工作に、近衛の長男文隆もかかわっていた（詳細は拙著『日中和平工作秘史』四〇頁～）。

《近衛は長男文隆を上海に派遣し、小野寺信を紹介した》

近衛の長男文隆は、快活豪胆な青年だった。プリンストン大学に留学し、ゴルフ部長として全米で一位となるなど活躍した。一九三八年に帰国し、父の秘書官となった。近衛文麿は、文隆が留学から帰国後、一九三八年秋に文隆に中国を視察させた。以下は、主に岡部伸『諜報の神様と呼ばれた男』（B－42）（九五頁～）、工藤美代子『近衛家七つの謎』（C－31）（二〇三頁～）、吉田東祐『二つの国にかける橋』（B－22）（一一五頁～）による。

一九三九年一月の近衛内閣総辞職後、間もなく、近衛は文隆に上海の東亜同文書院の「学生主事」として勤務を命じた。小耳にした板垣陸相が、上海憲兵隊長に身辺警護を命じ、米内海相も、上海の特別陸戦隊が護衛する手配をした。しかし、近衛は「いいかボチ（※近衛の息子への愛称）、憲兵なんかの世話にけっしてなってはいかん」と厳命した。一方で、「上海に着いたら、ここに書いてある電話番号に掛けなさい。小野寺信という人物がでる。参謀本部の中佐だ。彼ならボチの相談に乗ってくれるだろう」とだけ言ってメモを渡した。

上海に落ち着いた文隆に、書院の学生らは、「御父上はかつて蔣介石を相手とせずといわれ、いまでは汪兆銘傀儡政権を仕立てて公認しようとされていますが、中国ではそれは受け入れられないと思います」との厳しい質問をした。文隆は「僕は悲観していない。君たちは日本中が汪兆銘一本でまとまっていると思うだろうが、必ずしもそうとは限らないんだ。政治家にも陸軍内部にも、なんとかして蔣介石と再び交渉の糸口をみつけ戦争を止めたほうがいいと考える人物がいる」と語った。

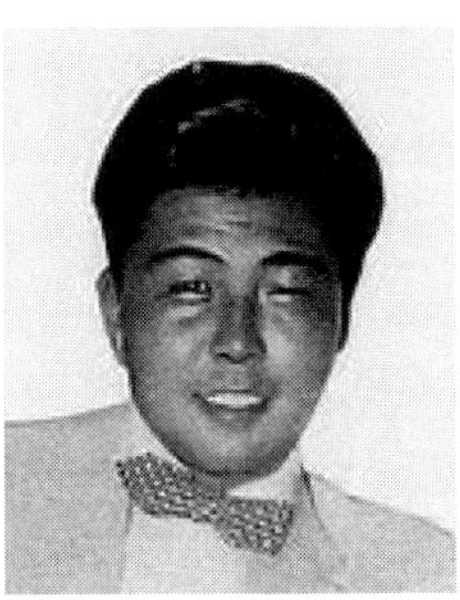

文隆が小野寺に電話すると、「近衛公爵の御子息様ですか、実は電話をお待ちしていました」とすぐ話が通じ、アスターハウスホテルで密会した。小野寺は「実は公爵からは、文隆様にある特殊な任務を実行してもらいたいとのお言葉を東京出張の折、内々に頂いているのです」と語り、上海での蔣介石の二つの諜報機関である藍衣社やCC団、三民主義青年団などの状況、日本側の梅機関とそれが配下に組み込んだ特務機関ジェスフィールド七六号と呼ばれる丁默邨と李士群らのテロ組織などの実情を詳しく説明した。

小野寺は、汪兆銘工作を進めている影佐参謀がそれなりに優秀、剛腕、怜悧であるとはしつつ、「蔣介石との話合いルートを完全に切ってしまってはいけない」と語った。文隆が「どうしても蔣介石との和平のルートを探って日中戦争を終結させたい……いったいどうすれば良いか教えてくださいませんか」と言うと、しばらく考え込んだ小野寺はテンピンルー（鄭蘋如）のルートを示唆した。しかしすでに文隆は彼女

近衛文隆

と知り合っていた。

《文隆の重慶行きを手配した女スパイ、テンピンルー》

テンピンルーは、重慶側のＣＣ団に属する美貌の女工作員だった。テンピンルーは、自らつてを頼って東亜同文書院に連絡して文隆と会い、まもなく二人は恋に落ちた＊18。

＊18　テンピンルーは重慶側の「女スパイ」として著名だ。上海で汪兆銘派の特務機関「ジェスフィールド七六号」と重慶蒋介石側の特務機関ＣＣ団や藍衣社との間で熾烈で凄惨なテロの戦いが行われていた当時、テンピンルーは、ジェスフィールド七六号の首魁であった丁默邨の暗殺を企てて失敗し、僅か二五歳の若さで、銃殺刑となった。テンピンルーは極めて美貌で、母親は日本人木村花子、父の鄭鉞は日本に留学し、帰国して弁護士となり、上海江蘇高等法院の検察長を務めた上流家庭の令嬢だった。その生涯は、「美しい重慶の白蛇」などとスキャンダラスな表現で多くの書物や映画の恰好の題材となり、文隆との関係も「ハニートラップ」だと表現されることが多い。しかし柳沢隆行『美貌のスパイ　鄭蘋如』（Ⅰ-27）は、緻密な取材と分析により、彼女が両親を深く愛し、日本人の母親と侵略に抵抗した父との間で苦悩しながら抗日のために戦った生涯を、色眼鏡を通さず克明に描いている（なお、高橋信也『魔都上海に生きた女間諜』（Ⅰ-28）も詳しい）。母親木村花子（中国名木村華君）は、引き裂かれた二つの祖国の間で、節を曲げることなく抗日の姿勢を貫いた夫に使えて苦難の人生を歩み、戦後台湾に渡り、八〇歳でその生涯を終えた。テンピンルーは、重慶のスパイであったにもかかわらず、その愛国の情が戦後評価され、上海には彼女の銅像が建てられている。

小野寺機関で対中和平に活動していた人々には花野吉平＊19や早水親重＊20らがいた。花野からの連絡で、四月一六日夜、文隆は、指定のホテルで小野寺と落ち合った。小野寺は、「英国大使のパトリック・カー氏の協力で、文隆さんを重慶に送り込み、蒋介石との会談もセットされるという……日本政府と陸軍の正式な了解が必要なので、私は急遽帰国しますから、文隆さんから公爵宛に手紙を書いて交渉権を自分に委ねて欲しい旨説得していただきたい。私が公爵に直接お目にかかってお手紙をお渡しします」と言った。花野吉平と早水親重も来て紹介された。

＊19 花野は、共産主義の転向者であったが、数奇な運命で日中の和平に奔走した（花野吉平『歴史の証言』〈B-20〉）。小野寺機関の工作に関与したため、憲兵隊から逮捕され、汪兆銘工作が完成するまで拘束された。なお、花野は、「近衛の秘書細川護貞が文隆、海軍の小野寺中佐らと蔣介石との直接交渉を香港に持ち込んでくる。早水はそれと行動を共にする」（同書四六頁）と書いており、細川も関与していたことを示唆している。

＊20 早水親重についてまとまった参考文献は見当たらなかったが、早水は満州で関東軍とも対立し、日中の和平のために、上海を中心として様々な場面で奔走尽力していたことが関係者の証言に頻繁に現れる。文隆と共に小野寺工作に加わった早水は、その後も和平工作に取り組み、一九四四年秋から、後述の何世禎工作にも奔走した。早水は、戦後、文隆への追悼文で、「昭和一九年、東條内閣辞職後、土井章、栗本両君らと、中国を介して連合軍との和平交渉の道をあけ、近衛公に取り次ぎ、公の代理として水谷川氏らと共にこれに努めたが、ついに軍の反対で成らず、その間文隆君がいてくれたならば、と思わぬ日はなかった」と回想している。

一〇日ほど後、文隆はテンピンルーと密会し、テンピンルーは父の友人でフランス租界に住んでいた高恩伯に会って重慶に入るルートの指示を受けるよう説明した。この密会の際、テンピンルーの行動を疑ったCC団の幹部朱泰燿が文隆を狙撃しようとしたが、まちがってテンピンルーと同行していた護衛の男を射殺してしまった。テンピンルーは、文隆が高恩伯に会って重慶に行くのは五月初旬になる旨伝えた（工藤美代子前掲二四四頁～）。

《文隆と小野寺が文麿を説得するも決断できなかった文麿》

小野寺は、文隆に書かせた文麿あての親書を携えて帰国した。小野寺は、文麿と東海道線の車中で面会したが、文麿は「軍が同意さえすれば」というだけで諸手を挙げての賛成ではなく、小野寺は落胆した。その後も小野寺は、陸軍中央で対重慶工作のために努力したが、影佐の汪兆銘工作に屈し、失意のうちに帰国した。

《小野寺機関への弾圧、文隆も失意の帰国》

小野寺機関による文隆の行動は、上海憲兵隊特高課が調査しており、林秀澄課長は、早水を呼び出して厳しく追及した。文隆とテンピンルーの関係まですべて把握されていた。

この文隆の活動は陸軍中央や政府を著しく刺激し、文隆の帰国が画策された。特高課長の訪問を受けた同文書院の大内暢三学長は、文隆に「いかに近衛公の御曹司といえども、国策を妨害し敵機関に手を貸す、または女スパイと情を通じるとなれば、お名前に傷～」などと言い、文隆を当惑させた＊21。

＊21『木戸幸一日記（下巻）』（七二四頁）には、一九三九年六月九日に、有田外相から、文隆君の行動につき上海から来電があったとして、「仏租界居住高恩伯（重慶と連絡あるものと認められる）方に出入りし、美人の娘と交際す。……結局、累を父君に及ぼす虞あり。文隆君は、小野寺（信）中佐の手先となれる早水（※親重）、武田（※信近）等と共に重慶工作に深入りしつつあり。等の報告ありたり」と突き放したように書いている。また、「戴笠は偽物にして、真物は当時重慶に在りたり」とも書いている。

早水親重は、後に、こう回想した（工藤美代子前掲書（二五〇頁～）引用の近衛文隆追悼集）。

「影佐氏の梅機関等の汪精衛氏の活動も始まり、片や我等の動きもいつとはなく注意を向けられる処となり、機関関係者の彼（※文隆）に対する悪戯的謀略等もあった。速やかに上京し、日本朝野の認識を改めさせねば、事が間に合わなくなると痛感、三人協議の上、上京する事にした。五月下旬、相次いで入京し、朝野に呼びかけ、当時参謀本部員たりし秩父宮殿下にまで意見具申する等、共に熱情を傾け、一時好転の兆しも見えたが、かえって当局を刺激するところとなった。廟議は俄然その方に傾き、六月五日の所謂対支処理要綱で直接交渉派の動きは一切まかりならぬ事と相成り、万事休した」五月二五日、学長の説得に従った文隆は、上海をひっそり発って長崎に帰った＊22。

＊22　文隆の相談役でもあった中山優は「はじめ別な世界の人のように思っていた近衛公とその一家の人たちは、極めて自然な、癖のない高雅な人たちであって私には親しまれた。旅行中、上海で、毎日の高石真五郎氏に出会ったら『英国大使のカーが、誰か日本人の有力者に重慶を見せて日本人の認識を改めたい。安全は英国国旗で保証するから行かぬか、というが僕にはその勇気がない。文隆さんが行かぬか』と勧められた。文隆君は、捕虜になる覚悟で行こうと主張するのを、私は役目がら、ようやく引っ張って日本に帰った。……あのとき、もし文隆君の主張に従って二人で重慶に赴いたら、日本の今日の運命と異なったものが出来たかも知れぬ」と回想している（『大統領への証言』（C-2）所収の中山優「近衛家の悲劇」二六二頁）。

《文隆のその後》

文隆は、一九四〇年二月に徴兵され、満州に渡った。細川護貞は、これが東條の近衛に対する報復人事ではないかと疑った。しかし、近衛は細川に、文隆を満州の前線に送ることを東條から伝えられた時、「乃木さんの例もあるがお国のために息子を前線に出すのになんのためらいがあろうか、どうぞ存分にこき使ってやってくれ、といったんだ」と語り、「いやいや、そんなに悲観するな。ボチには守り刀を進呈したんだ……」と快活に語ったという（工藤美代子前掲書二〇頁〜）。文麿は人間に冷たいと言われ、自覚もしていたが、家族に対する愛情は深かった。しかし、自分の地位権限を利用して息子を戦役の死の危険から免れさせようとの私心はなかった。

文隆は、満州阿城で砲兵連隊に入隊し、幹部候補生考査に合格して陸軍中尉まで昇進した。文隆は、満州で終戦を迎えたが、ソ連軍の捕虜となり、シベリア抑留で一五ヶ所もの収容所を転々とさせられた。抑留中は士官であることを盾に労役を断固拒否し、ソ連に対し気骨のあるところを見せ、また同房者たちに明るく振舞い、信頼と尊敬を集めていた。牛場信彦は、こう回想している（松本重治『近衛時代（上）』（C－8）二二六頁）。

「シベリアの収容所での態度は、実に見事なものだったそうですね。自分は近衛文麿の息子だと、うしろ指さされるようなことはいっさいしないと、帰国した人がみな賛嘆していたものな」

文隆は、一九五五年の日ソ国交正常化に際し、鳩山一郎首相や数十万人からの帰国要請の嘆願書にも関わらず、一九五六年一〇月、収容所で死去した。死因は動脈硬化による脳出血などとされているが、ソ連による暗殺説もあるという＊23。

＊23　文隆の生涯は西木正明『夢顔さんによろしく―最後の貴公子近衛文隆の生涯（上・下）』（C－32）に詳しい。

この文隆による小野寺工作への関与は、元は文麿が考えたものだった。しかし、肝心なところで、文麿の腰は砕けてしまった。影佐らによる汪兆銘工作の進展が著しかったこともあるが、このようなところに文麿の弱さが出ているだろう。むしろ、息子の文隆の方が、毅然とした姿勢を示していたように思える。

桐工作・銭永銘工作

桐工作は、汪兆銘工作の限界を自覚した陸軍が、今井武夫が中心となり、陸軍中央も期待して、一九三九年暮れ頃から、「宋子良」を窓口として始めた重慶との直接和平工作だった。銭永銘工作は、これよりも少し遅れ、一九四〇年に入ってから、西義顕らが、松岡洋右の主導により開始した重慶との和平工作だった。近衛は、当初はこれらの工作に関与していなかったが、一九四〇年七月二二日、第二次近衛内閣を組織してからは近衛もこれらの工作にかかわることとなった。

銭永銘工作は松岡が自ら積極的に進めていたので近衛はほとんど関与していない。しかし、桐工作については、陸軍も積極的だった。そのため、近衛はこれに大きく期待し、重慶との直接会談に大いに乗り気であり、近衛と板垣陸相は、八月下旬、蔣介石に宛てた私信を作成し、「宋子良」に届けられた＊24。しかし、結局これらの工作は、桐工作における「宋子良」の偽者問題、一九四〇年九月の三国同盟の締結による蔣介石の硬化、汪兆銘政府の承認問題との競合などにより、失敗に帰した。

＊24　西浦進は「桐工作について、米内内閣には何も言っていなかったと思う。近衛さんになってからはもちろん連絡した。御上には、大臣から始終申上げていたと思う。……最後には、近衛、東條、鈴木三人並んだ写真まで持って行ってこの工作は日本では本気になってやっているんだということを示しておりますから……」と回想する（『昭和陸軍秘録』（D-19）二五五頁〜）。また、近衛は、その手記で「一五年夏、（いわゆる桐工作で）、私の名で蔣介石に手紙をやるということまでやった。板垣がこれを持っていくことになっていた。しかし、宋子良が偽者だという笑い話のようになってしまい、この工作も失敗した」などと回想している（『大統領への証言』（C-2）一一七頁〜）。詳細は、拙著『日中和平工作秘史』五〇頁〜。

2　日米諒解案交渉

近衛は、日米諒解案交渉に心血を注いだ。それは日米が開戦すれば必ず日本は敗け、国体は失われると近衛が恐れたからだった。近衛が戦後に書いた手記では、近衛が関与した様々な日中和平工作よりもはるかに多くの頁を割いてこの交渉について回顧していることからも、近衛がこの交渉にかけた熱意の大きさがわかる。これに関する文献は非常に多い。以下は主に近衛文麿『平和への努力』（C-3）、富田健治『敗戦日本の内側』（C-22）、岩畔豪雄『昭和陸軍謀略秘史』（D-20）、『軍務局長武藤章回想録』（D-9）、川田稔『昭和陸軍全史3』（D-3）、川田稔『昭和陸軍の軌跡』（D-6）、鳥居民『日米開戦の謎』（A-60）のほか、文中で引用する各文献を参考とした。

交渉の経過と概要

この交渉のきっかけは、一九四〇年一一月、日本で布教活動締め付けへの対策のためアメリカから来日した、カトリックのビショップのウォルシュと、神父のドラウトの二人が、日米関係の改善と開戦防止の運動を熱心に始めたことだった。ウォルシュらは、松岡外相や武藤章軍務局長ら政府・軍部の有力者にも会い、産業組合中央金庫の理事井川忠雄が日本側で交渉の窓口になることになった。井川は近衛とは一高時代の同窓生で、近衛のブレーンだった昭和研究会の創立者の一人でもあった。ウォルシュらは、翌一九四一年一月帰国してルーズベルト大統領やハル長官らと会談し、日米交渉の重要性を説き、ルーズベルトはこれに心を動かされた。他方、野村吉三郎新大使は、同年二月ワシントンに着任した。野村は第一次大戦中にワシントンで海軍武官をしていた。野村は三国同盟重視の松岡と異なり、日米関係の改善を強く期待していたので諒解案交渉に積極的だった。野村は赴任前に東條陸相に日米交渉のために補佐役の派遣を要請し、東條もこれに応じて、陸軍軍事課長だった岩畔豪雄大佐を交渉のために渡米させることとし、井川と共に交渉に当たらせることとなった。

ドラウトは自分たちが作成した「日米諒解案」の試案を、三月中旬、ハル国務長官らに示し、同月末ころから、ドラウトらと井川らの四人で内容を検討し、四月九日に完成した。しかし、ドラウトはこの案は自分たちが作成した私案にすぎないのに、ハルには「日本案」だとして示した。ハルはこの案の内容になんらオーケーとはいわず、あくまで交渉のたたき台に過ぎないと考えていた。しかし、ドラウトは井川らにはハルも大体オーケーだと考えているかのように伝えた。井川らからの報告を鵜呑みにした野村大使は、この案をアメリカ側が諒解した提案だと思ってしまった。

その内容は、太平洋における両国間の平和的な経済・金融などの提携関係を謳った上で、三国同盟はあくまでも防御的なものであること、アメリカは欧州戦争には参戦しないこと、中国の独立を守り、不賠償、領土の不併合、日本軍の撤退を唄う一方で、蔣介石政権と汪兆銘政権の合流、満州国の承認、これらの条件をアメリカ大統領が賛成し、日本政府が保証すれば大統領が蔣介石政権に日本との和平を要請する、などだった。しかし、この案を示された国務省のホーンベックら幹部は、三国同盟を骨抜きにすることなどが全く書かれていないことに失望した。また、ハルは野村に直接会見して、この案を日本に送るのは自由だが、この案はアメリカ政府の案ではないと釘を刺し、野村が公式にアメリカ政府に日本政府案を提出する権限を与えられるまでは、アメリカはこれを取り上げないとも言明した。さらに、ハルは、①領土と主権の尊重、②内政不干渉、③機会均等、④平和的方法に依るのでなければ太平洋の現状を変更してはいけない、という四原則が、交渉開始の重大な前提条件であると強調した。この四原則は、つまるところ、日本の満州事変以来の中国侵略を否定し満州事変以前の状況に戻ることを要請するものだった。しかし野村大使はこのことをよく理解できず、四原則の承認が交渉の前提条件であることには、コメントも付さないままで、四月一八日、この案を大統領も承認済みのアメリカ案だとして本国に打電報告してしまった*25。

*25 岩畔豪雄は、「日米諒解案は正常ルートによって纏められた外交文書ではなく、ドラウト師、井川君及び私の三人がデッチ上げたものであるから、この文書を正常な外交ルートに乗せる技術は容易でない……重要な一点が故意に改変せられた。それは日米諒解案が米国の起案にかかるかのようにした点である。これは『真実のことを述べるよりも、このように改めるのが、本国政府の意見を纏めるために好都合であろう』との判断に基づいたものである」とあからさまに回想する（岩畔豪雄前掲書二九八頁）。石井秋穂も「（岩畔）氏は手腕家でありますが陰でコソコソ策謀する性癖がありました。陸相の了解もなく日米了解案をデッチ上げて突然中央につきつけたのがその好例です」と批判している（保阪正康『昭和史七つの裏側』（A-6）二三〇頁）。

野村大使から、これが「アメリカ案」だとして報告を受け、近衛を始めとする内閣のみならず、日米戦の困難性を自覚していた陸海軍幹部もこの案に開戦回避の期待を強く抱いた＊26。しかし、ドイツとソ連を訪問し、日ソ中立条約を締結して意気揚々と帰国した松岡外相は、自分の不在中にこの交渉が始まったことで機嫌を損ねた。松岡は、サボタージュに近い抵抗をし、また、諒解案の内容が三国同盟条約を弱めることのないよう再三の修正を求め、またリッベントロップに内報すらしてドイツからの横やりも招いた。

＊26　日米開戦に強く反対していた武藤章軍務局長は、戦後の回想で、「はなはだ満足すべきもの」で、「これで日本は救われた」と思ったと回想した（前掲川田『昭和陸軍の軌跡』二三六頁）。

松岡の修正による日本からの修正案が五月一二日にアメリカに届いたが、それには、日本の撤兵について一切書かれていないなど意味をなさないものであり、アメリカ側はドラウトらや日本に対する不信を強めた。その後、五月三一日及び六月二一日、ハルは野村に新たに交渉のたたき台となるものとして、先の諒解案に更に修正を加えたものを正式のアメリカ提案の案文として手交した。しかし、これは日本の中国からの撤兵、三国同盟の骨抜き、中国における門戸開放政策の維持など、アメリカの基本方針が貫かれたもので、松岡の修正案の要望はほとんど顧みられていなかった。その後、六月二一日のアメリカ案に対する日本側修正案は、七月一五日に野村大使に訓電されたが、野村は、これではとうていアメリカは受け入れない内容だと危惧し、手許に留めてアメリカ側に示しさえしなかった。

六月二二日の独ソ開戦は日本政府や軍部に衝撃を与えた。近衛は、これは独ソ不可侵条約に続くドイツの二回目の裏切りであり、もはや三国同盟は破棄するか有名無実化すべきだと考えた。しかし、ドイツの華々しい進撃に目がくらんだ軍部や松岡は、これに抵抗、妨害した。松岡は、傍若無人の言動で閣内を混乱させ、またアメリカからは松岡への強い不信が示され、交渉の大きな障害となっていた。近衛は、交渉を進めるためには松岡の更迭しかないと決断し、七月一八日、内閣総辞職をして第三次近衛内閣を成立させ、松岡に代えて、予備役の海軍大将だった豊田貞次郎を外相に起用した。

しかし、七月二八日の南部仏印進駐はますます状況を悪化させた。近衛は、事態を打開して交渉を成功させるためには、ルーズベルトと直接会談するしかないと考えた。

八月四日、近衛は、陸海相にその決意を打ち明けた。及川海相は賛成したが、東條陸相は、即答せず、文書で、近衛が決意をもって臨み、会見が不成功となっても辞職せず日米戦に不退転の決意で臨むならば同意する、と返答した。

八月七日ころから、ルーズベルトとチャーチルとの大西洋会談が始まり、チャーチルはルーズベルトに対し、日本への強い警告を要請した。八月一七日、大西洋会談から帰国したルーズベルトは野村大使を呼び、日本のこれ以上の南進を強く警告するとともに、近衛と会談をしてもよく、ハワイよりもアラスカのジュノアで一〇月中旬頃がよかろうなどと示唆した。ルーズベルトとチャーチルはこの会談で大西洋憲章に調印していた。これがきっかけとなって八月下旬から外務当局間の折衝が開始された。しかし、ルーズベルトがこのような対応をしたのは、日本との戦争は回避できないとの前提で、チャーチルとも示し合わせた時間稼ぎであったという見方が強い＊27。

＊27 保阪正康『昭和陸軍の研究(上)』(D-2)(四〇二頁〜)は、「アメリカは硬軟使い分けで時間稼ぎをした。『日本をしばらくあやしておかねばならない、その時間稼ぎが必要だ』というのがルーズベルトとチャーチルの結論だった」とする。

笠原十九司『海軍の日中戦争』(E-5)(四〇一頁〜)は「日本の南進が少しでも南部仏印でとどまり、それ以上の行動に日本が出ることが少しでも遅くなれば、それはアメリカにとって望ましいことであった。……経済制裁を断行し、そして軍事的準備を牽制力として用いる力の政策を誇示しながら、なお日本を「あやす(to baby)」道をつけておいた」とする。

鳥居民『日米開戦の謎』(A-60)(一九五頁)」は、「ハルは……アメリカ海軍、陸軍、英国、オーストラリアから、交渉を決裂させるな、時間稼ぎを続けてくれと言われ、ハルは見事にこれを果たしていた」とする。

川越重男『かくて太平洋戦争は終わった』（A-78）（八一頁）は、高木惣吉が、アメリカは北部仏印進駐と日独伊三国軍事同盟調印直後に、日米戦を決意して驚異的な一大軍拡整備を始めたとの情報をキャッチしており「井川が来訪した頃はアメリカの開戦決意はますます高く、外交交渉での打開は困難であろうと判断していた」とする。

八月二六日、大本営政府連絡会議で日本の回答を決定し、会見提案の近衛メッセージも作成され、二八日、野村から大統領に手交され、ルーズベルトは「非常に立派」として近衛会談に乗り気を見せ、「近衛公との会談は三日くらいを希望する」と伝えた。近衛は、この時が「日米の一番近寄った時ではなかったか」と回想する。

しかし、国務省からの巻き返しがあり、九月に入ると、ルーズベルトは野村を呼んで、基本的に四原則が前提条件であることを伝え、ハルも野村と会って「四原則そのものが最も重要であって、日本もこれを支持することがもう一つはっきりせねばならぬ」とくぎを刺した。国務省は、近衛ルーズベルトの直接会談の前に、事務的な協議が必要だとして直接会談に消極的であった。南部仏印進駐以来、ますます悪化していた日米関係の下で、苦慮した日本政府は、従来の日本府案に加えて、とりあえずの暫定的な案としての仏印からの撤退などを条件とする別案（乙案）も用意し、この案は九月四日、グルーや野村を通じてハルへ伝達された。しかし、七月一五日に訓電されていた日本の修正案はアメリカに示されていなかったため、アメリカはこれを新たな日本提案だと受け止めるなどの混乱もあった。

九月六日の御前会議では、交渉が成立しなければ日米開戦も辞さずという決定がなされた。また、東條は、米国主張の原則撤兵、然る後駐兵という形式は絶対に承服しがたいと近衛に強く申し入れた。一〇月一二日、荻外荘で、近衛と陸海外三相と最後の会談が長時間なされ、海相は総理一任とした。しかし東條は、「駐兵問題だけは陸軍の生命であって絶対に譲れない」と譲らず、四時間にわたる会議は決裂した。近衛はもはや政権を維持できないとして内閣総辞職したため、この交渉は水泡に帰した。

近衛が、内閣総辞職をして日米交渉を投げ出したことに対する批判は少なくない。鈴木貫太郎は、「九月六日の御前会議に際して、なぜ総理は陛下のご裁断を仰ぐことをせず、総辞職し、みすみす暴挙と判っている戦争に突入せしめてしまったのか。もしあの時、総理が死を決意して、ご裁断を仰いだならば、太平洋戦争は起こっていなかったかもしれない。それをなさなかったということは遺憾なことであったと思った」と回想する（『鈴木貫太郎自伝』（E-17）三三五頁）。これは、ポツダム宣言受諾に当たり、最高戦争指導会議で賛否が分かれたために鈴木が陛下の御裁断を仰いだ経験に基づく批判である。

しかし、その最高戦争指導会議の当時は、日本の敗戦は誰の目にも明らかで、原爆が投下され、ソ連も参戦し、このままでは日本が破滅することが不可避の究極の非常事態だった。しかし、日米開戦前は、軍部では開戦論が強く、国民もマスコミにあおられて反米英感情がみなぎっていた。そのようなときにもし近衛が日米開戦の可否の判断を天皇に委ね、天皇が非開戦の裁断をしたとすれば、それに対する国民の批判は天皇の一身に集中する。海軍が開戦非開戦の判断を逃げたため近衛に責任を負わせられたのを苦しんだ近衛が、その責任を更に天皇に負わせるという判断が当時できたとは思われない。

池田純久も、「彼を気の弱い敗戦主義者であるといえばそれまでだが、名門に生まれ聡明な政治家として、皇室を始め官民の信頼を一身に集めていた公爵である。若し初めからそれだけの覚悟があるなら、死を以てこれを諫止すれば敢えて不可能でもなかったろう。これを思うと死屍に鞭つに忍びないが公爵の死は時を失していた。返す返すも惜しい最後であり、結局長袖者流に過ぎなかったと酷評されても致し方がないのではなかろうか」と批判している（池田純久『陸軍葬儀委員長』（D-23）一三五頁）。

しかし、日米諒解案交渉で、東條陸相が近衛の求める撤兵に絶対応じなかった以上、内閣不一致で総辞職の道しかなかった。近衛は、テロの現実的危険を覚悟で訪米しようとしていたのであり、命を恐れていたのではない。池田の批判も当たっていないだろう。歴代の首相で、東條のように憲兵隊を使って弾圧的政治を行った者は別として、軍人首相は、出身軍部に片足を置きながらも短命に終わる者が多かった。どちらの軍部にも足場を持たず、統帥権の壁に阻まれていた近衛が、主導権を発揮して軍部を制御できることを期待するのは酷に失しただろう＊28。

＊28　東條は、近衛から撤兵問題の妥協を要請されて数時間も激論したが遂に応じなかった。しかし、東條は総理就任後、天皇の開戦避止の強い思いを受け、「九月六日の決定を白紙にするために、これをそれぞれの省庁で詳細に検討されたい」として、日米交渉打開の道を懸命に探り、開戦を避ける努力を始めた。しかし、東條は、統帥部から、「総理になってすっかり怖気づいたか」「東條内閣はつぶさなければならん」などと批判され、突き上げられた。沸騰する対米強硬の世論や開戦を求める統帥部に阻まれ、東條の努力は実らなかった。東條は、「近衛には悪いことをした。陸相として力の足りなかったのは反省している。首相になってみてそれがよくわかったよ」とわずか一か月ほど前の近衛との対立を思い出して苦渋を交えながら秘書に語った。一二月六日、二日後の宣戦詔書を連絡会議で採択した夜、東條は首相官邸別館の執務室で、布団に正座し、号泣したという（保阪正康『東條英機と天皇の時代』（D-42）三〇六頁～）。

なぜこの交渉は失敗したか

交渉失敗の原因には様々なものがあった。①外交には素人の二人の神父らが発案した私案にすぎずアメリカ政府の案ではないものを、あたかもそのように日本側が受け取めて過剰に期待したこと、②日本側も、民間人の井川や陸軍の岩畔らがワシントンの日本大使館を通さない私的活動として開始したことから、館員の反感を買い、協力も得られなかったこと、③松岡外相が、独断的言動、野村大使への不信、ドイツ側への過剰な配慮による交渉内容の漏洩などにより、交渉を混乱させたこと、④野村大使の英語力や状況把握の不足のため日米の正確な意思疎通ができなかったこと、などが複合していた。

しかし、より本質的には、少なくとも南部仏印進駐やルーズベルトとチャーチルの大西洋会談以降は、両者とも、日本との開戦は避けがたく、むしろ望ましいことであり、開戦準備のための時間稼ぎにこの交渉を利用しようとしていたことにあったといえよう*29。

＊29 ルーズベルトは、一二月六日付で、天皇に親電を送り、それは、アメリカが日米交渉を熱心に進めてきたこと、アメリカは日本が仏印から撤兵するなら和平の用意があることなどを伝えるものであったが、これを東郷外相が天皇の下に届けたのは、一二月八日の午前三時で、真珠湾攻撃開始直前のことであり、天皇は東郷の意見に沿い、黙殺するしかなかった（『昭和天皇独白録』（F-2）九一頁〜）。この親電は、ルーズベルトは日本が開戦するよう誘導しながらその意図を糊塗するためのアリバイであったとの見方が少なくない。また陸軍が天皇の下に親電が届くのを故意に遅らせたとの指摘もある。

ルーズベルト大統領との直接会見にかけた執念、近衛と東條の激論

ルーズベルトとの直接会談を実現して成功させるための最大の鍵は中国・仏印からの撤兵だった。これを陸軍に認めさせるため、近衛が示していた、「原則的に一応全部撤兵、しかるのち駐兵」という案について、東條陸相は「軍としては絶対に承服し難い」と近衛に強談判した。近衛は、外相や海相に根回ししながら東條の説得を続けた。一〇月一二日、陸海外三相らと荻外荘で協議したが、海相は、開戦か和戦かの決定は総理に一任する、と逃げを打った*30。東條陸相は「駐兵問題だけは陸軍の生命であって絶対に譲れない」と主張し、四時間にわたる会議は結論を得られなかった。近衛は一〇月一四日にも、東條を官邸に招いて再考を促したが、東條は「軍の士気維持の上から到底同意し難い」と譲らなかった。東條は

「人間、たまには清水の舞台から目をつぶって飛び降りることも必要だ」と言い、近衛は、二六〇〇年の国体と一億国民を考えるならば、責任の地位にある者として出来ることではない」と反論し、東條は最後に「これは性格の相違ですなあ」と感慨を込めて言ったという。

近衛は、平素は、聞き上手で通り、他人に面と向かって自説を主張して激しく論争するということはしなかった。しかし、この撤兵問題についての近衛の東條への説得の努力には、鬼気迫るものがあったといってよい。その迫力は、汪兆銘工作の時に、影佐や松本重治らが、近衛に声明で撤兵条項を落とさないよう重ねて懇請したのに冷たく取り合わなかったのとは雲泥の差があった。それには、日米が開戦すれば日本が負けることは必至で、日本の国体が失われることの近衛の危機感の大きさがあった。

＊30　一〇月一四日、開戦を阻止しようとしていた武藤陸軍軍務局長は、富田健治内閣書記官長を訪ね、「海軍が、この際戦争を欲しないと公式に陸軍に言ってくれれば、若い連中も抑え易い。海軍がそういう風に言ってくれるように仕向けて貰えないか」と頼んだ。富田がそれを岡海軍軍務局長に伝えると、岡は「海軍としては戦争を欲しないなどと正式には言えない。首相の裁断に一任というのが精一杯のことである」と応じなかった（富田健治『敗戦日本の内側』（C-22）一八八頁〜）。新名武夫によれば、満州事変の時、ロンドン軍縮条約調印問題の時、三国同盟締結の時、また日米開戦の時、海軍が終始態度が曖昧だったり、強硬論を打ったり、逃げを打ったりしたのは、東郷平八郎元帥が、下から焚き付けられて海軍中央に強硬論をねじ込んだことに大きな原因があったという。谷口尚真軍令部長（大将）が、満州事変は結局対米英戦となり、軍備に三五億円を要するとして満州事変に反対したとき、東郷が「軍令部は毎年作戦計画を陛下に奉っているではないか。今さら対米戦争ができぬというのなら陛下に嘘を申し上げたことになる」と烈火のごとく怒って一喝したことがあり、それ以降、海軍中央では、「戦争ができない」ということはタブーになったという。戦後の海軍軍人らの戦争検討会議で、及川古志郎がこの経緯を語り、井上成美が激しく批判したとき、及川は、そ

の理由として、第一が満州事変当時の東郷元帥の怒鳴りこみであり、第二が、当時「近衛に下駄を履かせられるな」との部内の論にあったと述べた（新名丈夫『太平洋戦争』（A-59）三〇頁〜）。日露戦争の勝利体験で軍神と祭り上げられた東郷の晩年の「老害」であった。

辻政信、児玉誉士夫らが近衛の爆殺テロを計画

陸軍の中央では、日米戦回避のための交渉に期待する声が強かったが、夏に入ると、もはや開戦は避けられず、一日も早く開戦を決断すべきだとの声も強くなった。開戦反対の武藤軍務局長に対し、田中新一参謀本部第一部長は早期開戦論で、両者は激しく争っていた。武藤は、盧溝橋事件発生の時、不拡大論だった石原莞爾のように苦汁をなめることになった。

八月六日朝、近衛は天皇に奏上し、天皇から「大統領との会見は速やかなるべし」との御諚を受けて近衛の意気はあがり、「如何にも朗らかで顔つやも生き生きとしていた」という（富田健治『敗戦日本の内側』（C-22）一七二頁〜）。しかし、そのころ、近衛の訪米を阻止するためのテロ工作が進められていた。工藤美代子『近衛家七つの謎』（C-31）（八〇頁〜）、鳥居民『昭和二十年（第一部）』（A-74）（七四頁）によると、それは辻政信と児玉誉士夫らによる計画だった。辻政信は、当時参謀本部作戦課南方班長だった。八月八日ころ、辻は近衛ルーズベルト会談の計画を知り、「日米首脳会談などと馬鹿げた亡国論者がおるようだが、俺は絶対に反対だ」と激怒した。開戦論であった田中新一部長ですら「何しろご聖断であることを忘れてはいかん」と辻をたしなめたほどだった*31。

近衛は、八月八日朝、富田健治と密談し、会談のための船の手配を高木惣吉に依頼していた。高木は応

児玉誉士夫　辻　政信

諾し、横須賀鎮守府の塩沢幸一司令長官と会い、豪華客船新田丸を八月二〇日に横須賀海軍工廠に入港させて準備手配をした。

辻は、会談のための出港が八月下旬になるとの情報を入手し、八月二〇日ころ、東銀座木挽町にあった「緑産業ビル」を訪ねて児玉誉志夫に会い、近衛一行が横須賀から二八日ころに出港するとの情報が有力で、一行は必ず六郷鉄橋を渡るので鉄橋を爆破するよう依頼した。

児玉は辻の依頼を引き受け、腹心の吉田彦太郎を使うことにして辻に引き合わせ、辻は上海から用意してきたという高性能の新型爆弾の木箱を参謀本部の地下倉庫から児玉の事務所に持ち込んだ。もし、近衛の訪米が実現し、出発していたとすれば、近衛はこのテロで爆殺されていた可能性は高い＊32・33。

＊31 東京裁判に検事側証人として出廷して顰蹙を買った田中隆吉の回想録では、辻は、ルーズベルト大統領と会見して日米交渉をしようとしていた近衛を「日本一の卑怯者なり」と国賊呼ばわりしたという（工藤美代子前掲一一六頁〜）。

＊32 藤岡泰周『海軍少将高木惣吉』（E-28）（一一八頁）によれば、当時、近衛に対し、陸軍少壮その他からの脅迫が相次いでいた。巡査三〇名が警戒していたが、当てにならず、九月から井上日召を再び邸内に起臥させるようになった。しかし近衛は「私も早父以上に生き延びて居るから、いつやられても別に惜しむ命ではない。陸軍は軍政を布いて何かやろうという陰謀を企てて居る様だが、そんなことは絶対にできない。権力と命令だけで政治ができるものではない」と井上に語ったという。平素はテロを極度に恐れていたといわれる近衛だが、ルーズベルトと会談するためには、テロの危険を顧みず、悲壮な決意をしていたことが窺えよう。

＊33 新名丈夫『海軍戦争検討会議記録』（E-6）（一四四頁）では、及川元海相は、「近衛は成功しなければ、帰らぬと言っていた」、豊田貞次郎元外相（大将）は、「近衛公と私の話し合いでは……会談はうまく行っても、行かなくても、日本とはおさらばと決めていた。乗船前に二人ともやられたら、おじゃんになる。行けば必

ずやり遂げるつもりで、撤兵も何も出先で決めて、御裁可を仰ぐ覚悟であった。帰って来たら必ず暗殺されるという突き詰めた考えであった。乗船までが心配だった」と回想している。

近衛は、ルーズベルトとの会談により天皇の直接の裁可を得ようとしていた
―グルーの秘書ロバート・フィアリーの回想

撤兵に強硬に反対する東條陸相はもとより、四原則の原則的承認や三国同盟の有名無実化を伴う日米の和平交渉を成立させるためには、陸軍のみならず満州事変以来の戦争により膨大な犠牲を強いられた国民各層からの強い反対が予想されるのは当然だった。しかし、近衛は、自分がルーズベルトと交渉した内容を、通常の政府や五相会議などの正規のルートによらず、天皇自身の直接の決断により一気に具体化しようとの肚であった。

そのことをはっきりと示すのは、近衛忠大『近衛家の太平洋戦争』(C-30)(一九八頁～)が明らかにした次の経緯だ。

それは当時、大使館での私設の研修生としてグルーの個人秘書をしていたロバート・フィアリー氏＊34から、NHK取材班が聞き取ったものだ。それは近衛がグルーに示した極秘の和解条項案であり、グルーは生涯それを公にしなかったという。近衛はこの内容は大統領との会談が実現した場合に自ら直接提案することにしていた。

＊34 開戦後外交官となり、戦後もジョージ・アチソン駐日大使の秘書官、サンフランシスコ講和条約交渉への関与、返還前の沖縄駐在など、国務省で幅広く活躍した。

しかし、結局会談は実現せず、開戦となったが、グルーは一九四二年に帰国した際、ハル長官に、当時の自己の外交交渉の判断の正当性を訴えるため、それを私的報告書に書き上げ、フィアリー氏に校閲を依

頼し、氏は何度も熟読したと言う。氏は「近衛提案の要点の一つは、三国同盟を事実上無効にすることだった。この同盟によれば、ドイツ軍が米国を攻撃した場合、日本も米国に対して開戦する義務があった。しかし、近衛は、日本は対米参戦しないことを約束すると言った。もう一つの点は、まず日本軍が直ちに南北フランス領インドシナから撤兵すること。さらに、中国（満州は除く）からも一八〜二四か月以内に、一方的に撤兵するということだった。これに加えて、近衛は、①日米が合意に達し、日本が撤兵に着手した時点で、米国は在米日本資産の凍結と対日経済制裁を緩和し、新たな日米通商条約の交渉を始めること、②日本軍の撤兵が完了したら、米国は経済制裁を完全に撤廃し、日米は新たな通商条約を結ぶこと、③「満州国」の扱いについては、欧州戦線の結果次第。満州問題は当面棚上げする、というものだった。これらはそれまでの交渉での和解案よりもずっと踏み込んだ提案だった。そのため、これについて、両国首脳が合意したとしても、東條や陸軍が特に日本軍の一方的撤兵に強く反対するのは確実だった。しかし、フィアリー氏は、こう回想する。

「近衛がグルーに語った計画はこうだった。大統領と合意に達したら、内容を内密にしたまま帰国し、直ちに天皇に報告する。天皇の合意と詔勅を得てからラジオで発表する。何の成果のないままに泥沼化する日中戦争に国民は嫌気がさしていた。だから、中国からの撤兵を含む日米の和解案を圧倒的に歓迎するだろうと近衛は読んでいた。国民の強い支持によって、過激分子による抵抗も抑えることができるだろうと考えていた」

帰国を待たずに船中から宮中に連絡して裁可を得る予定だったとの説もある。

グルーは帰国の際、この報告書の写しを六部作成し、六人の職員が紙の上部にパンチを開けて密かに首から下げてシャツの下に隠して帰国船に乗り込んだという。無事帰国したグルーはフィアリー氏を伴ってハル長官を訪問し、この報告書を見せると、ハルは突然顔を赤くして不機嫌になり、いまさらこんなメモを出して米国政府の交渉術を批判するとはどういうつもりかとグルーを激しく非難したと言う。翌日、グルーはハルに報告書の廃棄を約束したらしい、と氏は言う。

フィアリー氏も、取材班も、報告書の保存の有無を手を尽くして調査したが、みつからず、結局それは破棄されたのだろうと言う。フィアリー氏は、この近衛提案が受け入れられて天皇が裁可すれば、開戦は避けられただろうと回顧する。

この具体的で詳細なフィアリー氏らの回顧の信憑性は高いだろう。

ここで重要なのは、近衛は、日米交渉の際に限らず、重要な対外交渉に臨もうとする場合、事前に軍部や内閣、五相会議などの通常の協議ルートを経て交渉案を事前に合意することなく、軍部や内閣との間では白紙に近い状況で会談に臨み、合意した内容について、一挙に天皇から直接の承認を得て実現しようという姿勢をとっていたことだ。それは、盧溝橋事件勃発後、前述した、近衛自身が蔣介石と直接談判のため訪中を決意したが、風見の反対により中止したときもそうだった。また、終戦間際、天皇からスターリンへの特使としてソ連派遣を命じられたときもそうだった。事前に交渉案を軍部や閣内で議論していたら絶対にまとまらない。とにかく自分が行って、相手方と協議し、合意ができれば、国内で誰が反対しようとも近衛が直接天皇から承認を得る、という方法だった。他の政治家には到底できないことだが、近衛は自分なら、また自分だけがそれをできる、と考えていた＊35。

＊35　林千勝は『近衛文麿　野望と挫折』（C-41）で、近衛は、本心は日米開戦を望んでおり、ルーズベルトと同様、「和平交渉がまとまり日米戦争が回避されてしまうのを阻止」しようとし、日米交渉に近衛が取り組んだ動機は、「敗戦後の戦争責任を回避する有力なアリバイにしようというしたたかな計算」があり、「日米交渉重視というポーズをとりつつ、ぬかりなく対米開戦への道をつけていく」ことにあり、それは近衛が戦後の覇権を狙っていたからだ、との説を主張している。

しかし、このような「アリバイ」を作ったとしても、日中戦争の拡大、三国同盟の締結、南進策の遂行などの客観的政治責任が帳消しにされる保障はない。グルーだけの力で近衛を守ってくれる期待も確実とはいえない。現に近衛は戦犯容疑での巣鴨への出頭を免れなかった。近衛は、貴族院議長も務め二度も首相を務めたが自らそれを希望したことは一度もなく、いまさら「覇権」を求める必要はなかった。首相や大臣になりたがる多くの政治家と近衛とは次元が異なっていた。日米開戦間近の緊迫した状況のもとで、近衛があてにならない数年後の「覇権」を狙って「アリバイ」を作ろうとしたという推論には飛躍がありすぎる。

他方、テロの危険は眼前にあった。近衛は人一倍テロを恐れていた。近衛にとって、将来の「覇権」が得られる不確実な可能性と、渡米しようとすればテロで暗殺される現実的な可能性とは後者の方が遥かに高い。近衛が長期間の日米交渉において示した執念が「ポーズ」や「アリバイ」であったとするのはあまりにも無理がある。この説には全く賛同できない。

ジョセフ・C・グルー『滞日十年(下)』(H-2)(二九九頁)などによれば、近衛は総辞職の日、グルーに手紙を書き、グルーは翌日、「貴殿が日本のために捧げられた長く、難渋で、この上もなく抜群な公的奉仕の後を受けて……親愛なるプリンス近衛、最高の敬意と私個人として衷心からの謝意を表します」と返信した。グルーは、次のように回想している。

「私が彼の顕著なる奉仕を語った主な理由は、彼一人だけがエンジンを逆転させようと試み、生命を賭け、事実紙一重のところまでいきながらも、一生懸命に、勇敢に、それを行ったからである。日本の政策を指揮する上で如何なる間違いをしたにせよ、彼はそれらの間違いを是認する思慮と勇気を持っていて、日本を米国との友情の新しい方向に進ませることにつとめた。……日本に住み、この誤り導かれた国で放埓に行われる勢力と圧力がどんなものであるかを理解する人でなければ、一体近衛が如何なる難事に直面したか、はっきり感得することは困難だろう。しかし、私にはこれが理解出来、それであの手紙でこのことに言及したのである。もし私がもう一度あの手紙を書くとしても、この点私は変えない」

開戦と近衛

一九四一年一二月八日、細川護貞が華族会館に近衛を訪ねると、周囲の人々は真珠湾の勝利にざわめいていた。しかし、近衛は浮かぬ顔をしており「えらいことになった。僕は悲惨な敗北を実感する。こんな有様はせいぜい、二、三か月だろう」と沈鬱な声で言った。細川は、「私はその時の様子を忘れることができない」と回想する（『近衛日記』（C-1）一五〇頁）。親しい身内の者に語るなにげない言葉には本音が現れることが多い。もし近衛が、内心では日米開戦を望み、開戦への道をつけようとしていたのであれば、この時の近衛の細川への態度は沈鬱なものにはならず、「してやったり」とほくそ笑むようなものになっていただろう。木舎幾三郎は、近衛は敵側から送られてくる短波放送などで戦況のほとんどは知っていたらしく、日本が破竹の進撃中も、「あれはラジオで勝ったと放送させたり、新聞に見てきたようなデタラメを書かせているんです……問題はこれからなんですよ……」と驚くほど正確に戦局を把握していたと回想している（木舎幾三郎『政界五十年の舞台裏』（C-26）三二四頁～）。このように、近衛は戦争の行く末を正確に見通していたが、開戦当初の華々しい日本の戦果に目がくらんでいた大多数の政治家や国民は、近衛を「インテリ近衛」「敗戦主義者」と非難した。あるとき、華族会館で、台湾総督などを務めた枢密顧問官の石塚英蔵が、付近に近衛のいることに気づかず、「近衛という人も不運な人だねえ。あのまま軍の要求した通りに戦争をやっていたら、今頃は神様のようにいわれているんだが、決断できぬばかりに、せっかく苦労しながら莫迦な目をみたものサ。一体あの人の悪いのは本を読むことだよ。本を読むと右顧左眄して決断が出来なくなるんだねえ……日本一の馬鹿者」とまで言っていたという。近衛は、木舎幾三郎にそのエピソードについて、「ソコへ僕が一寸顔を出したので、一人減り、二人減り、コソコソと逃げて行ってしまったんですよ。イヤもう『日本一の馬鹿者』と呼ばれて僕は光栄だといってやろうと思って……こうした悪口は全国随所でやられているだろうとは思いますが、僕のいるところでやられたには驚きましたねえ」などと語った（木舎幾三郎『近衛公秘聞』（C‐24）一九三頁〜）。近衛は退陣後、現状維持派、親英米派として攻撃されることになり、敗戦までの間、常に憲兵による監視、尾行の対象とされた。

３　近衛は敗戦直前まで様々な和平工作に取り組んだ

下野した近衛は冷たい視線にさらされながら日々を送っていたが、再び動きを強めたのは日本の敗戦が必至となってきた一九四四年ころからのことだった。

竜頭蛇尾に終わった東條暗殺計画

東條は周囲の批判に耳を貸さず独裁的な政治を行い、総理大臣のみならず、参謀総長をも兼ねるに至り、これは統帥権を乱すものとの批判が高まった。サイパンの陥落は東條への非難をますます高め、東條を暗殺してまで排撃しようという工作が生まれた。これには、海軍の高木惣吉らのグループによるもの、三笠宮もかかわった津野田知重陸軍中佐らによるものがあった。しかし、近衛自身も一時東條暗殺を企図したことがあった。

山本有三は、「路傍の石」などの著作で文化勲章を受章した小説家だ。第一高等学校で近衛文麿と同級生となり生涯の親交をもった。近衛の生前、近衛の伝記は山本に書いてほしいと頼まれていた。その山本が近衛から東條暗殺の企てを持ち掛けられた。「山本有三『濁流』（C‐28）（一七頁〜）によれば、東條内閣末期の一九四四年七月一日、栃木県に疎開していた山本は、近衛から呼び出されて荻窪の近衛邸を訪ねた。

近衛は、政策の大転換を行うため、高松宮を戴いて東條を暗殺する計画を立てているので、その声明文を書くよう山本に依頼した。しかし、計画の具体的内容の説明を求めても近衛はそれを言わない上、事の重大さから山本が慎重論を述べると、二日後、近衛はあっさりと「君の言うようにもっと慎重に考えましょう」と何か他人事のような言い方をした。山本は、なあんだ、という気持ちで、近衛という人は世間で言う通り本当に弱い人だなあとつくづく思った、と回想する。

ただ、この経緯は近衛がしばしば示してきた、何かを決意すると万難を排しても実行しようという強靭さの欠如を示すエピソードでもあろう。

実弟水谷川忠麿を通じた何世楨工作

一九四四年秋頃から、近衛は、実弟の水谷川忠麿を通じた蔣介石との直接の和平交渉に取り組んだ。それが何世楨工作だ。忠麿は、文麿の異母弟で、近衛篤麿の四男として生まれた。兄に指揮者の近衛秀麿、ホルン奏者の近衛直麿がいる。忠麿は、男爵、貴族院議員であり、春日大社の宮司を務める水谷川家の養子となった＊36。忠麿は、戦時中、文麿の政治活動を陰で支え続けた。一九四〇年七月の第二次近衛内閣成立のころから、文麿の意を受けてしばしば中国に渡り、南京政府を介さない和平のルートを模索していた＊37。

＊36 近衛秀麿は、日本人で初めてベルリンフィルを指揮し、大戦中、ナチスに迫害されるユダヤ人音楽家の救済に大きな尽力をした。その次男水谷川忠俊は、作曲家、雅楽研究家で、父の末弟水谷川忠麿の養子となった。長女の水谷川陽子はヴァイオリニスト、次女の水谷川優子はチェリストとして活躍している。近衛家の現当主は、日本赤十字社社長（現名誉社長）、国

水谷川忠麿

際赤十字赤新月社連盟会長を歴任した近衛忠煇。忠煇は肥後細川家出身で細川護貞と文麿の娘・温子の次男。文麿の長男文隆がシベリア抑留中に死去したため、近衛家の養子となった。忠煇の夫人は三笠宮崇仁親王の長女甯子。その長男で次期当主の忠大はＮＨＫ職員などを経て現在は映像作家や宮中歌会始め講師などを務め、前掲の「近衛家の太平洋戦争」を著した。

＊37　水谷川忠麿の伝記『紫山水谷川忠麿』（Ｃ‐19）には、

昭和一四年五月　三週間にわたり北京蒙疆地区視察

　九月　新京へ行き、満州国皇帝に謁見、膝を交えて三〇分ほど話す

　　満蒙各地に開拓団視察

昭和一五年一月四日　政変近く文麿と連日協議

　七月　文麿と時局収拾策を協議　一法として陸軍との接近を図る

　七月一七日　近衛文麿に大命降下（第二次）

　一二月一九日　周善培を介しての対中国和平交渉について文麿と協議

　一二月二三日　右の件について天津に赴く　周善培、王人文、張鳴岐、ほか一名と会見、翌年正

　　月まで天津北京にてこの工作に当たる（以下略）

など、何世禎工作よりもずっと以前から、文麿を支えて密かに日中和平工作に腐心していた記録が多い。このことも、文麿が一貫して中国との和平を模索し続けていたことを裏付けている。上記周、王、張の三人は周仏海日記には全く登場しないので、この工作は南京政府を通すものでないことは確かであろう。

《工作の経緯と概要》

以下は、主に西義顕「悲劇の証人　日華和平工作秘史」（Ｂ‐9）、土井章「中国と私の五十年の生活」（二一六三頁～）及び栗本弘「土井章と日中和平工作」（二四七頁～）（いずれも『東洋研究』第五六号（Ｂ‐17）所収）

による。

この工作は、西義顕らによる銭永銘工作が挫折したのち、西や、西の満鉄の上司で上海事務所長だった石井成一から後事を託された土井章らによって開始された。土井は満鉄調査部に所属していた抜きんでた中国研究者だった＊38。

この工作の中国側で蔣介石につながるルートが何世禎、葉大根、申錫雨のグループだった。何世楨は国民政府司法行政部次長をつとめ、かつて上海復旦大学で教鞭をとり、第三戦区（浙江、福建）司令官顧祝同上将とのつながりをもち、一時は胡漢民派として反蔣の立場にあったが、その後蔣介石の信任を得ていた＊39。何は、ミシガン大学出身の弁護士、上海での大学学長で、謹厳な学者風の人物だった。日中戦争開始後、蔣介石から赦されて国民党の情報機関「国際問題研究所」の上海での責任者となり、上海からみた国際情勢や日本情勢分析を重慶に送っていた。葉大根は銀行家でフランス租界の豪壮な邸宅に住んでいた。申は朝鮮の生まれで、早稲田大学在学中から朝鮮の独立運動に加わっており、朝鮮の自主独立のためにも日中間の和解に力を貸し、その中でこれを達成しようと考えていた。

この工作は一九四二年ころから始まった。土井の工作に日本側で加わったのが、栗本弘や早水親重だった。栗本は二〇歳余りの若者だったが、新聞記者を辞め、満鉄南京支所で土井の下で勉強するため中国に渡っていた。早水は、前述した（一五七頁〜）小野寺機関で近衛文隆らと共に重慶との和平工作に奔走して弾圧された人物だった。土井や栗本らは、まず上海の石井成一の家で申錫雨に会った後、申と共に葉大根邸で何世楨と会った。重慶との連絡に当たる役が徐明誠＊40だった。徐は何の教え子で、顧祝同軍の参謀の陸軍中佐か大佐だった。

土井は水谷川忠麿とかねて懇意であり、中国情勢の視察のためにしばしば訪中していた忠麿に工作への協力を頼むと忠麿は快く引き受けた＊41。

＊38　土井は大阪外語大支那語科卒で若い時から中国に関心をもち、大阪市役所調査課に入り、天津に派遣されて中国市場調査などに従事したが、一九三五年満鉄に転職した。満鉄で西義顕に会い、その豪放繊細ぶりに敬服し、西を通じて高宗武と交流するなどして、上海や南京を中心として和平工作にかかわるようになった。

＊39　周仏海日記には、密かに重慶側で和平工作に当たっていたものとして、何世禎の名がしばしば登場する。

＊40　徐明誠は、当時国民党軍令部東南辨事処主任で、国際問題研究所前進指揮所責任者だった。周仏海日記にも重慶側の工作員として登場する（後注42参照）。

＊41　土井は、一九三八年、満鉄から東亜研究所に出向した。同研究所は、企画院の外郭団体で、人文・社会・自然科学の総合的視点に立って東アジア全般の地域研究や日中戦争の遂行に関する国策の樹立に貢献することが期待されていた。総裁は近衛文麿で、嘱託に水谷川忠麿がいた。

　土井は「西工作の松岡外相のような後ろ盾がないので自分の力では心もとなく、思いついたのが東亜研究所の嘱託をしていた水谷川さんだった。たまたま、氏が日支文化交流で上海に来たので、早水と共に氏に会い、加わることを頼んだところ、心よく引き受けてくれた。彼は前から梅思平との交渉をもっていたし、近衛文麿も蔣介石相手にせずの声明をしたが、それはときの勢いによるもので、中国に深い関心を持っていることは知っていた。私はすぐ何や申に紹介し、その後いくたびか東京と上海を往復し、京都では水谷川さんの自宅を訪れ、彼の紹介で旅館炭屋にとまり、東京でも彼の別宅にとまったこともある」と回想する（土井章前掲論文三〇七頁）。

忠麿は沈着で骨太いところがあり、政治家としては文麿より適格ではなかったかと思われる、と栗本弘は回想する（栗本弘前掲論文二五四頁〜）。日中和平への関心が深い彼らは同憂の会合を重ねた。重慶との連絡は容易でなかったが、徐明誠が、困難な道程を重慶・上海間を往復した。

この工作は土井がインドネシアに転任したため中断し、土井の上海帰還後、一九四四年から再び本格的に開始された。一九四四年一〇月、何世禎から重大な相談があるということで、土井、水谷川、早水、栗本が葉大根邸に出向くと、何、葉、申、徐が待っていた。何は、これからの徐の話は重慶政府の公式の意思であり、蔣介石の言葉であるとして聞いてほしいとし、徐が発言した。徐は、「①日本は天皇の親政とすること、②満州事変以来の戦争責任者の処罰、③日本軍は中国から撤退、④それら3条件のもとに和平交渉に応じる余地がある、という重慶側の提案」を土井らに告げた。それは予想を超える厳しいものだったが、同盟国の容認の上のものであるとのことだった*42。相談の結果、重慶からの伝言の趣旨を何世禎が書き、これを水谷川が受け取って日本の政府要路に手渡すこととした。なお、忠麿は重慶から正式の文書をよこすよう求める手紙を作成した*43。

＊42　周仏海日記には、徐明誠を使者とする重慶と日本との和平交渉について周が側聞していた事実の記載がある。

一九四四年九月一六日　張子羽（※周が接触していた重慶側の人物）が来談。彼によると、何敬之（※蔣介石の右腕の何応欽将軍の別名）がかつて米側に日本との和平の意向を探ったところ、米側は別に反対せず、そこで三点を和平の先決条件として提出したという。一は、前線での停戦、二は天皇親政、三は戦争責任者の処罰、この三点を実行して後、再び和平条件を交渉するというもので、日本海軍の堀井大佐が既にこの案件を東京に持って行った、云々と。余はあまり信じないが、子羽は確かに事実であると言う。それともまさかこれで日本軍の広西進攻を引き延ばそうとする計略ではあるまいか。

一九四四年九月二七日　張子羽を呼び寄せる。彼によると、前回話した重慶側提出の三項目の和平先決条件は、確かにデマではなく、仲介者の徐某（※徐明誠）は、半年前余に一度会ったことがあり、今回もまた来訪する予定であるという。しかし、観測したところでは、前途は甚だ渺茫としているように思われる。

一九四五年三月一一日　張子羽が徐明誠を連れて来訪し、対日和平工作問題を話し合う。中日の争いは政治解決でなければ南京にはまったく活路なし。

＊43　忠麿が作成した重慶あての手紙の下書きは土井の手元に残っており、一〇月一四日付となっている（※前掲『東洋研究』第五六号グラビアに写真がある）。それには毛筆で「（要旨）八月一二日重慶来電による重慶軍令部及び同盟国認容の三条件に付ては、小生帰国の上政府及び要路に伝達仕り候……今回御申出の件は両国の国交上最初の事なるやに思考仕り候　和平の運動に関する両先生の御熱意に対し深甚の敬意を表し、誠意対処仕り候……尚この儀進捗の為には、貴国当局より正式の文書御提示と共に、諸般の御準備之有様御伝達相成……一〇月一四日」と書かれている。

《乗り気でなかった重光、工作を妨害した佐藤賢了と今井武夫》

東京を動かすため、何世楨から忠麿への書簡と、これに答える水谷川から何への書簡が作成・交換された。重慶からの回答はなかなか来なかったが、一九四四年終わりころ、重慶の方から下工作として重慶に人をよこしてはどうかと提案があり、重慶へその使者を送る方法も具体的に伝えてきた。土井はすぐに上京し、途中京都で忠麿に会って伝え、小田原で近衛文麿と会った。近衛は、小磯はいま繆斌で頭がいっぱいだろうから重光に会うようにと言った。土井と忠麿が、翌日重光外相に連絡したところ、なかなか会おうとしなかったが近衛が電話してくれたので、外務省で重光に会うことになった。

しかし、重光は乗り気ではなかった。重光がまず言ったのは、趣旨は分かるが、向こうから言ってきたのに対しすぐ応じるのは外交としてまずい、もう少し情報をとれ、ということであった。いろいろ説明したがそれ以上のことは期待できず、結局北京にいた土田豊参事官を南京の公使として上海に出すことになった。こうしていたずらに日を過ごすことになった。重光は、公使級の外交官を連絡のために上海に派遣することを約し、これは実現したが、実質的な意味はほとんどなかった。

忠麿と土井は、なんとか日本側から積極的に進めようと、柴山兼四郎陸軍次官に二人で面会し、この工作を進めるよう要請した。柴山は、佐藤賢了少将が近く支那派遣軍総参謀副長として南京に赴任するので彼と話し合うように言い、忠麿と土井が佐藤に会うと、佐藤は南京に行ってからにしてくれ、と言った*44。

一九四五年一月六日の飛行機で忠麿は上海に着いた。忠麿と土井は二人で南京に出かけ、総軍に佐藤参謀長に会おうとしたが、代わりに副参謀長の今井武夫が出てきて、承知できない旨を伝え、遠回しに中国からの退去を求めた。忠麿はやむなく東京に帰った*45。土井は上海に残ったが、忠麿の書簡を持って重慶に向かった徐からも新たな動きは伝えられず、この工作は中断となった。

忠麿の伝記『紫山水谷川忠麿遺稿』（C-19）には、次のように記載されている*46。

「昭一九　九月　北京にて、対支全面和平について劉市長と会談、さらに重慶側連絡員張伯減と会う

一〇月　上海に至り、村（※何の誤記であろう）世偵、葉大根、申錫両、徐明誠（重慶側）と会う

同二一日　重慶側条件を示した書簡を持って帰国、文麿と協議す。また重光外相に連絡す

昭二〇　一月　上海にて土田公使等と重慶側との交渉を継続す

同三一日　南京における軍部との話合い一致を見ず、努力水泡に帰す

*44 佐藤賢了『大東亜戦争回顧録』（D-14）（二五八頁）によれば、マーシャルが奪われた（一九四三年一一月〜四四年二月）とき、佐藤が東條に「マリアナ・カロリンの国防線を放棄し、フィリピンに退いて一か八かの決戦をやり、直ちに和平攻勢をとって戦争に終止符を打ちましょう」というと、東條は沈痛なおももちで「それは参謀本部の意見か」「いや、私だけの意見です」との会話をした。佐藤は陸軍では議会の「黙れ」発言で有名な強気の軍人であったが、その佐藤でさえ、重慶との和平は必要だと考えるようになっていた。佐藤の南京への派遣は、重慶との和平工作をすることが任務だった。しかし、今井と佐藤は、自分たち以外のルート、特に民間人が和平工作をすることを嫌い、徹底的に妨害した。

*45 今井武夫『日中和平工作　回想と証言』（B-14）（一九一頁〜）によれば、今井は、「佐藤の着任後、土井は

前約にしたがい佐藤を訪ねたが、佐藤の依頼で今井が土井と面会……今井も政府決定に基づき、対重慶工作を厳禁されていたため、やむを得ず当分静観するほかないと述べた……水谷川や土井は大いに失望し、総軍司令部の無理解を憤ったかもしれないが、自分はこの種工作の必要を認識しながら、その秘密な内容の詳細を知らなかったため、その真価を判断できかねた以上、仕方がなかった……その後、水谷川は、軍からそれとなく上海退去を求められたそうであるが、もちろんこれは全く今井の与り知らぬことであった。何しろ当時は一般に重慶の連絡と言えば反戦行為で、国家に対する裏切りのように、単純に思われ勝ちな時代であったから、重慶工作の事実が血気の軍人に知れわたれば、誰かがそういう越軌行動をとったかも知れぬことは、この種工作に従事した私自身が曾て体験した種々の現象から考え、あり得ぬ事態ではなかったと反省される」と回想する。

今井武夫は『支那事変の回想』（B-13）（二〇四頁～）で「小磯内閣成立以来、陸軍省から軍の対重慶工作は禁止されたことと知りながらも、～徒に無為に過ごした数か月の日子が惜しまれてならなかった」「鈴木内閣は、南京政府に対重慶工作の能力なき現状に鑑み、四月下旬に至り漸く南京政府を無視する形になっても、対重慶工作を強行して停戦を実現すべく異常な決意を固め、首相と陸海外四相了解の上で、陸軍大臣が責任を取り、現地では総軍司令官が実行に当たることとなったので、今まで私個人の地下工作であった何柱國との連絡工作も漸次陽の目をみることができるようになった」と述べている。

しかし、今井ら陸軍が対重慶工作を厳禁されていたというのは疑問だ。一九四四年一二月一三日、最高戦争指導会議は、「現地における対重慶政治工作指導に関する件」を決定していた。この決定は「現地ニ於ケル対重慶政治工作ノ指導は自今在支大使及び陸海軍最高指揮官相連携協力シテ之ニ當ルモノトス。右工作実施の統一ヲ期スル為之ガ取纏メ並ニ中央トノ連絡ニ関スル事項ハ支那派遣軍総司令官之ヲ擔當スルモノトス」とされていた（『敗戦の記録』（A-71）二一七頁）。これは、一九四四年八月三〇日の「対重慶政治工作実施要項」と九月五日の「対重慶政治工作実施ニ関スル件」の二つの最高戦争指導会議決定が、対重慶工作は南京政府を通じて行い、その系統以外での工作は一切実施しない、としていたことの実質的な修正だった。

また、横山銕三によると（横山銕三『繆斌工作成ラズ』（B-23）六五頁）、今井武夫少将は、九月四日に大東亜省参事官から大使館付武官に転じて南京に着任した。総軍司令官畑俊六大将の日記によれば、今井少将からの報告は、「先般大使館側から通牒した対重慶工作は、中央軍部としては従来の如く、軍が主体として工作す可しとする意見であって、最高会議決定の方針はいわば余り重きを置かず」とのことだった。このように、重慶との和平工作について派遣総軍も関与することは一九四四年の一二月一三日以降は正規に認められたばかりか、今井武夫は、九月に南京に着任した当時から、事実上軍が和平工作を行う意思を有していたと考えられ、今井の回想は事実に反するだろう。今井は繆斌工作を徹底的に妨害したが、何世禎工作も同様に妨害した。これは、自分たちの手による以外の和平工作に対する嫌悪によるものだった。今井が回想する何世禎工作への非協力の理由やその経緯には弁解めいたものが感じられる。

推測ではあるが、本来、誠実・実直な人物だった今井は、これに関して、戦後、忸怩たる思いをぬぐえなかったのではないだろうか。

＊46　私は、拙著『ゼロ戦特攻隊から刑事へ』収録の付記「三笠宮上海護衛飛行」執筆のため、水谷川忠俊氏との知己を得てお話を伺った。氏によれば、父忠麿は、生前、ある時期に大学生を補助に使って、膨大な戦時中の資料に基づき、回顧録の執筆に取り組んでいたそうである。しかし、ある時、忠麿はそれらの資料を全部焼却し、残存していないとのことであった。

《地獄耳の児玉誉士夫は何世禎工作を知っていた》

戦時中、上海で「児玉機関」を作り、軍需物資の調達で莫大な財をなし、戦後は政財界のフィクサーとして暗躍した児玉誉士夫は、巣鴨プリズンに戦犯として拘置中、『われ敗れたり』（A-73）という回想記を書いた。その中で児玉は、忠麿による何世禎工作を詳しく述べている。
「天皇は重慶にある蔣介石主席に和平を申し出ることを決意された。天皇の命によって近衛前首相の弟にあたる宮川（※水谷川のこと）忠麿氏は昭和一九年の夏ひそかに上海にわたり、上海の国際問題研究所（重慶がわ情報機関）の責任者である何世楨氏（もと上海自治大学校長であり、のちに表面上は汪政権の政府委員となる）を通じ、天皇の意志として天皇は戦争の絶望なることを知って一日も早く戦争の終結を希望するものである。日本がわが誠意を示すため、まず、日本の責任者である東條内閣を罷免し、その後任内閣によって和平条件を履行せしめるという申し入れを行った」

そして、重慶側からもたらされた和平条件は、①天皇の親政、②侵略戦争を発動したる責任者の逮捕、③天皇、自ら正式に中・英・米三国に和平を求める、という三か条であり、なおこの和平条件の先行条件として、東久邇宮をもって小磯内閣の後継内閣として指定する、というものだったとする。しかし、この工作は、蔣介石の側近で共産党の同情者である王芃生が、これを妨害するため日本派遣軍総司令部に密告し、憤激した派遣軍が忠麿らの逮捕に向かったが、忠麿らは辛くも逃れて日本に戻った、としている。

児玉のこの回想は、忠麿らの工作が直ちに天皇の命であった、としている点でやや筆が走りすぎている感があるが＊47、上海でいわゆる地獄耳的存在であった児玉が忠麿らによる何世禎工作をかなり把握していたことは間違いない。憤激した派遣軍が忠麿らの逮捕に向かったということは、今井武夫が、「重慶工作の事実が血気の軍人に知れわたれば、誰かがそういう越軌行動をとったかも知れぬ」と婉曲に回想していることや、かつて小野寺工作を妨害するため、派遣軍が花野吉平や早水親重を逮捕して長期間拘束したことからも十分に考えられることだ。

＊47　当時天皇が、密かに重慶との和平を意図していたことが十分推認できることは、拙著『ゼロ戦特攻隊から刑事へ』収録の付記「三笠宮上海護衛飛行」に記載した。ただ、児玉が書いたように天皇が直接この工作を水

谷川忠麿に命じたということまでは疑問である。

《今井武夫は、後になってこの工作を復活させようとしたが既に遅かった》

今井武夫は、土井や水谷川らの何世禎工作を妨害したが、数か月後、今井自身の和平工作が行き詰まると、このルートの活用を思い立った。

一九四五年六月、今井から是非会いたいとの連絡があり、土井は今井と会った。今井は、「日本の実情は君が想像しているよりももっとひどいものだ……この際更めて重慶と連絡をとりたいから、是非何世楨に会わせてくれ」と土井に頼んだ。土井は今井を連れて何世楨宅を訪ねた。何は、「今となっては時期既に遅く、手の施しようもないが、成否を問うことなく、考えてみたい」ということだった。いろいろと話したが、事実そこには日本の降伏しか問題は残っていなかった。最後に土井は重慶を通じての降伏を考え、何にそれを話した。何もソ連で佐藤大使が動いていることを既に知っていた。

しかし、打つべき手はすべて打とうと、土井は、同月、今井の世話で飛行機を手配してもらい、すぐに上京した。途中、京都で水谷川に会うと、近衛文麿が特使としてソ連に派遣されることを聞いた。水谷川の勧めで、六月二八日、土井は首相官邸で迫水法制局長官に会った。迫水との話し合いで、迫水が田尻愛義を大東亜省次官に推薦したので田尻と打ち合わせてくれということになった。結局、もう一度南京に行って事情を確かめることになり、河合達夫が南京に派遣された。七月一〇日、最高戦争指導会議は近衛のソ連派遣を決定し、三〇日には佐藤大使はソ連に和平斡旋を依頼していた。土井は南京での結果を知らぬまま八月六日を迎え、官邸で迫水と会っているとき、広島の原爆を聞いた*48。

後日談であるが、終戦後も、何世禎は、土井や水谷川、栗本らと築いたルートを大切にしていた。一九四六年半ば、国民党の崩壊は明らかとなり、栗本が上海を離れたとき、何は栗本に「他日再び協力して働く機会を期待していると土井や水谷川に伝えてほしい」と言った。徐明誠は、栗本の帰国前にアメリカ行ている。

きを決意したようで、それとなく別れを告げた。野人肌の徐は、軍人や官僚は不向きで、何の弟子として、あの緊迫した時期に和平工作に参画できたことを思い出として中国を去ったのであろう、と栗本は回想している。

西義顕は、『悲劇の証人』（B–9）の中で、痛憤の回顧をしている。

「土井章の人物才幹識見は、石井成一や私の期待を裏切らなかった。早水親重と栗本弘がこれに協力した。東條内閣が没落した後、昭和一九年九月末、この線を通じて、重慶軍司令部から三ヵ条の対日和平条件が伝えられてきた。重慶からの使者徐明誠、仲介者何世禎、日本側同志土井・早水・栗本らが、上海範園に集合、徐明誠からその条件を受け取った。……これを、先方が要望した日本側の「和平要路」の代表近衛公爵に伝えたのは一一月に入っていた。近衛から、ときの小磯内閣重光外相に移謀され、この交渉のために近衛の弟水谷川忠麿男爵が動員され、柴山陸軍次官も関係したが、南京政府にこだわる重光の不見識と、最後に支那派遣軍幹部、とくに参謀副長佐藤賢了の言語道断な措置とによって、これまた長恨限りない終わりをとげてしまう。この時期は、まだ連合国のヤルタ会談の行われる前であって、ソ連の参戦も約束されておらず、中国の仲介によって太平洋戦争を終結させる可能性が残されていた時期であった。卑屈にして私心ある軍閥官僚が、決定的瞬間に日本国政を支配していたことの、日本歴史の宿命が、このときもまつわりついたのであった」

＊48　今井武夫『支那事変の回想』（B–13）（二一七頁〜）によれば、今井は、何柱国上将との接触の他にあらゆる手段をとる必要を感じ、それまで静観していた何世楨工作の復活を考え、五月、上海に出張して土井に斡旋を依頼し、始めて何と会談した。今井が従来の行きがかりを捨てて重慶政府と交渉したい、と伝えると、何は「今となっては時期既に遅く、手の施しようもないが、成否を問うことなく、考えてみたい」ということだった。土井は、六月中旬内地に帰り京都にいた水谷川に報告し、その同意を得て、内閣書記官長迫水と大

東亜省次官の田尻愛義の両人を訪ねて状況を伝えて政府の決意を促したが、そのうちにヒロシマへの原爆投下で、万事休した、と回想する。

《今井武夫の功罪》

今井は、陸軍の中で、日中戦争の非拡大と和平工作に心血を注いだ極めて良心的な軍人だった。そのことを疑う余地はない。今井は盧溝橋事件勃発の際、周囲の多数勢力の拡大派が気炎を上げる中で、現地協定締結、停戦のため懸命に努力し、最後は周囲の冷たい目にさらされながら失意のうちに帰国した。また、政府軍部の基本方針が汪兆銘政権の樹立・育成にあった当時から、その限界を自覚し、蔣介石との直接の和平が必要だと考え、桐工作に努力をした。一九四四年の後半からも、今井は、重慶との和平を真剣に模索していた。その真摯さと憂国の情は、当時の陸軍軍人の中で異彩を放っていたといってよい。

しかし、今井は、三月に繆斌工作を潰したと同様、一月には土井や忠麿らの何世禎工作も妨害した。今井は六月には何柱國上将軍と会って、情勢の深刻さを始めて知り、そのころになって何世禎工作の復活を試みた。そうであれば、なぜ一月に来訪した水谷川と土井から工作への協力を要請されたとき、それに応じなかったのだろうか。また、なぜ繆斌工作を潰してしまったのだろうか。重光や米内らは、もともと重慶には日本との和平の意思はないと思い込んでいたが、自ら重慶との和平工作に取り組んでいた今井は、重慶から伝えられる和平の意思は「謀略」ではない、と理解できていたはずだ。

それは、自分たちの陸軍以外による工作は許さないという「組織」の論理と、中国戦線では負けていないので、満州を維持するなど有利な条件で和平できるのではないかという思い込みが原因だった。誠実な今井は、おそらく、戦後、それを痛感し、忸怩たる思いがあったのではないだろうか。

惜しまれるのは、今井の和平を求める真剣さの裏面にある「狭量さ」だった。自己が和平を真剣に求めるあまり、他の組織や人物が和平工作をすることを嫌い、それを排除しようとした*49。

＊49　周仏海日記の一九四五年六月四日の欄に、当時支那派遣軍総参謀副長だった川本芳太郎少将が試みていた重慶との和平工作に関して、今井が大変嫉妬し、「朱の工作は、余（今井）と彼が連絡をとって行うべきことであって川本は関与すべきではないと言ったとのこと。川本はとても不愉快になり、工作は中止してよいといって今井自身にやらせることにしたとのこと」と記載がある。今井は真剣さのあまり、和平工作は自分の手でやらなければ気がすまない、という心境にあったことが窺われよう。なお「朱」とは朱文雄のことで、周仏海が重慶との和平工作のために重慶に派遣した使者として周仏海日記にたびたび登場する。

しかし、正規の外交ルートが「国民政府を対手にせず」声明以来、閉ざされている中で、政府や軍部の正規のルートを通さない「バックチャンネル」を用いる和平工作を試みることはむしろ有効だっただろう。重慶との和平を求める真剣さは双方が共有していたのだから、当時、今井や佐藤は、民間で和平工作に努力する者に胸襟を開いて相談し、むしろ彼らのチャンネルも適切に活用するという度量があれば、状況は変わっていたのではなかろうか。すべて自分がやらないと気が済まない、という真面目さが裏目に出たように私には思われる。ＯＳＳのサンライズ作戦は、様々な心ある軍人、実業家、宗教家、学者などの民間人によるバックチャンネルの活用と協力によって成功した。しかし、今井らの陸軍や外務省の関係者には、そのような柔軟さと度量が欠けていたと思えてならない＊50。

＊50　この点、小野寺信大佐は、諜報の専門家として、組織を問わず、時には敵方にすら信頼できる人脈を築き、バックチャンネルを最大に活用して諜報工作をしていた。岡田芳政は戦後、横山銕三に、「今井さんは尊敬する上司だが、中国のことは信頼する中国人の話を信用する。軍人は自我が強く、自分のやっていること以外は正しくない、とする癖がある」と語った（『繆斌工作成ラズ』（B‐23）一〇〇頁）。

今井と記者時代に親しかった朝日新聞の高宮太平が、「人間緒方竹虎」の中で、繆斌工作はうまくいくかもしれなかったのに、陸軍は反対で「繆斌東上を許した支那派遣軍は、ただちに今井参謀副長を東京に派遣して、重慶工作の叩き潰しに狂奔させた」と書いたことに対し、今井は反論した。しかし、子息今井貞夫氏は、「(緒方は)戦後自由党総裁になったが、今井は緒方を政治家として高く買っていた。一九五六年一月、「緒方の死を聞いて、滅多に人を褒めない父が、『惜しい政治家を亡くした』と語ってその死を悼んでいたという(今井貞夫『幻の日中和平工作　軍人今井武夫の生涯』(B-15)二八一頁)。

今井は、小磯や緒方が政治生命をかけて和平に取り組んだことは「当時としては時流に先んじた卓見であったが、相手の人選を誤ったため、遂に効果をあげなかったことは誠に遺憾であった」だと回想する(『支那事変の回想』(B-13)二〇一頁)。

今井の回想や緒方評は、重光が、戦後になっても小磯、緒方、田村、繆斌らを口を極めて非難、中傷しているのとは対照的である。推測ではあるが、誠実・実直な今井は、繆斌工作や何世禎工作を振り返り、当時の自分の判断が誤っていたとまでは言えないとしても、その正しさを自問自答していたのではなかろうか。

虎山荘会談

《憲兵監視下での密談》

近衛文麿は天皇への上奏の前の一九四五年一月二五日、京都の別邸「虎山荘」に岡田啓介海軍大将と米内光政海軍大臣を招いた。近衛は、岡田らに、

「戦局は最悪の事態を迎えている。もはや敗戦はまぬがれられまい。そこで国体の護持をどうはかるかだ……決戦の前になんとか和平の手がかりをつかまないとならぬ～～陸軍は容易なことでは乗って来まい……皇室の擁護ができさえすればそれでよい……本土だけになったとしても甘受しなければならないのではないか……陛下に落飾(出家)をしていただい裕仁法皇として仁和寺の門跡に迎える」

などと語り、終戦の方策を数時間も密議した。

近衛は、その翌日に、高松宮をも虎山荘に迎え、同様に天皇を仁和寺に迎えることを暗に了承を求めた。これらの高松宮や岡田らを迎える近衛の気遣いは大変だった。女中には暇をとらせ、接待には近衛の夫人千代子と、近衛家と親しい間柄の前田・三井両家の夫人が当たった。水谷川忠麿の妻正子も加わった。当時近衛や吉田茂ら、密かに和平工作に取り組んでいた要人たちは憲兵隊の監視にさらされていた。当時、近衛は、木舎幾三郎に、「女中一人信用していられない。憲兵は電話はすべて盗聴、運転手から訪問客迄尾行、まるでこれはロシアのゲ・ペ・ウなみのスパイ網、荻窪の自宅の向い家には、憲兵が交代で張り込み。京都に行くにもそれを巻いていかねばならない。東條の置き土産だがね」と述懐したという（高橋紘ほか『天皇家の密使たち～占領と皇室』（F-8）一一頁～）などによる）。

《最悪、本土のみとなってもよいと近衛の決意が、和平を導くものになり得た》

近衛は、国体さえ護持できればよい、領土は本土だけになるのも覚悟すべきだとし、更に天皇の退位まで考えていた。それは、密かに和平を求める人々の間で、最も突き詰めた考え方だった。当時和平を求める人々の間では、天皇制の保障（退位などは想定せず）は必須としつつ、それに加え、盧溝橋事件以前の状態に戻れればよい、せめて満州だけは確保したい、と考える向きが多かった。今井武夫は、あれほど対中国和平に腐心しながら、六月に何柱國上将と会談し、満州など在外権益の一切の放棄が連合国が要求する和平の前提だと知り、「百雷落ちた」ような衝撃を受けた。今井と近衛の覚悟には大きな隔たりがあった。満州くらいは確保したいとの今井の想定を前提とすれば、これに固執する限り和平交渉成立の見込みはなかったであろう。言い換えれば、近衛の突き詰めた覚悟こそが和平への最も近道だった。もとより、和平交渉に当たり、最初から進んで在外権益のすべての放棄を申し出る必要はない。しかし、肚の中にその覚悟があることは、和平を短期間に実現する上で大きな力になっただろう。

したがって、周到に考え抜かれた繆斌工作の交渉案や、近衛の意を受けた忠麿の何世禎工作、また、次項で述べる中山優を通じた工作こそが、対中和平、それを通した連合国との和平につながる道であったことは確かだ。

中山優を通じた蒋介石との和平工作など

《硬骨の教養人中山優と近衛家》

近衛は戦争末期、ブレーンだった中山優を通じて蒋介石との和平を試みた。以下は、主に『中山優選集』（C-20）、道越治『近衛文麿「六月終戦」のシナリオ』（C-13）のほか、山鹿市教育委員会『近代の山鹿の偉人たち』所収の「生涯を中国問題の解決に捧げた哲人中山優」（C-21）などによる。

中山優は、一八八五年、熊本県山鹿市で生まれ、小学校代用教員を経て上海の東亜同文書院に入学し、卒業後、大阪朝日新聞社に入社した。緒方竹虎や中野正剛の信頼を得たが、胸を患い、三年で去った。緒方は中山の人物と才能を惜しんだ。一九三〇年外務省嘱託となり中国各地を巡って多くの知己を得た。中山は支那事変発生時からその拡大防止に心を砕いた。東亜同文書院の元老たちの高い評価により、近衛文麿の知己を得て、近衛の演説や声明の元となる原稿を書くなどのブレーンとなり、日中の関係改善に苦慮する近衛を助けた。一九三八年、招かれて満州建国大学教授となり、多くの学生を育てるとともに、東洋の諸国家・民族が協力しあって平和と繁栄を目指す「東亜連盟」の運動にも参加した。東條の弾圧で東亜連盟は解散し、中山は建国大学を去って帰国した。しかし、一九四五年二月、満州国の「特命全権公使」に任命され、南京に赴いた。重慶政府にも日本と和解しようという兆しがあり、南京には重慶から来ている人もいたので、中山が選ばれた理由だといわれる＊51。

＊51　中山に同行した竹之内正巳の「南京回想記」（『中山優選集』（C-20）所収四一二頁）によれば、一九四五年

一月、満州国外交部次長下村信禎から中国の要人に信頼が厚い中山の出馬と同行を懇請され、下村が上京して中山を説得した。翌二月、中山は満州国駐南京特命全権公使に任命され、竹之内が参事官として随行した。以来、中山は多くの中国の要人らとの交流を深め、日中和平に向けて尽力した。野人中山は金銭と名誉に極めて恬淡としており、服装や体裁には無頓着で、日中両国人の信望はまことに大きかった。ある時、岡村寧次支那派遣軍総司令官と会談したとき、中山が日本が負ける可能性を口にしたため岡村が激怒したが、中山は一歩も引かず岡村と激論したという。

中山は、草莽の出身であったが、飾りのない剛毅な人柄、深い東洋的教養などから、文麿を始め近衛家の人々から親しまれ、尊敬されていた。中山が逝去したとき、近衛家の人々は、中山を最後の病床まで見送った。長男文隆がシベリアの抑留地で中山を懐かしんだ様子は、日中の友好和平に力を尽した良心的な軍人であり、戦後文隆と共にシベリアに抑留された三品隆以の回想『白夜（中山優選集登載四一九頁〜）』に記載されている*52。

*52　三品が収容所で文隆に中山の写真を見せたとき、文隆は感に堪えない様子で「こりゃ、ほんとに先生だ、まったくこのまんまですよ、先生はお元気ですか……（中国に行った当時）親爺（※文麿）の否応なしのいいつけで中国研究のお師匠さんをつけるとのこと、……こりゃエライことになった……羽織袴か黒づくめの洋服に威厳を正し、四書五経の中から出てきたようないかめしい道学先生の監督付きでは、どうにも動きがつくまいとしょげこんだ思案顔で飛行機を待っていると、タラップを下り立った当の御仁はと見れば、時代がかった破れ帽子に色あせた中国の長衣、おんぼろの手提鞄といったいでたちよろしく、やあやあこれはこれは、と、いとも無雑作に、ニコニコしてござる、というワケなんです。こっちはあっけにとられ、張り詰めた気持ちもにわかに緩み……心底安心してしまい、このおじさんなら、と逆にすっかりうれしくなってしまいました」と三品に語った。文隆が中山を懐かしんだ思い出話は尽きることがなかったという。

近衛文麿とスチュアート工作

《近衛の愛妾の鏡台に隠されていた重慶との和平工作書類》

道越治『近衛文麿「六月終戦」のシナリオ』（C－13）によれば、近衛文麿は、新橋芸者だった山本ヌイ（縫子）を愛妾としていたが、当時水商売の女性の間で好まれていた「からくり」を施したヌイの鏡台の中に、日中の和平工作に関する書類を隠していた。憲兵隊からの捜索押収を避けるためだった。この種類はヌイが長く大切に保管していたが、母の没後、二〇〇五年の秋に、近衛の愛娘斐子がそれを発見した。斐子は、近衛家と縁が深く文麿の次男通隆氏とも親しかった道越治にそれを託した。書類は以下の四つだ。

①一九三九年（昭和一四年）初め、北京の燕京大学校長レイトン・スチュアート＊53が近衛に宛てて書いた和平提案の手紙を邦訳し、近衛自らが写したもの。六枚の便箋に書き写されている。

②一九三九年初め、スチュアートが陸軍中将に提出した和平の条件。便箋二枚に写されている。道越は、時期的にみて陸軍中将とはその頃陸軍大臣であった板垣征四郎と考えられるとしている。

③一九四五年（昭和二〇年）五月二五日、満州建国大学教授だった中山優がスチュアート秘書の傅涇波の自宅で会談したやりとりのメモ。便箋一〇枚に写されている。

④同月二九日、六園飯店での中山・傅会談のやりとりのメモ。便箋四枚に写されている。

これらの書面はすべて近衛の筆跡であることは間違いないと次男通隆と斐子は確言したという。

＊53　スチュアートは米国人宣教師の子として浙江省で生まれ、学校教育をハーバードなど米国で受けたほかは生涯を中国で過ごした。フランクリン・ルーズベルトとハーバードの同窓で蔣介石夫妻との親交も深かった。燕京大学を創設して優秀な中国人人材を育てた。しかし大東亜戦争開始後、スチュアートは北支那派遣軍に拘束されてしまった。

①のスチュアートから近衛宛の手紙は、④の中山・傅会談記録の中に、「一九三九年初頭の手紙近衛公

宛の書翰」とあることから、時期的には近衛が第一次内閣総辞職した一九三九年一月五日以降、まだ日が浅い頃だったと推測される。その要点は、「未だ拝眉の機を得ざるも貴国における貴下の卓越せる地位と、自由にして聡明なる閣下の政治的風格に対する敬仰の念より」に始まり、「昨年末貴下の有名な近衛声明に於いて日本は何等支那の主権と独立を侵害する意志なしと公表された」としつつ、その実態は、支那人からみれば大抵日本は軍事占領にとどまらずあらゆる生活の形式を支配するものと思い込んでいること、日本は共産党を排撃して防共協力を提議しているが支那人はこれは支那内部の問題で支那の政府に一任すべきだと思っていることを指摘する。さらに、「日本は所謂親日政府を建設しこれと協同して居るが、これは支那側からみれば深刻許すべからざる日本の支配の軽蔑すべき一形式であり、凡そ支那人の目からみると彼等の承認せる政府を裏切った漢奸としか映じない」とし、「支那は日本の帝国主義的脅威に対する危惧の念を脱却したらその瞬間排日の行動を終熄し、且つ喜んで日本に必要な原料品と市場を提供するであろう」とした上、「そのための尤も端的な証明は日本軍隊を長城以外に撤退することだ」と求めている。

また、②の陸軍中将宛てに提出した和平条件では、重慶政府を交渉の唯一の相手とすること、支那の主権領土の尊重、両国の経済的関係の連帯性を促進するが日本の独占を意味せず第三国の利益の尊重と両立、止むを得ず両国の協議に基づく場合を除いて速やかな日本軍の全支那からの撤兵、などを内容としていた。

しかし、結局、一九三九年一月に第一次近衛内閣が総辞職したため、近衛がこの申し出に応じて和平の進展に取り組むことはなかった。

《中山優と傅涇波との会談》

中山は、繆斌工作においても、繆斌との深い信頼関係によりこれを支援した。繆斌工作が一九四五年三月末に失敗に終わった後も、中山は和平の道を模索していた。中山は、スチュアートの秘書をしていた傅涇波と、一九四五年五月二五日と二九日の二回にわたり会談した。そのやりとりが、前述の山本ヌイの鏡台から発見されたメモ③④に記載されていた。

中山と傅の会談で、傅は、重慶は日本との直接前面和平を望んでいるが、現在日支の和は対米関係と切り離すことはできないこと、日本がなければ支那はアフリカの運命となり、傅は八年間、和平の使者として時期が至るを待っていたこと、和平地区内に於ける蔣介石の代表は傅一人であること、過去において、支那は日本に救われたのであり、全支那人は日本が強国であることを欲していること、日米が決戦に至ってしまえば日本は強国となる途はなくなること、日米戦争といえどもその因は支那問題にあり、長引けば北方のソ連ロシアの問題もあって日本にとって不利となること、など、日支和平が緊急かつ必要であることを強く語った。この傅の主張が、蔣介石から他の様々なチャンネルを通じて心ある日本の関係者に伝えられた内容と符合していることは、当時蔣介石に日本との和平の意思があったことを強く裏付けているだろう。

《陸軍の非協力で間に合わなかった中山工作》

中山は、和平交渉の日本側の窓口は誰が適当かについても傅の意見を聴き、早速行動を開始した。帰国して杉原荒太総務局長を訪ね、東郷外務大臣の同意も得、阿南陸相にも連絡がつき、軍監視下にあるスチュワートのために参謀本部から現地軍との連絡員も出すことになった。前情報局次長の河相達夫と中国語に堪能な永井恂一総領事の派遣も決まった。しかし、河相の派遣は陸軍の非協力姿勢により遅れ、結局河相一行がスチュアートに会見できたのは、八月一一日になってしまった。

近衛はこの交渉に直接顔は出していないが、道越治は、中山を傅との会談に赴かせたのは近衛であることに疑いはない、としている。

近衛は、前述したように、戦争末期近くの一九四四年後半ころから、実弟水谷川忠麿を中国に送って何世禎ルートでの蔣介石との和平工作を密かに進めた。一九四五年一月末に何世禎工作が水泡に帰した後も、近衛は、中山を通じ、スチュアートを介した蔣介石との和平交渉にも望みを持ち続けていたのであろう。近衛がスチュアートの手紙や中山と傅との会談メモを大切に保管していたことについて、道越は、「近衛公はこのスチュアート提案をいつか生かせる有力なものとして心に秘めていたのではないか」とする。

ユダヤ人音楽家を救った実弟近衛秀麿を通じた対米和平工作

近衛秀麿は、作曲家、指揮者で、戦前、日本人として初めてベルリンフィルを指揮し、戦争末期まで、ドイツを中心にヨーロッパ各地で広く活躍した。秀麿が、多くのユダヤ人音楽家をナチスの迫害から逃れさせるため、私費を投じ、心血を注いでその亡命などの救援策のために奔走し、活躍したことは近年テレビのドキュメント番組でも取り上げられるなど注目を浴びている。

秀麿は父篤麿からの「常人の考えぬことを五十なり百なりやって」生涯を終えなければ「天道に申し訳ない」といった教えを守り、その人生を貫いた。ユダヤ人音楽家を支援する秀麿は、駐ドイツ大使大島浩から、秀麿の兄が文麿であったこととも関係し、目の仇にされたという。しかし、秀麿は、ユダヤ人音楽家救済活動のほかにも、戦争末期に、兄文麿の指示を受けて、日米和平交渉のためにも身の危険を冒して取り組んだ。その経緯は、菅野冬樹『戦火のマエストロ　近衛秀麿』（C-34）に詳しい。

一九四四年一二月、近衛文麿のメッセージが、当時スイスのベルン近郊に身を置いていた朝日新聞の記者笠信太郎から秀麿に伝えられた。笠は日本の熱狂的な愛国者から弾圧を受けていたが、その身を案じた近衛文麿は身柄を保護するため笠をスイスに送っていた。笠は、秀麿と共通の友人で満州日日新聞ベルリン特派員の淡徳三郎を通じて、文麿からの「近衛文麿をアメリカ政府とコンタクトさせること」というメッセージを秀麿に伝えた。文麿は、

近衛秀麿

日米両国の協議を一刻も早く開始し、戦争の早期終結に向かわせようとしていた。淡が仲介して秀麿に届いた兄の書簡には詳しいことは何も書かれていなかったが、「アメリカ合衆国国務長官代理、ジョセフ・クラーク・グルーと近衛文麿をつなぐこと」が秀麿に与えられた兄からの指示だった。

しかし、ドイツの状況を考えると秀麿がアメリカ側とコンタクトはできない。グルーへの提案をどのようにして送るかを思案していると、淡が「私が笠信太郎を介し、スイスからアメリカへ提案の申し入れをしよう」と言い、秀麿は総てを淡に委ねることとした。

年が明けた一九四五年二月、アメリカ政府とのコンタクトが成功し、アメリカ政府から秀麿に「自らアメリカ軍に投降せよ」という指示がきた。ソ連軍の侵攻接近のためベルリン在住の日本人はベルリンを離れることになったが、秀麿はとどまった。秀麿は、欧州を統括するアメリカ陸軍がどこに司令部を置くか情報を得ていたので、そこに投降すれば、グルーと話せる手筈が整っており、兄文麿との会談が叶うことになっていると認識していた＊54。

＊54 前掲書によれば、一九四五年三月一九日付けの欧州連合国派遣軍最高司令部の資料に、秀麿の名前と住所が登録され、アメリカ政府が正式に秀麿との折衝を受け入れていることがわかるという。

四月一七日、秀麿はアメリカ国務省への提案書を携えて、進駐してきたアメリカ軍部隊司令部に投降した。しかし、手違いによって秀麿はいきなりスパイ捜査隊から検挙され、ナチの幹部らが収容されるアイスレーベンの収容所に送られてしまい、五月一日からの五日間、飲まず食わずで立ち続けさせられる苛酷な処遇を受け、生死の間をさまよった。五月八日から、秀麿は、シュヴァルツェンボルンに設置されたナチ幹部とドイツ軍将校を中心に収容する第九三捕虜収容所で、Ｆ・Ｃ・ネルソン中尉から尋問を受けることになった。ネルソンの取調べは、秀麿を「子爵」と呼び、丁寧なもので、秀麿の待遇は格段に改善された。ネルソンは、秀麿には明かさなかったが、ヴァイオリニストで、かつて秀麿の指揮でオーケストラ演奏に参加したことがあり、秀麿を「マエストロ」と尊敬していた。ネルソンが作成した報告書では、秀麿が有名な音楽家であることを伝え、戦犯容疑がかからないような配慮がうかがわれるものだったという。

六月二七日、司令部から、秀麿に、戦争終結に向けて「日本国民に告ぐ」という対日プロパガンダの原稿作成の許可が下り、秀麿とネルソンは共同作業を始めた。秀麿の狙いは、アメリカの敵は「日本国民」でなく「軍閥」であることを強調し、プロパガンダによって軍閥と国民を切り離そうとすることであった。秀麿はそのことをアメリカに再三訴えていた。

ネルソンは、後任者との交代の前、七月一一日付で報告書を作成し、その中で「近衛子爵はアメリカ当局への提案を行うために自主的に投降した……子爵は真に誠実である……最大限の裁量をもってこの案件に対処すべきである……」などと書いた。

ネルソンと交代したローランド中尉は、秀麿に対し、実は、ネルソン中尉がハンガリー系ユダヤ人で、本業はヴァイオリニストであり、秀麿の指揮で演奏したことがあることを自慢しており、「自分は第二バイオリン奏者だからマエストロと簡単に口をきくなんて畏れ多いことだと言っていた」と教えた。ネルソンは、秀麿が投降したことを知り、別の部隊に所属していたにもかかわらず、自ら志願してわざわざシュヴァルツェンボルフまでやってきたというのだった。

秀麿は、ネルソンの担当当時、そのことを知らなかったが、ネルソンの敬意に満ちた人道的な対応に感謝し、返礼として、一九四三年四月にブルガリアで演奏した際、国王ボリス三世から賜った文化勲章を最後の取調べとなった日に贈ったという。

秀麿は、一九四五年八月一一日にニューヨークに到着し、翌日ペンシルバニア州のホテルの収容所に移送され、そこで敗戦を知ることとなった。一二月六日、秀麿は七年三か月ぶりに祖国の土を踏み、一二月一五日、荻外荘を訪れて文麿と再会した。文麿は長い沈黙のあと、万感の意をこめて「お前は音楽を選んでよかったなあ」と言った。それが兄の最後の言葉であり、秀麿は、兄の部屋から出る時、兄が命を絶つと確信したという。午前三時ころ、ふと目を覚まして兄の部屋に行くと、すでに兄の息は絶えていた。

この工作で、文麿の当初の指示にあったグルーとの会談が実現することはなかった。しかし、秀麿が、生死の境をさまよってまで、兄文麿の指示を受けて対米工作に取り組んだことは、忘れられるべきではない。このように、肉親への愛情が深かった文麿は、息子文隆や弟秀麿や忠麿を、命の危険まで冒して和平工作に取り組ませていたのだ。

スウェーデンを舞台としたバッゲ工作でも、朝日新聞の鈴木文史朗は、元駐日公使のバッゲに工作を働きかけた際、「この計画は近衛公等がその責任者である」と告げて尽力を求めていた（拙著『日中和平工作秘史』七三頁）。このように、近衛は、対重慶のみでなく、アメリカに対しても、様々なルートによって、和平の糸口を探る努力をしていた。

4　歴史的に再評価されるべき近衛上奏文

上奏文の経緯と内容

一九四五年二月一四日、近衛は天皇に上奏した。戦局の見通しや今後の国策の在り方について、それまで重臣たちから考えを聞くことがなかった天皇が初めてその機会を持ったものだった。

近衛は、用意した上奏文に基づき、約一時間にわたって上奏した。近衛は年頭から湯河原にこもってこの案文を練り上げていた。上奏前日に平河町の吉田茂邸を訪ね、吉田と二人で最後の仕上げをした。近衛は上奏の後にも吉田邸を訪ねた。吉田はこれがきっかけで、約二か月後、九段の憲兵隊に連行され、四〇日間拘束された。

その要旨は次の通りであり、日中戦争が泥沼化し、また近衛が懸命に回避しようとした日米戦を避け得なかったのは、特に陸軍を始めとする各層に浸透した共産主義者らの策謀によるものであること、共産主義者たちは戦争の泥沼化から敗戦に通じる過程で日本の共産革命を企図しており、日本にとって最も恐ろしく、是が非でも避けなければならないのは共産革命による国体の破壊であることを強調するものだった。

「敗戦は遺憾ながら最早必至なりと存候……国体の護持の建前より最も憂うるべきは敗戦よりも敗戦に伴いて起ることがあるべき共産革命に御座候」

「我が国内外の情勢は今や共産革命に向かって急速度に進行しつつありと存候。即ち国外においてはソ連の異常なる進出に御座候。……最近コミンテルン解散以来、赤化の危険を軽視する傾向顕著なるが、これは皮相安易なる見方と存候。ソ連は究極において世界赤化政策を捨てざるは最近欧州諸国に対する露骨なる策動により明瞭となりつつある次第……」

「ソ連の此意図は東亜に対しても亦同様にして、現に延安にはモスコーより来れる岡野（野坂参三）を中心に日本解放同盟組織せられ、朝鮮独立同盟、朝鮮義勇軍、台湾先鋒隊と連絡、日本に呼びかけ居り候」

「国内を見るに、共産革命達成のあらゆる条件日々具備せられゆく観有之候。即生活の窮乏、労働者発言権の増大、英米に対する敵愾心の昂揚の反面たる親ソ気分、軍部内一味の革新運動、之に便乗する所謂新官僚の運動、及び之を背後より操りつつある左翼分子の暗躍等に御座候。右の内特に憂慮すべきは軍部内一味の革新運動に有之候」

「少壮軍人の多数は我国体と共産主義とは両立するものなりと信じ居るものの如く、軍部内革新の基調も亦ここにありと存じ候」

「抑々満州事変、支那事変を起こし、之を拡大して遂に大東亜戦争にまで導き来れるは是等軍部内の意識的計画的なりしこと今や明瞭なりと存候。……支那事変当時も『事変永引くがよろしく事変解決せば国内革新ができなくなる』と公言せしは此の一味の中心的人物に御座候」

「此事は、過去十年間軍部、官僚、右翼、左翼の多方面に亘り交友を有せし不肖が最近静かに反省して到達したる結論にて此結論の鏡にかけて過去十年間の動きを照らし見る時、そこに思い当たる節々頗る多きを感ずる次第に御座候。不肖は……国内の相剋摩擦を避けんが為出来るだけ是等革新論者の主張を入れて挙国一致の実を挙げんと焦慮せるの結果、彼らの主張の背後に潜める意図を十分看取する能わざりしは、全く不明の致す所にして何とも申し訳無之深く責任を感ずる次第に御座候」

「徹底的に米英撃滅を唱うる反面、親ソ的空気は次第に濃厚になりつつある様に御座候。軍部の一部はいかなる犠牲を払いてもソ連を手を握るべしとさえ論ずるものもあり、又延安との提携を考え居る者もありとの事に御座候。……敗戦必至の前提の下に論ずれば勝利の見込みなき戦争を之以上継続するは、全く共産党の手に乗るものと存じ、随て国体護持の立場よりすれば、一日も速に戦争終結を講ずべきものなりと確信仕り候」

「戦争を終結せんとすれば、先ず其前提として（軍部内の）此一味の一掃が肝要に御座候。……此一味を一掃し軍部の建直しを実行することは、共産革命より日本救う前提、先決条件なれば、非常の御勇断をこそ願わしく奉存候」

近衛上奏文に対する評価は様々だ。自分自身が共産主義に染まりながら、戦争責任を共産主義者らに押し付けているとか、事実に反することを多く含み、自己の戦争責任を回避しようとする自己弁護に過ぎないなどの批判も強い。極め付きは小説家の堀田善衛で、「こんなにまで真面目で非常識な、真剣で滑稽な文書を私は見たことがない」と酷評した（新谷卓『終戦と近衛上奏文』（C-38）一一頁）。

他方、新谷は、同書で、この問題について広範かつ緻密な分析をしている。そして、少なくとも、当時の状況において、近衛がそのような確信を有するに至ったことには多くの様々な根拠があったこと、近衛は、上奏文作成よりも遥かに前から、次第にこのような認識を抱くようになり、それが確信にまで高まっていたこと、またこのような考え方は近衛特有のものでなく、多くの軍事・政治などの指導者層にも共有されていたことを論証している。

以下に、主に新谷に依りつつ、この問題を検討していきたい。

近衛の考えはずっと前から形成されていた

近衛は、青年時代は京都大学で河上肇の薫陶を受けてマルクス主義に傾倒した時期もあり、その思想は変遷した。また近衛の政治的基盤は一定の党派ではなく、右から左まで様々な人によって支えられており、共産主義者やそのシンパたちもその中に多かった。

近衛は、以下のように、かなり早い時期から上奏文の内容とほぼ同様の危機感を周囲の人々に語るようになっていた。

《一九四三年一月、近衛が木戸にあてた書簡》

「（要旨）軍部内の或る一団により考案せられたる所謂革新政策の全貌を最近見る機会を得たり＊55。之と在職中内閣に提案せられたる幾多の革新政策とを比較し、更に対外問題に関し軍部と折衝したる体験を考え合するに思い当たる節甚多く、一度此鏡にかけて満州事変以来今日に至る内外の動きを照し見る時、凡てが判然とし来るが如き感あり」「石原、宮崎が遠ざけられた後も（革新政策が）軍部の一角に残り、それが次第に急激のものとなって、今日明白にソ連と同型の共産主義と同じものとなった……彼らの目的は革新そのものであり、戦争は革新を実現せんがための手段と考えており、むしろ敗戦こそが望ましいとさえ考えている……振り返ってみれば、彼らが故意に事変を拡大し、故意に交渉を遷延した、と思われる節がある……彼らが明らかに共産主義の思想をもって日本を赤化しようと企んでいることは明白である」

＊55 これは前掲新谷（二七〇頁～）によると殖田俊吉が近衛に見せた資料と推測される。殖田は東京帝国大学を卒業して大蔵省に入ったエリートだった。戦後も吉田との関係が深く、第二次吉田内閣では法務総裁となり、反共思想は一貫していた。殖田は共産主義陰謀説、陸軍赤化説を強く確信し、各界のその説を説き歩いたが、吉田茂や岩淵辰雄とともに、近衛上奏文に関連して憲兵隊に検挙された。殖田の回想では、時期は昭和一八年か一九年ころ（新谷は、その時期は一九四三年一月以前ではないかとしている）と定かでないが、吉田茂らの勧めで是非近衛に会うようにいわれ、小畑敏四郎と共に近衛を訪ね「国権社会党の案」なるものを近衛に見せたところ、近衛は目を皿のようにして熱心に読み、「貴方の話は思い当たる事ばかりです。何故私にもっと早く話をしてくれなかったか」と言ったという。

殖田は、一九三七年八月、日中戦争がはじまったばかりのころ、「日満財政経済研究会」の研究員をしていた男から見せられた「戦争指導計画書」なるものを見て、経済をすべて国家統制の下に置くその内容は「りっぱなほんとうのコミュニズム計画」であり、日本を共産化するための案であるとの結論に達した。以後、殖田は、真崎甚三郎、近衛、小畑敏四郎、岩淵辰雄、高松宮、若槻礼次郎らに対し、この結論に基づく危機感を語り、共有するようになる。

高松宮の一九四三年一二月五日の日記には、「殖田俊吉氏、共産党陰謀に関するコト。陸軍ニ働キカケテヰル。政府施策ノ原案ニ共産系ノ麻生久トカ尾崎、宮崎ト云ッタ連中ノ企画院企画ガ元ニナッテヰルラシク憂慮ニタヘヌト云フ話」とある。一九四四年一月二一日、殖田は細川護貞と会ったが、細川日記に「荻窪にて殖田俊吉氏と会見。今日の軍部が抱懐する処の政策はすべて共産主義ならざるはなく、従って戦いが不利となるに従って、一層この傾向は激化すべし」などとある。

《一九四三年二月四日、ガダルカナル敗北のころの近衛と木戸、松平康昌と会談》

近衛は戦局の前途を極めて悲観し、これ以上国内諸事情に無理が生じれば、赤化運動の激化は必至となるから一日も早く戦争終結に動く必要があると語った（新谷前掲書二八五頁）。

《一九四三年三月一八日の小林躋造海軍大将への話》

一九四三年三月一八日、近衛は荻外荘を訪ねた小林躋造大将＊56に対し、こう語った。

「北支事変の勃発した時、政府は真面目に局地解決を欲し、参謀本部は之に合意して居たのであるが、陸軍省に蟠踞する革新派は出先軍と通牒し、ドンドン事変を拡大した……陸軍は誰にも知らさずに事変を拡大し、之に依て止むなく国内改造を遂行する意図を持って居たものと思われる……戦争に藉口して我国の旧慣を破壊し、革命を具現せんとするのである……自分は時局を今日の如くにした事について責任を痛感している。実は前から支那事変を拡大し長期戦に突入せしめたその動因に大きな魔手即『赤』があるとの説は縷々聞かされていた……しかし当時は余りに穿ち過ぎた所見として重きを置かなかったが……どうも之を是認せざるを得ぬ感じがする」

この「魔手」というのは、尾崎秀実らのことが念頭に会ったことは間違いないであろう。

＊56　ロンドン軍縮条約でいわゆる条約派の中心人物であり、二・二六事件後予備役に編入されたが、日米戦争回避のために動き、戦時中は近衛や吉田、真崎グループに接近して反東條側に立った。

《一九四三年七月一五日、近衛と高松宮との会見》

高松宮日記に、近衛が詳細に語ったことが書かれている。

「……統制派ハインテリデアリ、転向者ヲ周囲ニ集メテヰルノデ変革論者デアル。……池田久大（※純久の誤記）、秋永月三ヲ中心トスルモノ……統制派ハ現在ハ大分閥ニナッテヰル……支那事変発端ニモ陸軍省ハ杉山・梅津デ、南大将ハ当時朝鮮カラ総理大臣宛ニ香港、広東マデ拡大スベキ旨ヲ電報ニテ意見具申シ……北支軍デハ池田大佐ガキテ支那事変ヲ拡大シ……梅津ハ拡大ニ動カシテイッタ……時期政権ノ問題ニナルト「梅津」トナル算大ナルモ、之ハ統制派ノ赤化計画ニ乗ゼラル危険アリ。戦争ノ推移困難ナル場合、少クモ国体変革ニ及バザル様ニスル必要アリ……」

《一九四四年七月二日の近衛日記》

近衛は、次のように書いている。

「速やかに停戦すべしというのは只々国体護持のためである……左翼分子はあらゆる方面に潜在し、何れも近く来るべき敗戦を機会に革命を煽動せんとしつつあり。これに加うるにいわゆる右翼にして最強硬に戦争完遂、英米撃滅を唱う者は大部分左翼よりの転向者にしてその真意測り知るべからず。かかる輩が大混乱に乗じていかなる策動に出づるや想像に難からず」

《一九四四年七月一四日の平沼騏一郎との会談》

一九四四年七月一四日の近衛日記には、平沼・近衛会談の記載がある。平沼が「梅津の周囲には赤が沢山いる。随って左翼的革新派が軍部の中心となるおそれがある」と言うと、近衛が「敗戦恐るべし、然も敗戦に伴う左翼的革命さらに怖るべし……」として、梅津、池田、秋永の同郷の大分閥の元老たる南大将が、近衛第一次内閣当時、朝鮮総督たる身分をもって、近衛に『支那事変を益々拡大すべし』と打電してきたことを始め、統制派の陸軍幹部が支那事変を起こして煽り、国内を赤化しようとしつつある、などと述べた。

このように、記録に表れているだけでも、近衛は遅くとも一九四三年の初頭段階から、既に上奏文に書いたような日本の共産化の危険を強く認識していた。ただ、後述するが、私は、近衛がそのような認識を持ち始めたのは、もっと早い時期であっただろうと考えている。

近衛の認識の全てが真実ではないとしても、客観的事実の十分な裏付けがあった

近衛の上奏文や、当時懇意の要人らに話した内容には、一部には、他人から吹き込まれたり、近衛の思い込みによる不正確なものも含まれていた。例えば、梅津美治郎を敗戦を機会に革命を扇動する者の中に含めたり、梅津や池田純久を支那事変拡大派としたことなどは事実に反する＊57・58。

＊57　近衛や岩淵辰雄は、梅津を支那事変拡大の張本人だと見ていた。しかし、上法快男編『最後の参謀総長梅津美治郎』（D‐31）に示された関係者の詳細な回想によれば、これは誤解であったことは明らかだ。石原莞爾はその天才的な発想と過剰な自信により、軍を一気に山海関まで引き上げるべきだと鮮明な不拡大方針を打ち出すなど周囲を翻弄したが、組織の中では浮きあがり、孤立していた。他方、梅津は深謀遠慮の人で、優れた官僚であり、戦争の拡大を防ぎ、和平に向けた動きを慎重かつ現実性のある方法で進めていたことを示す多くの関係者の回想がある。梅津は、支那事変については、北上する中国軍に断固たる一撃を加えてえから和平に持ち込もうと考えていた。梅津は、自分の考えを明確に示すことは少なく、部下からも肚が読めない人だと思われていたが、水面下では熟慮しつつ様々な施策を講じており、ここぞという時にその指導力や影響力を行使した。一九四五年六月上旬、満州視察旅行から帰還した梅津は、在満支兵力は一会戦しかできないほど激減していることをありのまま上奏して天皇を驚かせたが、これは天皇が和平に舵を明確に切るきっかけを作った。梅津は、ポツダム宣言受諾に反抗して陸軍内で起きたクーデターの動きを、阿南を後押しして毅然と抑え込んだ。ただ、梅津の判断が裏目に出ることもあった。梅津次官は一九三六年、支那駐屯軍の兵力を約二倍に増強することを省部で決定させた。その際、梅津は、現地軍民の反対を押し切って通州ではなく北京郊外の豊台に兵営を新設させることとしたが、これが盧溝橋事件発生の大きな原因となってしまった。しかし、梅津がそうした裏の理由には、関東軍が北支にまで行っていた干渉をやめさせようとの狙いがあった。現地事情に詳しかった梅津の合理主義的判断が、日中抗争の導火線の役目を果たしたかも知れない

という（同書三〇二頁）。梅津は、阿南と共に戦争末期の対重慶の和平工作が必要だと考えていたが、繆斌工作については、杉山陸相と共にこれを妨害する側に回った。

＊58 池田は、盧溝橋事件勃発当時、現地において今井武夫らと、懸命に事変拡大のために奮闘した。後日、池田は近衛が自分を拡大派だと批判したことを知って、近衛と会い、近衛を厳しく批判し、近衛はそれに反論ができなかった。池田は戦後書いた『陸軍葬儀委員長』（D-23）（二一四頁）で、当時民族独立は世界の趨勢だと考え中国の民族独立を支持し、盧溝橋事件が起きた時、支那駐屯軍主任参謀だったが、「支那と戦ったら、これは泥沼に脚を踏み入れるようなもので、抜き差しならぬ破目に陥ろう。そして世界戦争へ発展する危険が多分にある」と反対したという。池田は不拡大論の石原とも「支那と戦ってはならない。お互い隠忍自重しよう」と約束していたという。また、着任した香月清司中将が、それまでの不拡大論から拡大論に方針を転換した時、香月から拡大主義への決心を強く促されて「閣下何をおっしゃるか。それでは今までのわれわれの努力は水泡に帰します。もう少し我慢すべきではありますまいか」と言い、香月は「今にして支那軍を叩いておかねば将来恐るべき事態が発生するぞ……君が決心がつかねば私の責任においてやる。君は長いこと不拡大主義で健闘してきた、苦しかったろう。ご苦労だった。少し休みたまえ」と言われ、池田は企画院に異動させられることになったという。池田は、「これが日本の運命を転落に導いた恐るべきスタートだったのだ。……なぜ私はあの時『死んでも戦うまい』と司令官に反抗しなかったのであろうか」と書いている。

新谷前掲書（三九九頁～）によれば、池田は内地に帰ってから近衛と会う機会があり、近衛から、「池田君とうとうやったね。支那事変は軍の若い人たちの陰謀だ」と言われた。池田は、「支那事変の責任は軍ではない近衛公あなたですよ」と言い返し、当時の新聞が、池田たちが苦心してまとめた停戦協定をすみのほうに小さく取扱い、第一面で好戦的な戦闘状況を大々的に掲載していることを指摘し、「これでは戦争にならないのがウソですよ。政府が不拡大方針を堅持するならば、新聞に統制を加え、こんな好戦的記事は抑制すべきでありましょう」と批判すると近衛は黙ってしまったという。

また、別の機会に、池田は近衛から、関東軍参謀副長となっていた石原からの書簡を見せられ、陸軍の撤兵を一大決心をもって近衛に努力してもらいたいという内容について、池田は全面的に賛成し、「私ども同志のものが心を合せて公爵を支持して軍の反対を説得しましょう」と決断を促したにもかかわらず、近衛は「池田君、私は支那事変の勃発に総理としての責任は痛感している。しかし、石原君の提案のような重大な決心はとても私にはできない」といって目を伏せてしまったという。池田は、「この時ほど腹が立ったことはなかった。近衛公の優柔不断にはつくづくいやになった」と述懐している。

しかし、それでも近衛は池田が不拡大方針であったことを信じてはいなかったようである。新谷によれば、池田は、東大経済学部に聴講生として派遣され、マルクス、エンゲルスも読んでいたこと、統制派の中心でアカの巣窟と見られていた永田鉄三軍務局下で働き、「たたかいは創造の父、文化の母である」の過激な文章で始まる「国防の本義と其提唱」と題された「陸軍パンフレット」の原案を作成した。これは従来と全く毛色が違うもので世間を驚かせた。これには軍が資本主義を否定し、国民大衆側に立ち、社会主義的な経済の実現を目指すということが書かれていた。「陸パン問題」として国会でも批判が巻き起こった。

池田は一九三五年一二月、支那駐屯軍作戦主任参謀となった。企画院事件で逮捕され、戦後民社党の国会議員となった和田耕作は、当時北支は「池田純久さんなしには考えられないほど、彼が中心」であり、その頃の池田のスタッフには日本から左翼的前歴のある連中が何人か入っていたことなどを回想している（新谷前掲書三九一頁）。

池田は一九四一年関東軍参謀として満州に渡ったが、「資本主義の本筋はそのままにして、その弊害をなるべく避け、社会主義の長所だけ取り入れる」「私有財産の廃止を避け、統制の度合いを甘くして、資本を日本から導入することを容易にする」という考え方で、社会主義・共産主義そのものではなかったと語っている

（池田純久『日本の曲がり角』（D-24）二七一頁〜）。

しかし、基本的に近衛の認識がほぼ正しかったことは、様々な事実から裏付けられる。近衛のような認識をしていた要人は少なくなかった＊59。

＊59 平沼内閣の外務大臣だった有田八郎は、防共協定の締結に力を注いだが、一九三九年一月二一日の平沼の所信表明演説に続き、外相として行った演説で「所謂長期抗戦、遊撃戦術なるものは、元来共産党の建策に基づくものでありまして、畢竟支那大衆の犠牲において出来る限り事変の解決を遷延せしめ、以て支那、延いては世界の赤化を招来せんとする陰謀に外ならないのであります」と近衛上奏文の認識を彷彿とさせる演説をしていた（新谷前掲書二三八頁〜）。

《満州事変と赤化勢力》

石原莞爾らが起こした満州事変に引き続いて建設された満州国については、近衛上奏文以前からも「満州はアカによって作られた」とか「関東軍は赤化している」などの言説が飛び交っていた。それは相当程度事実であった。石原自身は共産主義者ではなかったが、関東軍の軍人たちや満州国政府の日本人関係者の中には、共産主義者ないしそのシンパ、転向者などが多数いた。彼らは「満州には資本主義は入れない」と豪語し、日本国内の財閥の受け入れは排除し、三井や三菱などの財閥側も赤化する満州を恐れて進出しなかった。例外は経済界の異端児と言われた鮎川義介くらいだった。満州国建設のための統制経済は、社会主義経済と紙一重だった。満州に限らず、日本国内においても、もともとは二・二六事件などを推し進めた軍部の革新勢力や右翼の革新主義者には、疲弊した農村出身者が多く、財閥を憎み、その根底的な心情は共産主義勢力と共通性があった。陸軍統制派の基本的思考形態は共産主義や社会主義との親和性があった＊60。

ただ満州国建設のための統制経済を進めた指導者の中で、自覚的な共産主義や社会主義者と、戦時の統制経済推進のために外見上は社会主義的経済を進めようとする者がおり、その区別は容易でなかった。したがって、共産主義者でない者も、一からげに「アカ」と批判される状況にあった。陸海軍の内部に赤化勢力が浸透していたことの指摘は少なくない＊61。

＊60　関東軍の小磯國昭参謀長は一九三二年に大連で発表した談話の中で「満州国には資本家は絶対に入れない」と表明していた（新谷前掲書五四頁〜）。石原は、満州はソ連を模倣した統制経済によって生産力を高めるべきだと考えており、満鉄でロシアの実情に詳しかった宮崎正義に依頼して、参謀本部の機密費により「日満財政経済研究会」を東京で設立させて満州の経済開発計画を研究させた。一九三八年、宮崎の名で「日満財政研究会業務報告書」が作成され、それはソ連の「五か年計画」をも意識した社会主義的統制経済の内容であった。宮崎自身は、共産主義者ではなく、マルクス主義、リベラリズム、ファシズムは日本の天皇を中心とする国家には合致しないと考えており、新谷は、彼らが作成した文書を見る限り、共産主義的な方法を取り入れてはいるが、実際には共産主義精神の本質からはだいぶかけ離れている、とする。しかし、国力増加のための手段としての社会主義的統制経済は、外部からは「アカ」だとみられるのは自然であった。石原は共産主義者ではなかったが、左翼あるいは転向者との接触が多く、左翼の心性に通じるものをもっていた。石原は「我々の当面の敵はいわゆる『赤』である。所が我々は常に自称日本主義者から攻撃され、彼らは我々を目して『赤』だというではないか」と嘆いていた（前掲新谷八四頁〜）。

＊61　大野芳『無念なり』（C-16）（一六六頁）は、統制派の陸軍中堅幹部は、「世界を敵とする戦争指導計画」を立案しており、軍を南下させて資源を確保し対米戦に備えようとしていた。これがソ連共産党の洗礼を受けた中堅幹部が対ソ戦を防止するために立案した南進論であったとする。

また、新谷前掲（二五二頁〜）によれば、真崎甚三郎の弟真崎勝次海軍少将はソ連の脅威への恐れを強めていた。勝次はソ連大使館付き武官を務め、海軍の中で数少ないロシア通であったが、マルクスにはまったく共感せず、ソ連に批判的な態度をとっていた。昭和一一年三月に予備役編入後、兄甚三郎と共に反共産主義の闘士として活動した。勝次は、昭和七年、戦艦山城の艦長だったとき、一水兵が所持していた万国青年共産党連盟の記載があるパンフレットを確認し、自首してきた乗組員が「日本の軍艦もあと三年くらいで赤旗があがります」と豪語するのを聞き、海軍部内で共産党が組織されていると推測した。勝次は、なによりも日本が南進政策をとったことが赤の策略に乗ったもので、近衛は「赤にあやつられた」と認識していた。

《大政翼賛会》

大政翼賛会創立につながった政治新体制運動では、それを進める者たちは、右から左まで様々であり、共産主義や社会主義者あるいはそのシンパも多く含まれていた。近衛文麿自身が、そのブレーンに右から左まで広く含んでいた。なお、昭和研究会、風見章、尾崎秀実に関しては後述する。一九四〇年の近衛第二次内閣成立前から新体制運動が盛り上がったときにも、運動の中心にいる人物は「アカ」だと盛んに喧伝された＊62。そのため大政翼賛会は、創立当時から、議会や経済界から「アカ」だ、との批判を大きく招いた。初代事務総長の有馬頼寧や風見章が翼賛会から身を引かざるを得なかったのもその批判によるものだった。

＊62　一九四〇年八月二八日、首相官邸で第一回の新体制準備会が開催されたが、九月三日の第三回の会合で、観念右翼の井田磐楠が「レールはできあがっても、汽車に乗っている間に知らぬ間にソビエートに行ったのでは大変である」と早くも「アカ」を警戒する発言がでた（新谷前掲書一七一頁）。

《終戦工作を主導した陸海軍中央や政府の中には親ソ連、共産主義シンパが少なくなかった》

近衛上奏文のころ、陸軍中央では、徹底抗戦論もある中で、敗戦は免れず、和平を図るしかないと考えるグループも生まれていた＊63。海軍では、一九四四年の夏から、米内、及川、井上成美が、密かに高木惣吉に命じて、和平工作の研究を進めていた。しかしこれらの陸海軍で和平工作を進めようとした者たちは、そのほとんどが、親ソであり、その工作の内容はソ連を軸とし、親共産主義的なものだった＊64。この点は、蒋介石を相手とする繆斌工作や何世禎工作に、陸海軍が冷淡であり、妨害すらしたことと表裏一体であった。この点については、第5章で検討する。

軍部のみでなく、政府の中にも、このような勢力は少なくなかった＊65。

＊63　スターリンを西郷隆盛に似ていると評した鈴木貫太郎、「ソ連の民族政策は寛容。国体と共産主義は相容れざるものとは考えない」との見方を示していた首相秘書官を務めた松谷誠陸軍大佐、参謀本部戦争指導班長だった種村佐孝大佐などが親ソ寄りの軍人と言われる（新谷前掲書二三頁）。これらの認識は、ルーズベルトが側近の共産主義者らの洗脳によってソ連やスターリンに対して抱いていた幻想にも似ている。

＊64　外務省では、重光や東郷は基本的にソ連に対して警戒的だった。しかし外務省の中は様々だった。外務省調査局ソ連課長尾形昭二は、ソ連が欧州の赤化策、更には東亜をも同様に考えていることを講演で語った。近衛は尾形を直接荻外荘に招いて話を聞いた。当時外務省には杉原荒太のようにソ連に頼ろうとする親ソ派と、尾形らの親英派に分かれていた。陽明文庫所蔵の近衛文麿関係文書には、尾形の属する外務省調査局第二課作成の文書がいくつか残っており、それには、ソ連が戦争による資本主義国の弱体化に乗じ、帝国主義戦争を内乱に転化し、革命を誘発する戦略を立てていることなどが記載されており、日米戦争・日中戦争はソ連の思うつぼだという見方は近衛上奏文の論理と同じであった（新谷前掲書三一一頁〜）。

＊65　一九四〇年七月二六日、第二次近衛内閣が閣議で決定した「基本国策要綱」は、帝国を「皇国」と言い、「八紘一宇」の語を用い、それまでの「東亜新秩序」を「大東亜新秩序」とするなど著しく思想性を帯びたものであった。これは企画院から立案提出されたものであったが、その原案作成に深くかかわったのは、企画院の調査官待遇であった小泉吉雄だった。小泉は、企画部第一部の調査官だった秋永月三陸軍大佐の指示で基本国策要綱のたたき台を作成した。そのベースとなったのは、軍務局長武藤章が、陸軍が政権をとるた

めに五年先、一〇年先を展望した政策の研究を民間団体である国策研究会に依頼して作成させた「日本縫合国策要綱」であるが、小泉は、この原案のたたき台作成に深くかかわっていた。小泉は学生時代、左翼学生運動のリーダーで退学処分を受けた経歴があり、満鉄に入ってから関東軍に出向して満州国の「内面指導」をする第四課で勤務し、秋永の指導の下で勤務した経験があった。一九四二年から四三年にかけて四〇名以上の満鉄調査部職員が治安維持法で摘発された満鉄調査部事件において、小泉は関東憲兵隊に検挙された。小泉は、取調べにおいて、小泉が尾崎秀実と深いつながりがあり、コミンテルンの極東支部員とも接触し、尾崎の指令により、関特演後の日ソ戦争勃発の危険を回避するため、満州の治安攪乱のためにみずから関東軍司令部に爆弾を仕掛けることを同志に約束したなど、恐るべき供述をした。小泉は「大東亜戦争が勃発せしが、自分はマルクス主義の見地より戦争に対して展望せる結果、此の戦争に勝利を得ることに依り日本における社会主義革命の実現が促進せらるるものと見通せり」と供述した（新谷前掲書一五七頁〜）。

また、「企画院事件」は、企画院の調査官などの官僚や職員が、コミンテルンおよび日本共産党と関係をもちながら、官庁人民戦線を組織し、戦局の急迫を社会主義国家建設の機会に変えようとしたとして治安維持法違反で一九四一年一月に検挙された事件である。この事件についてはでっち上げであると批判されているが、検挙された人物は、マルクス主義の洗礼を受けて過去に治安維持法で検挙された前歴があったり、その一人勝間田誠一は戦後日本社会党の委員長となった人物であり、かれらが国際的な共産主義グループとのつながりがあってもおかしくはないという見方も有力である（新谷前掲書二一七頁〜）。

それなら近衛はなぜソ連特使を引き受けたのか

《天皇の求めに何も言えず引き受けた近衛》

一九四五年七月一〇日の最高戦争指導会議で、ソ連に和平仲介依頼のため近衛文麿を派遣することが決定された。近衛は上奏文が示すように反共産主義、反ソ連でありながら、なぜその特使派遣を引き受けたのか。この経緯は、第二次近衛内閣の書記官長だった富田健治が、『敗戦日本の内側』（C-22）（二二九頁～）で詳細に語っている。

七月一二日、富田は近衛から箱根の近衛邸に呼ばれてその経緯を詳しく聞いた。近衛は、椅子にぐったりと寄りかかり、痛く緊張した面持ちでこう語った。

「……陛下は『ソ連に使してもらうことになるかも知れないから、そのときはよろしくたのむ』と仰せられた。自分は元来ソ連を信用しないもので、従って、こともあろうに、このソ連に終戦の仲介を頼むなどということには反対なのであるが、著しくおやつれになられた陛下を拝すると何も言えなくなり、『三国同盟のとき、陛下から苦楽を共にせよとの言葉を頂き、その後、陛下日夜の御苦労を拝察いたします時、何とも申し訳なく存じておりました＊66。陛下の御命令とあれば、……身命を賭して参ります。ソ連の仲介による終戦など、私は今迄考えてもおりませんでしたので、いかなる条件でソ連に仲介を頼むか、これから至急研究いたしまして、更めて拝謁したいと存じます』と言って退下した……かねてから終戦の呼びかけならむしろ米英に対してやる。それは直接にするか、スイス、スウェーデン又はバチカンなどを通じてやるかと思っていたのですが、あの陛下の御様子を拝しては、もう何も言われなかった。また、木戸もとにかく終戦のためここまで努力して持ってきてくれた」

＊66 三国軍事同盟締結しばらく前の一九四〇年九月二〇日、原田熊雄は近衛から、「（天皇が）『この時局がまことに心配であるが、万一日本が敗戦国となった時に、一体どうだらうか。かくの如き場合が到来した時には、総理も、自分と労苦を共にしてくれるだらうか』との内諚があった。……平素は自分はまことに冷静な、極めて冷ややかな者であるが、この時には、陛下のお言葉を伺って目頭が熱くなった。まあ謂わば感激に堪へなかった……（日露戦争直前の伊藤博文について）その時伊藤公は『万一、国が敗れました場合には、私は

爵位勲等を拝辞いたします。単身戦場に赴いて討死致す覚悟でございます』と奉答したところが明治天皇は非常に感動された……といふことを陛下に申し上げ、『……自分も及ばずながら誠心御奉公申し上げる覚悟でございます』と申し上げたところ、陛下は頷かれておられた」と語ったことを指す（『西園寺公と政局　第八巻』三四七頁）。

《極秘の交渉案》

近衛は、富田と相談し、酒井鎬次中将に起草をお願いしてはどうかということで、近衛に頼まれて酒井邸を訪ねた。しかし、酒井は「近衛公と言う人は好い所もあるのだが、いつも肝心のところで誤りをする人だ。ソ連に仲介とは何事ですか。自分は絶対反対だ」と大変な権幕だった。しかし、二時間に及ぶ説得で一晩考えるということになった。酒井は仲介和平交渉案を一夜のうちに書きまとめ、翌日、近衛と酒井は六時間にもわたって協議し、「和平交渉の要綱」を作成した。

その要綱は詳細なもので、まず「ソ連の仲介による交渉成立に極力努力するも、万一失敗に帰したるときは、直ちに米英との直接交渉を開始す」とされた。これに本心では米英との和平を志向していた近衛の持論が反映されているだろう。

条件については、

「国体の護持は絶対にして、一歩も譲らざること」

「国土については、なるべく他日の再起に便なることに努むるも、止むを得ざれば固有本土を以て満足す」

「治安確保に必要なる最小限度の兵力は、これを保有することに努むるも、止むを得ざれば、当分その若干を現地に残留せしむることに同意す」

「賠償として、一部の労力を提出することには同意す」

「軍事占領は成るべくこれを行わざることに努むるも、止むを得ざれば、一時若干の軍隊の駐屯を認む」などであり、要綱は条件の下限であって、最悪の場合にこの線に踏みとどまるものとされている。

近衛や酒井は、このようなぎりぎりの条件が陸軍などの強硬派の抵抗を受けることは予想していた。そのため、この要綱は、外相と天皇のみに見せ、軍部には見せないこととした。そして、現地で交渉がもし妥結したら、一気に天皇の御聖断を得て、軍部の反対を押し切る覚悟だった。

さらに、近衛は、随行するメンバーに酒井中将を始めとして、外務省は次官ら二名、陸軍から松谷誠少将、海軍から高木惣吉少将、富田健治、松本重治、細川護貞の八名を選んだ。酒井中将については、陸軍が和平派反戦派だと強く反対した。しかし、近衛は出発が決まれば押し切るつもりだった。

陸軍は、対ソであれば和平交渉に入ることを了解していたとはいえ、真に和平を妥結できるような和平条件の覚悟はなかった。のみならず、外相は陸軍に、大物が行くように求めたが、陸軍はその必要はなく、少将級でよいとした。この期に及んでも陸軍には抗戦の未練があり、和平には腰が引けていた。陸軍では一貫した和平派だった今井武夫ですら、満州も放棄することまでは想定しておらず、何柱國中将から厳しい和平条件を聞いて「百雷地に落ちた」というほど衝撃を受けたことは前述した。だから、「国土は止むを得ざれば固有本土をもって満足す」などとする突き詰めた近衛の交渉案を陸軍が知れば、強硬に反対していたであろう。

モスクワの佐藤尚武大使は、それまでの広田マリク会談などでの対ソ和平に全く期待をもっておらず、重光外相や東郷外相に対し、対ソの和平交渉に強く反対し続けていた（工藤美知尋『日ソ中立条約の虚構』（A−84）一八九頁～）など。しかし、佐藤大使は、この天皇の思し召しとしての特使には我意を得たという意味の電報をよこし、熱心になってきたという（富田前掲書二三六頁）。佐藤大使も、近衛に、肚をくつた和平の覚悟があることを評価したのだろう。

近衛と酒井が練り上げたこの交渉案は、ぎりぎりの譲歩をしたものであるだけに、（客観的にはあり得なかったが）もし、ソ連が取り上げ、連合国に伝われば、早期妥結に至る見込みはあったかもしれない。反面、満州をあきらめきれない陸軍主導の和平案であればその可能性はなかったといえるだろう。近衛は、これまで、盧溝橋事件発生直後に企図した蔣介石との直接談判、日米諒解案交渉で企図したルーズベルトとの直接会談に加え、このスターリンとの対ソ交渉が、三度目の頂上会談の試みだった。近衛は、いずれの場合にも、事前に陸海軍中央などと交渉案を協議して詰めることはしなかった。それをすれば、軍部から強烈な横やりが入って、妥結できるような交渉案を作ることは到底できなかったからだ。だから、近衛は、この極秘の交渉案を以て会談に臨み、もし妥結の見通しがたてば、直接天皇の御聖断を仰ぎ、軍部を抑え込んで一気に実現しようとの肚だったのだろう。

前述のように、近衛は当時、水谷川忠麿や中山優らを通じて蔣介石との和平交渉を試みており、弟秀麿をアメリカに送ってグルーとの会談実現も模索していた。近衛は、ソ連がこの交渉案に乗ってこなければ（むしろそれを予測して）、それを踏み台に一気に対米、対蔣介石和平に舵を切る肚だったのだろう。

なお、前記条件の中に、「兵力の若干を現地に残留、賠償として、一部の労力を提出」という点がある。これは後にソ連の参戦によって膨大な日本兵が捕虜となってシベリアに抑留されたことを一見連想させる。しかし、近衛がそのようなことを想定し、それも和平の条件に加えようと考えていたとは思われない。近衛自身、愛息文隆を満州に残していた。近衛と酒井が練り上げた和平条件は「賠償として一部の労力を提出することには同意す」とある。しかし、和平条件案の「解説」として詳細に記載された内容では、この条項について、「若干を現地に残留とは、老年次兵は帰国せしめ、弱年次兵は一時労務に服せしめること」とされていた。あくまで「一部の労力」を、「一時の労務」に服させることで賠償の一部としようというものだった。膨大な数の海外日本兵を、短期間で一挙に帰国させることは困難なのだから、老年次兵を優先的に帰国させ、弱年次兵は帰国までの間、労力を提供させるという、いわば一石二鳥的な面を考えていたのであろう。

シベリアで、膨大な日本兵の抑留者を出し、長期間苛酷な強制労働に服させられたのは、ソ連が参戦して満州になだれ込み、日本兵の捕虜を確保、拉致するという実力行使での既成事実によるものだった。もし、和平交渉が妥結すれば、当然連合国をも含むものとなり、ソ連の参戦はなくなる。蔣介石は日本の敗戦後ですら、二〇〇万の軍民の早期帰還を実現させた。

また、蔣介石は、ソ連が北海道の分割占領を求めたとき、中国の九州占領案を受け入れないことでソ連の野望を阻止した。もし和平が実現すれば、満州は中国の領土だから、ソ連が、満州になだれ込んで膨大な残留日本兵士を捕虜として長期抑留することはできなかっただろう。

近衛と酒井が練り上げたこの和平交渉案は、当時の状況下でよく考え抜かれたものだったと評価すべきだ。

近衛の天皇への上奏は、他の重臣と比べ、際立っていた

一九四五年二月、天皇は重臣たちからの個別の上奏を受けた。東條英機は強硬姿勢で上奏をしたが、他の重臣たちの上奏は、明確に和平を主張したものはなく、当たり障りのない煮え切らないものだった。若槻礼次郎は、満州事変にも反対し、戦争の早期和平を願っていたが、その若槻でさえ、天皇に和平を具体的に申し述べることはできなかった。

若槻は、次のように回想している（外務省編『終戦史録２』（Ａ‐72）（四九頁以下）に引用の若槻礼次郎著『古風庵回想録』）。

『どうしても休戦する外はありません』と申し上げなければならない。無論私の肚の中はそうであっ

たが、しかし私は、それを口へ出して言うことができなかった。そこが私の至らないところで、まことにざんきに堪えない次第であるが、どうも、直接陛下の御前で目のあたり陛下の御英姿を拝して『降参なさい』という意味のことは、何としても言上できなかった……今から思えばそこまで私の方から突っ込んで申し上ぐべきであったので、顧みて誠に自分の勇気のなかったことを恥ずる次第である」

当時は、和平を口にすることすらはばかれ、テロの対象とすらなり得た時期であり、内心は和平・降伏やむなしと考えていた他の重臣たちは、誰も天皇にそれを明確に述べることはできなかった。しかし、近衛だけが敢然と、日本の敗戦が必至であることと、国体護持のために和平が必要であることを明確に主張して上奏したのだ。

近衛上奏文は、歴史的に再評価されるべきである

近衛の上奏のとき、天皇は、「軍部は、米国は我国体の変革迄も考え居る様観測し居るが、其の点は如何」と御下問した。これは、九日に梅津参謀総長が、奏上で、アメリカは日本の国体を破壊し、焦土にしなければ飽き足らぬので絶対にアメリカとの講和は考えられず、それに反してソ連は日本に好意を有しているので、ソビエトの後援の下に徹底して対米抗戦を続けなければならぬと述べたからだった。

しかし、近衛は、「アメリカと講和する以外に方法はない～無条件降伏してもアメリカは日本の国体を変革して皇室までなくすようなことはしないと思う」と答えた。この点でも近衛の状況分析は軍部よりもはるかに的確だった。

近年、フーバー元大統領の『裏切られた自由』の公刊、ヴェノナ文書の公開などで、大戦中に大統領の側近や国務省などの多数の共産主義者やそのシンパたちが、ソ連のスターリンの利益のために暗躍してアメリカの国策を誤らせたことの指摘や主張が広まっている。

近衛上奏文には、梅津美治郎や池田純久に対する評価など、不正確なものも含まれているが、その基本的視点と主張は、今日の目から見ても正鵠を得ていたと評価すべきではないだろうか。

入江昭は、一九七八年に出版された『日米戦争』（A-53）（二七一頁～）で、近衛上奏文について、次のように高く評価していた。

「ここに見られるのは、政府の反米英的アプローチへの批判であり、小磯内閣がソ連や中共を利用して対米英戦を有利に展開せんとしている策略がいかに近視眼的で、日本の将来の独立にかんする洞察を欠いたものであるかを指摘したものである……（近衛は）『元来米英及重慶の目標は日本軍閥の打倒にあると申し居るも……（軍部の性格が変わり一部革新分子が除外されれば）彼等としても戦争の継続に付き考慮する様になりはせずや』と述べていた。当を得た観測である。近衛上奏文は、日本対外戦略の一大転換を迫る点で画期的な文献である……吉田の、米英を基調とする資本主義的国際関係の中に日本も参加して世界平和と国内政治の安定を目指そうという考えが基調にあった」

アメリカの場合は、共産党は合法な組織だったので、アメリカ共産党やそのシンパは、政府、大学、報道界などに広く活動していた。他方、アメリカの軍の内部では、共産党員の活動についてそれほど目立った動きはなかったようだ。日本の場合には、戦時中共産党が徹底的に弾圧されたため、党の組織の力はほとんどなかった。半面、陸海軍の中には、満州の関東軍を始め、資本主義に反対し、共産主義に共鳴する勢力が強かった。その背景には、兵士たちの多くが貧しい農村などの出身者で、財閥の腐敗や横暴に反感を持ち、共産主義の思想に共鳴する地盤があったからだろう＊67。また、自覚的な共産主義者ではなくとも、そのシンパや、意識せずにその影響を受けていた者も多かった。共産主義や社会主義と戦時の統制経済には外見上類似点が多く、自覚的な共産主義の思想を持っていた者とそうでない者の区別は、近衛自身が池田や梅津を誤解していたように容易ではない。

アメリカでは戦後、これに関する問題が自覚され、広範な調査や研究がすすめられ、解明が進んでいる。しかし、日本ではまだ、この問題について十分な調査研究がなされているとはいえないのではないか、という印象をぬぐえない。

近衛上奏文の基礎となった近衛が得た情報には、不正確ないし偏りがあるものも含まれていた。しかし、近衛上奏文が示した、日本を共産化しようとする策謀の存在の指摘は大局的には的確だった。重慶や米英との和平工作路線を否定し、対ソ一辺倒の和平工作路線に走ったこともそれと無縁でないだろう。アメリカにおいては、ルーズベルトの側近や国務省の幹部にソ連のスパイや共産党への協力者が多数存在し、アメリカの軍事や外交戦略を動かしたことは、戦後、マッカーシーのみならず、フォレスタル元海軍長官、パトリック・ハーレー元駐華大使らによっても強く批判された。議会の非米活動委員会での調査でそれらが暴かれ、ヴェノナ文書の発見はそれを決定的なものにした。

日本の場合、戦時中共産党は厳しく弾圧されたので、アメリカ共産党のような活発で公然とした組織的活動はなかった。尾崎ゾルゲ事件はもとより、陸軍の幹部将校にソ連と通じた者がいたことなどは指摘されている。しかし、まだ、この問題についての、十分で徹底した解明はなされていないのではないだろうか。

＊67　新谷前掲書は、憲兵隊長だった大谷敬二郎が、吉田茂の大磯の邸宅を訪ねたとき、その豊かな自然の中の豪壮な風情を見て、「根っからの自由主義者、平和主義者だったと自認している人々の多くは、その頃軽井沢や箱根やその他の別荘で、……戦争の圏外に立って、国民大衆が命を捨て、財を失いつつも郷土に踏み止まり、職場を死守したのをひややかに眺めていた人たちではなかったか」と冷ややかに回想したことを引用している（四〇五頁～）。近衛が共産主義を批判し恐れていた心理の中に、このようなことへの洞察もあったかどうかは疑問である。

近衛の和平工作は「ポーズ」ではなかった

近衛は、盧溝橋事件勃発当時からも、戦局が悪化してからも、様々な和平工作を試みた。しかし、日米諒解案交渉、トラウトマン工作、桐工作など、政府や軍部が取り組み、公的な記録も多く残されている和平工作以外の、近衛自身による水面下の工作については、遺書や手記で、ほとんど語っていない。それらは、近衛の遺書の「僕は支那事変に責任を感ずればこそ、此事変解決を最大の使命とした」という、わずか一行の言葉に凝縮されている。もし、これらの工作が、近衛が戦後に向けて自分の政治的地位や立場を良くし、戦争責任を回避したり緩和させるための「ポーズ」であったとしたならば、近衛は自分があらゆるルートを使って和平に腐心していたことを、自己弁明のためにもっと具体的に書いたり語ったりしたであろう。当時、和平工作に取り組む人々はテロの攻撃を受けるおそれすらあった。近衛は自分のみならず、肉親の文隆や秀麿まで生命の危険を冒して和平工作に取り組ませた。それらを「近衛のポーズであった」と批判するとすれば、全く当を得ていないであろう。

近衛は、「国民政府を対手とせず」の悪名高い近衛声明、三国同盟の締結、南部仏印進駐などの政治的失敗を厳しく指弾される。しかし、その責任を深く自覚した近衛は、眼前のテロの危険を顧みず、ルーズベルトとの交渉実現のために心血を注いだ。日米開戦後は、一変した世論の冷笑に晒され、憲兵隊の厳しい監視の中で、敗戦間際まで、肉親を命の危険に晒してまでも、重慶やアメリカとの水面下の和平工作に努力した。政府や陸海軍中央が盲目的にソ連頼みの和平工作一辺倒となっていたとき、近衛だけが、ソ連や共産主義の危険を強く自覚し、天皇に和平を強く上奏した。近衛は単なる「ポピュリスト」ではなかった。

第４章　「悲劇の宰相、最後の公家」だった近衛文麿

近衛文麿ほど、戦後八〇年近くを経ても評価が分かれ、いまだに定まっていない人は稀である。近衛を論ずるためには、その前提として、「近衛の思想の変遷」と「常人には測りがたいほどの天皇、皇室に対する崇敬と忠誠」の二つが重要であろう。この二つの軸が定まらなければ、近衛を正しく理解することはできない。これを踏まえて私の近衛論を述べたい。

１　思想を大きく変化させた近衛

近衛は若いころ河上肇の薫陶を受けてマルクス主義に傾斜した。議会主義や政党政治を否定ないし軽視し、ヒトラーにあこがれて、仮装パーティーでヒトラーに扮したこともあった。もし、近衛が若いころ共産主義思想に染まり、それが近衛の思想行動を終生支配した、と考えるなら、近衛上奏文は「自らが共産主義者でありながら、仲間を敵に売り渡した裏切り者で上奏文は虚偽の塊である」という結論となろう。そうであろうか？

近衛は組閣の当時、後述する「先手論」により、右も左も自分の傘下に取り込む、という手法をとった。しかし、自分が取り込んでいたはずの左翼勢力に、実は近衛自身が取り込まれていたことに次第に気付いた。尾崎・ゾルゲ事件がそれを決定的なものにした。また、右翼や軍部の革新勢力を取り込むことで議会主義や政党政治を否定ないし軽視した近衛は、これらの勢力からいいように利用されて押し流された。近衛はその誤りに気付き、その思想は変化した。私たちの世代でも、暴力的共産主義革命の学生運動に没頭した若者が、後に資本主義の中枢を担う企業戦士として活躍した人は多い。ある思想を真摯に追求するほど、その矛盾や誤りに気付くとその思想から離れていくのはめずらしいことではない。

近衛は、その「先手論」「毒を持って毒を制す」の手法で、右翼、革新軍人、左翼などあらゆる層の人々を取り込もうとした。そのため、英米尊重の生粋の議会主義者だった元老西園寺公望は、近衛以外に政治の頂点に立てる者はいないとは思いつつ、近衛の言動を常に危惧、警戒しており、それを煙たがる近衛との関係は芳しくなかった。第二次近衛内閣の書記官長だった富田健治は、一九四〇年ころ、近衛が『今の政党はなっていない……議会主義では駄目……議会主義をたたきつけなければならない。議会政治の守り本尊は元老西園寺公です。これが牙城ですよ』とハッキリいわれたので流石の私も愕然としたことを、今でも記憶している」と回想する（富田健治『敗戦日本の内側』（C-22）一一一頁）。しかし、近衛は、結局、自己の考えや手法の甘さに気付き、それが戦争を泥沼化し、日本の敗戦に至らせた過ちを自覚した。

近衛は、大東亜戦争が激しくなったころ、富田健治に、しみじみ述懐した（富田前掲書五二頁）。

「西園寺公はやはり偉い人だった。徹底した自由主義者、議会主義者だった。自分は思想的にいろいろ遍歴した。社会主義にも、国粋主義にも、ファッショにも、心を惹かれたことがある。色々の思想党派の人々とも親交を持った。しーかし老公は徹底していた。終始一貫して自由主義、政党主義であった。自分は一国一党のナチス化はあくまで防いだけれども、大政翼賛会という訳のわからないものを作ってしまった。が矢張り老公の政党政治が一番無難のものだった。これ以外には良い政治方式はないかも知れない。識見といい、勇気といい、矢張り老公は偉い人だった」

この言葉が近衛の思想の変遷のすべてを語っているといえるだろう。

２　近衛の「先手論」と「毒を以て毒を制す」

近衛の行動や政治活動に一貫して流れていたのは「先手論」と「毒を以て毒を制す」という思考様式だった。右であれ左であれ、自分が一定の立場に立ち、旗幟を鮮明にして政権を担おうとすれば、常に反対思想の勢力から批判されて対立し、政治対決や闘争を余儀なくされる。だから、そのような批判や対立を招く前に「先手」を打って、反対勢力を自己の勢力ないし影響下に取り込んでおこう、というのが「先手論」だ。

毒を以て毒を制す、というのは、「毒」である勢力と直接対決すれば自分がやられてしまうので、自分のうちに「毒」の勢力を抱えることで「毒」からの自分に対する攻撃を防ごうとするものだ。これも「先手論」の一つの表われといえよう。共産主義であれ、右翼であれ、その「毒」の勢力と直接対決するのでなく、「先手」を打ってこれら勢力を自分の側に取り込んでおき、自分は、それら勢力相互の対立・拮抗関係の上に立つことによって、自分に対する直接的な攻撃を防ぎ、全体を操りながら自分が思う方向へと進めていこうというものだ。走ってくる暴れ馬の群れの前に立ちはだかれば、蹴り殺されてしまう。しかし、立ちはだかるのでなく、その群れの先頭の馬に飛び乗り、巧みに手綱を引いて、群れの速度を落とさせたり、方向を徐々に変えていこうというものだ。近衛には、他の政治家には到底望めない名声と絶大な国民的人気があった。近衛は、それは自分ならやれる、あるいは自分にしかできない、と思っていたのだろう。しかし、この思考様式は、大きな危険をはらんでいた。自分のうちに取り込んで制御できると思っていた勢力の群れが手に負えなくなるほど勢いを増し、暴走してしまうかもしれない。現にそのとおりになった。近衛の政治人生はまさにそのようなものだった。
近衛の「先手論」や「毒を以て毒を制す」の思考様式を示すエピソードは多い。

軍人に「先手」を打った革新策の推進

近衛は、軍人が政治の世界に革新論を持ち込むことを警戒する一方で、議会主義や政党政治の無力や堕落を痛感していた。近衛は西園寺公望に

「(世界のブロック化を論じた上で)軍人が起とうと起つまいと、満州事変が起ると起るまいと、これは国民が当然辿るべき運命である。……政治家にして此の国民の運命に対する認識に欠ける以上、軍人の熱は決して冷めない。そして軍人が推進力となって、益々此運命の方向に突進するに違いない。しかし軍人にリードされるのは甚だ危険である。一日も早く政治を軍人の手から取り戻す為には、先ず政治家が此運命の道を認識し、軍人に先手を打って、此運命を打開するに必要なる諸種の革新を宣伝する外はない」

と屡々言うと、西園寺は「また近衛の先手か」と笑ったという(有馬頼寧『宰相近衛文麿の生涯』(C-7)一七頁)。

軍部に責任を取らせる政治体制など

近衛は、軍部が横暴に政治に介入することを防ぐためには、軍部自身に政治の責任を負わせることで自らを制御させようと考えたこともあった。五・一五事件後の組閣の際、近衛は、西園寺に対し、「あくま

で議会政治と政党政治を守りとおすべきである。もしそれがどうしてもできないなら、きわめて危ない方法ではあるが、逆に軍部に思い切って責任をとらせたらどうか。全面的に責任を負うことになれば、軍部も『政府外の政府』というような地位から、あくどい政治干渉をやることをやめるだろうし、そのうち必ず失敗して、軍の政治的立場も精算されることになる」と強く進言した。しかし、西園寺はこれを入れず、齊藤実の中間内閣が成立した（矢部貞治『近衛文麿』（C-6）四五頁～）*1。

近衛は第一次内閣組閣後、すぐに取り組んだのは、血盟団事件、五・一五事件、二・二六事件などの受刑者、また共産主義運動で有罪となった者や目下審理中のものなどの大赦や恩赦だった。斎藤内閣の陸相であった荒木貞夫の熱心な進言を受け、政治の貧困が生んできた国内の対立相克を緩和しようというものだった。統制派一辺倒になりつつある軍部に皇道派の勢力も取り込もうとも考えたのだ。しかし、これは統制派や宮中、元老、重臣方面の反対で実現には至らなかった（矢部前掲書八一頁～など）。

近衛は第二次内閣で松岡洋右を外相に起用した。松岡の奔放で独断的な政治姿勢や行動には危うさの「毒」があった。しかし、敢えて松岡を登用したのは、松岡の「毒」を以て、軍部の「毒」を抑え込めるだろうとの期待があったからだった。しかし、この「毒」が効きすぎて、近衛は日米諒解案交渉で松岡に振り回されることになってしまった。第一次内閣で、右翼とつながりの深い末次信正を内相に起用したのは、それによって右翼の抑えを効かそうと考えたからだった。しかし、末次の「毒」が効きすぎてトラウトマン工作を潰してしまったのも似たようなものだった。

*1　五・一五事件のしばらく前の一九三二年三月下旬、政変の予測を踏まえた近衛は、西園寺に、陛下がリベラルであることが陸軍と衝突する原因だとして「膏薬貼りではいかぬ、どこまでも新しく政局を担当する者は根本的にやらねばならぬ～先手を打って平沼を出せ～荒木を出せ」などと言った（筒井清忠『近衛文麿』（C-14）九八頁）。

右翼勢力の取り込み

革新右翼であれ観念右翼であれ、これを政治体制の埒外においておけば、暴走し、あるいはテロの危険を招くことになる。近衛はこれら勢力も自己の影響下に取り込んでおこうとした。近衛が右翼で最も頼りにしたのが、父篤麿以来の縁がある頭山満だった。頭山の力を借りれば、右翼を抑え、また日中和平の支えにもすることができるからだ*2。

近衛は、一九四一年三月、頭山満や小川平吉の紹介で、井上日召と会って意気投合し、井上を荻久保の自邸に、食客として住まわせた。井上日召は、血盟団事件で実刑判決を受け、八年余の在獄の後、仮出獄していた。井上は近衛の私邸に泊まり込んで相談役を務めるようになった。人一倍テロを恐れていたという近衛は、井上を食客とすることで、右翼勢力ににらみを利かせ、テロを防ごうという考えがあった（鳥居民『昭和二十年（1）』（A-74）七四頁〜）。

＊2　盧溝橋事件発生後の一九三七年八月初め、近衛は頭山満を蔣介石と会談させることを考え、原田熊雄に「蔣介石と自分が手を握るということになると、北支に政権を樹てようと思っているような右傾の連中が騒ぎ出す。その時にやっぱり毒をもって毒を制するのに、頭山を使ったらいいじゃないか」と言った（『西園寺公と政局　第六巻』五七頁）。近衛は、その後、頭山満を内閣参議（一九三七年一〇月創設）にしようとして湯浅倉平内大臣に拒絶されたこともあった（筒井前掲書一九〇頁〜）。

左翼勢力の取り込み

若いころ共産主義に傾倒した近衛は、自分の政治勢力に共産主義者や社会主義者らも積極的に取り込もうとした。それは、当時、農村の疲弊や財閥の腐敗に対する怒りや批判が高まり、共産主義思想が社会の様々な分野に浸透していた状況にあって、高貴な身分の華族である近衛が全国民的な支持を受けるためには、これら勢力を取り込むことが重要だったからだろう。第一次内閣組閣当時の二・二・六事件等の関係者の恩赦運動の中には、共産主義者で有罪とされた者も含めようとしたのはその考えの表れでもあった。

近衛のブレーンであった昭和研究会のメンバーには、右から左まで様々な思想の者を含めており、風見章や尾崎秀実がその中心人物となったのも、近衛のこのような考えが基礎にあった。風見や尾崎と近衛の関係については後述する。

盧溝橋事件勃発の際の「先手論」

盧溝橋事件勃発の際の近衛や風見書記官長がとった対応は、まさに近衛流の「先手論」だった。当時、軍部の拡大派や、社会の広い層に高まっていた暴支膺懲論や拡大論が増長して暴れ馬のようになるのを防ぐためには、近衛内閣が単に非拡大論を唱えるわけにはいかない。かつて国際協調主義一本で通した幣原は対中国軟弱外交だと激しく批判された。近衛には、むき出しの権力も政治力もなく、財力もなく、あるのは絶大な国民的人気と、それを利用しようとする軍部の支持だけだった。だから、ひとたび世論や軍部の支持を失えばたちまちその政治的基盤は壊れる運命にあった。どんなに世論や軍部の大勢から厳しく批判され、その支持が失われようとも、断固として非拡大論を公に主張して信念を貫くのであれば、近衛の唯一の政治的基盤を失い、政権を失うしかなかった。近衛に政権への執着はなかった。しかし、ほかに近衛に代わって国民的支持を得られる首班はおらず、近衛にそれが許されないところに悲劇があった。

暴れ馬の集団を停止させたり方向を変えさせようとして前に立ちはだかれば蹴り殺されてしまう。立ちはだかるのではなく、その上にまたがって暴支膺懲の世論や軍部の拡大派をある程度満足させ、その勢いを吸収しながら、事変拡大を巧みに回避する必要があった。いわば「ガス抜き」のための「先手論」だった。近衛が派兵決定や声明などで中国への強い威嚇姿勢を示す一方で、同時並行的に様々なルートで蔣介石と和平・拡大防止の会談を行おうと努力していたのはその表れだった。しかし、近衛は結局暴れ馬を制御できず、振り落とされてしまったのだ*3・4。

＊3 戸部良一は「何故、あえて暴支膺懲熱を煽るような行動に出たのか。……軍人の先手を打つ、という彼の『先手論』である。つまり、陸軍の大勢が派兵に固まった以上、軍をリードするためには、むしろここでその主張を採用し、さらにその一歩先を行くことが得策だとみなされた。そうすれば軍の信頼を集め、やがては軍のコントロールも可能になると考えられたのであろう……近衛は、事態をそれほど深刻にはとらえていなかったことになる。すなわち、派兵しても重大事には至らず、武力で威圧し日本の挙国一致の姿勢を示せば中国は簡単に屈服し、うまくいけば懸案解決の機会さえ得られるだろうとの、事態楽観が近衛にもあったわけであり、それは拡大派の判断と共通したものだったといえよう（『ピース・フィーラー』（B-2）二一頁）」としており、的確な分析であろう。

＊4 他方、東亜局長だった石射猪太郎は、近衛らの「先手論」を手厳しく批判していた。七月一一日朝、石射は、広田外相に内地師団を含む動員派遣案に反対するよう進言したが、広田はあっさりと動員案に同意したため石射は失望した。石射が夜に官邸に行くとお祭り騒ぎのようににぎわっていた。石射は、「政府自ら気勢をあげて事件拡大の方向へ滑り出さんとする気配なのだ。事件があるごとに政府はいつも後手にまわり、軍部に引き摺られるのがいままでの例だ。いっそ政府自身先手に出る方が、かえって軍をたじろがせ、事件解決上効果的だという首相側近の考えから、まず大風呂敷を広げて気勢を示したのだといわれた。冗談じゃない。野獣に生肉を投じたのだ」と慨嘆した（石射猪太郎『外交官の一生』（G-10）二六六頁～）。

３　昭和研究会、風見章、尾崎秀実と近衛

風見の書記官長起用も、近衛の「先手論」だった

風見章は、早稲田大学を卒業し*5、朝日新聞記者などを経て、一九二三年から五年間、信濃毎日新聞主筆を務めた。労働者や農民の側に立った論陣を張り、一九二七年に発生した岡谷製糸での労働争議では、連日、社説で労働者支援の主張を続けた。また、同年一二月から約一年間、同紙に「マルクスに付いて」という署名記事を一二回連載し、共産党宣言を最大級の賛辞をもって紹介した。この連載は、「赤い信毎」との攻撃を招き、風見が苦しい立場に追い込まれて信毎を去る原因ともなった。風見は、長野時代には、在日カナダ人宣教師ダニエル・ノーマンと家族ぐるみの付き合いをしていた。その息子ハーバード・ノーマンはカナダ人の外交官だったが、戦後、マッカーシズムが吹き荒れる中で、共産党のスパイであったと疑われて自殺した*6。風見は一九二八年、信濃毎日新聞を退社し、一九三〇年、茨城四区で衆議院議員にトップ当選し、以後四回連続当選した。風見は第一次近衛内閣発足の数か月前、昭和研究会の支那問題研究会の委員長に就任していた。近衛は風見と接点はなかったが、第一次近衛内閣が成立すると、首相となった近衛文麿は当時全く面識の無かった風見を内閣書記官長に抜擢した。それは、貴族である近衛が、貧しい農民や労働者層も含めて広く国民的支持を受けるために効果的な「サプライズ人事」だった。この抜擢は、「野人翰長（※内閣書記官長の意）」として好評だった。

この抜擢は、風見自身にとっても驚きだった*7・8。

近衛が風見を抜擢したとき、風見が信濃毎日新聞にマルクス主義紹介や労働者支援の社説を連載していたことを知っていたかどうかについては、説が分かれる。しかし、軽井沢に籠って読書にふけることが多かった近衛が、地元紙である同新聞の岡谷製紙の争議の報道や風見の一年間の連載を読んでいなかったと

は考えにくい。近衛は、それを知った上、あえて「先手論」として風見を抜擢したのではなかろうか*9。

*5　風見は、早稲田在学中、杉浦重剛の「称好塾」に起居して学び、中野正剛、緒方竹虎と生涯の知己となった。

*6　ノーマンと近衛との関係については後述する（二七一頁〜）。

*7　近衛が初めて風見を知ったのは、一九三〇年に森恪を通じてだという。森は、政友会の政治家で田中義一内閣のとき、山東出兵など中国進出を推し進めたが、近衛とは近かった。風見は一九二八年二月の初めての普選で茨木県で民政党公認で出馬して敗退したとき、反対党であった政友会森恪からの選挙資金の提供を断った。森は風見を気骨のある男だと評価し、近衛にそれを語っていた。昭和研究会の創設者で近衛のブレーンであった後藤隆之助によると、組閣の半年頃前、近衛と相談した際、書記官長には誰がいいかという話になり、近衛から「風見というのは面白いやつだ。どうだろうか」という意見が出たという。そこで、後藤は、風見を昭和研究会の外交委員会に入れ、委員長に据えていた。後藤隆之助や近衛の後見役だった志賀直方も風見を勧めたという。志賀直方は小説家志賀直哉の叔父で、政治運動家であり、皇道派との関係が深かった（筒井清忠『近衛文麿』（C-14）一四八頁〜）など）。

*8　宇野秀『評伝風見章』（C-49）（一〇三頁〜）によれば、一九三七年六月一日、近衛への大命降下のニュースがあったとき、風見は朝日新聞時代の友人関口泰、尾崎秀実はじめ「風見党」と呼ばれた地元の支持者一〇人で筑波山に登る小旅行をし、帰京したら近衛からの呼び出し電話があったことを知り、近衛に呼ばれ、内閣書記官長を乞われて受けた。

*9　工藤美代子によれば、六月四日の組閣当日、帰宅した近衛が岩淵辰雄に密かに調べさせておいた風見の調査報告書を読み、風見が、岡谷製糸での女工スト事件に同情し争議支援の先頭に立ってストを大いに鼓舞したことや「マルクスについて」の連載をしていたことを知り、近衛はすっかり眠気を覚まされ、マルクスの共産党宣言を絶賛する男が自分の内閣の書記官長に納まってしまったことに衝撃を覚え、口外できない極秘扱

いとする腹を決めた、という（工藤美代子『近衛家七つの謎』（C-31）四一頁〜）。他方、須田禎一は、「近衛は、風見の信毎の社説が卓抜なのに気が付いて愛読していた。製紙女工問題で視察に来た河原田稼吉から風見主筆の名を耳にしたこともあるはず」としている（須田禎一『風見章とその時代』（C-48）一〇五頁〜）。

昭和研究会と近衛、風見、尾崎

《昭和研究会の創設と風見と尾崎の参加》

酒井三郎は、後藤隆之助の側近として昭和研究会に参加し、昭和研究会の創設以来の事務運営を担い、戦後は日本音楽著作権協会理事長などを務めた。酒井は、昭和研究会の設立から解散に至るまでの活動等の詳細な記録を残した（酒井三郎『昭和研究会』（C-50））。

昭和研究会（※一九三三年一二月に設立され一九四四年一一月に廃止）は、近衛文麿の一高や京大の同窓生で終生その右腕であった後藤隆之助が主宰する近衛の私的ブレーントラストだった。当初は私的勉強会だったが、近衛が首相候補として浮上してからは正式団体となった。現行憲法の範囲内での国内改革を目指すこと、既成政党を排撃すること、ファシズムに反対することを根本方針とし、日本の国力の充実発展を期するために外交、国防、経済、社会、農業、教育、行政などの各分野の調査研究を行う組織となり、各分野ごとに専門委員会や研究会が設置された。主な顔ぶれは、大蔵公望、賀屋興宣、佐々弘雄、東畑精一、蠟山正道、風見章、有田八郎、牛場信彦、宇都宮徳馬、矢部貞治、吉田茂、笠信太郎など、各界の錚々たる人物であった。ゾルゲ事件の尾崎秀実や、治安維持法で検挙された三木清をはじめとして、共産主義者ないしその転向者もいたため、「アカ」との批判攻撃を受け続けた。大政翼賛会が組織されるとともに昭和研究会も発展的に解消するという名目で解散に至った。

一九三六年六月、研究会に支那問題委員会が設置されるとき、酒井は風見を訪ねてこの委員長となることを依頼した。快諾した風見は、早速人選に入り、「今若手では一番だな」と推薦したのが尾崎秀実だった。酒井は尾崎を朝日新聞社に訪ね、尾崎も快諾した。風見は、同年一二月の研究会正式設立の際、委員に名を連ねた。

《昭和研究会自体は、日中戦争拡大に反対だった》

昭和研究会は、右から左まで各界の指導的人士の集まりだったが、盧溝橋事件勃発後、基本的には非拡大論を主張した。一九三七年一二月、支那事変収拾第一次案を決定して近衛内閣に進言し、「あらゆる外交機略を発動して、まず蔣介石を中心とする国民党政権を、中国における唯一の中央政権と認めて、これを相手に事変の収拾を図ること」とし、和平条件についても日本軍の完全撤退を原則とすることを訴えた。満州国の承認については、いまだすべきでないと見送り、また賠償金は要求すべきでないとの主張だった。

後藤隆之助や酒井三郎らにとって、一九三八年一月一六日の「国民政府を対手とせず」の近衛声明は青天の霹靂であり、その意図するところがまったくわからなかった。その後近衛に会った後藤は、「うちの若い連中はあの声明にがっかりしている。というより近衛公に失望しきっている」と決めつけた。酒井も後藤を通じて近衛に依頼していた揮毫を「もう要りませんよ」と断ったという（杉森久英『近衛文麿(下)』(C-12)一九一頁〜)。

《次第に頭角を現した尾崎》

尾崎は、風見から引き立てられ、一九三七年四月、昭和研究会に参加し、六月には近衛内閣の書記官長になった風見に代わって支那問題研究部会長を引き継いだ。七月には東京朝日を退社した。尾崎は、風見と親密に会って支那事変処理を論じ、近衛総理の秘書官らと共に政策に関する議論ができる「朝飯会」の主要メンバーとなり、この関係は、第二次近衛内閣、第三次近衛内閣まで続いた。中国上海での記者活動の経験もあり、博学で人当りも良い尾崎は、次第に昭和研究会や朝飯会などで活躍する中心人物となった＊10・11。

翌一九三八年七月、風見の手配で近衛内閣の内閣嘱託となり、首相官邸内に部屋を持って執務するようになった。

＊10 犬養健は、近衛内閣の逓信参与官当時、毎日午後になると逓信省から官邸に出かけて風見書記官長の下で支那事変処理の仕事を手伝っていた。官邸の一室で、内閣嘱託の尾崎秀実を風見から紹介された。犬養は「風見には茫洋とした包容力があり、風見氏の部屋はシナ事変に苦心している幾人かの青年にとって、居心地のいい避難港のようであり、風見の勧めで、南京陥落直後の上海の様子を視察に行った……風見氏は、日本に中国の基礎的研究が欠けていることをよく知っていた……官邸の近くの貸しビルの一室に「シナ研究室」という名の研究所を設けてくれ……自分が代表名義人になった」と回想する（犬養健『揚子江は今も流れている』（B－8）三四頁～）。

＊11 工藤美代子によれば、一九三七年六月三〇日の朝飯会では、尾崎が「内閣発足間もない時局重大な折から、またこのような情報をお伝えしなければならないのはまことに遺憾……来る七月上旬、北京周辺においてわが軍に対して不穏の動きをなす分子の活動が予想されております。これが発火点となって日中間の戦争へ発展、さらに長期化するおそれさえ報告されておるのです……先頭で攪乱するのは宋哲元率いる二十九軍でしょう……この背景にいて働くのは重慶を本拠にする藍衣社に決まっています……中国共産党も目を離せません。劉少奇の配下にある学生が突出して衝突するのかも知れません。……こうした部隊のどれか一つ、または複合しながら大規模な戦闘に発展する可能性が考えられます……近衛内閣としては事前予知と現地対策を急がれたほうが賢明だと申し上げたい」などと発言し、皆驚いた。黙って聞いていた近衛は、食事後、牛場に手配を指示した。風見は「さすがだな、あんたの分析力は大いに役立つと思うよ」とほめそやした。後に、一九三八年六月二五日、不忍池で、風見は尾崎と密会し、尾崎を七月から内閣の嘱託とすることを持ちかけ

た。それには、一年前の尾崎の上記情報の確かさが効いていたという（工藤前掲書五四頁〜）。

論者の中には、近衛も風見も尾崎も、みな一枚岩の共産主義者だと評価するものもあるが、そうではない。尾崎は最初から最後まで確信的な共産主義者であり、ソ連の忠実な僕であり、コミンテルンの指示に従い、中国に共産革命を起こし、日本もそうしていこうと考えていた＊12。

＊12 ゾルゲは、当初はコミンテルンの一員だったが後に赤軍第四本部に移った。尾崎をコミンテルンに推薦したのはゾルゲだった。尾崎自身は自分がコミンテルンの一員だと認識しており、ゾルゲもそう考えていた（リヒアルト・ゾルゲ『ゾルゲ事件獄中手記』（C-51）六四頁）など。

《共産主義者尾崎、社会主義者風見、元共産主義シンパの近衛》

近衛は、若いころはマルクス主義に傾倒したことはあったものの、その後は変化した。むしろ近衛の本質は天皇制の下での伝統的な保守、日本主義、アジア主義にあった＊13。近衛が組閣するときに右から左まで広い閣僚を登用したのは、国民的支持基盤確保を狙った近衛の「先手論」によるものだった。後に近衛は、共産主義の浸透蔓延を恐れ、強固な反共主義者となった。

＊13 杉森久英は「近衛は見たところ近代的紳士で、社会主義、共産主義にも充分の理解をもっておたが、その心情は案外古風で、先代篤麿以来のアジアの独立、復権、白人による植民地支配排撃の夢は一日も忘れようとはしなかった。その点では彼は、生半可な右翼以上の、筋金入りの右翼だった」とする（杉森久英『近衛文麿（下）』（C-12）二〇九頁）。

風見は、若いころから、虐げられる労働者や農民への強い同情心を持ち、基本的に社会主義者であっただろう。しかし、尾崎のようなコミンテルンに属するソ連の忠実な僕ではなく、ソ連に対しては、警戒心や批判も抱いていた＊14。

＊14『風見章日記・関係資料』（C-47）（五四頁）によれば、近衛第一次内閣入閣の連絡を受ける数日前の一九三

七年六月一日、風見はシドニー・ウェッブ著『共産主義露西亜』を読み耽っていた。シドニーとベアトリス夫妻は、晩年までマルクス主義者ではなく、元来の革命家でもなかった。社会主義者として漸進的な社会の改革を進めていくとの考え方だった。イギリスは資本主義から社会主義に漸進的に移行すべきだとするフェビアン協会の指導方針を支持していた。ロシアの共産革命についても、当初は批判的、懐疑的であり、コミンテルンに対しても反感を持っていた。ただ、一九三二年、夫妻はソ連を訪ねて大歓迎を受け、ソ連が実施していた五か年計画の進展を目の当たりにした。一九三四年、シドニーは再び単身でソ連を訪問した。夫妻はこれによりソ連と、いわば恋に落ち、晩年になってからは、ソヴィエト・コミュニズムを礼賛するようになった（木村定ほか『ソヴィエト・コミュニズム』（C-58）など）。この風見が読んでいたシドニー・ウェッブの著作は特定できないが、このエピソードは、風見がソ連や共産主義一辺倒の人物ではなかったことを窺わせよう。風見の日記には、貧困に苦しむ農民や労働者の生活についての記述が多く、その同情心がよく表れている。しかし、風見の後述のスターリンに対する厳しい批判にも照らせば、風見は、尾崎のようなコミンテルンのスパイではなく、人間性を尊重する社会主義を目指していたのではなかろうか。

一九四四年一一月六日、スターリンは革命記念日における演説で日本を侵略国だと非難した。しかし、日本政府は公然と反論しなかった。風見はそれに関して、日記や論考で、次のように繰り返しソ連を激しく批判し、日本政府の弱腰を非難している（『風見章日記・関係資料』（C-47）二七四頁～）。

「（九月二七日）ナチス政権崩壊して独ソ戦争が終結すれば、ソ連が英米に味方して太平洋戦争に参加するであろう公算は今は頗る大きく、寧ろそれは必至の勢いであると見るのが至当であらう。……ソ連は極東防備軍を増大し、支那共産党を支援するなどの方法で英米のために日本を牽制し若しくは日本の戦力消耗を図るだけでも参戦の実を挙げることができ、積極的に参戦するにしてもソ連領を英米の軍事的利用に委ねるだけで大いに英米を助けることができ、大いに参戦の効力を英米から買ってもらえる。…

…ソ連がコミンテルンを解消したのは、社会主義世界革命気運促進の運動から手を引いたのではない。今次大戦は社会主義世界革命の温床であり、ソ連の指導者はその情勢を素早く認識していたので、コミンテルンの存在理由の大部分を喪失し、無用の長物になったのであり、英米との協調のためにその抹殺が必要だと知るや何の未練愛着もなく無造作に解消を断行したのである。ソ連の指導者からは、立国の最高理想たる社会主義世界革命の幕はすでに切って落とされた。したがってソ連は英米と反発しあうような政策をとる必要はなくなった。自国の復興のために英米から大きな支援を仰ぐことと将来のために太平洋に権威ある発言権を獲得するためには、英米に味方して太平洋戦争に参加するにしくはなくなった。日本が西部太平洋上の一大勢力として存在するために斡旋するのと、西部太平洋における日本の勢力を弱化させるために英米に味方して太平洋戦争に参加するのいずれかについてはソ連は後者をとる公算が大である。かくてソ連がその利益のために日本と英米の間に和平を斡旋する用意があり、その可能性が実現するかのように考えるのは、誠に失笑に値するほどの甘き希望的観測である」（二七四頁～）

「（一一月一一日）一一月六日、ソ連革命記念日におけるスターリンの演説が九日付新聞で報道された。日本を侵略国だと断定してゐる。それから三日目の今日になっても、この演説に当局も新聞も一言一句の批評、または反駁すら加えて居ない～まったく腑に落ちぬことである」（二九八頁～）

「（一一月一五日）翼政会はスターリンの演説に対し、その名において反駁する声明をふさんことを内閣と協議したるに、内閣はこれを許さずとの事也。……内閣の因循姑息、ただ、あきれるの外なし……これは公然日本の戦争目的の正義性を否定したものだ。この見地から、意義頗る重大である。日本に対してひどい侮辱だ。まさに一個の挑戦的言辞である。……ソ連は今や日本を嘗めきっている。～日ソ中立条約はこの演説によって、ソ連により実質的に破棄された」（三〇〇頁）。

「（同）ソ連は日本に向け、戦神をして羽ばたからしめつつある。戦神マルスは日本人の思惑などにはちっとも気にかけずに、何れは日ソ国境の中天高く舞い上がることだろう。……日本はスターリンの演説に対し、即刻、断乎反駁すべきであった。……ソ連が日本と断交するだろう。英米の味方となって日本を攻めてくるだろう。そうなるとその結果はどうなる？　日本の敗亡は直ちに決定される。これほど恐ろしいことはない。……ソ連は何時日本にのしかかってくるだろうか。……想像されるのは、ソ連が支那よりの撤兵と満州の開放と朝鮮の独立とを日本に勧奨するの態度に先ず出ずるだろうことである。勿論難題の吹きかけである。当然日本は承知できない。それを口実として、日本の侵略的方針をこらさねばならぬとし、英米とともに日本を攻めることになろう」（三〇二頁〜）

このように、風見は社会主義者ではあるが、ソ連の対日戦参戦の意図とその侵略意思を正確に見抜き、ソ連を鋭く批判していた。ソ連一辺倒だった尾崎とは大きな違いがある＊15。他方、風見は、ソ連の追随者ではなくとも、戦局の悪化に伴って、次第に天皇制を否定する社会主義革命への思想に変化し、強めていくことになった。

＊15　風見が、一九三九年八月に書いた手記「東亜新秩序建設一般経路」では、「対外策として我が国に関する限りソ連をして常に孤立の地位にあらしむる工作施策を必要とす……この見地に於ては独伊防共枢軸なるものに深入りす可らず……対ソ関係は最初はこれを牽制し、それがためにその孤立を策し、東亜新秩序の建設漸次その歩を進むるに随ってソ連とは互いに不侵不犯の関係を樹立し、ソ連をして其の力を欧州方面に用ひしむる様リードするを必要とす（前掲『風見章日記・関係資料』一〇七頁）としていることからも、風見は日本がソ連と距離を置くべきだと考えており、尾崎のようなソ連一辺倒でなかったことが窺える。

近衛と風見、尾崎は一枚岩でなく、変化した
《日中戦争の拡大を煽りに煽った尾崎》

尾崎は、前掲の上申書での供述のように、基本的に日中戦争の拡大により国民党を疲弊させて中国の共産化を招こうとし、それが日本の共産化につながると考えていた。尾崎は、逮捕後の上申書で次のように供述した（尾崎秀実『ゾルゲ事件上申書』（C-48）三八頁〜）。

「七月一一日、北支事変に対する日本の強硬決意が決定せられた時、支那事変の拡大を早くも予想したのみならず世界戦争に発展することを断定し、それのみか、私の立場からして世界革命へ進展すべきことすら暗示したのでありました。昭和一二年八月号『中央公論』誌上に北支問題の重要性を論じ『今日我国人はこの事件の重大性に気付いてはいないであろうが、それは必ずや世界史的意義を持つ事態に発展するであろう』と述べたのは曖昧な言葉ではありますが自分としてはこの意味であったのであります」

尾崎秀実

ただ、尾崎は、その段階では、まだ事変の拡大を煽る言動はしていない。むしろ、事変勃発直後は、尾崎は風見に対して不拡大論を主張していた。会としては不拡大論だった昭和研究会で、尾崎が当初からこれに抵抗して拡大論を主張した形跡は見当たらない＊16。尾崎は、近衛も昭和研究会も非拡大論であることを知っていたので、事変初期の段階で、自分だけが突出して拡大論を強硬に主張するのは控えておこうとの配慮が働いたのであろうか。

＊16 風見の『近衛内閣』（C-9）（三八頁〜）によれば、「内閣としては、不拡大方針現地解決主義が崩れだすことなく、事件がすみやかに解決されることに望みをかけ、事態の推移をみまもっていた……同盟通信社長の岩永祐吉氏や、朝日新聞の緒方竹虎氏などからは、いちおう華北駐屯軍を満州領内にまで撤退させることにしたほうがよくはないか、と注意してくれた……そのころ、朝日新聞記者をしていた尾崎秀実氏なども同じような進言を書面でよせてきたのをおぼえている」としており、尾崎は当初非拡大論であったような回想を

している。

また、尾崎秀樹『ゾルゲ事件』（C-53）（一一八頁）によれば、「盧溝橋事件勃発の際、尾崎はすぐ風見にあって、事態の重大性を警告したが、風見は『すっかり決心はついているから心配いらぬ』と答えて忠告を聞こうとしなかった」という。また、八月に上海に飛び火してから、尾崎は「今日風見と会った。上海に五個師団くらい派遣するというのだが、これ以上戦果を拡大すれば、第二次大戦を誘発するおそれがつよい。日本は長期戦の泥沼におちこむ結果となるから、派兵は即時取り止めるべきだと具申した。しかし風見は事ここにいたってはやむを得ないというんだ」と川合定吉に語ったという。

ただ、両書とも、尾崎がその後武漢攻略作戦を激しく煽ったことには触れていない。尾崎秀樹は尾崎秀実の弟で、風見も尾崎と懇意なので、その記載には尾崎を擁護したいとの気持ちもあったのだろうか。

しかし、戦線が拡大すると、尾崎は、露骨で強硬な拡大論を展開した。尾崎は、月刊誌『改造』の一九三八年五月号に「長期抗戦の行方」という論文を寄稿し「目前日本国民が与えられている唯一の道は戦いに勝つということだけである。その他に絶対に行く道はないということは間違いのないことである。『前進！前進！』その声は絶えず呼び続けられねばなるまい」「日本が支那と始めたこの民族戦の結末を附けるためには、軍事的能力をあく迄発揮して敵の指導部の中枢を殲滅する以外にはない」などと主張した。これは「憂国の老先輩の言葉」としているが、実質的に尾崎自身の主張であると見られる。さらに、元や清の中国征服が四〇～五〇年かかった歴史を引用し、中国とは四〇年以上の長期戦を戦えといわんばかりに、戦争を煽りに煽った（江崎道朗『コミンテルンの謀略と日本の敗戦』（A-65）二〇四頁）。

昭和研究会の酒井三郎は、次のように回想している（酒井三郎『昭和研究会』（C-50）二三三頁～）。

「尾崎はある日、目の色を変えて昭和研究会の事務局に飛び込んできて、酒井や大山に対し『漢口を即刻たたくべし。漢口は政治、経済はもとより、軍事、交通その他、大陸に残された唯一の大動脈の中心である。もし、この要路を押さえれば、直ちに中国の息の根を止めることができる』と言って、原稿用紙数枚の意見書を出し『これを昭和研究会の名で、内閣や軍に堕そうではないか』と熱心に主張した。研究会の根本方針は事変の不拡大であったため、酒井と大山は、尾崎の意見の突然の急変に奇異な思いがし、佐々を訪ねてそれを伝えると、佐々は『これはとんでもないことだ。おかしいね』と首をかしげた。……尾崎は支那問題研究会の報告で『国民党自身の力は弱いが、外国の勢力、特にイギリスの支配力が強いので、中国は本質的に反資本主義国にはなりえない。しかし、資本主義の育成もなかなか困難である。そうだとすると、その時に広大なソビエト区域の存在は必ず反帝勢力となって現れる』と言っていた。尾崎は、資本主義が共産主義社会に転換することは必然であり、日本の軍国主義体制が敗れて、中国が共産化し、人民が解放されることは、中国にとっても、日本にとっても、また世界にとっても、大いなる進歩であり、世界人類のためであると考えており、彼は行動の基盤をそこにおいていたのではないか。そして、その転換のためには、近衛をロボットとして利用するのが最も上策だと判断していたのではなかったか」

尾崎が、一九四一年の独ソ開戦のとき、対ソ開戦の北進論に反対し、南進論を煽ったのは前述した（一二九頁〜）とおりだ。

《風見は、支那事変は不拡大論だった》

盧溝橋事件勃発以後の閣僚の足止めや、派兵決定声明の際の政財界報道界幹部の官邸呼び込みなどは風見のアイデアによるものであり、それが対支強硬論を煽ったと批判されている。しかし、近衛と同様、これは「先手論」であり、強硬派の暴走を抑えるため、その勢いを吸収しながら事変解決の方向にもっていこうという考えと、中国は一撃で屈服するという軍部の考えの影響によるものだった。風見が「先手論」によって事変の拡大を懸命に抑えようとしていたことを示す事実は少なくない＊17・18・19。

また、一九三七年秋から開始されたトラウトマン工作においても、風見は、和平条件について陸軍などの強硬論に抵抗し、条件を緩和して妥結にもっていこうと努力した*20。

近衛も風見も初めての組閣、入閣後、わずか一か月足らずで盧溝橋事件に遭遇した。そのような情況の下で、風見が、初めからこの機会を利用して事変を拡大しようなどの考えを持ったとは考えにくい。尾崎でさえ、事変拡大を煽るようになったのはもっと後からのことだった。風見は、近衛の本心は事変解決にあることはよく知っていた。自分を書記官長に抜擢してくれた近衛に対し、就任後間もない時期から近衛を裏切り、非拡大のポーズをとりつつ自分の立場を利用して事変拡大を画策するというのは飛躍にすぎるだろう。

塘沽協定や梅津何応欽協定の当時であれば、中国に強い姿勢を示すことによって事変を抑え込むことができたであろう。しかし既に詳述したように、蔣介石は抗日の決意を固め、国共合作による抗日の断固たる態勢が育っていた。中国に抗日のマグマがたまりにたまり、徹底抗戦の覚悟ができていたことを、過去の成功体験にあぐらをかいた陸軍は見抜けなかった。それに近衛や風見は乗せられてしまったのだ。

*17　木舎幾三郎は「盧溝橋事件勃発直後、官邸に出掛けると、いつも「ヤアー」と迎えてくれる風見君が珍しく沈痛そのもののような顔をして「こまった、こまった」と独り言を言って総理室の方に消えてなかなか帰ってこなかった」と回想する（木舎幾三郎『政界五十年の舞台裏』（C-26）一八六頁）。

*18　石射猪太郎は「七月一八日、風見書記官長から官邸に呼ばれ、中日問題解決案を私見でもいいから話してくれといわれ、大乗案のあらすじを話し『この事件は処理を誤ると日本の命取りになる。近衛総理の覚悟如何』と聞くと、風見は『皇室と近衛家の関係は並々ならぬものだ。今迄の総理大臣なみに、時局をもてあまして辞職するが如きは、皇室と近衛の関係において許されないのだ。近衛内閣は飽くまで事件解決の責を全うするから安心したまえ』と壮語した」と回想する（石射太郎『外交官の一生』（G-10）二六九頁）。

＊19　前掲『風見日記・関係資料』（C-47）（二二頁〜）によれば、風見は、当時の状況を以下のように回想している。「この際徒らなる対支強硬運動の起こらざる工夫を講じ置くの必要を認め、一方には蔣介石及びその一党に対して近衛内閣の対支政策に関する国民の支持は完全なるを速やかに示し置くことの必要をも認め……結局政界財界言論界の代表を招いて政府の方針を明らかにし、その支持を求め置くこと、別にいへば彼らの対支政策に関し白紙委任状を手に入れ置くことこそ最も妥当なるべしと考えたるにつき、七時半近衛を訪ねて……詳細に具陳す。近衛公直ちに賛成す……（時期と方法については）寧ろ今日中に実現するが宜しかるべし……戒心すべきは無責任なる強硬論の運動が擡頭して徒に輿論を煽ることに存し、しかもかゝる運動の起こるべき危険は醞醸されつゝあるものと判断さるゝが故に、政府としてはこれに先手を打ちて今日中にも政界財界言論界の代表を招き、その白紙委任状を入手し置くこと最も可なるべしと答ふ」

また、風見は、一一日以来、陸相に会うたびに即戦即決を期し、軍事的に深入りすべきでないと説き、陸相も同感の意向を明瞭に言明したが、事変の推移に伴って陸軍内部の不統一が甚だしいことを知った。これについて、風見が陸軍の一部と提携して強硬政策を推進せんがための手段として計画したものだと世評がさかんにおこなわれたが、これは、誤解であった、と回想する。

＊20　前掲『風見日記・関係資料』（C-47）（三頁）によれば、一二月一五日、柴山兼四郎軍務課長と和平問題を協議した。風見は柴山に対し「軍の意向は対支全面戦争は徒に消耗戦となる危険が大きく甚だ好ましからざるのみならず、東亜の安定をもたらす所以に非ずして、かゝる事態に陥ることは断乎としてこれを防がべからずざるといふにあるべし……可能なり得べしとする範囲まで条件を緩和しては奈何」などと、和平条件の緩和を強く求めた。

《戦争の泥沼化とともに風見の考えは変わった》

事変勃発以来、風見は、近衛と共に非拡大に努力し、トラウトマン工作の成功を求め、宇垣外相や板垣陸相の起用などにより対重慶和平を模索した。しかし、それらが功を奏せず、先の見えない戦争の泥沼状態に入ってから、風見の考えは変わったと思われる。終わりの見えないこの戦争が、風見の本来の政治思想であった日本における社会主義の実現の道となるとの考えが浮かび、強まったのではないだろうか。それは、統帥権の盾の下で天皇の権威だけを利用し、政治外交まで牛耳ろうとする軍部への怒りや、それに対してなんら有効な策をもたない議会や政党に対する絶望などにも根差していたのだろう。風見がいつころからこのような考えを抱くようになったのかは判然としない。以下のように、少なくとも近衛内閣総辞職の約半年後から、風見はそれを語ったり記したりするようになった。しかし、青天の霹靂で書記官長に抜擢された風見が、就任の当初からその機会と立場を利用して、尾崎と足並みを揃えて日本を共産主義化、社会主義化しようと画策を始めていたとするのは飛躍に過ぎるだろう。風見は、コミンテルンのスパイの確信犯であった尾崎とは異なるだろう。

「今度の事変を契機として世の中は大変革を予想せねばならぬ……華族なんて無くなってしまふことになるだろう……秋頃は米も切符制になるのではないか……そうなれば当然土地も国家管理と云ふことになってくる……まだ昔の自由主義を夢見てゐるものも有るやうだが。一旦統制に入った以上、どうしたってもとの姿にはならぬのだ」（『風見章日記・関係資料』（C-47）所収の「風見章言行録」（一九三九年七月二三日）八二頁）

「旧勢力は一種の革命的手段によるにあらざれば、日本に於ても亦これを払拭し得ざること明白となれり。随って晩かれ早かれ、旧勢力払拭のために大衆の蜂起を見るに相違なし。旧勢力払拭の過程は即ち政治的混乱也。此の混乱季に在りては、満州、朝鮮、台湾共に反逆すべし。この過程中にありて革新日本体現され、その力によりて東亜新秩序の建設は行わるべし」（同書所収の「政治綱領」（一九三九年八月）一〇八頁）

「今次の大動乱は支那事変を含み、正に資本主義の死滅とこれに代わるべき世界新秩序建設の発端を区画するための最後の陣痛にして、而して旧秩序にとりては宿命的死闘の序幕たるべし……欧州戦は長引くべし。その副産物として発生すべき各版の社会問題は、自ら欧州諸国の社会革命を約束すべし。資本主義は揚棄されて新しき生産組織の上に新しき社会組織の建設を見るに至るべし。東亜の新秩序建設も方向の転換を要すべし。即ち資本主義拋棄の機会をつかむことを要すべし」（同書所収の「備忘録」（一九三九年九月一五日）一一〇頁）

風見は、近衛から内閣書記官長に抜擢された当時、社会的弱者を擁護する社会主義の理想を持っていたであろう。しかしその時から既に天皇制否定と社会主義革命の堅固な思想をもっていたとまでは私には思えない。持っていたとしてもそれはまだ抽象論に過ぎなかっただろう。しかし、書記官長となってから、軍部が統帥権を楯に天皇制の神輿を担いで横暴を尽し、その犠牲となる国民が塗炭の苦しみを味わい、無数の兵士たちが戦死していくことに風見はなすすべがなかった。風見は、当時の天皇制が日本にもたらしていた害悪の大きさを、観念的なものではなく生きた現実として体験した。そして戦局が悪化し、敗戦が必至になるにつれ、風見は、日本が生まれ変わるには、天皇制を否定する人民革命の必然性を実感し、その確信が深まっていったのではないだろうか。ソ連一辺倒だった尾崎と、ソ連を疑い、批判していた風見とには、違いこそあれ、この段階で、風見は尾崎と似た、社会主義革命の必然性を自覚するに至ったのであろう。

《風見が天皇制否定の社会主義者だと知った近衛》

風見章『近衛内閣』（C–9）（二四六頁〜）によれば、一九四〇年の春、風見は近衛と二人きりで時局の見通しを話し合う機会があった。近衛も日華事変がのんべんだらりと引き延ばされていけば、厭戦気分の爆発から、革命は必至の勢いであることを認めていた。そして、そうなると皇室の運命はどうなるだろうか、と心配げに云い出した。風見は、「国民の皇室に対する関心は見かけほどのものではなかろうか」と指摘し、「したがって、いざ革命ともなれば、皇室の運命はどうなるかわかったものではない」と答えると、近衛は「ザー（※ロシアの皇帝、ツアーともいう）の二の舞では困るなあ」と顔をくもらした。それからしばし沈思黙考の態であったが、やがて、いとも沈痛な口調で、ひとりごとのように「ぼくとしては、どうなろうとも、皇室と運命をともにしなければならない」ともらしていた。

私は、このやりとりの意味は極めて大きいと思う。社会主義者の風見は、天皇制に対する民衆の支持は見掛け倒しのもので、民衆の天皇に対する畏敬は時代の変化によって簡単に失われ、革命が起きるであろうと考えるようになっていた*21。

＊21『風見章日記・関係資料』（C-47）所収の「随時随筆（一）（昭和一九年一〇月起）（二八三頁～）」で風見は「明治維新によって、皇室の存在は民衆の眼に映りだした……だが彼らがそれを願ったからではない……つまり皇室の存在に対する彼らの態度は、進んでそれを肯定しようとする積極的なものではなく、たゞ肯定せざるを得ないから肯定するという消極的なものでしか無かった……外観のみからすれば皇室への民衆の忠誠心は骨の髄まで浸み込んでゐるとしか思はれない……（しかし）何かをはゝかるところあって、形式だけ天皇尊崇の態度を示してゐるに過ぎないのではないか……忠誠心からではなくて、司配者（※支配者）への『盲従』の美徳の一表現にほかならないのだ……だからいつでも中止出来る尊崇の態度であって忠誠心に根ざすところの尊崇だとは考えられない……戦局不利となり……政治の貧困が加はって行くとすれば、いつかは革命の勃発が免れない……司配者に対し、今日は百年仇敵の間柄であったような態度すら民衆は平気で示すであらう―従順な―民衆が、一瞬にして手に負へぬ、いふことをきかぬ狼の如く獰猛な、憎みても憎みきれぬほどの無礼千万な存在と化してしまって、泣いても泣ききれぬ悲嘆にさいなまれるであらう」と詳細に論じている。

しかし、近衛は決してそうではなかった。藤原家・近衛家の一三〇〇年の歴史は天皇、皇室とともにあった。近衛の天皇や皇室に対する忠誠心の大きさは、常人が思い及ぶものではなかった。近衛は平素、人と甲論乙駁の議論はしなかった。しかし、この短いやり取りの中で、近衛は風見と自分の決定的な思想の違い―倶に天を戴く相手ではない―と深く自覚したであろう。近衛は、風見が社会主義者ないし共産主義、あるいはそのシンパであることはよく知っていた。近衛自身が若いころ共産主義に傾倒したこともあり、風見の思想をそれなりに理解していた。しかし、近衛は、風見が、天皇制もロシアの皇帝のように民衆からは支持されず簡単に倒されるものだ、と考えていることを知った。近衛は、そこに風見との越えがたい溝を自覚したのであろう。「そうか、貴方は天皇制を壊そうとしている社会主義者なのか」と＊22。

＊22 風見の方でも、次第に近衛の政治姿勢や人物に対する距離感を感じるようになっていた。須田禎一『風見章とその時代』（C-48）（一四三頁～）によれば、三国同盟締結は風見にはきわめて不愉快であり、加えて一九三八年一一月三〇日の、近衛第三次声明から逸脱した基本条約による支那事変処理のほとんど絶望化により、風見は「関白は俺とは育ちが違う」と痛感するようになった、という。

《風見は近衛を誤解し、「片思い」をしていた》

それにも関わらず、風見は、近衛も自分と同じように、いずれ時が来れば近衛も天皇制の放棄に賛同するものと戦争末期まで思い込んでいた。風見は次のように回想する（風見章『近衛内閣』（C-9）二五〇頁～）。

「終戦の年の八月上旬……片山哲が、水海道町まで風見を訪ねてきた。片山氏は、なによりもまず必要なのは、一刻も速やかに講和をはかるために、一種の革命的独立新政権をつくりだすことである。それには同志結束してたちあがらねばならぬが、……それには近衛氏の蹶起をうながさねばならぬ。近衛氏が立ち上がったなら国民も安心して後についてくるだろう……このことを相談にきたのである。……わたしも片山氏の相談にはすぐに賛成した。もっともかかる計画の実現は天皇を反対の立場に追い込むわけで、そうなると近衛氏は皇室と運命を共にするわけにはゆかなくなるわけだが、しかし、私は、民族の幸福のためとあらば、近衛氏が喜んで『大義親を滅す』の勇断に出ることを信じて疑わなかったので片山氏の片棒をかつごうという決心もしたのである。……近衛氏の……最期の遺書の一文の中では、……切々たる皇室思慕の情を明らかにしている。だが、この民族を重大な危機に追い込みつつあった期間に、政局担当の責をわかちあったものの一人として、かつ、個人的に親しく接触する機会が多かったという経験にもとづいて、私は近衛氏がどれほど皇室に心をかけているにせよ、民族の幸福のために必要とあらば、いつでも皇室にそむくことを、ちっともためらうものでないということを見抜いていた。また、そうでなかったとしたら、近衛氏はほんとうにつまらぬ男だということになってしまう。わたしは、彼を高く評価しているだけに、そんな人間とは夢にも思わない」

しかし、これは風見の「片思い」に過ぎなかった。風見の近衛理解と読みは浅かった。「ぼくとしては、どうなろうとも、皇室と運命をともにしなければならない」という近衛の言葉の重みを風見はついに理解できなかったのだ。

《第二次近衛内閣組閣での風見の司法大臣起用は「処遇」に過ぎなかった》

近衛は、一九四〇年七月二二日の第二次近衛内閣の組閣において、風見を司法大臣に起用した。近衛の大命降下にともなって従来からの「政治新体制運動」への期待が異常に高まっていた時期だった。近衛は、なかなか風見を起用しようとはせず、最後に司法大臣に登用した。風見は司法の分野には素人であり、サプライズ人事といわれた。それは近衛が政治新体制運動を推進するために、敢えて風見を閑職である司法大臣とすることで運動に専念させるために登用したものと世間は評価し、風見自身もそう認識していた。

風見自身は、『近衛内閣』（C-9）（二〇九頁～）で次のように回想する。

「近衛氏に大命降下前、わたしは新党運動に没頭していて七月はじめころから同氏と会う機会もなしにすごしていた。組閣工作に入ってからは遠慮して訪ねなかった。ちょうど組閣が完了するらしいという七月二一日午後である。同氏から電話があって司法大臣を引き受けてくれとの話だった。これにはわたしもめんくらった……ところが、近衛氏がいうには、司法大臣としての仕事はちっとも期待していない、そういう意味でなく、新党運動のために閣僚となってもらっていたほうが、万事都合がいいので、……ぜひ入閣してくれ……というので入閣することになった」

「近衛手記によると、近衛は、はじめから我々の新党運動には心をかけていなかったようになっている。はたして、そうであったろうか。わたしが新党運動に熱をあげて奔走していたことは、同氏は百も承知だった……わたしがこの運動について相談すると、いつも熱心にそれに応じてくれた……わたしの入閣を求めたのも、その運動に便宜だからというのが理由だったのである。近衛氏も、はじめはわれわれの新党計画に望みをかけていた……ところがその後における政界の情勢変化から、別の案に心を傾けだし……ついに新党案はこれを捨ててしまった」

しかし、私は、それは風見の思い込みであったと思う。真実は、前述したとおり（一〇四頁～）、第二次内閣組閣の時点で、すでに、近衛は政治新体制運動についての熱意をほとんど失っていた。米内内閣の突然の総辞職により、自分の大命降下が早すぎて在野の国民諸勢力を挙げて新体制を作るという構想が挫折し、総理の立場で政治新体制を作ることが「官製運動」や「幕府」だとの批判を招くことを恐れたからだ。また、あらゆる勢力が自分を利用しようとすることに嫌気がさしていた。ただ、各党が進んで解散してしまい、近衛の政治新体制に対する社会の期待が依然極めて大きいので、その本音を公にしていまさら投げ出すわけにはいかない。それなりのことは、やらなければならない。それを担当させるのに風見は最適だ。私は、近衛が風見を司法大臣に起用したのは、風見に対する「処遇」であり、また、世間が期待している新体制運動に対する、いわば「アリバイ」的な意味に過ぎなかったと思う。

それを強く窺わせるのは、犬養健の回想だ（犬養健『揚子江は今も流れている』（B-8）二〇六頁〜）。

第二次近衛内閣組閣の始まる時期、犬養は、風見からの電報で東京に呼ばれた。風見書記官長時代に世話になった中堅若手の連中が集まり、代わる代わる「今度の近衛さんの組閣では、まだ風見氏には組閣本部から何の連絡もない。それでだいぶん非難の声もある。何と言っても第一次内閣の時代には風見氏が報道陣や陸海軍当局との折衝上、総理のための第一の防御の壁になっていたことは否定できない。それを今度のためのような仕打ちなので、『やはり公家というのは冷たいものだ』と憤慨する者も出てきている。それであなたから一度近衛さんに風見氏を推薦してもらいたい」と頼まれたが、犬養は断った。しかし、二日ほどしてから、また同じ顔触れから「その後も近衛さんの気持ちがさっぱりつかめない。是非近衛さんの私邸に出かけてくれ」と懇請された。自分も近衛が今回は右翼的な風潮に歩調を合わせようとしていると感じていた。それで、犬養は近衛宅を訪問し、事情を話して風見の入閣問題を鄭重に頼んでみた。

すると近衛は「ああそういうことか、別に深い意味というほどのことはないが、第一次内閣はどうも左翼青年の集まりのようだったという非難も出ているので、今度は右翼の方の人々を抜擢しようと思っているんだ……一体どんな批評をしているんだい」と言った。犬養が「みんな、やはり冷たい人だ、などと言っているようです」と言うと、近衛は一瞬顔色を変えた。そしてしばらくして、非常に不機嫌な声で吐き出すように「風見君をどこかへ一枚入れておけば、それで文句はないんだろう」と言い、犬養は「どうか、そうお願いします」と言って辞去した。二日ほどたって、風見氏は司法大臣に任ぜられた。

私はこのエピソードに、当時の近衛の風見に対する冷たい視線を感じる。前述したように、その年の春、近衛は風見とのやり取りで、風見が天皇制を否定する社会主義者であることを見抜いた。もはやそういう人物を自分の内閣で国策を担う枢要ポストに抱えるわけにはいかないと近衛は思っていたのだろう。しかし、左傾と言われた第一次内閣と比べ、第二次内閣は、右傾との批判を招きかねなかった。それに、風見は第一次内閣で事変非拡大のために共に努力した仲だ。その風見を切り捨て、近衛は人に冷たいと批判されるのはよくない。また、政治新体制に近衛自身は既に熱意を失っていたが、風見をその担当にすれば、近衛が政治新体制運動を早くもあきらめたとの批判もかわせる。司法大臣は風見を処遇するには適当なポストであり、一石二鳥だ。それが近衛の真意ではなかっただろうか。風見は近衛の真意が見抜けていなかった。

ゾルゲ

尾崎・ゾルゲ事件の衝撃、近衛の沈黙

《尾崎逮捕の衝撃》

一九四一年一〇月一四日、コミンテルンのスパイであった尾崎秀実は逮捕され、一八日ゾルゲらも逮捕された。この衝撃は近衛にとって測り知れないほど大きかった。人間は、衝撃があまりに大きすぎると、それを口に表すことすらできなくなるものだ。近衛は、尾崎を重用したことについての経緯や反省をほとんど語っていない*23。尾崎ゾルゲ裁判での近衛証言は、尾崎のスパイ活動について、「少しも存じませんで、非常に恐縮している次第であります」というだけだった。近衛上奏文では、次のようになっている。

「此事は、過去十年間軍部、官僚、右翼、左翼の多方面に亘り交友を有せし不肖が最近静かに反省して到達したる結論にて此結論の鏡にかけて過去十年間の動きを照らし見る時、そこに思い当たる節々頗る多きを感ずる次第に御座候。不肖は……国内の相剋摩擦を避けんが為出来るだけ是等革新論者の主張を入れて挙国一致の実を挙げんと焦慮せるの結果、彼らの主張の背後に潜める意図を十分看取する能わざりしは、全く不明の致す所にして何とも申し訳無之深く責任を感ずる次第に御座候」

近衛は支那事変の拡大を防げなかったことの責任を述べているが、近衛の心情は、それにもまして、コミンテルンのスパイであった尾崎を、自己の内閣の嘱託にまでし、尾崎を引き込んだ天皇制否定論者・社会主義者の風見を書記官長に抜擢して重用したことの過ちを痛切に感じていたのだろう。それは口に出すことさえ恐ろしいことだった。上奏文の上記箇所に近衛の隠れた痛恨の思いが表れている。

＊23『ゾルゲ事件　獄中手記』（C-51）（一九〇頁～）で、ゾルゲは、「尾崎がもっていた最も重要な情報の源は近衛公爵を取巻く一群の人々であった……その中には風見（章）、西園寺（公一）、犬養（健）、後藤（憲章）及び尾崎自身がいた……近衛グループから出た情報は、近衛内閣の内政方針、内政及び外政治上の政策形成に影響を及ぼしている諸勢力および立案中の諸計画に関するものであった……尾崎は時々直接近衛公に会っていた。……会見の結果もたらされた情報は……一般的な政治上の意見や考え、時としてはただ近衛公の気持ちを伝えただけのものであったが、日本政府の政策の奥深く覗きこむことができた点では、どんなに詳細な資料の山にもまさること数倍で、極めて貴重なものであった。特に一九四一年尾崎が近衛公と会ったときの報告は、非常に重要なものとして、私の記憶に残っている。それは、近衛公が日華問題の解決を図り、外交面の衝突を避けようとして、いかに苦心していたかを如実にしめすものであった。第三次近衛内閣の対ソ政策および対英米政策を知らせてくれる点で、どんな大量の政治的文書の羅列も及ぶところではなかった。しかし、こうした尾崎・近衛会見はそう滅多には行われなかった」と供述している。

《盧溝橋事件以来の謎が解けた》

近衛は、一九四〇年春に風見と話した時、風見が天皇制否定の確固たる社会主義者であると知った。尾崎逮捕はそのことをますます確信させた。盧溝橋事件以来の謎がこれで解けた。

私は、近衛がこう思ったと推測する。

「風見さん、貴方は天皇制を否定し、国体を壊そうとする社会主義者だったのだな。貴方が尾崎を昭和研究会に招き、私の内閣の嘱託にまでさせたのは、最初からその魂胆だったのだな。貴方も尾崎もコミンテルンのスパイだった。私はそれが見抜けていなかった。盧溝橋事件発生のとき、私が石原莞爾の勧めで、日中戦争を拡大し、中国や日本の共産化を狙っていたのだな。私は、右も左も取り込むことで政治基盤を作ろうとしたが、甘かった。尾崎や貴方に足元をすくわれてしまった」

前述したように、最初から一貫してコミンテルンのスパイの確信犯であった尾崎と、ソ連に対しては批判的な視点をもち、戦局の悪化につれて社会主義革命を自覚的に目指すようになった風見は一枚岩ではなかった。しかし、近衛の目から謎を解けば、二人が最初から一枚岩だと見えたのは無理もなかった。

近衛は軍部の共産主義者やそのシンパたちに対しては、実名を挙げて明確に批判した。しかし、風見や尾崎に対しては、公には批判の言葉を口にしていない。それは、口にすることすらはばかられる、戦慄すべきことだったからだろう。軍部の共産主義者たちの存在や活動については、近衛には何の責任もない。ただそれを批判すれば足りる。しかし、風見や尾崎については、何よりも近衛自身が、内閣書記官長や嘱託に登用し、近衛の政策決定に大きな影響を与えた。いわば獅子身中の恐るべき虫だった。それは、まったく近衛自身が自ら招いた重大な政治的責任だった。近衛はそれを口にすることも恐ろしかったのだろう。

近衛は、上奏文で「彼らの主張の背後に潜める意図を十分看取する能わざりしは、全く不明の致す所にして何とも申し訳無之深く責任を感ずる次第に御座候」とした。近衛の心の奥にあった「彼ら」の中の最大の人物は、尾崎と風見だっただろう。近衛は右も左も取り込もうとした「先手論」「毒をもって毒を制す」という人事手法の不明を深く悔いたのではないだろうか。

《冷え切った近衛と風見、風見の尾崎への変わらぬ心情》

尾崎逮捕の衝撃は、風見にも同様であった。風見は、それまで精力的だった行動力からは想像もできないくらい、焦燥した表情を表すようになり、政界の表舞台から身を引いていた。しかし、風見の尾崎に対する心情は近衛と異なっていた。風見は、尾崎やその家族に対する暖かい思いを持ち続けていた。コミンテルンのスパイだった尾崎と、ソ連一辺倒ではなかった風見とは違いがあるが、尾崎の国を憂える思いと能力・見識、貧しい人々にたいする同情心などに、風見は自分と同じものを見ていたのだろう。育ちの違う「関白近衛」よりも、風見にとっては尾崎の方が同志としてのより近い心情を持っていたと思われる＊24。

＊24　一九三九年九月、近衛と風見は、細川嘉六からその農村視察談を聞いた。細川は共産主義者のジャーナリストで、その後ゾルゲ事件にも絡んで検挙されたことがあるが、風見は細川の家計や裁判活動を支援していた。しかし、近衛は風見に、細川の話がつまらなかった、と言った。風見は「心外也。話術下手なりとも深刻なる細川氏の話がつまらぬとありては、政治的感覚を疑わざるを得ざるに至る。農村の事情は遂に近衛公にして斯の如くんば、余は元より云ふに足らざる也。国政の前途、ついに戦慄を禁じ得ざる也」と近衛に失望していた（『風見章日記・関係資料』（Ｃ-47）一二三頁）。

工藤美代子『近衛家七つの謎』（Ｃ-31）（一五頁〜）などによれば、終戦後の一九四五年八月二六日、茨城県に疎開していた風見を、牛場友彦、岸道三が訪ねた際、風見が、尾崎の死刑執行後、まだ日が浅い時期に、品川駅で尾崎の妻と出会ったことを語り、「尾崎は今は亡き人だ。生前の善悪を問うのは野暮なことだ」と三人で妻に同情を寄せたという。風見は、心を許した知人には、言葉を尽くして尾崎の識見と人柄を賞揚し、尾崎の家族への救援を惜しまなかったという。

他方、風見の近衛に対する思いは冷え切っていた。須田禎一『風見章とその時代』（Ｃ-48）（一六五頁〜）によれば、風見は、敗戦のあと、近衛上奏文の内容を知り、近衛との間のどうにもならぬ断層を感じ取った。自分が近衛に期待していた、近衛は天皇に背いてでも人民の側につくであろうということは幻想に過ぎなかったと風見は悟ったであろう。近衛と風見は住む世界が違っていた。戦後、東久邇宮内閣に近衛と緒方が入閣したが、風見は彼らの行動に期待しなかった。幣原内閣で下野した近衛が新党構想を抱き、風見に期待したが風見はこれに応じなかった。近衛の自決は風見にも衝撃であったが、葬儀には上京しなかった。

戦後、風見は公職追放の処分を受けたが、解除後、衆議院議員選挙に無所属で連続五回当選した。一九五五年に左派社会党に入党し、日ソ協会副会長、日中国交回復国民会議理事長などを務めた。一九五七年には訪中して周恩来と会談した。一九六一年一二月二〇日に死去した。風見はこのように戦後親中国、親ソの立場をとった。だからといって、風見が戦前から中国やソ連の利益のために、国益を損なうスパイ的な政治活動をしていたとは思えない。風見は弱者への同情心の厚い社会主義者であり、愛国者だったと思う。人に対する評価は、政治思想を抜きにはできないが、思想は異なっても「人間」としての信頼や尊敬が重きをなすだろう。風見が、思想的には対立する緒方竹虎や中野正剛と深い親交があったことはそれを示している。戦後、風見は、緒方竹虎と「君は右へ行け。僕は左に進む」と話したという(宇野秀『評伝風見章』(C-49)一九六頁)。思想というものは、生まれた環境、受けた教育や学問、影響を受けた人々などによって形成される。ある人間がある思想を持っているとしても、それが対立する別の人として生まれていたならば、対立する思想の人物になったかもしれない。しかし、人間としての誠実さ、謙虚さ、自分の信念に対する忠実さ、弱者に対する思いやりというものは、思想を問わない普遍的な人間の価値であろう。

4　近衛は「誰がかぶっても似合う帽子」だった

無類の聞き上手

近衛は、無類の聞き上手だった。後藤隆之助は「近衛公は黙って人の話を傾聴している人で、人の話がよくわかる。時折ぽつんと一つ二つ質問する。それが話す人の考えているよりちょっと先を考えての質問なので話す方では自分の話は全部分かってくれたと思って気をよくすると同時に公の質問で敬服してしまうという風でありました」と近衛の親友の山本有三に語った。山本も「わたしのような者は、我慢ができなくなって、途中で口をはさまないではいられないところだが、それを、なんにも言わずにじいっと傾聴している。たいした辛抱ですよ。たいした修練ですよ。こういう落ち着き、こういう品格ってものは、普通の人にはたやすくまねのできるものじゃありません。やっぱり家柄がそうさせるんですかね。それと同時に、彼は、容易に、本音を吐かなかった人でしたね」と回想する（山本有三『濁流』（C-28）一九三頁～）。

富田健治は、「近衛の下には。あらゆる分野、層の人が訪ねて来た……誰とも逢い、その話を能く聞いた……言葉を返せば誰をも許していると同時に、誰をも容していないのである」と回想する（富田健治『敗戦日本の内側』（C-22）三一八頁）。

杉森久英も、「いろんな人が近衛を訪ねて、いろんな進言をする。……近衛はあらゆる意見に耳を傾ける。自分自身の意見はめったに言わず、丁寧に、懇切に、相手の意見を聞く。ときどき、要所要所で質問をする。それは的確に問題の中心に触れていて、彼が論者の言うところを、完全に理解していることを物語っている。相手は近衛が自分にまったく賛成であると思って、満足して帰る。……対立するいくつもの意見のどれにも傾かず、どれにも囚われないという特技を持っていた。それは摂関家の筆頭として、永年日本の政治を動かしてきた近衛家の血の中にあるものだった」としている（杉森久英『近衛文麿（下）』（C-12）二〇九頁～）。

近衛と会った人々は、近衛が自分のことを理解し、その考えを支持してくれるという気分になってしまった。そのような人々が、近衛の名声を利用し、近衛を担ごうとした。

「誰がかぶっても似合う帽子」だった近衛

有馬頼義は、近衛をこう評している

「現代史もしくは昭和史を書く場合、一番書きにくい人物は近衛文麿だということが定説になっている。わかったようでいて、近衛の本当の腹の中は、今でも確かには理解されていない……しかし、仮に近衛を最も単純な言葉で表現するならば、彼は、誰がかぶっても一応よく似合う帽子であった……あらゆる人が近衛という帽子を、かぶりたがり、その帽子はまるで魔法の帽子で、それをかぶれば何でも自分の思う通りになるのだ、とさえ思われた……誰にも似合う帽子、そしていろんな人の頭にかぶせられたことによって、遂に、近衛自身にとって、最も不幸な結果を生じた」（有馬頼義『宰相近衛文麿の生涯』（C-7）一一頁）。

私はこの有馬の評価が最も的をついた近衛像であると思う。

5　近衛の「正直さ」「冷酷さ」「強さと弱さ」

近衛の「正直さ」

近衛は、自分の欠点や限界をよく知っていた。人にありがちな自己弁護や外見の繕い、面子へのこだわりはなかった。人から自分の欠点を厳しく指摘された時でもそれに反論や弁解をしなかった。

近衛が初めて井上日召と会った時、井上は「公爵、貴方は二重人格ですね」といきなり無遠慮に切り出した。近衛が河上肇に学ぶなど理知的には社会主義を肯定する傾向がある一方、先祖伝来の血液に脈打つ日本的な魂の直感する非社会主義的な傾向があると指摘し、「つまり貴方は理知と直感の分裂で、事毎にフラフラ迷っておられる。それを私は二重人格だと言うのですよ」と語った。近衛は顔色を直して「井上さん、私は実はそうなんです。それで困っているんです」と淡泊に認め、井上は「この人は何という正直な人だろう！」と感心した。井上は、「もしも、公爵の性格がもっと剛毅果断であったならば……断じて悪を斥けるの勇気がなかったことが、近衛公の致命的な欠陥だった」とその弱さは指摘しつつ、「侯爵と私の交友期間を通じて、私が最も敬服したことは、近衛公は決して嘘を言わぬ人だ、ということであった」と回想した（井上日召『一人一殺』（C-27）三二三頁〜）*25。

*25 中国大陸と日本とを放浪して天衣無縫、過激な人生を送り、十月事件のクーデター未遂事件、血盟団事件を起こした井上は、人を観る目も厳しく、大川周明、安岡正篤、権藤成郷ら著名な思想家・運動家に対しても時折辛辣な言葉を残している。井上が真に畏敬したのは頭山満であり、また明治維新の人傑の一人だった田中光顕であるが、井上は、近衛に対しても終始暖かい口調の回想を残している。

木舎幾三郎によれば、近衛の「対手にせず」声明の後、「平常近衛と親しかったある文人がいきなり『近衛さんはなんであんなバカな声明を出したんだ』などと興奮しながら語ったので、近衛にその言葉をそのまま伝えると、近衛はただフンフンと聞いていたが、最後に『ぼくの力が弱いんですよ』とポツンと一言いっただけだったという（木舎幾三郎『政界五十年の舞台裏』（C-26）二〇二頁）。

近衛は、自分の絶大な人気というものが、一時の、はかないものであり、本来自分は首相の器ではない、ということもよく自覚していた*26。

戦後、松本重治は、牛場信彦と近衛を回想する対談をした。二人は「（近衛は）苦悶の政治家だ……軍が強くなってからの近衛を批評したって近衛評にはならない。一次内閣の間中、どうやって軍を抑えるかということを近衛さんは考えていた」「自分には首相の資格がないということを百も承知だった。評判だけで人気があがっているから」「首相としての近衛に飽き足らない点はたくさんある。それをいくら批判したって、本当のところを衝いていない」と回想している。二人は、近衛が「苦悶の政治家」だったと一致した（松本重治『近衛時代（上）』（C-8）一六〇頁～）。

＊26　一九三六年三月四日、西園寺公が近衛に大命拝受を説いたが、近衛は「……四方八方に受けがよいということは、実はどこにも真の支持者がないということであり、こういう際には強力な支持がないかぎり到底時局を収拾する自信がありません」と言って固辞した（富田健治『敗戦日本の内側』（C-22）八頁）。また、第一次内閣の時の世間の絶大な人気について、富田は、近衛から「こんな人気は映画俳優の人気ですよ。すぐにあきられて、終わりには突き飛ばされる時があるものですよ」と鼻であしらうように言われた（同三〇九頁）。出馬を強く促した木舎幾三郎に対し、近衛は「イヤ人気等というものは当になるものではありませんよ、丁度映画のスターの人気みたいなもので直ぐスタれますよ」と言った（木舎幾三郎『近衛公秘聞』（C-24）四八頁）。

近衛の孤独と冷酷さ、強さと弱さ

近衛は、人々から祭り上げられながら、孤独であり、人を信じることができなかった。近衛の娘野口昭子は、「官邸で父と会って話した時、父は『お前は幸せだよ。信ずることができるからね。僕は何も信じられない』と言い、その時、私は、生まれて始めて、父の本当の心の奥を垣間見たような気がした。しかもその父は、今青年宰相として人気の絶頂にあった」と回想する（野口昭子『朴歯の下駄』（C-29）二九四頁）。

近衛は、世間一般の人々の「義理人情」の世界とは無縁だった。お世話になったり自分を支えてくれた恩義ある人を裏切れないとか、梯子を外せない、というような感情や価値観は持っていなかった。そのような人々でも平気でさらりと切り捨てることができた。命を懸けて重慶から脱出した汪兆銘が念願していた撤兵条項をあっさりと落として汪の梯子を外した近衛に、私はそれを強く感じる。近衛は、自分の周りに一族郎党を抱え、自分に尽くさせる代わりにそれらの面倒を見続けるということは全くなかった。人を信じることができない近衛は、その反面として「冷酷」でもあった。ただ、一般の人であれば批判され、怒りを買っても仕方がない振る舞いをしても、近衛の場合、不思議にそれが咎められることはなかった。並みの政治家であれば、自分を支持し、尽してくれた人を冷たく放り出せば、たちまち人間性や政治家の器量を疑われ、恨まれて支持を失ってしまう。しかし、近衛はそれがさらりとできる人だった。

松本重治と牛場信彦の前記対談で、牛場は「あの目がいかん、近衛さんの目が、ヘビのようですよ」と言いつつ、それではなぜ牛場が近衛に傾倒したのか、と松本に問われ、「いや、非常にもうなんか感じのいい人なんですよね。一緒にいて。またなかなか人を信用しないんだな。寂しい人ですよ」と答えた（松本重治『近衛時代（上）』（C-8）二一七頁）＊27。

＊27　富田は、近衛が、「私は子供の頃に、母を失い、次いで父を亡くした。……世間の者も父が亡くなってからは実に冷たいものであった。その時の人情の冷たさをつくづく体験した。それが何だか今になって、私の冷酷さにうつってきたように思う」とシミジミいつか言われた時の寂しい近衛公の表情が思い出されると回想している（富田健治『敗戦日本の内側』（C-22）三一一頁）。

近衛は、一般に、弱かった、と言われる。確かに多くの場面で、近衛は断固として信念や筋を通すことができず、腰砕けになった。ただ、ここ、という時には平素は見せない強さの素顔をのぞかせるときもあった＊28。日米諒解案交渉のときに見せた近衛の執念にその素顔が表れているだろう。日米開戦後、絶大な人気が一転し、世間から批判され、冷笑されながらも、四年近くの間、密かに日中・日米の和平交渉に取り組み続けたことも近衛の粘り強さを示しているだろう。

＊28　外務省編『終戦史録2』（A-72）（五三頁～）所収の内田信也回想録「風説五十年」で、内田は「近衛公は平

常は気の弱いたちなのに、ある面では太い神経を持っていた。同公は（吉田茂釈放のあと）すぐさま大磯に赴き、吉田、原田、樺山らの関係者を歴訪して帰ってきたが、「吉田君も非常に元気だったヨ」と原田尋問の内容などを詳しく語ってくれた。この時ばかりは、僕も常に「あなたは気が弱い弱い」と同公に苦言を呈していた手前もあって、今度はたしかに僕の方が卑怯だったと少なからず恥じ入った次第である」と回想している。また、富田健治は「近衛を勇気に欠けていたという批評があるが、これは一面であって全然当たっていない。積極性には欠けているように見えるが、消極的な強さに至ってはこの人ほど強い人はいない」と評している（富田前掲書三一〇頁〜）。

人を信じることができず、人から担がれ、利用されることが多かった近衛は、それらの人々を公に批判することはなかったが、密かに深い恨みを抱き続けていた。一九四五年六月ころ、近衛は、富田健治に「私は日本をこのような敗戦に陥れた野心家の者共を、私達を国賊扱いした私心家どもを、終戦後一大検挙をして、思い知らせてやりたいと思う。そのとき残忍なことのできるのは、あなたよりも私ですよ」と語った（富田前掲三一一頁）。

近衛が最後に残した言葉は、次のようなものだった。

「僕は運命の子だ。僕の周囲に今まで去来した数々のいろいろな分子、右といはず、左といはず、いろいろな人が僕を取り巻いたことが、否、取り巻かれていたことが、今日の僕の運命を決定したのだ。これは僕の責任でもあり、悲しい現実でもあるのだ」「人間の一生は棺を蔽うてからでなければ分からない。いや棺を蔽うて何十年も何百年も経って、後の歴史家が公正に判断してくれるだらう」

これが近衛の偽らない真実の言葉であっただろう（工藤美代子『近衛家七つの謎』（C-31）七九頁）。

６ 近衛と木戸幸一、都留重人、ハーバート・ノーマン

近衛は、鈴木内閣総辞職後に成立した東久邇宮内閣の国務大臣に就任した。近衛は、天皇がマッカーサーと会見する一週間前の九月一三日、マッカーサーを訪ねた。マッカーサーは、近衛が軍閥の内実を破壊して日本の民主化のための役割を期待する旨、好意的な態度であり、近衛に対し憲法改正案の作成に当たることを要請した。近衛は、京大の憲法学者佐々木惣一らの協力の下に、鋭意その作業に当たることとなった。ところが、ニューヨークタイムズが「憲法改正処理に、近衛公は不適任」と報道したことを皮切りに、日本の大手紙も、「(近衛が)戦争犯罪人として牢獄に放り込まれたとして恐らく誰一人驚くものはあるまい」などと激しい批判に転じた。それとともに総司令部の文麿に対する対応が急変した。一一月九日、文麿は、戦略爆撃調査団から、東京湾上に浮かぶ軍艦アンコン号に呼び出され、約四時間にわたる厳しい尋問にさらされた。近衛はＧＨＱから梯子を外されたばかりか、戦犯の指名を受け、巣鴨に出頭前夜、荻外荘で青酸カリを飲んで自殺した。

工藤美代子『われ巣鴨に出頭せず』(C-18)(三七五～四一六頁)、大野芳『無念なり　近衛文麿の戦い』(C-16)(二九一～三六四頁)、鳥居民『近衛文麿「黙」して死す』(C-15)(六七～一〇一頁、一九七～二一五頁)、同『日米開戦の謎』(A-60)(二二七～二六七頁)などが、この事態の変化をもたらした直接の契機は、当時、カナダからＧＨＱに派遣され、対敵諜報部分析課長として日本の戦犯候補者の選別作業に従事していたハーバート・ノーマンによる近衛非難の報告であり、その背後に、近衛を貶める一方、木戸の責任を矮小化しようとした木戸幸一と都留重人、ノーマンの画策があったと詳述している。

ノーマン

ノーマンは当時最高のジャパノロジスト、しかし著しい偏見も

ノーマンは、一九〇九年、長野県軽井沢でカナダ人宣教師夫妻の次男として生まれた。ケンブリッジ大学で学んで外交官となり、一九四〇年、日本に派遣された。巧みに日本語を読みこなし、日本の近代国家成立に至る過程を綿密に研究しており、当時、最高レベルのジャパノロジストだった。その博識に加え、誠実な人柄で人間的魅力に満ち、日本の多くの知識人と交流し、畏敬され、慕われていた＊29。しかし、ノーマンは、若いころから共産主義思想に傾倒し、ケンブリッジでは一時共産党に入党したこともあった。ノーマンが交友した日本人には、羽仁五郎や風見章、都留重人など、左翼ないしリベラルの人々が多かった。ノーマンは、戦後カナダから派遣されてＧＨＱで活動した。

戦後の冷戦下の赤狩り旋風の中で、ノーマンもカナダ政府、ＦＢＩや米上院司法委員会などから、共産主義者、ソ連のスパイだと、激しい攻撃にさらされた。ノーマンは、当時、駐エジプト大使として、スエズ動乱の解決のために外交官として重要な活躍をしていたが、その攻撃の重圧に耐えかね、一九五七年四月四日、カイロでビルから投身自殺して非業の死を遂げた。

＊29 ノーマンについては、リベラルないし左翼系の日本の知識人の間では、今日も高く評価されている（加藤周一編『ハーバード・ノーマンの人と業績』（H-35）など）。三笠宮は、戦後、ノーマンから英語の個人指導を受けた。宮は、ノーマンの知性と人柄の魅力を懐かしく回想している。

ノーマンの著作（ハーバート・ノーマン全集第一巻『日本における近代国家の成立』、同第二巻『日本政治の封建的背景』（C-46））を読むと、日本の歴史や政治・経済・社会情勢について、広範な原典に広く当たって深く緻密な研究を行っており、その造詣の深さには驚かされる。したがって、ＧＨＱ内において、ノーマンによる、近衛を始めとする政治軍事の指導層に対する人物評価の影響力が極めて大きかったのは自然だった。

しかし、ノーマンの日本に関する分析・論述には偏りも少なくない。例えば、『日本政治の封建的背景』（二〇頁～）で、ノーマンは徳川時代を、農民に対する苛烈な搾取、士農工商の厳格な身分制、思想の弾圧、など、ネガティブな面のみを強調し、貿易の禁圧が商業資本主義の成長をとどめ、清新で活発な思想が西洋から流入するのを拒んだ、と切り捨てている。確かに、鎖国によっても国家を維持できていた時代が終わり、世界の列強が日本の開国を迫る徳川時代末期においては、このような封建制を維持することがもはやできなくなり、徳川時代は終焉を迎える運命にあった。しかし、徳川時代が、それまでの戦国時代の長い争乱による国の荒廃を終わらせ、二百数十年にわたり、国内の戦乱を防ぎ、藩制度や参勤交代制が、地方の発展や国内商業・文化の交流を促進していた意義についての評価は全くない。ヨーロッパの絶対王政や中国の皇帝支配国家では、権力のあるところに富が集中していた。しかし、日本では、政治的な権力を持つ武士階級や文化的権威を持つ公家は、華美に流れない質素な生活をしていた。むしろ、身分は一番低い町人たちが、その努力才覚により富を築き、豊かな生活を享受していた。石田梅岩による「心学」は、士農工商の身分は人間価値による差別ではなく、職分や職域の相違に過ぎないとし、人として守るべき、勤勉、努力、信用の大切さ、倹約などの精神を奨励するものだった。そこには、マックス・ウエーバーが『プロテスタンティズムの倫理と資本主義の精神』の名著で表したような、資本主義の成長を促進した思想的背景が徳川時代に生まれていたことを思わせる。庶民たちも日々仕事に精を出す一方、どの町にもある寄席や芝居小屋で、歌舞伎や落語などを楽しんでいた。また、糞尿が町にあふれ、ペスト大流行の原因ともなったヨーロッパの都市と異なり、日本の都市では、町の長屋で生じるし尿を農村での肥料に活用する循環構造によって衛生の良さが保たれていた。町人の子供たちが寺子屋に通って読み書きそろばんを習うことによる識字率の高さも、諸外国より優れていた。手形制度は早くに生まれ、米相場における先物取引の制度すらあった。このような蓄積が徳川時代にあったからこそ、明治維新後、日本は急速に資本主義国家としての飛躍的成長を遂げることができた（徳川恒孝『江戸の遺伝子』（J-10）、山本七平『日本資本主義の精神』（J-11）参照）。ノーマンの著作にはこのような視点が全く欠落している*30。

また、ノーマンは、他国への進出について、日本とドイツのみを「膨張主義、侵略主義、排外主義」と厳しく断罪する。しかし、そもそも英仏蘭などヨーロッパの列強がアジアアフリカ諸国に支配を拡大、膨張させて植民地化し、またアメリカ自体がアメリカ大陸、またメキシコやハワイ・フィリピンに支配を拡大したことについての批判はない。アジアへの侵略の元凶は、イギリス・フランスなどヨーロッパ列強の帝国主義、植民地主義であるのに、それについての批判的評価は皆無に近い。つまり、ノーマンの日本評価の前提となったのは、かつて近衛が批判した「英米本位の平和主義」そのものだったといえよう*31。

＊30　前掲鳥居『近衛文麿「黙」して死す』（五四～五五頁）によれば、戦前、ノーマンはマルクス主義者だった羽仁五郎から、二か月間、毎日午前中、日本歴史の講義を受けた。羽仁の『明治維新史研究』（C-59）第二章「幕末における政治的支配形態」は、徳川幕府の政治支配の構造を、厳格な階級支配による抑圧・搾取・弾圧体制として厳しく批判している。ノーマンの徳川時代に対する批判は、ほとんど羽仁の説に基づいていると思われる。しかし、羽仁は、他方で、ヨーロッパの列強によるアジア支配についても「イギリス資本が植民地インドにおいては生産者よりの収奪のみを専らにし、……植民地において資本の原始的蓄積のための収奪のみが行われた」「阿片がイギリスおよび資本主義の東洋経営の『生命線』となったのだ。阿片の消費を中国に強いることは彼らの神聖なる使命となった」などと、イギリスによるインドへの植民地支配、阿片を手段とする中国への悪辣な進出をも厳しく批判している。羽仁のマルクス主義歴史観に基づく日本の封建制やヨーロッパ列強の植民地支配に対する批判には思想家としての一貫性がある。

しかし、ノーマンは、公刊された論文等を見る限り、日本に対してはマルクス主義歴史観に基づいて厳しく批判・断罪しながら、自己が属する大英帝国圏のアジア侵略支配についてはなんら言及しておらず、思想的な一貫性がないというべきだろう。ノーマンは知的研究者としてはマルクス主義の影響を深く受けながら、外交官等として厳しい政治外交の現実の中で、自己の思想と立ち位置を調和・統合させることができず懊悩していたのかもしれない。

＊31　拙著『ＯＳＳ(戦略情報局)の全貌』(Ｈ-47)では、中国・東南アジア戦線で、英仏が戦前からの植民地・帝国主義的支配を、戦後も強欲に維持しようとしていたことを詳述した。

ノーマンと木戸幸一、都留重人の密な関係

ノーマン、木戸、都留の三人には深いつながりがあった。都留は、木戸の弟の娘の夫だった。都留は戦後一橋大学学長となった経済学者だが、マルキストであり、第八高等学校在学中共産党系の組織に参加して治安維持法で検挙された。一九歳でアメリカに留学し、優秀な成績でハーバード大学の博士号を採り、同級のノーマンと深く交流した。昭和一七年、三〇歳のときに交換船で帰国後、木戸の朋友重光葵の引きで外務省嘱託に採用された。

一時召集されて入隊したが短期で召集解除となり、再び外務省の書記官として勤務した。この経緯を、鳥居民は、『近衛文麿　「黙」して死す(二一七〜二二〇頁』で次のように書いている。

「(要旨)都留は、昭和一九年五月三一日に召集令状が来た。木戸は六月一日の日記に「赤松秘書官に都留君の身上につき相談す」、一九日の日記に「赤松秘書官と面談」と書いた。赤松貞雄はは東条陸相の秘書官を務め、当時は首相秘書官だった。赤松は政府や経済界の有力者の頼みで子弟などの召集解除や安全な任地での勤務の手配をしていた。赤松の手配で、都留は召集解除された。」

近衛文麿の愛息文隆は、和平工作のため重慶との交渉に取り組み、汪兆銘政権樹立を目指す陸軍から睨まれたために帰国させられた後、召集され、戦後シベリアに抑留されて客死した。しかし、文麿は、文隆

が召集された時、そのような私的依頼は一切しなかった（本書一六二頁）。縁故関係や政治的立場を利用して都留の便宜を図った木戸とは好対照である。

都留は、戦後アメリカで赤狩り旋風が吹き荒れたとき、アメリカ上院司法委員会に召喚され、戦前、木戸がノーマンに共産主義関連の文献資料を渡したことなど、ノーマンとの交遊関係について厳しく審問された。

木戸幸一

近衛を決定的に貶め、木戸の責任を矮小化したノーマンの報告

ノーマンの近衛に対する評価（『ハーバード・ノーマン全集第二巻』（C-46）三三四〜三四六頁）は、手厳しい。父親篤麿が「膨張論の熱烈な提唱者」であったこと、近衛もそれを引き継いだこと、ファシズムに惹きつけられ、右から左まで人を集め、その組織が全体主義的体制の青写真を作ったこと、日中戦争開始後、陸軍の責任をひきうけ、蔣介石政府を相手としないことを声明したことなど、その戦争責任を糾弾している。本書でも詳述したように、近衛の内心の意図がどうであったにせよ、日中戦争の泥沼化を阻止し得なかった客観的な政治責任は明らかであり、その限りにおいて、ノーマンの近衛批判には相当な根拠がある。

しかし、明らかな誤りもある。例えば、ノーマンは、近衛が、陸軍大臣に「関東軍系の最も冷酷な巨頭の一人板垣征四郎を選んだ」「東條を初めて重要な政治的官職につけ……陸軍次官にした」としている。しかし、本書で詳論したように、近衛が板垣を陸相にしたのは、陸軍から「クーデター」だとの激しい批判を受けてさえも、戦争拡大を防ぐための懸命な努力の結果だった（本書一四八頁〜）。また東條を陸軍次官に引き入れさせたのは、梅津美治郎であり、近衛はなんら実質的に関与していない（本書一五一頁）。

また、ノーマンは、近衛が、盧溝橋事件発生後から、戦争末期に至るまで、様々なルートで日中戦争の拡大を停止し、蔣介石と和平するために、更にはアメリカとの和平の道を開くために、親族に命の危険を冒させてまで懸命な工作を試みていたことには全く言及していない。

さらに、ノーマンは、近衛に対し「かれは、弱く、動揺する、結局のところ卑劣な性格だった……淫蕩なくせに陰気くさく、人民を恐れ軽蔑さえしながら、世間からやんやの喝采を浴びることをむやみに欲しがる近衛は病的に自己中心で虚栄心が強い。かれが一貫して仕えてきた大義は己れ自身の野心にほかならない」とその人格を誹謗した。そしてノーマンは近衛が戦争犯罪人に当たることを主張した上、「かれが憲法起草委員会を支配するかぎり、民主的な憲法を作成しようとするまじめな試みをすべて愚弄することになるであろう。かれが手を触れるものはみな残骸と化す」と近衛を切り捨てた。

他方、ノーマンの木戸に対する評価（同書三四七～三五二頁）は、明らかに甘い。木戸は、内大臣として東條を首相に推挙したし、東條内閣がサイパンの玉砕後に総辞職に追い込まれるまでの間は、東條を支え続けたので、ノーマンも、木戸の戦争責任は明らかで、内大臣の職を辞任させ、将来いかなる公職をも占めないようにすべきだとしている。しかし、木戸が、東條内閣の辞職後も、積極的に降伏・和平の道を探ることはせず、重臣たちとの間に立ちはだかっていかなる和平の進言をも天皇の耳に届けさせなかったことの言及は全くない。この間、近衛を始めとして様々な和平の工作が進められていたが木戸はそれに協力支援することは一切しなかった。繆斌工作を妨害し、潰したのも木戸の責任が大きかった（拙著『日中和平工作秘史』二四二頁～）。

しかし、ノーマンは、「木戸が最初に降伏を決定した重要政治人物の一人であった……決心がつくと、かれは考えられるあらゆる影響力を使って、天皇とその顧問たちに降伏の必要を説いた……かれは果断で鋭敏な人物であり……近衛とは対照的に、心が決れば敏速に行動する」などと、あたかも和平工作の中心を担ったのは木戸であるかのように持ち上げた。しかし、憲兵隊の監視、テロの危険や国民の冷たい視線にさらされながらも、懸命に和平の努力を続けていたのは近衛だった。一九四四年後半からは、何世禎工作など様々なルートで和平を試み、一九四五年二月の天皇への上奏では、他の重臣たちが誰も和平について語れなかったのに、近衛のみが、米英と和平すべきことを敢然と天皇に述べた。

木戸は確かに、同年六月から、ソ連を相手とする和平交渉開始のためには努力したが、それまでの間自ら和平の努力はなんらしなかった。またソ連を相手とする和平は客観的には実現可能性は皆無で、誤った方針だった。近衛が共産主義とソ連の野望の危険を早くから洞察していたのに対し、木戸にはそれが全くなかった。ノーマンや都留はマルキストであったが、木戸自身もそうだったとまでは思えない。しかし、少なくとも木戸にはソ連や共産主義に対する警戒心が乏しかった*32。

ノーマンは、これらについてなんら理解がなく、ひたすら近衛を糾弾する一方、木戸の戦争責任を矮小化したのだ。

*32 木戸はソ連に傾斜していた。一九四五年三月三日、木戸は、友人の宗像久敬（※占領地の蒙疆銀行総裁に就任したが陸軍と対立して帰国した）に「ソ連に頼って和平を行えば、ソ連は共産主義者の入閣を求めてくるのであろうが、それは受け入れてもよい、と言い、「共産主義というが、今日はそれほど恐ろしいものではないぞ。世界中が皆共産主義ではないか。欧州も然り、支那も然り、残るは米国位のものではないか」と語ったので、宗像は「木戸は陸軍内の親ソ・強硬派に篭絡された」という印象を持ったという（新谷卓『終戦と近衛上奏文』（C-38）三三四頁〜）。

頭山満、玄洋社に対する認識の恐るべき誤り

本書及び拙著『日中和平工作秘史』でもしばしば述べたように、近衛と頭山には深い縁があった。近衛の父篤麿と頭山は、大アジア主義の主導者、実践者だった。先に近代化に成功した日本がリーダーとなり、

列強の植民地支配の圧政に苦しむアジア諸国と連帯し、その解放と独立を目指そうとした。その活動のために私財を投じた篤麿が抱えた莫大な借金の取立てに押し掛けた債権者たちを、毅然として追い返したのは頭山だった。近衛は、日中戦争拡大の阻止と蔣介石との和平のため、しばしば頭山の力を求め、頭山も「最後の御奉公」としてこれに応じようとしたが、東條らの妨害で実現しなかった。頭山については多くの評伝があり、最近も意欲的な研究がある（葦津珍彦『大アジア主義と頭山満』（A－25）二〇〇七年、読売新聞西部本社『大アジア燃ゆるまなざし　頭山満と玄洋社』（A－26）二〇〇一年、嵯峨隆『頭山満－アジア主義者の実像』（A－27）二〇二一年、井川聡・小林寛『人ありて　頭山満と玄洋社』（A－28）二〇〇三年、井川聡『頭山満伝』（A－29）二〇二一年など）。

ノーマンは、論文「日本政治の封建的背景」の中で「福岡玄洋社」について詳論しており、これは主に一九四四年に太平洋問題調査会（I・P・R）の機関誌で発表されたものだ。しかし、当時の時代的な制約があったにせよ、ノーマンの頭山や玄洋社についての認識には、甚だしい誤りと、重要な事実の無知が非常に多い（以下の指摘は多岐にわたるため、根拠資料の引用個所は省略する）。

頭山は、西郷隆盛を崇敬しており、西郷の死後、ひたすら徒歩で鹿児島を尋ね、管理者に懇請して西郷が愛読していた大塩平八郎の「洗心洞箚記」を借り受けた。西郷は、「命もいらぬ、名もいらぬ、官位も金もいらぬ、というような人物は処理に困るものである。このような手に負えない人物でなければ、国家の大業を成し遂げることはない」との名言を残した。西郷自身がそうであったように、頭山はまさに西郷の精神を体現した生涯を貫いた。しかし、ノーマンはそもそも西郷自身に対してすら、「極端な国家主義団体の創設者、最先駆者」「立派な知性の人に対しても極めて粗野で不公平」「婦人に対しては野卑で過酷で悪名高く恥知らずな男色家」「ドンキホーテ的騎士気取り」などと口汚く罵った。西郷の征韓論の真の背景や、西南戦争勃発に対する西郷の心情についての洞察は全くなく、単に大陸への膨張主義者、反乱軍の参謀総長、という目でしか見ていない*33。ノーマンの基本的視点には、列強のアジア・アフリカの帝国主義、植民地支配やソ連の中国満州への勢力拡大の野望に対する批判がほとんどない。日本がアジアに進出することは、それ自体を悪とし、秀吉の晩年の誇大妄想的な老害であった「朝鮮征伐」の延長線上でしかとらえていない。したがって、近衛篤麿や頭山の大アジア主義についても、それは日本の膨張主義、排外主義、侵略主義でしかないと切り捨てている。

*33 ノーマンは、坂本龍馬と勝海舟については高く評価している。しかし、ノーマンは、坂本龍馬が西郷の頭脳には決して感心せず、「西郷を評して『馬鹿は馬鹿だが大馬鹿』だと言った」と、西郷批判の根拠に挙げている。しかし、坂本のこの言葉は「西郷という人物は、小さく叩けば小さく響き、大きく叩けば大きく響く、釣り鐘のような男だ。もし馬鹿なら大馬鹿で、利口なら途方もなく大きな利口だろう」というものであり、西郷の測りがたい度量と智謀の大きさを褒めたものだった。勝海舟も「氷川清話」で「西郷に及ぶことのできないのは、その大胆識、大誠意にあるのだ。俺の一言を信じてたった一人で江戸城に乗り込む。俺だってことに処して、多少の陰謀を用いないこともないが、西郷の至誠は俺をしてあい欺くことができなかった。(談判のとき)俺が感心したのは西郷が俺に対して、幕府の重臣たるだけの敬礼を失わず、……始終坐を正して手を膝の上に載せ、少しも戦勝の威光でもって敗軍の将を軽蔑するというような風が見えなかったことだ。その胆量の大きいことは、いわゆる天空海闊で、見識ぶるなどということは、もとより少しもなかった」と称賛した。ノーマンには、批判論のストーリーの中に、何らかのエピソードを本来の文脈から外れてつまみ食い的に引用することが他にも少なからず見受けられる。

ノーマンの誤った批判は頭山や玄洋社に対して更に激しくなる。「玄洋社は、排外愛国主義と軍事侵略の神秘主義的不合理の誘因」「ドイツ国民感情を利用したナチスの手口を考えさせる」「ヒトラーが軍、官僚、大企業の主要指導者を計画に引き入れたのと変わらない」「恐怖手段、政治的威嚇、秘密の陰謀」「頭山は無頼の政治的ボス」「狡猾な陰謀家という点で西郷にそっくり」「若いころは無気力な青年」「武士の放蕩と暴行の巣窟だった茶屋や遊郭を好んだ」「知的好奇心や学問への欲求はなく、粗野猥雑で『最上のナチ型』と驚くほど類似」「金に汚く、どんな金でも集め、豪華な自宅を作った」など、知的研究者とは思えないほどの誹謗の言葉が続く。このようなノーマンは、頭山が新宿中村屋の相馬愛藏・黒光夫妻らの協力の下に、イギリスから追われていたインド独立の志士ラス・ビハリ・ボースをかくまったこと、朝鮮の志士金玉均を支援したこと、孫文や蔣介石の辛亥革命を支援したことについても、その目的は、日本による将来の傀儡化の利益のためだったとした。のみならず、これらの志士たちについても「頭山は……無節操な冒険者、安価な出世主義者、政治的山師など自国でも無用な、歓迎されない連中ばかりを掴んだ」などと、極めて次元の低い評価をした。

しかし、これらは全て事実に反していた。頭山は、幼いときから、周囲を驚かせるほど聡明であり、東洋の古典を深く学び、陽明学に傾倒した。頭山を畏敬し、その志に賛同する多くの同志たちが活動資金を進んで提供したが、頭山はそれを私することは一切なく、すべて、活動資金や同志ら支援のために使った。一切の官位に就かなかった。寡黙であり、どんなに地位の高い人物でも貧しく弱い人でも、公平、丁寧に接した。頭山の周りに極めて多くの信奉者・支援者が出たのは、頭山自らが党派的活動で人を集めたのではなく、前掲の西郷の名言を体現した頭山の人格と行動自身が自然に呼び寄せたものだった。「桃李もの言わざれども、下、自ら蹊を成す」のが頭山だった。後輩たちに、よく「一人でも淋しくない人間になれ」と言った。

頭山の人物眼の特質は、接する相手の「思想」の内容の是非ではなく、その人物が、真剣・誠実であり、真に国と人々を思い、そのために自らの信念に忠実に生きているか否かが判断の基準だった。いったん相手を信頼すると、情況がいかに変化しても頭山はその人物への支援を貫いた。孫文や蔣介石に対しては、日本政府は、一時は彼らを支援しながら、袁世凱が実権を握ると袁を慮って孫文らへの支援を中断した。しかし、その時も頭山は支援を続け、いささかもぶれることがなかった。一九二九年六月に行われた南京・中山陵での孫文の「英霊奉安祭」で、頭山は孫文の棺を載せた輿の綱を引いて墓所に入った＊34。日英同盟の下でイギリス政府からボースが追われたときも、頭山は日本政府の方針に反してもボースの庇護を貫いた。相馬夫妻は信州出身の敬虔なクリスチャンであり、頭山とは思想的にはおよそ無縁だったが、頭山との人格的な信頼関係により、この庇護を全うしたのだ。

＊34 戦後岸信介首相が台湾を訪問し、蔣介石に「以徳報怨」のお礼を述べた際、蔣は、「(この考えは) 実は、自分が留学した際に学んだ武士道の精神です。特に頭山先生、犬養先生という方々から実践を通じて教え込まれたものです。それは、東洋思想の基本であると同時に、日本の精神です。だから、私に感謝するというよりも、日本自身がもっている諸先輩の精神に感謝してください」と語った。蔣介石は莫大な戦争賠償請求を放棄し、日本領土の分割占領に中国も加わるのを断ることでソ連の北海道占領を阻止した。これらによって日本は戦後の復興を遂げたが、その根源に遡れば頭山の孫文・蔣介石支援に行きつくのだ。

以下のことは、ノーマンが知らなかったか、もし知っていたとすれば悪意による無視だと言える事実だ。頭山や玄洋社は、国権主義、排外主義だといわれるが、自由民権運動には積極的に参加した。その初期、頭山は松山から徒歩で高知を尋ね、板垣退助に会って意気投合した。半年余りも滞在して立志社の活動に参加し、植木枝盛らと深く親交した。福岡に戻る時、植木枝盛を同行させ、民権思想の講座や講義を行わせた。国会開設運動や日本の主権を害する条約改正への反対運動に力を注いだ。中江兆民とも深い知己となり中江が死ぬまで交友は続いた。しかし、アジアへの列強の侵略支配が進む中で、頭山ら玄洋社は、民権を確立するためにはまず国家が独立しなければならないこと、そのためにはアジア諸国の解放・独立を支援すべきだとの考えに達した。そのため国権主義に立つこととなったが、それは民権主義の否定ではなく、また日本のみの国権主義ではなく、アジア諸国の国権確立を支援しようとするものだった。頭山らが「排」しようとしたのは、列強のアジア諸国への支配・侵略であり、中国はじめアジア諸国とは真の連帯を求めていたのだ。

玄洋社は、日露戦争では、ロシアの侵略を防ぐため、義勇軍を満州に派遣して戦った。しかし、頭山は、孫文や蔣介石を支援する中で、現在はまだ中国に満州を統治する力がないので日本が満州に進出してロシアへの防波堤となるべきだが、いずれ中国が成長すれば、満州の統治は中国に委ねるべきだと考えていた。だから、頭山は、満州事変と満州国の建設には反対ないし消極であり、満州国皇帝溥儀が来日したときも会おうとしなかった。

頭山は、満州事変を収束させようとした犬養毅とは昵懇の仲であり、息子の頭山秀三が犬養暗殺事件に関与したことは痛恨の極みだった。頭山は盧溝橋事件以来の事変の拡大に対し、「ばかなことが始まった」と批判し、日中戦争には強く反対した。近衛らと連携してその停止、蔣介石との和平を念願し、動いた。

しかし、陸軍の統制派、驕り高ぶった支那通の軍人たちの「拡大派」が頭山らの意志に反して戦争を拡大させ、ポピュリズムに染まった経済界や議会もそれを煽った。日中戦争は、中国への支配や利権拡大を狙う理念のない戦争として始まった。その後の「東亜新秩序」「大東亜共栄圏構想」は、戦争が泥沼化してからの「後知恵」の政策だった。もし、頭山や近衛篤麿の「大アジア主義」を真に実現しようとする高い理念が当初から政府・軍部で共有されていたのなら、あの戦争は悲惨な展開・終末を迎えることはなかっただろう。玄洋社系の人々は、東條内閣の横暴や東條内閣の翼賛機関に化した大政翼賛会をも鋭く批判した。一九四二年の「翼賛選挙」では、中野正剛らは、非推薦で選挙を戦った。

しかし、ノーマンはこれらの事実・事情についての理解は皆無に近く、あの戦争自体を当初から煽り立てたのが玄洋社や頭山らの膨張主義、排他的愛国主義だとの誤った断定をしている。

優秀で緻密な研究・著作を行う人物が、ある部分において、事実やその評価に誤りがある著述をした場合、深く事情を知らない読者はその誤りの部分まで真実だと思い込む危険がある。ノーマンの著作はその典型だといえよう。

近衛の尋問に窺われる高貴さ

アンコン号での近衛に対する尋問（工藤美代子前掲書、四〇三〜四一六頁に大要が記載）は厳しかった。しかし、近衛の戦争責任に対する一連の応答は、本書で詳述した事実に正確に即しており、虚偽や誇張は含まれていない。また、自分の責任を軽減し、他者にそれを負わせようとの姑息な態度は全くない。東條に対してすら、淡々と対立の経緯を述べるにとどまり、また、木戸が当時天皇との間に立ちはだかって和平工作の進展を阻んだことへの非難も全くしていない。近衛自身が自ら懸命に和平の努力をしていたことの説明も僅かなものに留まる。むしろ、「（和平のために）木戸を通じて天皇を説得しようとした人は誰か」との問いに対して、近衛は「最も真剣に努力したのは、恐らく今の外相、吉田茂です」と答えた。二月一四日の近衛の上奏で、天皇に敢然と和平の必要性を主張したことは語っていない。

近衛は、なぜ、天皇への上奏で強く和平を主張したことを語らなかったのだろうか。もしそれを強調すれば、なぜ天皇はそれを受け止めて和平のために積極的に乗り出さなかったのか、という天皇の責任に波及することを恐れたのだろうか。あるいは、近衛は、日本が共産化し、国体が破壊されることを最も恐れ、和平を上奏したが、尋問者の顔ぶれや、都留重人もなぜかその場に同席していたことなどから、尋問・追及の背後に共産主義者たちの画策を感じ取ったのだろうか*35。それとも、近衛はこれらを誠実に弁明したが、尋問者側が意図的にそれを記録に残さなかったのだろうか。

井上日召は、近衛について、「私が最も敬服したことは、近衛公は決して嘘を言わぬ人だ、ということであった」と回想した（本書二六六頁〜）。近衛の心理にはなお測りがたいものも含まれているが、尋問に対する近衛の応答ぶりには、誠実さをも超えたある種の「高貴さ」すら感じられる。

ノーマンは、自己が共産主義者であったことや、ソ連のスパイだとの嫌疑を受けて厳しく追及された。ノーマンが少なくとも過去には共産主義者であったことは明らかだが、ソ連のスパイであったか否かについては解明されていない。ノーマンは、かつて近衛を厳しく弾劾して死に追いやった。また、玄洋社や頭山満に対する著しい誤解と偏見は、玄洋社とのつながりが深かった広田弘毅の死刑にも影響を与えたとも言われている（前掲鳥居『近衛文麿「黙」して死す』六九〜七〇頁など）。ノーマンは自分自身が糾弾される立場となり、追及に耐え切れず命を絶った時、かつて自らの弾劾によって近衛や広田を死に追いやったことが、既視感のように脳裏によぎらなかっただろうか。

＊35　中川八洋『山本五十六の大罪』（E-30）（六一頁）によれば、この訊問に当たった者の過半がふだつきのソ連工作員のポール・バランやトマス・ピッソンらであり、更に不可解なことに都留重人が、戦略爆撃調査団のメンバーでないのに同席していたという。

７　近衛と天皇、皇室

近衛家の歴史を背負った天皇・皇室への全身全霊の崇敬

近衛は、天皇と皇室を真に崇敬していた。それは、一三〇〇年続く藤原家、近衛家は、天皇と皇室なくしてはあり得なかった歴史に深く根ざし、摂関家の当主である近衛の自覚によるものだった。原田熊雄は、近衛が、二・二六事件を起こした皇道派に味方し、右翼も左翼も取り込もうとすることに常にハラハラし、批判的であったが、富田健治にこう語った（富田健治『敗戦日本の内側』（C-22）三一七頁）。

「近衛と言う奴は、他人の迷惑などちっとも考えない。我がまま者だ。僕など一番の被害者だ。ただたった一つだけとっても良いところがある。それは、陛下を思う一念だけが絶対であることだ。恐らく日本人中、一番陛下を思い、陛下を尊敬している奴は近衛だと僕は思っている。そのほかのことは何もかもなっちゃおらぬ」

富田は、近衛は、天皇の前では、普通人のように挨拶し、他の上奏者がほとんど腰をかけない椅子に座り、足を無造作に組んで上奏をするので、侍従から「少しお行儀が悪すぎるように思うので、何とか御注意なされる途はないものかどうか」と相談を受けたこともあったという（同三一二頁〜）。

しかし、近衛の天皇・皇室への崇敬は表面的、外形的なものではなく、近衛家の歴史を背負った全身全霊のものだった。近衛は、当時の、天皇絶対といいながら天皇の真意をくみ取ることなくその権威だけを利用する軍部や、天皇崇拝を表面的に誇示するような言動を激しく嫌悪していた。日米諒解案交渉の際に、モスクワから帰国した松岡外相が、参内の前に二重橋前で皇居を遥拝すると言い出した時、近衛は松岡と並んで遥拝することをニュースカメラに収められることは最も嫌なことで松岡との同乗を拒んだ。それは、このようなスタンドプレーの天皇崇拝を近衛が最も嫌っていたからだった（同一四二頁）。富田は、「近衛公は、流行の形式的、観念的な日本精神、国体擁護運動に対しては、つばきを吐きかけたいほど嫌悪の気持ちがあり、近衛公の皇室殊に天皇にたいする観念はそんな生易しいうわべだけ、口先だけのものではなく、全く身内からほとばしり出る親身のものだった」と回想する(同三一三頁)。

また、近衛の天皇と皇室の崇敬は、昭和天皇に対する個人的なものではなかった。東條英機は、天皇を「天子様」と呼び、絶対的に崇拝していたが、近衛の天皇と皇室への崇敬は、藤原家一三〇〇年の歴史を支えてきた、国体としての天皇制に対する絶対的な忠誠心に基づいていた。近衛が虎山荘で岡田啓介や米内、高松宮と密談したとき、近衛が天皇を退位させようと考えていたことは前述した。しかし、それに止まらず、近衛は、一般人からすれば恐ろしいと思われることも語っていた。

戦争が激しいころ、近衛は富田に次のように語った（同三一三頁～）。

「日本人が全部死んでいく、国体護持のために一億国民が玉砕する。そんなことは意味をなさない。言葉だけのことだと思う。……敗戦の暁、どうして国体を護持できるか、私は陛下にお願いして、連合艦隊の旗艦に乗っていただいて、最後の決戦に艦と運命をともにしていただく。これこそが天皇制を護る道ではないかと思っている。一億の国民悉くを玉砕させて天皇制を護る、そんな馬鹿なことはない。天皇独り免れて国民皆討死をさせる。これこそ日本の国柄には絶対にないことだと信ずる」

「『天皇は神聖にして侵すべからず』ということは、その文字の裏に天皇自らその絶大無限の責任を国民に対して負っておられることを示したものである。元来国家の成立には、人民と領土を必要とする。君主制（天皇）であるか、共和制（大統領）であるかは、国家論としてはどちらでもよい。日本の場合でも、日本国民を全部失ってしまうような事態になって、天皇と領土だけということになっては国家存立の意味をなさない。そこ迄追い詰められて国体の選択を迫られたなら、私は陛下は天皇制を捨てて共和制におつきになる場合もあって然るべきものだと思う。国民の利益になることならば、日本の天皇はそれをお採りになるべきものだと思う。どんなことがあっても国民を皆殺しにして天皇制を護るということはあり得ない。寧ろ天皇の五体を失い、天皇制を捨てても日本国民と国土をお護りになると信ずる。ただ、近衛家の場合は問題は別である。多年皇室の恩寵を賜り、時には皇室に数々の御迷惑をかけてきた藤原、近衛家であるからして、近衛家としては天皇と運命を共にしなければならないと思う」

この近衛の言葉は極めて過激だ。言葉の表面だけを見れば「君主制か共和制かはどちらでもいい……陛下は天皇制を捨てて共和制におつきになる場合もあって然るべき」と、一見、一九四〇年に風見が近衛に語った「いざ革命ともなれば、皇室の運命はどうなるかわかったものではない」という言葉と符合しているようにも見える。しかし、風見の天皇制の理解は、「人民は天皇制に『盲従』しているだけなので、革命が起きればあっさりと破壊されるような根の浅いものだ」というものだったのに対し、近衛のこの言葉は、天皇制は真に国民と共にあって成り立つものであり、またそうあるべきだとの確信に基づいた、いわば逆説的な表現だったといえよう。

ポツダム宣言について、八月一二日のいわゆる「バーンズ回答」が、「降伏のときより、天皇及び日本国の政府の国家統治の権限は……連合国最高司令官の制限の下に置かれるものとする。……日本国政府の最終形態は『ポツダム宣言』に従い、日本国民の自由に表明する意思によって決定されるべきである」としたことに、陸軍は激しく抵抗した。しかし、天皇は、木戸に対しこう語った。

「連合国の回答の中に『自由に表明されたる国民の意志』とあるのを問題にして居るのであると思うが、それは問題にする必要はない。若し国民の気持ちが皇室から離れて了つて居るのならば、たとえ連合国から認められても皇室は安泰と云うことにはならない。反対に国民が依然皇室を信頼して居てくれるのなら、それを国民が自由に表明することによつて、皇室の安泰も一層決定的になる。これらの点をハッキリ国民の自由意志の表明に依つて決めて貰うことは好いことだと思う」

木戸は、「陛下がこう迄徹底的にお考えになって居られる以上終戦は必ず実現し得るとの自信を深めた」と回想する（江藤淳監修『終戦工作の記録(下)』(B-1) 四二五頁～)。

「ぼくとしては、どうなろうとも、皇室と運命をともにしなければならない」

近衛の前記の表現は言葉の上では過激だが、天皇制は国民の意志に基づき、国民と共にあってこそ存立していくものだ、という意味において、天皇のこの言葉と通じるものがあろう。そして、近衛の言葉の末尾の「近衛家の場合は問題は別である。多年皇室の恩寵を賜り、時には皇室に数々の御迷惑をかけてきた藤原、近衛家であるからして、近衛家としては天皇と運命を共にしなければならないと思う」との部分は、一九四〇年に近衛が風見に沈痛な口調でつぶやいた「ぼくとしては、どうなろうとも、皇室と運命をともにしなければならない」という言葉そのものである。

近衛の天皇や皇室に対する崇敬は、このように、一三〇〇年の藤原家、近衛家の歴史を背負った全身全霊のものだった。天皇一個人ではなく、「国体」としての天皇制が、国民の意志により、国民と共にあって存立していくことが近衛の念願だった。近衛上奏文の意味も、この軸が定まらなければ正しく理解することはできないだろう。戦争の混乱が続く中で、革命が起きれば近衛も天皇家を見捨てて人民の側につく、と期待していた風見はそれを見抜けていなかったのだ。

８ 「悲劇の宰相」そして「最後の公家」であった近衛

近衛は「悲劇の宰相」だった

近衛は、三度組閣して総理大臣となったが、自らそれを求めたことはなかった。多くの政治家に見られる、総理や大臣になりたいという政治的願望とは無縁だった。なんとか大命降下を拝辞しようと努め、総理になってからも度々辞意を漏らし、原田熊雄や西園寺公望を困らせた。近衛はもともと大学教授として哲学などを研究することが念願であったが、彼の家柄血筋がそれを許さなかった。

松本重治は、加瀬俊一が、「近衛さんという人は、いろいろな批判はあるけれど、平和時であったら、素晴らしい総理大臣であったろう」と評したことに賛同し、「吉田茂さんがあれだけやれるんなら、あの三倍くらいのことはできるよ」と語っている（松本重治『近衛時代（下）』（C–８）二一六頁）。戦時中の総理大臣、特に軍人の首相が、国際関係や政治社会全般に対する深い見識を持つものが少なかった時代に、近衛は思想の変遷はあったとはいえ、国民全体の厚生福祉＊36や教育問題＊37も深く思いをもって制度創設や改革に成果を上げていた。

＊36 筒井清忠編『昭和史講義2』（A-2）所収の牧野邦昭「厚生省設置と人口政策」（一三一頁〜）によれば、第一次近衛内閣成立五日後の六月九日、「社会保健省」の設置案を閣議決定し、翌一九三八年一月一一日に厚生省が誕生した。これは、当時陸軍省や内務省が、兵士の供給源である国民体力向上等のための新省の創設を要求したこともあるが、若いころから社会問題に強い関心を持っていた近衛首相が、陸軍の要求をむしろ利用することで自分たちの意図する政策を行なうための新省設置に主導権を発揮して積極的に進めた成果でもあり、日中戦争勃発後の一九三八年に国民健康保険法を成立させて制度上の「国民皆保険」が達成された。

＊37 古川隆久『近衛文麿』（C-17）（一一二頁〜）によれば、一九三七年七月二七日の衆議院本会議で近衛は教育の根本改革を提言した。近衛がかつて関与していた教育研究会の後身が教育改革同志会として昭和研究会内に、近衛を会長として設置されており、「教育制度改革案」を作成して安井英二文相に提出していた。その案は、「国民大衆の教育とその実際化」などにより世界文化の新展開に貢献することなどを基本方針とし、小学校・中学校・大学・大学院の四種として小中学の合計一二年を義務教育とし、ラジオを活用するなど大規模な内容だった。

近衛が服毒自殺を遂げたことについて、天皇は「近衛は弱いね」と言い、また、近衛の日米諒解案交渉などについての手記を読んだあと、「どうも近衛は自分にだけ都合のよいことを言ってるね」と言ったことはよく知られている。確かに、近衛は、西園寺公望や木戸らとは違い、その思想の変遷は激しく、また、客観的に多くの政治的判断を誤ったのであり、天皇からみれば常に危うさを感じさせていただろう。しかし、天皇も、近衛が自らの失政を深く自覚し、本書で述べたような、水面下で、肉親までを生命の危険にさらしながら、一貫して日中日米の和平のための努力をしていたことは知らなかっただろう。近衛の訪米にはテロの現実の危険があったが、近衛はそれでも命がけでルーズベルトと会談しようと努力していたことも天皇は知らなかっただろう。皇室を全身全霊で崇敬していた近衛が、天皇からこのような目で見られていたと知れば無念だったであろう＊38。やはり近衛は「悲劇の宰相」だった。

＊38　近衛は、華族としては最も天皇に近い最高位の公爵であったが、戦時中、木戸幸一（侯爵）が内大臣を務めていた期間、木戸が壁となって近衛を始めとして天皇に上奏などをしようとする人々を厳しくコントロールしており、近衛といえども天皇に随時会うことは許されていなかった。鳥居民は『「近衛文麿「黙」して死す』（C-15）で、木戸の戦争責任や和平工作において果たした役割などを詳細に批判している。近衛自身に様々批判される政治的行動が多かったとしても、近衛が戦争回避や和平工作のため腐心した努力は、木戸が壁となり、天皇には十分伝わっていなかったように思われる。

近衛は「最後の公家」であった

武士が政権を担う「武者の世」になって以来、天皇家とその藩屏である公家が滅びることなく長い歴史を重ねてきたのは、それが武士や軍人などのようにむき出しの権力を持たず、常にその上にある「権威」として存在してきたことにあった。むき出しの権力は、常に反対勢力と争い、それに敗れれば滅びる。しかし、天皇家と公家は、歴史上若干の例外を除いて、政治的軍事的抗争に自ら直接かかわることはせず、それらの勢力の対立拮抗のバランスの上に存在していた。近衛は、このような「公家」の本質を体現した最後の人物だった。近衛の「毒をもって毒を制す」「先手論」も、時には危険視されるような右や左の勢力を自己のうちに取り込みながら、それら相互の拮抗対立によってバランスを維持し、自分は常にその上に権威として存在するという姿勢の表われだった。したがって、ある時は近衛を支えた人物であっても、対立し、あるいは利用価値がなくなるとなれば、むき出しの弾圧によらず、さらりと切り捨てることができた。

近衛の娘野口昭子は、松本重治に、こう語っている（松本重治『近衛時代（上）』（C－8）一八三頁〜）。

「父はね、もう一つ、やっぱり公家なのよ。公家っていうのはさ、平氏と源氏のいろんな戦乱の中で、京都っていうところに帝を守ってひっそり暮らし、生き延びてきたわけでしょう。そういったような歴史っていうか、そういう血があるのよね。……そういった中で生き延びていくっていう知恵を持ってるわけ。父は最後の公家だったと思うのね。……それが分かってくださらないと、父のことは分かんないと思う」

また、杉森久英『近衛文麿（下）』（C－12）（二九〇頁）は、近衛が、高松宮らを接遇した虎山荘での密談のとき、姪に当たる酒井伯爵夫人美意子らに対し、次のような女性言葉で語ったと伝えている*39。

「親しめども信ぜず、愛すれども溺れず、……これが関白というものの信条だったのよ、これで近衛家は七〇〇年におよぶ武家政治を切り抜けてきたのよ」

ただ、私は近衛の戦後の出処進退について、違和感を覚えることがある。近衛は、戦後の東久邇宮内閣に無任所相として入閣して政界に復帰した。マッカーサーと会談し、憲法改正の検討を依頼され、一時は自分が戦後の日本の民主化の行程を担い得ると考えた。しかし、近衛には、いかに志と異なっていたとはいえ、盧溝橋事件勃発による日中戦争の拡大以降、日米開戦への過程の重要な節目で、政治的な判断を誤り、悲惨な戦争による無数の国民の犠牲を招いた客観的で重大な政治責任がある。そのような近衛としては、もはや戦後の政治を担う資格はないと厳しく自分を見つめ、どんなに政界復帰の誘いを受けても、それを固辞するべきではなかっただろうか。そして、陽明文庫を守り、戦争で亡くなった人々の霊を弔いつつ、静かな余生を送るべきではなかっただろうか。戦争の無数の犠牲と混乱の中で責任ある軍部や為政者の人々が沈み、消えていく中で、近衛がまたふわりと浮上して再び政界の頂点に上ることを期待していたとすれば、それはまさに「公家流」に他ならなかったであろう。これが私のような一般的俗人の人生の出処進退の美学から、近衛に感じる違和感である。

＊39　富田健治は「(近衛に) 卑しい所は全然なかった。が、時折憎らしいというか、冷酷というか、ずるいというか、他人のことなど少しも関知しない、人の迷惑知らぬ顔というところがたしかにあった。「お公家さんのずるさ」の遺伝性を感じさせられた。しかし、不思議にどんな眼に逢わされても憎めない。またいくら憎んでみても、ご本人はケロッとして何もかも忘れているのだから話にならぬ、というものだった」と回想している (富田健治『敗戦日本の内側』(C-22) 三一一頁)。

とはいえ、近衛の最大の悲劇は、むき出しの権力を手にして政治や軍事を指揮支配していくことには本来無縁である公家が、戦争という日本の最大の国難の時期に、自ら望まなかったにもかかわらず政治の最高責任者である首相を三度も務めさせられたことにあった。

近衛はやはり「悲劇の宰相」であり、「最後の公家」であった、というのが私の結論である。

「長袖者流」でなかった近衛家の人々

近衛自身は「最後の公家」であった。しかし近衛家の人々がすべてそうであったわけではない。愛息の文隆は命の危険を冒して重慶との和平工作に取り組もうとし、シベリアで抑留され、非業の死を遂げながら、文麿の息子である誇りを失わなかった。実弟の秀麿は、ユダヤ人音楽家をナチの迫害から救い、生死の境をさまよう危険を冒してアメリカとの和平の最後の努力をした。水谷川忠麿も、日本の敗戦が必至の危険な時期に陸軍の弾圧を受けながらも蔣介石との和平工作に奔走した。これら近衛家の人々は「長袖者流(ちょうしゅうしゃりゅう)」ではなかった。秀麿の孫の水谷川優子は、国際的チェリストとして活躍しながら、難民救済活動や少年院、ホスピス、障害者福祉施設などの訪問コンサートの社会活動をライフワークとして続けている。

第5章
海軍と陸軍の和平への対応と責任（補論）

陸軍も海軍も、戦争末期になると、幹部たちは、内心では敗戦は必至であり、連合国との和平が必要だと思うようになった。しかし、それを公然と口にすることはできず、終戦工作は、陸軍でも海軍でも極秘のうちに検討され、進められた。

連合国との和平工作では、ヤルタ密約で既に日本を裏切って対日戦参加を米英に約束していたソ連を窓口として行おうという最大の誤りを犯した。重光や東郷など外務省の幹部も本来はソ連に対して警戒的であり、またソ連に和平工作をすることはすでに時期を逸していると考えていた。しかし、陸軍も海軍も、日ソ中立条約の下で、これまで戦っていなかったソ連だけに対しては抵抗感が薄く、和平に導くにはソ連を窓口とすることが唯一の手掛かりのようにみえていた。木戸幸一は、「……ソ連を持ち出せば陸軍はややいうことを聞くんだ。ともかく和平を図るには、陸軍の顔をこちらに向けさせねばならぬ。それを可能にする唯一の手掛かりが『ソ連の仲介』なんだ。どういうものか、当時、陸軍はソ連、ソ連とソ連に傾いていた」と回顧した（新谷卓『終戦と近衛上奏文』（C-38）三六六頁〜）。かつての最大の仮想敵国であったソ連に頼ろうとしたのだ。蔣介石は、抗日戦のためにやむを得ず共産党やソ連と連携しながらも、列強は自己の利害でしか動かないことを冷徹に見極め、ソ連の共産主義、戦後の国際社会や中国での権益拡大の強欲さを見抜いて警戒心を持ち続けていた。その洞察力の鋭さに、日本の軍中央も、そして為政者も、到底及ばなかった。

この最大の誤りの原因は、出先機関からヤルタ密約の情報が上がっていながらそれを握りつぶしたことに加え、当時、蔣介石に日本との和平の意思があったことや、アメリカでも、無条件降伏を緩和して天皇制を保障し、早期に降伏させるべきだとのソフトピース派の考えが根強くあったことを、軍部や政府の中央が全く認識できていなかったインテリジェンスのお粗末さだった。のみならず、軍部や政府の中には、ソ連の共産主義や延安の共産党に対する抵抗感が薄れ、むしろ日本も共産主義や社会主義を積極的に志向しようという考えが広まっていたこともあった（詳細は拙著『日中和平交渉秘史』参照）。

共産主義への親和性が強まっていた陸軍

かつては日独伊防共協定を締結していたように、もともと、陸軍の仮想敵はソ連だった。しかし、日ソ中立条約が締結され、北進策が放棄されて南進策が採られたことにより、陸軍も仮想敵は米英となった。満州の関東軍は、資本主義を敵視しており、軍部の革新派と左翼とは紙一重だった。

太平洋戦争が進むにつれ、陸軍も太平洋戦線でアメリカと激しく戦い、アメリカを直接の相手とする和平工作は考えられない状況になっていた。中国大陸では、蔣介石の国民党軍との戦いが続く中で、日本陸軍と延安の共産党との水面下の連携も次第に強まった*1。

＊1　細川護貞『細川日記（上）』（F-12）（二八四頁）には、一九四四年七月二一日に「延安工作のため、在ソ日本人共産党員七名を延安に呼び寄する交渉を、政府、殊に陸軍が為し居れりと。恐るべく驚くべきことなり」と記載されている。

参謀本部所蔵『敗戦の記録』（A-71）（三五頁〜）、新谷卓『終戦と近衛上奏文』（C-38）（三二八頁〜）などによれば、一九四四年七月のサイパン陥落を受け、陸軍では八月八日「今後採ルベキ戦争指導ノ大綱ニ基ク対外政略指導要綱（案）」が承認された。これは、「概ネ本秋頃ヲ其ノ結實ヲ目途トシ『ソ』ヲシテ帝国ト重慶（延安ヲ含ム）トノ終戦ヲ、已ムヲ得サルモ延安政権トノ停戦妥協ヲ斡旋セシメ且独『ソ』ニ対シ独『ソ』間ノ国交恢復ヲ勧奨ス……速カニ有力ナル帝国使節ヲ先ツ『ソ』ニ派遣ス」としていた。

そのために日本は、①日独防共協定の廃棄、②南樺太のソ連への譲渡、③満州の非武装化または北半分のソ連への譲渡、④重慶地区はソ連の勢力圏とし、中国における日本の占領域は日ソ勢力の「混交地域」とする、⑤南京、重慶の合作を認めてそれを促進させ、その方法は支那の内政問題とする、⑥蔣介石がこれに応じない場合には、中共を支援して重慶に代位せしめる、⑤戦中、戦後における日ソ間の特恵的な貿易の促進、など今までにない大幅な譲歩案だった。それはソ連はもとより、中国では重慶よりも共産党の方に積極的に接近しようとするものだった*2。

*2　新谷前掲書（三七二頁〜）によれば、一九四五年四月ころ、陸相秘書官の松谷誠大佐が部外の専門家と極秘裏に集まって終戦工作の研究を行っており、残されたペン書資料によれば、七〜八月ころ、ソ連が米国との関係で東亜の処理に対するキャスティングボードを握ろうとして日本に和平勧告を行うだろうと予測し、その機会を利用すべきであって、その際の和平条件としては国体護持のみを最後的条件とすべきだとし、その理由として、①スターリンは……人情の機微に即せる左翼運動の正道に立っており、したがって恐らくソ連は我が国に国体を破壊し、赤化せんとする如きは考えないであろう、②ソ連の民族政策は寛容のものであり、スラブ民族は人種的偏見が少なく、民族の自決と固有文化を尊重し……ソ連は我が国体と赤は絶対に相容ざるものとは考えないだろう、③ソ連は海洋への外郭防衛権として日本を親ソ国家たらしめようと希望するだろう、④戦後我が経済は表面上不可避的に社会主義的方向を辿るべく、この点からも対ソ接近が可能であろ

う、⑤米の企図する日本政治の民主主義化よりも、ソ連流の人民政府組織の方が将来日本的政治への復帰の萌芽を残し得るであろう、などとソ連とスターリンに対し、幻想的とすらいえる甘い期待を持っていた。また、六月頃、種村佐孝戦争指導班長は、ソ連をバックにして本土決戦、戦争完遂させるとして、小田原の近衛の別荘を訪ね、本土決戦に賛成してくれるよう頼んだという。

杉山陸相は最高戦争指導会議で、ソ連が受けていた甚大な損害、地中海、東南欧州、北海での英国とソ連の対立、ドイツは対ソ戦争継続不利を承知、などの状況から、日本が独ソ和平の斡旋を行う絶好の機会であると主張した。外務省も一九四四年九月六日付の「対ソ施策要綱」で、ソ連に大幅な代償を提供することによるソ連との交渉案を策定した。その案で、ソ連に提供する代償は、津軽海峡の通行容認、北満鉄道の譲渡、北千島の譲渡など、陸軍案よりも大きなものだった。

なお、陸軍がこれほどソ連や延安の共産党に傾斜した和平構想を考えた理由について、新谷卓は、「陸軍が赤化していたのでソ連に接近した、あるいはコミンテルンに通じている共産主義者が陸軍の中に潜り込んでいたためにソ連に接近して和平仲介を求めたということではなかったように思える。仮にそうだとしたら、ソ連は、日本の和平仲介の申出を受けてもおかしくなかった。そうすれば、戦後日本に強い影響力を行使できたであろうし、日本を衛星国ないし共産化することも可能だった。しかし、ソ連は英米との約束を守り日本に参戦した」としている（新谷前掲書三八一頁〜）。

しかし、陸軍の赤化の傾向は否定できず、戦後日本が社会主義ないし共産主義化することを期待していた勢力があったことは事実だ。ソ連はヤルタ密約で、参戦を見返りに満州や日本の領土に大きな利権の約束を得ていた。しかし、ソ連が和平仲介の要請に応じて和平が実現すれば、ソ連の参戦は不要となるので、その見返りの実現は和平仲介の外交交渉に依存することとなる。連合国との間の和平となるので、ソ連だけが独断で強欲な権益要求をするわけにはいかない。蒋介石はそれを抑えようとしただろう。しかし、密約通り参戦すれば、有無をいわさず、自ら腕ずくでこれらの権益を、場合によっては密約以上の権益を獲得し、既成事実を作ることができる。とにかく参戦して実力で奪い取るのが最も確実だ、とスターリンは考えていたのではないかという気がする。歴史はまさにその通りに動いた。

それらの調整が進められて、一九四四年九月一二日、「対ソ外交施策に関する件（案）」がまとめられ、広田元外相を特使として派遣することとされた。佐藤尚武大使は独ソ和平の困難さを承知していたが、本国の訓電によりモロトフに日本の意向を伝えた。しかしソ連は慎重であり、特使派遣は一時打ち切りとなった。それにもかかわらず、国内指導者層の間では、戦局悪化によってソ連に対する期待は高まっていった。

海軍はソ連や延安共産党への警戒心がなく、蔣介石との講和を全く考えていなかった

海軍はもともとソ連は仮想敵ではなかったので、ソ連への抵抗感や警戒心は乏しかった。また、蔣介石を相手として和平しようという発想は、海軍中央には全くなかった。米内は、昔は、蔣介石を称賛したことがあったが、上海事変以降、蔣介石を厳しく批判するようになっていた＊3。

＊3　米内は、第一遣外艦隊（※上海に駐留して主に揚子江流域の警備を担当）の司令官として勤務していた一九二九年、蔣介石と会見して好印象を持った。一九三六年六月の時点でも「蔣介石はえらい奴だ……支那の第一人者だよ……財力もあり兵もある……北支は支那の勢力範囲位に考えているのではないか、支那問題は何とかして蔣介石を引っ張ってくるんだね」と語るなど、蔣介石への高い評価を変えていなかった（黄自進ほか『日中戦争とは何だったのか』（A-31）所収の相澤淳論文「日本海軍と日中戦争」一二九頁）。しかし、盧溝橋事件が上海に飛び火し、八月一四日に蔣介石の空軍が海軍陸戦隊本部や旗艦出雲を爆撃するなど、徹底抗戦を開始してからは、米内の蔣介石に対する評価と態度は一変した。

海軍が進めた南進策は、海南島占領を始めとして、中国やアメリカを著しく刺激し、敵対関係が形成されていった。ただ、中国大陸ではほとんど敗けていないため抗戦意識が高かった陸軍よりも、太平洋戦線でほとんど壊滅状態になった海軍では和平を求める考えは強かった。

一九四四年八月、高木惣吉少将が、米内、及川、井上から極秘で和平工作の研究を命じられたことは著名だ。高木は、良心的な海軍軍人であり、米内や井上らから信頼され、東條内閣を打倒するため東條の暗殺計画まで企てるほど、戦争終結のために様々な努力をした人物として一般にその評価は高い（工藤美知尋『終戦の軍師高木惣吉海軍少将伝』（E-29）など）。

しかし、高木の戦争終結への努力の主観的な真剣さを疑う余地はないとしても、高木が研究の末に考えた和平路線は、今日の目からすれば恐ろしいものだった。それは、アメリカや重慶の蔣介石とは直接和平交渉の余地はないので、和平に持ち込むために延安の共産党やソ連に接近し、中国大陸で日本軍が占領している地域を延安の共産党やソ連に大幅に明け渡し、ソ連に大幅な権益を譲り渡そうとするものだった。例えば、高木が一九四五年六月二一日に作成した「着意覚」には、ソ連に接近するための工作として、「内蒙古ヲソ連邦内又ハ延安政権下編入、『ソ』軍隊物資の北支ヘノ通過許容、『ソ』国航空路ノ支那、南方地域ヘノ延長、日露戦争ニヨル我利権ノ放棄、津軽海峡ノ開放、北満ニ於ケル『ソ』の経済的進出ノ許容、関東州租借権移譲、満州ノ延安政権復帰許可、ソ軍ノ満州或ハ北中支進駐」などが掲げられている（『高木惣吉日記と情報・下』（E-13）八八九頁）。それを踏まえて六月二八日に作成した「時局収集対策（未定稿）」もほぼこれを踏襲し、「蒙古、新疆、西蔵ニ対スル蘇勢力進出ノ承認、西亜及ビ印度ニ対スル蘇勢力進出ノ承認、北鉄及北満戦略鉄道ノ譲渡、東亜新秩序協定ノ形ヲ以テスル満支ニ対スル蘇勢力進出ノ承認、関東州租借権ノ移譲、満州及北支ニ対スル蘇（或ハ延安政権）ノ特殊地位ノ承認」などが掲げられている（同八九八頁）。

高木は、戦後のアジア社会は、中国の権益支配をめぐって、ソ連とアメリカが対立状態になることを予測し、延安共産党やソ連に日本が接近しようとすることによって、それが行き過ぎないようアメリカが日本に手を差し伸べてくる、と計算していたといわれる。しかし、だからといって、このようなソ連への利権提供ないし譲渡の大幅な譲歩案は、日露戦争、満州事変以来の日本の軍民の努力によって得ていた日本の権益をそっくりソ連に渡すようなものだった。少なくとも今日の眼から見て恐るべきものであり、単にアメリカから手を差し伸べさせるための手段だと見るには疑問を感じざるを得ない。高木は、前記「着意覚書」には、「日本ニ於ケル赤化運動ノ容認」すら掲げている*4。

＊4　当時、陸軍にも海軍にも、ソ連の共産主義に志向し、日本も社会主義を目指すことを本気で考える人々がいた。首相秘書官を務めた松谷誠陸軍大佐は「ソ連の民族政策は寛容。国体と共産主義は相容れざるものとは考えない」との見方をしていたし、参謀本部戦争指導班長だった種村佐孝大佐なども親ソ寄りの軍人と言われる（新谷前掲書二二頁）。高木自身が共産主義者ないしそのシンパだとの見方もある。纐纈厚『日本海軍の終戦工作』（E-4）（六頁）によれば、高木は、一九四〇年七月二七日付の「帝国の近情と海軍の立場」報告書で、一九二七年一二月から二年間のフランス駐在武官勤務を終えて帰国後の日本社会の現情について「当時の日本のインテリ階級及び学生層の関心が全くマルクス主義・資本論に占領せられ国際主義、自由主義、安易なる平和思想に充満せることを不可解至極に感じて嘆いた」と書いており、古い時期には共産主義に批判的な見解を示している。他方、高木が前記の「着意覚書」で、「赤化運動ノ容認」すら掲げていることは、高木が少なくとも戦争末期の段階では容共主義者であったことを示しているであろう。高木の共産主義に関する思想については、まだ未解明の部分があるように思われる。太田尚樹は『尾崎秀美とゾルゲ事件』（C-56）（一九一頁）で「当時のソ連が仕掛けた対日戦略の中で発覚したゾルゲ事件は、ほんの一部にすぎなかったという事情もある。いずれにしてもソ連による諜報活動の全体像の解明、ゾルゲ事件の研究はまだ道半ば

であり、……これからさらに進んでいくと思われる」としている。

高木の和平構想は、蔣介石を全く視野に入れず、もっぱら延安の共産党とソ連を志向していた。これは前述した陸軍の松谷や種村など和平工作担当者の考え方とも合致していた。ただ、陸軍は一枚岩ではなく、阿南を始め今井武夫など、対ソ志向ではなく、対重慶工作を最後まで模索して努力していた人々がいたのに対し、海軍には全くそれがなかった＊5。

＊5　樋口秀実『日本海軍からみた日中関係史研究』（E-3）（二八四頁～）によれば、高木が中国撤兵と並んで対ソ外交支援のために行おうとしたのが対重慶和平工作の中止だった。高木と連携して和平工作を研究していた外務省の杉原荒太は、一九四五年四月三〇日付けで「対重慶問題ニ関スル意見」を作成し、「重慶ニ対シテモ我政略施策ハ今後愈々活発ニ展開セラレザルベカラズ」としていた（『高木惣吉日記と情報・下』（E-13）（八四八頁～））。しかし、高木はこれを詳細に検討したが、杉原の意見を全く取り入れなかった。高木が作成した五月一五日の「研究対策」では、「対支和平ヲ含メテ重慶政権ヲ媒介スルコトハ必ズシモ絶望ニ非ルベキモ現在対支問題決定ノ実権ヲ陸軍ガ掌握シアル情況ニオテハ重慶ハ恐ラク我カ方提案ノ如何ヲ問ハズ信用セザルベキヲ以テ対米英交渉ノ見透シ付カザル間ハ重慶トノ交渉モ極メテ望薄ト観測セラル」として対重慶工作に疑念を示した。また、高木は、五月一六日、陸軍省軍務局戦備課長の佐藤裕雄大佐と内談したとき、佐藤に対し「蘇ニハ、重慶トハ一切手ヲ切ル、国民政府（汪兆銘政府）モ解消スル、爾後ハ延安ヲ味方トシテ援助スル旨ヲ交渉シタラ、多少ノ反響アルト信ズル」と述べた（同八六三頁）。高木は、同年六月二二日に書いた「対蘇交渉構想断片」で、「重慶工作は所要の停戦協定ノ外之ヲ打切ルモノトス」とした（同八八九頁）。樋口前掲書は、「高木も当初は、対米けん制のためにソ連と共に重慶政府を利用する考えでいたが、沖縄戦発令後に和平構想を修正した。対重慶工作を実施した場合、重慶の勢力が拡大し、延安の勢力伸長と背後にあるソ連勢力の中国誘引という構想が崩れるおそれが出てきたためだった」としている。高木のこのよ

うな考え方は、重慶のアメリカ軍幹部や国務省員らに蔓延していた、蔣介石の国民党を誹謗し、延安の共産党を礼賛する言動に通じるものがあろう。

米内も対重慶工作には全く否定的だった。米内は、一九四五年五月一七日、高木に、次のように内意を語った（実松譲編『海軍大将米内光政覚書（高木惣吉写）』（E-20）一一一頁）。

「重慶工作と重慶経由の工作は、どちらも駄目と思う。私は昨年からそういう考えをもっていた。対ソ交渉もなかなかうまく行くまい。また、そのため、いろいろ代償をだすとすれば、その代償がどのような役にたつか、これも疑問である」

また、米内は、同年六月二二日の和平問題についての御前会議の席上で、阿南陸相が対ソ工作と平行して対中工作実施を求めたのに対し、次のように対重慶工作の動きを封じた（樋口秀美『日本海軍から見た日中関係史研究』（E-3）二八九頁～）。

「蔣介石は米英のために七重八重に束縛されておりまして、今日この束縛をたって米英勢力にたいしてクーデターを断行するだけの力はないものと思います。また、かつて米英とともにカイロ会議に参列し、其の他いろいろな機会に米英と約束を重ねていまして、それをわが方に引き戻すことは到底できないと存ずるのであります」

藤村中佐によるダレス工作についても、高木惣吉がこれを採り上げるべきだと強く進言したのに対し、米内がこれを冷たく突き放して高木を失望させていた。

井上成美も同じで、対重慶工作はまったく念頭になかった。前掲樋口によれば、中国をめぐる米ソ対立を意識的に引き出し、戦後日本がその間で利益を収めればよいと考え、この構想実現のため、中国共産党の勢力を華中華南に引き入れることを考案したのはもともと井上の発想だったという。新名丈夫の回想によると、井上は一九四五年二月頃、記者会見で次のように話したという（樋口前掲書二八五頁）＊6。

「終戦の一つの方法は海軍が中支那を明け渡すことだ。そこに中共軍は入ってくる。アメリカの太平洋作戦の目標は日本を取ることよりも中国市場を手に入れることだ。ところが中支那が中共の勢力に入ればアメリカは戦争目標を失うことになる。北支那は陸軍が明け渡しそうにないから、海軍の地盤を明け渡せば終戦への近道になる」

今日の目で見れば恐ろしい見当違いだったと言わざるを得ない。

海軍の米内や井上、高木ら幹部が、和平の相手に重慶を全く考えなかったのは、もともと海軍は中国大陸には足場が乏しく、アジア主義の下で中国との支援や連携を求める人々との縁が薄かったことにもあろう。

しかし、このようなソ連や延安の共産党のみに傾斜した海軍の姿勢が、スイスでの藤村工作をまともに取り上げようとせず冷たく突き放し、また、繆斌工作など重慶との和平工作について一切支援せず、それを妨害した背景にあったと言えよう。

＊6 井上は、対重慶和平工作ははなから頭になかった。一九四〇年二月下旬、上海で支那方面艦隊の各司令長官の会議があった際、第三艦隊司令長官の野村直邦中将が、井上に「自分にも重慶と特別のルートがあるに付、一つやってみようと思うがどうかね」と聞いてきたが、井上はすかさず「クビを覚悟ならどうぞ！」と冷たくあしらったという（工藤美知尋『海軍大将井上成美』(E-23) 二〇四頁)。

海軍が和平工作を誤った責任は大きい

一般に、海軍は、一九四四年の夏から、高木惣吉に特命を与えて和平工作に専念させたことや、ポツダム宣言受諾についての御前会議などで米内が阿南の抗戦論に反対して受諾を説いたことで好意的に評価されている。確かに主観的には米内を始め海軍中央が陸軍よりも早期に和平を志向していたことは事実だ。

しかし、海軍はミッドウェー海戦以来、太平洋戦線で大敗北を重ね、一九四四年七月にはマリアナ沖海戦で敗北してサイパン・テニアンを喪失し、もはや壊滅に近い状態になっていた。他方陸軍は中国戦線では大陸打通作戦で支配地域を拡大するなど、基本的には負けていなかった。海軍はほとんど壊滅状態に陥っていたのだから、陸軍よりも早くから和平工作の研究を始めていたことは、それほど高く評価されるべきものではないだろう。その上、海軍の和平構想は、延安の共産党やソ連に志向し、和平の代償としてそれに大幅な権益を与えようとするものだった。ヤルタ密約も知らず、藤村工作などの米英との和平の道の可能性の報告を受けながらそれを握りつぶし、繆斌工作も妨害した*7。蔣介石には和平の意思があり、アメリカにも日本との早期講和を目指す動きがあることを全く見抜けていなかった。その和平構想は、主観的にはともかく客観的には全く実現可能性のない「あさって」の方向を向いたものだった。一九四五年五月一一日から一四日までの最高戦争指導会議構成員会合で、米内海相は、「海軍としては参戦防止だけではなく、できればソ連から戦争資材、とくに石油を供給させるような外交を希望する」と発言し、東郷から直ちに次のように反論された。

「ソビエトを知らないにもほどがある。もはやソビエトを軍事的・経済的に利用しえる余地はない。ソビエトの好意的態度を誘致しようというならば、米英ソ三巨頭会談（※ヤルタ会談）の前でなければ駄目だ……今頃になってソビエトの……好意ある態度を誘致するとかいっても手遅れである」

そこに海軍出身の鈴木総理も、今の目で見れば脳天気としかいえない発言をした（岡部伸『消えたヤルタ密約緊急電』（B-44）四〇〇頁～）*8。

「何かやってみようではありませんか……スターリンという人は西郷隆盛に似たところもあるようだし、悪くはしないような感じがする」

米内が御前会議でポツダム宣言受諾を主張するよりもずっと前に、和平の道はあったのだが、海軍は自らそれを潰し、あるいは見向きもせず、全く不毛なソ連や延安の共産党の方向だけを見ていた。かえって、陸軍の方に、阿南を始め、蔣介石との和平を求める動きがあったのだ。

＊7 高木は三国同盟については、米内とは違って必ずしも反対論ではなく、対ソ戦を目指す陸軍を抑止し、海軍の予算を獲得するためにも英仏を対象とする軍事同盟が必要だと考えており、かつては反対論者の米内を批判していたともいわれる。高木については、前述のようにその人物や和平に向けての真剣な努力について高く評価する論調が強いが、手嶋泰伸は、高木が日本の終戦工作に直接大きな役割を果たしていたというのは言い過ぎだとしている（筒井清忠『昭和史講義　軍人編』（A-2）二四八頁）。

＊8 前記の米内や鈴木の発言の根拠は誰からもたらされた情報によるものか定かでないが、当時松谷や種村と密接に和平工作の相談をしていた高木を通じて米内らにもたらされたのかもしれない。このあたりもまだ未解明の事情がありそうだ。

米内光政の功罪

米内は、確かにかなり早い時期から和平を模索していた。しかし、それは太平洋戦線で海軍が壊滅状態になり、サイパンなどからの本土空襲が激化していた状況では自然なことであった。しかし、米内も井上も高木も、重慶や米英との直接交渉がまったく頭になく、「あさって」の方を向いたソ連一辺倒の和平路線となっていた過ちは既に指摘したとおりだ。

米内は、盧溝橋事件勃発の当時は非拡大論で動いたが、上海事変において、大山事件発生後や、旗艦出雲が蔣介石軍の攻撃を受けるなどしてからは、天皇も心配するほど、強硬路線に転化した＊9。その後の海軍の、陸軍の北進策に対抗した南進策の遂行、重慶への絨毯爆撃、海南島の占領などは

米内光政

米内海相の下で行われた。トラウトマン工作では、米内は、多田参謀次長の声涙共に下る交渉継続論を、内閣総辞職をちらつかせて抑え込んだ。繆斌工作を潰し、藤村中佐のダレス工作も黙殺した。米内は確かに、優れた軍人であり、人格も立派だったことは疑いがない。しかし、客観的な経緯を見ると、米内、また米内が率いる海軍には、戦争の遂行に大きな責任があり、和平についても、もっと早い時期の可能性を潰してしまった。ポツダム宣言受諾のために米内が閣議や御前会議で頑張った功績は大きい。しかし、それに至るまでの、重慶やスウェーデン、スイスなどを舞台とした和平交渉の機会を潰し、あるは逃してしまった米内を始めとする海軍中央の責任は極めて大きいと言わざるを得ない＊10。

＊９　緒方竹虎『一軍人の生涯』（Ｅ-21）（三三頁～）によれば、一九三七年八月一三日に事変が上海に飛び火したとき、緒方は米内の官邸に呼ばれた。「米内は見るから沈痛な面持ちで『上海から陸軍の派遣を要求して来ているのだが、こういう時に備えて駐屯させている陸戦隊だから、陸軍の派兵は好ましくないと思っている』と半ば独語しながら、刻々に来る形勢険悪の情報に、陸軍派遣のその後に来るものを考えて、憂慮に堪えぬようであった」と緒方は回想している。盧溝橋事件勃発の時に主張した非拡大論が敗れ、現地や部下との板挟みになった米内はもはや強硬論に転じざるをえなかったのであろう。

＊10　黄自進ほか『日中戦争とは何だったのか』（Ａ-31）所収の相澤淳論文「日本海軍と日中戦争」（一四一頁）によれば、米内について、海軍省の臨時調査課内の文書では「海相ノ事変以来ノ手腕ハ満州事変当時ニ於ケル安保海相ニモ劣ルモノニシテ大臣ノ此ノ腑抜ケサ加減ハ海軍大臣独自ノ意見処置トハ到底考ヘラレズ……海相ハ従来指揮官トシテ名声アリシモ軍政方面ニハ全ク経験モナク見識モナシ」などと酷評しており、米内自身も「己ハ政治ハ嫌ダ……己ハ政策的ナコトハ出来ヌ」と公言していたという。盧溝橋事件勃発の時、非拡大論を主張し、それが裏目に出たことから、米内は、このような省内の批判論を受け、上海事変以降強硬論に転じたのかもしれない。

アメリカにおいては、大統領の側近や国務省、中国派遣の軍や大使館関係者の中に共産主義勢力が深く浸透し、その国策に大きな影響を与えていたことの解明が戦後進められた（拙著『日中和平工作秘史』一九〇頁～）。ルーズベルトが、ソ連や共産主義に対して無警戒であり、スターリンの強欲なヨーロッパやアジア支配の野望をまったく見抜けておらず、むしろスターリンを礼賛し、テヘランやヤルタでスターリンから篭絡されていたことは、今日明らかになっている。前掲のスターリンを西郷隆盛になぞらえた鈴木の発言を始め、米内や井上、高木に通じるソ連やスターリンへの無警戒の心情は、不思議にルーズベルトや側近たちのそれと相似形である*11。前述の陸軍の松谷誠大佐のソ連やスターリンに対する幻想も同様だった。日本においては、和平工作の問題のみでなく、日米開戦前からその後の動きの中で採られた国策についてのソ連、共産主義者やそのシンパたちが与えた影響の有無や内容は、尾崎ゾルゲ事件以外にはその十分な解明がまだなされていないように思われる。特に、海軍が進めた南進策、日米開戦への切り替え、陸軍が反対していた真珠湾作戦の断行などの国策の誤りの問題について、この視点からもっと研究が深められるべきではなかろうか*12。

*11 ルーズベルトは、「スターリンは自国の安全を求めているだけだ……彼はノブレス・オブリージュとして、どこの国も併合しようとせず、世界の民主主義と平和のために働くだろう」との幻想を抱いていた（江崎道朗『日本は誰と戦ったのか』（A-64）一五二頁）。ルーズベルトは、「共産主義がわが国にとって危険なものであるとは考えていない……ロシアはわが国が最も頼れる同盟国になるであろうし、（ルーズベルト自身は）共産主義を信じてはいないが、ソビエト政府はそれ以前の皇帝政治から比べれば、大きな進歩を見せている」と友人議員に語っていた（ハミルトン・フィッシュ『ルーズベルトの開戦責任』（H-16）一〇八頁）。テヘラン会談後の一九四三年一二月二四日、ルーズベルトは「（スターリンは）、驚くべき強い意思の持主であった。そして同時にユーモアも解した。まさにロシアの心と魂そのままの人物である。彼とならうまくやれる…

…」と語り、一九四四年三月八日には「ロシア人は実に人なつこい連中だ。彼らがヨーロッパを飲み込もうなどと考えているはずがない。彼らには征服欲などない。私の周りではロシアがヨーロッパを支配しようとしているという言説が流布しているが、私は決してそんなことはないと思っている」と断言した（ハーバート・フーバー『裏切られた自由（下）』（H-18）五五頁）。中国でデービス一派の共産主義者たちは、重慶の国民政府と蔣介石を激しく批判する一方、延安の共産党は、共産主義者というよりも農地改革者であり、中国の将来は彼らに委ねるべきだとの報告を続けていた。

＊12　林千勝『近衛文麿　野望と挫折』（C-41）（二三二頁）によれば、風見章と山本五十六は極めて親密な仲であり、近衛や山本五十六、米内からの風見への手紙が多数残っており、それを風見は終戦後一週間もしないうちに全部焼いてしまったという。私は、林氏の近衛論には賛同できないが、この指摘には注目している。鈴木総理や米内が、スターリンを西郷南洲に例えるなど、なぜ、あれほどまでにソ連に無警戒であり、高木惣吉も対ソ、延安を志向した和平工作に突き進んでしまったのか、ということとも無関係ではないのではなかろうか。

陸軍の阿南惟幾は、蔣介石との和平を強く求めていた

陸軍では、もともと、満州も含めた中国の統一を達成しようとして抗日する蔣介石の排除を求めるのが主流だった。延安の共産党やソ連への接近傾向は更にこれを助長することとなった。しかし、陸軍の中にも、戦争末期まで重慶の蔣介石を相手とする和平を求め続けた人々もいた。今井武夫はその典型だった。注目すべきは阿南惟幾がその一人だったことだ。阿南は汪兆銘政府に対しては期待していなかった＊13。梅津参謀総長は、陸軍の主流である対ソ・延安との和平派だったが、阿南は基本的にこれに否定的で、重慶蔣介石との和平を志向していた。

阿南惟幾

＊13　阿南は、もともと汪兆銘工作にも否定的だった。児島襄『日中戦争5』（A-21）（二二八頁〜）によれば、参謀本部には汪兆銘政府樹立を支持する声が主流であり、対第三国戦備に関心をもち、中南支は汪政府にまかせ、陸軍部隊は黄河以北に撤収すべきだと主張していた。しかし、阿南陸軍次官は、汪兆銘に時局収拾能力はないと反発し、汪政府ができても、そのような「無力なる政府」に黄河以南をまかすのは、「過去二年にわたる多数の流血を無価値に投ずるにひとしい」と言ったという。

《阿南と日中・太平洋戦争》

阿南惟幾陸軍大将は、終戦時の陸軍大臣として、ポツダム宣言受諾に強硬に反対して本土決戦を主張し、それが容れられず、自決したと知られている。しかし、阿南は、天皇の宣言受諾の強い意思を理解し、それを絶対的に尊重するとともに、徹底抗戦を叫ぶ陸軍中央の若手将校たちのクーデター暴発を抑え、中国大陸の一〇五万を始めとする外地の陸軍を一糸乱れず降伏に導くため苦悩し、遂にそれをやり遂げた真の名将だった。阿南の生涯については、角田房子『一死大罪を謝す　陸軍大臣阿南惟幾』（D-33）の優れた労作があり、以下は主に同書による。

阿南は、一九二九年から四年間、侍従武官として天皇に使え、侍従長だった鈴木貫太郎とも深い信頼関係を築いた。天皇からの信頼は厚く、阿南が一九三八年一一月に第一〇九師団長として華北の太原に赴任する時、天皇は異例のこととして阿南だけをお居間で二人だけの食事に召された。阿南は「この御高恩に報いるためには戦場で死ぬしかなく、何も恐れるものはなくなった」とその感激を述懐したという。阿南は才気煥発型ではなく、陸大入学は遅れ、三期下の石原莞爾と同期となった。阿南と石原はおよそ正反対の性格だったが、生涯にわたって相互理解が続いた。滅多に人の意見を肯定しない石原が「阿南さんがそういうのなら。それでよかろう」と素直な返事をして周囲を驚かせたこともあったという。石原が東條との確執で予備役に編入された時、次官だった阿南はそれを阻止しようと奔走した。東條内閣が倒れ、小磯大将から石原が陸相人選の意見を求められたとき、石原は「阿南のほかに人なし」と答えたという。

盧溝橋事件勃発のとき、阿南は陸軍省人事局長だったため、拡大派と非拡大派の争いには巻き込まれなかった。阿南は、中国に赴任後、日中戦争の最前線で、一九三九年二月からの中国山西軍と毛沢東の共産軍の掃討戦を戦い、一九四一年四月に第一一軍司令官として漢口に転出後は、第一次長沙作戦、第二次長沙作戦を指揮した。阿南は常に前線に司令所を進め、圧倒的に規模の勝る中国軍を相手に勇猛苛烈な戦闘を展開した。第二次長沙作戦では、果敢に進攻した部隊が敵軍の包囲殲滅作戦によって全滅も招くなど、作戦的には批判を受けることともなったが、部下将校たちの阿南への信頼と尊敬は深かった。また、一九四三年一〇月、阿南は第二方面軍司令官として豪北転出を命じられ、ニューギニアに侵攻してくる米軍との正面戦場で激しい戦いの指揮をとった。ニューギニア北部のホーランジアから上陸し、次第にフィリピン方向に圧倒的な戦力で侵攻してくる米軍に対し、阿南は、しばしば大本営の後退作戦の指示に抗しても、残存部隊を守るため激しい戦闘を指揮した。当時の部下だった原日出夫は次のように回想している。

「阿南さんは一兵の気持ちが分かり、また一兵と心の通い合う人で、済まないと心で詫びながら心を鬼にして、互いの義務の為冷酷な命令を下していた。みな、言わず語らずそのように理解していた。だから誰も阿南さんを恨むものはいなかった。多くの部下を殺しながら恨まれなかった指揮官は乃木大将と阿南大将ではなかったろうか」

阿南は、中国戦線で、投降してきた二〇〇〇人の捕虜に対しても、「祖国のために互いに戦ったが個人としては何の怨恨もない。今後十分な保護を与えるように」と指示し、たばこや菓子を与えるなどの配慮もしたという。阿南はその信条を、従軍日誌にこう書いた。

「徳義ハ戦力ナリ。軍ノ大小ヲ論ゼズ、状況判断ガ他隊ト関連セル場合ハ、カナラズ徳義ニ立脚シ、武士道的用兵ニ終始スベク、是レ皇軍タル所以ナリ。海陸軍ノ協力ノ如キ特ニ茲ニ着意ノ要大ナリ」

阿南は、一九四四年一二月二三日、航空総監兼航空本部長兼軍事参議官の内命を受け、本土で勤務することになった。翌一九四五年四月七日、小磯内閣の総辞職により、鈴木貫太郎内閣の陸相に就任して終戦工作の苦難の道を歩むこととなった。

《阿南は、対ソよりも対重慶の和平工作を強く求めていた》

陸軍中央の大勢が、海軍同様、対ソの和平工作路線を進めようとする中で、阿南は、対ソの方策には反対であり、まず重慶との和平工作をするべきだと強く考えていた。

角田前掲書（二二九頁～）によれば、阿南が陸相就任したばかりのころ、参謀本部第二部長の有末精三が、「ソ連を通じて対連合国、特に対米和平を促進する案」を考えて阿南に持って行こうとした。新参謀次長の河辺虎四郎は、「ソ連はなかなかの曲者だから難しかろう」と容易に賛成しなかったが、「愚案だが、他に方策の見出せぬ今、やむを得ない」とようやく同意した。そこで、有末は阿南にこの案を進言した。

しかし、有末は、「阿南さんの答えは『不同意』と、まことにきっぱりとしたものだった。『ソ連は信頼できる国ではない。和平工作なら、今もなお蔣介石政権との間で進めるべきだ』と阿南さんは言われた」と回想する。阿南はこの時だけでなく、折に触れて蔣介石政権との和平工作を口にしており、妻綾子に「もし私をこの工作の責任者として派遣してくれたら、それこそ命がけでこちらの誠意を蔣介石に通じさせ、何としても話をまとめてくるのだが」と話したという。

有末は、これまで蔣介石政権との和平路線はすべて失敗しており、もはや一刻もぐずぐずしていられないので是非、と強く対ソ工作の意見を具申すると、ようやく阿南は「統帥部として、謀略としてやられるのなら目をつぶりましょう」と答えた。「しかし、梅津参謀総長は果してご同意かな」と首をかしげた。阿南は梅津が賛成するとは思えなかった。しかし、梅津は、基本的に部下が検討した対ソ工作に賛同していた。有末が梅津に報告し「目をつぶろう」との阿南の言葉を伝えると、梅津はすかさず陸軍大臣室に行き、阿南の了解をとりつけた。有末は両者の深い信頼関係を感じたという。このように、阿南は、本来、ソ連よりも重慶との和平工作の方を強く望んでいたのであり、対ソ工作については、梅津の賛同論に対して、しぶしぶ、反対まではしない、というものだった＊14・15・16。

＊14『戦史叢書　昭和二〇年の支那派遣軍（２）』（Ｊ－９）（四三四頁〜）には、一九四五年四月二一日の「阿南陸相の大陸全般運用に関する所見」として、「局地的停戦により全般的停戦に導き得ば大いによし。対重慶及び延安（赤化防止を条件として）と併行工作す。これを支那派遣軍総司令官一途の下に実施す」とされている。

＊15 松谷誠『大東亜戦争収拾の真相』（Ｄ－17）（一三四頁〜）によると、当時、陸軍中央では、「一日も早く特使を派遣して対ソ外交を敢行すべきであるとの、苦境にワラもつかむ心境であった」としつつ、陸軍は対中工作もあきらめていなかったという。「対中工作については、戦争の最終段階に処して、南京国民政府に対する背信のみを恐れて対中工作をためらうことはおろかであり、この際積極的に政謀略を展開すべしという機運であった。これには梅津参謀総長、阿南陸相も同意していたという。四月二八日、対中政謀略に関する支那派遣軍総司令官への参謀総長指示が発せられ、その要旨は、『重慶政権の対日抗戦を終止せしめるを主眼として、直接会談の機を作り、我は完全撤兵せん』とするものであった。対延安施策は対重慶の補助（けん制）として利用を図るものとされた」としている。このように、海軍は対ソや対延安の共産党に志向した和平工作一辺倒だったのに対し、陸軍では対ソ工作と並行して対重慶工作をも模索していた。この記載からは阿南だけでなく梅津も対重慶策工作を支持していたことが窺えるが、梅津はもともと対ソ志向だったので、おそらく阿南の主導によるものであろう。

＊16 盧溝橋事件勃発の当時、拡大派の旗頭だった武藤章は、その後中国戦線に参加して、拡大論の過ちを悟り、蔣介石を相手として和平するしかない、との考えに至っていた（拙著『日中和平工作秘史』一一一頁〜）。阿南が一九三九年一〇月陸軍次官になったが、武藤は同年九月、軍務局長となって阿南に仕えた。陸軍の実力者

で、日中戦争の開始から泥沼化の経緯を知り尽くした武藤は、阿南に、自己の反省を込めて蔣介石との和平の必要性を説いたであろうことも想像に難くない。

外務省編『終戦史録2』（A-72）所収の「東郷外相口述筆記　昭和二〇年九月」（一〇三頁）には次の記載があり、阿南が重慶工作に期待をかけ、戦争末期までそれを推進しようとしたことを示している。

「自分（東郷）は、四月末独逸崩壊直後支那問題及び大東亜戦争の見透しに付一再ならず阿南陸相と意見を交換したが同陸相は第一の支那問題解決に付ては重慶との単独和平に一抹の望みを嘱し南支方面における我が軍撤退に伴い停戦取極めに導き、この点より全面和平に誘導したき考であった。南京を通じて全面和平に到達するの至難なる点については、両者の意見一致したので更に自分は米国関係と切り離して重慶と全面和平を計るの不可能なる所以を詳述説明したが、結局地方的停戦取極めに付、軍に於てこれを試むるも差支えなしとのことに打合せを了した。……なお支那問題に付ては七月下旬在北京スチュアルト門下生より日支間全面和平（米にはその意図を明らかにし）に付日本側との会見方の申出ありたる旨を以て中山優氏及び若林氏等より報告に接したるを以て川越顧問、田尻次官、杉原局長等をして検討せしめた結果相当真面目なものであることが判明したので阿南陸相、梅津総長とも打合せの上河相大東亜省顧問を急遽北支に派遣し出来る限り本件を促進せしむることに取り運んだ。河相顧問よりは終戦前には何等の報告に接していなかったが、その後帰朝の上報告せる処に拠れば北京において軍部の行動敏速ならず、遂に機会を失せりとのことであった」

繆斌工作で、陸軍中央では阿南だけがその意義を理解し、支援しようとしたのは、このような阿南の認識に基づいていた。

上記の東郷が回想する七月下旬からの中山優らによる重慶和平工作の試みについては、東郷以外にも多くの関係者の供述や回想が裏付けている（本書一九八頁〜）。これは近衛文麿のブレーンだった中山優が、燕京大学校長スチュアートの秘書の傅涇波と会談し、蔣介石との和平交渉の手ごたえをつかみ、六月五日に帰国し、二三日に阿南陸相と東郷外相と会談してその同意を得て進めた工作だった。外務省で唯一に近い対重慶和平工作派だった大東亜省次官の田尻愛義は、「重慶に日本の和平の意向を伝えることを躊躇することはない。私は念のため外務次官にも話したが、反対はなかった。そして川越顧問が乗り気で、東郷大臣が同意し、さらに阿南陸相との連絡がつき、参謀本部から現地軍との連絡員を出すという話ができた……」とし、それが派遣された河相達夫に対する現地陸軍の非協力などのため失敗した経緯を回想している（『田尻愛義回想録』（B-18）一二〇頁〜）。河相達夫は、七月一三日に東京を出発したが、工作に反対する北支軍の妨害で、河合がスチュアートに会えたのは終戦前の八月一一日のことだった。

つまり、国策の基本としては対ソ工作一本槍のようではあったが、中山のスチュアートを通じた蔣介石との和平工作は、東郷外相や阿南陸相を始め、中央の幹部らの指示のもとに密かに進められた。初めて対重慶直接工作を進めるための陸軍と外務省の足並みが揃ったのだ。しかし、時すでに遅かったのだ。

『昭和天皇実録　第九』には、八月一日に、阿南が天皇に拝謁し「重慶工作の経緯並びに最近の状況に関する奏上……を受けられる」とある。つまり、ポツダム宣言の後ですら阿南は天皇にその状況を内奏していたのであり、中山や河相らのスチュアート工作に阿南が期待していたことが窺えよう。

《もし、阿南がもっと早く陸軍大臣になっていれば？》

繆斌工作が潰れた原因は、重光の反対が最も大きかったが、米内海相と杉山陸相が、冷たく梯子を外したためでもあった。杉山は、押された方に開く「便所のドア」と揶揄されていた*17。繆斌工作では、今井武夫らの働きかけにより、無線機や技師などを同行させたいとの繆斌側の要請を拒み、いわばアリバイ的に繆斌一人を来日させることで小磯と緒方の梯子を外した。

＊17　岩畔豪雄は、「出世するためには杉山元なんというのが代表的人物なんですよ。案を誰かが持って行くと『あ

あ、そうだ』と言うと、次の人がまた別の案を持って行くとか『ああ、そうだな』とすぐ変わるのだ」と回想する（岩畔豪雄『昭和陸軍謀略秘史』（D-20）二一八頁〜）。

東久邇宮日記によれば、一九四四年九月、竹田宮や三笠宮から、杉山は国難を突破するための陸軍大臣としては不適当であるため、阿南を陸軍大臣に登用するよう強く求められ、東久邇宮も動いて実現を試みたが、阿南は当時太平洋戦線で指揮をとっていたことなどから実現しなかった経緯があった。

しかし、もし、阿南が、当時既に陸軍大臣であったなら、繆斌工作はどうなっていただろうか。歴史に「ｉｆ」はないとはいえ、私は、繆斌工作の当時、阿南が陸軍大臣だったとすれば、この工作が成功する可能性は十分にあった思う。以下は私の想像を交えた仮説だ*18。

＊18　前坂俊之「小磯内閣が蔣介石政権との和平を託した繆斌工作」（B-27）では、前坂はこの工作の真実性を肯定しており、その論旨は私とほぼ同様であるが、前坂は、この工作の実現可能性については「小磯首相、陸軍中央で命令しても、現地陸軍は撤退を果たして行っただろうか」「日本側の不信以上に、蔣介石が和平を実行したかどうかは疑問である」としている。ただ、この点については、私は前坂説とはやや異なり、拙著『日中和平工作秘史』で論じた通り、この工作の実現可能性はあったと考えている。もし阿南がもっと早く陸相になっていれば、の仮定を前提とすればその可能性は更に高かっただろうと想像している。

阿南は、中国戦線で、圧倒的に規模に勝る中国軍との三次にわたる激しい戦いを指揮し、日本陸軍の勇猛さ、士気の高さに強い自信と手応えを感じていただろう。もし、蔣介石と協議し、和平できれば、満州や華北に、国民党軍と連携して共産党やソ連から守るために必要な分だけを残し、数十万の日本将兵を円滑に本土に帰還させ、本土や沖縄防衛の前線に配備できることとなる。阿南と蔣介石は、交渉の接点はなかったが、これは拙著『日中和平工作秘史』第2章で述べた蔣介石の日本との和平の意思に完全に合致する。岡村寧次総司令官は、中国戦線にいたため、日本軍敗北の実感はなく、一九四五年二月に蔣介石から伝えられた和平のシグナルを無視してしまった。しかし、阿南は、ニューギニア戦線で日本軍の悲惨な敗退を身をもって体験し、中央に戻ってから、日本の国力、兵力が絶望的であることを熟知していた点で岡村大将とは違っていた。情報を緻密に集める蔣介石は、岡村大将に敬意を抱いていたように、阿南の指揮する三次の戦いにおける阿南の勇猛さ、指揮官としての統率力、捕虜に対する人道的な配慮などの情報もしっかり把握していただろう。その阿南が、中国に乗り込み、蔣介石と「至誠をもって命がけ」で和平を申し入れたとすれば、蔣介石は必ずやそれに応じたものと思う。阿南は、本土決戦を主張したが、その心の中には、「蔣介石と和平ができて大陸から数十万の日本軍を帰還させることができれば、本土の防衛はますます固くなり、アメリカ軍は容易に上陸作戦を実行できない。それによってアメリカとの間で、国体護持、天皇制を保障する条件付き和平交渉の道が開けるだろう」との密かな考えがあったのではないだろうか。

そのような阿南が陸相であったなら、繆斌工作の話が報告されたとき、即座に積極的対応を指示しただろう。阿南は、前掲拙著第４章で述べたように、陸相就任直前、上京した石原と田村から、この工作を説明された。翌日、陸軍大臣就任予定の阿南は、「自主的撤兵ならする。小磯はやめる必要はない。陸軍に繆斌工作を協力させる」と言った＊19。田村は、急いで緒方のところに駆けつけたが、一足遅く、小磯は閣僚の辞表をすでに取りまとめていた。阿南は辻政信を南京に呼び戻して、撤兵を強行させると固く約していた。

＊19　東条内閣総辞職後の七月二〇日の阿南の日記には、「小磯大将ハ策略多クシテ至誠ニ徹セズ、米内大将ハ正直ナランモ識見ニ乏シ。果シテ此ノ大難局ノ突破ニ聖慮ヲ安ニジ奉リ、国民ノ信頼ヲ繋ギ得ルヤ。彼小磯大将ノ浪曲的口演ヲ聞ク丈ケニテモ、真ノ純真ノ国士ハ不快ヲ感ズルヲヤ」と書いた。小磯自身は陸相に山下奉文か阿南を推したが、杉山となった（角田前掲書一七六頁）。このように阿南の小磯に対する評価は低かっ

たが、小磯が進めた繆斌工作の意義はよく理解し、支援していた。

阿南が陸軍大臣であったなら、繆斌工作案が上げられたとき、「この工作はやらせたらいいではないか、繆斌がこの時期に日本に来るというのは、命がけのことだろう。とにかく陸軍はその希望を聞いて全面的に協力すべきだ。もしその話が確かなものと分かれば、私も命がけで中国に行って蔣介石と話をする」と柴山や今井に決然と語っただろう。柴山も今井も、それに従うしかない。繆斌一人だけをアリバイ的に訪日させるというような姑息なことはせず、その希望通り、一行七人全員の早期の訪日の手配を指示しただろう。

閣議では強硬に反対する重光と激突しただろう。「外交大権の干犯」とまで非難した重光は辞職をちらつかせただろう。しかし、阿南が、天皇に上奏し、こう力説したとする。

「繆斌が真に蔣介石の和平の意思の使者であることが確認できれば、この工作は進めるべきです。私は命がけで蔣介石と会い、至誠をもって和平の話を付ける覚悟と自信があります。もし、和平の道筋ができ、中国から数十万人の将兵を帰還させることができれば本土決戦にはますます自信が持てます。そうなればアメリカは容易に本土に上陸できず、無条件降伏を緩和して国体の護持を認めることとなるでしょう。まずは、蔣介石の和平の真意を確認するためにこの工作を進めせていただきたいと思います」

阿南を深く信頼する天皇は、「阿南がそこまでいうのなら、まずは工作を進められるだけ進めてよい」と了解した可能性は十分あろう。閣議において、重光は反対はしても、繆斌を一行七人で来訪させるということまでは反対せず、渋々ながらも了承し、少なくとも、判断は今後の進展如何による、という対応になったのではないだろうか。米内はもともと中国に足場がないので、反対論も強硬ではなかった。そして、阿南自身が来日した繆斌と会談し、並行して重慶との無線連絡を進めさせ、蔣介石の和平の真意の手ごたえが得られた段階になって、さらに閣議での検討や天皇への上奏が進められたのではないだろうか。盧溝橋事件勃発の時と、繆斌工作の二つの当時、杉山が陸相であったことは、人事の不幸であったと思えてならない。

もう一点、前述の東郷の回想では、重慶との和平工作を第一に考える阿南との協議で「南京を通じて全面和平に到達するの至難なる点については、両者の意見一致した」とある。前述のとおり、阿南はもともと、汪兆銘政府立ち上げの時からこれを評価していなった。「(東郷は) 米国関係と切り離して重慶と全面和平を計るの不可能なる所以を詳述説明したが、結局地方的停戦取極めに付、軍に於てこれを試むるも差支えなしとのことに打合せを了した」とある。つまり、重光が固執していた南京政府を通じての対重慶交渉については、東郷も阿南も否定方針で一致した。また、東郷自身は重慶工作に期待はしていなかったが、陸軍が重慶と停戦交渉を進めることは了解した。東郷の対応ぶりは、重光が、感情的に激しく反発したのとは異なり、お互いの考え方を理解し合って協議を進めるものだった。阿南のみでなく、東郷がもっと早く外務大臣になっていれば、繆斌工作は更に順調に試みられただろう＊20。小磯國昭の東京裁判での弁護人であった三文字正平は、重光が小磯内閣に留任して繆斌工作を潰したことを激しく批判した（前掲拙著二八四頁〜）。

＊20　下村海南は、ポツダム宣言受諾問題のころ、東郷の人物評価について次のような興味深い回想をしている（下村海南『終戦秘史』(A-76) 一二二頁)。「私の東郷外相に対する感覚がいつとなく変わってきた。彼を見直して高く評価するようになった……由来彼の顔面は蒼白である。切れ目でとげとげしい……御愛想とか御愛嬌とかいうものはどこかに置き忘れている……話にニベがなく取り付く島がない……しかしいよいよ和平、いや降伏の段階になると、木で鼻をくくったような彼のしぶとい冷静さがモノをいいはじめてきた。昼夜の別なく大手からめ手から軍部は彼をゆすぶったが、彼はテコでも動かなかった……彼は軍部から、右翼から、抗戦派から包囲され、不忠なり、卑怯なり、……裏切りなり、謀反なりとまで非難された……彼を見直した

のは、和平交渉に入ってからの彼の閣議における態度である……所管外には一切口をかんして語らない……一切刷りものを配らない……ポツダム宣言以後相互に取り交わした文書は、訳文はおろか原文も一切閣議の卓上にみせずじまいにずるずるとパスしてしまった。私は心ひそかに味をやるワイと感心した」。もともと東郷は、対ソ工作には否定的だったが、陸海軍がこれに強く志向するので、やむなくそれに沿ったのだった。しかし、もし阿南が早い段階から陸相として対重慶工作を進めると強く主張すれば、東郷が対ソ工作よりも対重慶工作の方に乗った可能性は十分あったのではないだろうか。阿南と東郷が毅然として足並みを揃えれば、それは更に強力に進められただろう。

最期まで理解し合えなかった米内と阿南

主に半藤一利『日本のいちばん長い日』(A-7)によれば、ポツダム宣言受諾、降伏に至る経緯の大略は次のとおりだ。

七月二六日のポツダム宣言は二七日早朝、日本に伝わった。しかし、特使派遣に対するソ連の回答を期待していた政府や軍部は、明確な対応をとれなかった。報道各紙は依然、「笑止、対日降伏条件」「聖戦を飽くまで完遂」などと強硬論を煽っていた。鈴木首相は記者団に「ただ黙殺するだけである。われわれは戦争完遂に邁進する」と語ったことが、連合国には「拒絶」と訳されて報じられてしまった。八月六日の広島の原爆投下の衝撃は大きかったが、政府は原爆であると公表せず、「新型爆弾を使用せるものの如きも詳細目下調査中なり」と、その深刻さを糊塗していた。八月九日午前四時にタス通信の放送傍受により、ソ連の宣戦布告が分かった。同日午前一〇時三〇分からの最高戦争指導会議(※会議の途中午前一一時二分に長崎に原爆が投下された)、午後二時半からの閣議、深夜からの御前会議で、宣言受諾の可否とその条件が激しく議論された。

阿南は一貫して、①天皇の国法上の地位の不変更、②占領は小範囲、小兵力で短期間（保障占領）、③日本自身による武装解除、④日本自身による戦争犯罪の処分、の四条件が受け入れられなければ宣言は受諾できず、徹底抗戦すべしと主張し、受諾に賛同する米内と激しく対立した。一〇日午前二時を過ぎたころ、天皇の御聖断により国体護持の一条件のみをもって受諾するとの結論となった。平沼枢密院議長の意見により「天皇の国家統治の大権に変更を加うるが如き要求は之を包含し居らざるとの了解の下に」との文言が付加され、これが連合国に通報された。しかし、連合国から一二日に伝えられた回答では、天皇が連合国司令官に「be subject to」とされていた。この言葉を、外務省は、「制限の下に置かれる」と訳したのに対し、軍部は「隷属する」と訳し、激しい反対意見が沸き起こり、この日の閣議も紛糾した。一三日午前中、阿南は参内し、天皇に受諾による国体護持への心配を訴えた。天皇は「阿南よ、もうよい、……わたしには確証がある」と言った＊21。

＊21　外務省編『終戦史録５』（A-72）（三頁〜）によれば、在スイスの加瀬公使と、在スウェーデンの岡本公使から、一二日の午後六時過ぎ頃、ほぼ同時に、先般の日本側の回答に対して、「天皇は連合国総司令官に従属する（be subject to）」旨の連合国回答の報告電が本省に届いた。東郷外相は、受諾説が不利な状況にあったため、論議を一三日に持ち込もうとして、松本次官に指示し、両電の到着時刻を、翌一三日午前七時四〇分着に遅らせる取り扱いをした。スウェーデンの岡本公使は、この電報とは別に、少し遅れて、連合国回答文が成立したいきさつについての報告電を送った。これは一三日午前二時一〇分、本省に到着していた。その内容は、「一二日当地新聞は倫敦及華府特電として米国か四国政府を代表して対日回答を為せる経緯について……（ソ連と米英が）三六時間にわたり四国間に極力折衝せる結果、結局天皇の地位を認めざれば日本軍隊を有効に統御するものなく連合国は之が始末に爾犠牲を要求せらるべしとの米側意見が大勢を制して回答文の決定を見たるものにて回答文は妥協の結果なるも米側の外交的勝利なりと評し居れり……」というものだっ

た。しかし、同一〇頁以下掲載の松本次官の手記（江藤淳監修『終戦工作の記録（下）』（B‐1）四六〇頁にも掲載）によると、スウェーデンの岡本公使からの二通目の電報については、「この日の午後岡本公使から、連合国回答文が成立したいきさつについて電報が入った……私は直ぐその電報の写しを自身で総理の手に渡し、即時決定方を重ねて懇請した……松平秘書官長を通じて、木戸内府にも伝達せられたので、必ずや陛下も御覧になったことと思う」と回想している。松本の記憶が正確なら、一三日午前の天皇の阿南への言葉の根拠は、この二通目の岡本電ではないことになる。

有馬哲夫『「スイス諜報網」の終戦工作』（B‐45）（二七三頁〜）によれば、「天皇の決意を揺るぎないものとした電報」として、八月一二日の夕方、スイスの岡本清福中将から、「天皇御位置ニ関スル各国ノ反共」との電報が陸軍省に届いた。これは、「華府官憲筋の意見区々なるも一般の天皇は軍部の計画に参与せられあらず且民主的日本の実現には天皇の御存在は障碍ならず」「前駐日大使クレーギーは現在米国が特に国内混乱を避けんとせば皇室維持必要なりと語る」「天皇のみ全日本軍に対する武器放棄を命ずるを得るなり天皇のみ克く国内の治安維持を為し戦争を終結に導き得るなり」というものだった。

有馬は、「長谷川（毅）は『暗闘』（※H‐14）の中で、『この報告は武官から宮中に伝達されたと想定できる』といっているが、阿南も梅津も降伏反対派なので、むしろ握りつぶされた可能性の方が高そうだ」としている。ただ、阿南と梅津は本心は講和受け入れを決意していたので、このような重要な電報を握りつぶしたとは考えにくい。あるいは、部下将校が阿南らに上げずに握りつぶした可能性もあろうか。

他方、有馬は、翌日の一三日に、スウェーデンの岡本公使から入った二通目の電報については、確実に天皇に伝わったとしている。有馬は、これらの電報が鈴木総理や木戸内大臣に渡されて天皇も読んだものと思われ、天皇が、阿南が危惧した国体の護持について「阿南心配スルナ、朕ニハ確証ガアル」と言った根拠になったものと推論している。ただ、前述のように外務次官松本俊一の手記ではその電報が入ったのは一三日午後とされている。それが事実なら午前中に天皇が阿南に「確証がある」と語った根拠は、陸軍省に入ったスイスの岡本清福中将の電報であったかもしれない。あるいは松本手記の二通目の電報の入手時間は勘違いだったのだろうか。陸軍省に入った岡本清福武官の電報が握りつぶされており、また松本次官の電報入手時間は午後だとの記憶が正確であったとすれば、天皇は、あるいは、これらの電報とは別に、「確証」の根拠となる情報を、近衛から木戸を通じて伝えられていたのかもしれない。近衛は短波放送で、連合国の情報を広く早期につかんでいた。これらに関してはなお未解明の点も残っているようだ。

一三日午前中の最高戦争指導会議でも、午後から夜半にかけての閣議でも、依然対立は続いた。鈴木は迫水書記官長の進言を受けて、天皇のお召しの形をとって御前会議を開催する手はずを整えた。八月一四日午前一一時少し前からの最後の御前会議で、阿南と梅津は、これでは国体の護持の保障が明確でないので再照会すべきだと受諾反対意見を述べたが、最後の天皇の切々とした御諚により、宣言受諾が決定された。天皇は自らラジオで国民に宣言受諾を伝えることとし、極秘でその録音の準備が進められた。この間、宣言受諾を絶対に受け入れようとしない陸軍の若手将校によるクーデターが進められた。若手将校らのクーデターの主張を拒否した近衛師団長森赳中将は、軍刀で殺害された。若手将校らは宮中に押し入って関係者を監禁し、録音盤を必死に探したが、見つからなかった。八月一五日正午、玉音放送が行われた。受諾・降伏が決せられた後、阿南は、官邸で義弟の軍務局課員竹下正彦中佐らと酒を酌み交わし、最後の歓談をしたが、一五日未明、阿南は玉音放送を聞くことなく、自決した。歓談中、阿南は竹下らに「米内を斬れ」と言った。

徹底抗戦を主張した阿南の本心がどこにあったのか、また「米内を斬れ」と言った阿南の言葉の真意はどこにあったのか、については前掲角田を始めとして様々な分析や検討がなされている。角田は、講和についての阿南の真意について、当時の家族や軍関係者の見方には①徹底抗戦説、②一撃説、③腹芸説、④

気迷い説があったと整理している。私は、（ア）阿南は、もはや講和しかないと考えてはいたが、少なくともポツダム宣言以前は、一撃講和論だった、（イ）しかし、阿南は天皇の和平の強いお気持ちを深く理解し、御聖断には絶対に遵う意志だった、（ウ）この戦争は、鈴木内閣の下で必ず終結させると決意していた、（エ）そのために、宣言受諾の前にも後にも、陸軍のクーデターは絶対に防ぎ、内外地の日本軍を一糸乱れずご聖断に遵わせる決意だった、と思う。

《阿南の真意は講和論だった》

前述したように、阿南は、陸軍が中国大陸ではほとんど敗けていなかったにもかかわらず、蔣介石との和平に積極的だった。阿南は、密かに戦争終結、和平を考えていた＊22。

＊22　松谷誠『大東亜戦争収拾の真相』（D－17）によれば、一九四五年五月二一日、九州視察で阿南に随行したとき、阿南に、国体の護持以外は無条件として、五月一杯に陸軍の決意を決める必要性を強調すると、阿南は「君の意見のとおりだが、口に出すと外に反映するからいわないだけだ」と答えた（同一五九頁）。ただ、早期終戦の意図はあるが、「ただみじめな条件で終戦にしたくない」と述べたという（同一四七頁）。

また、藤岡泰周『海軍少将高木惣吉』（E－28）（二二四頁～）によれば、高木は終戦研究工作について、松谷誠大佐を通じ、陸軍内の和平工作の情報を得ていた。会談場所は同盟通信の古野社長の個室が用いられた。そこから得た情報の総括では

（1）沖縄地上戦はあと二～三週間くらい。本土上陸となれば重大。
（2）自主性のない重慶への工作は無意味であるが、ソ連の出方は成否不明であり、やってみる必要はある。
（3）阿南陸相は明らかに戦争終結を考える必要ありとしている。ただ、今の段階で意見を言うのは早すぎるという。
（4）梅津総長は周囲が決まればそれに乗るタイプで、自らの肚の中は明かさない。参謀次長河辺中将はよ

くわかる人で、充分見込みがある。ゆえに阿南、河辺が腹を決めたところで、梅津を押す方法が最良。
一番恐ろしいのは阿南と梅津の対立。
（５）まず米内、阿南をしっくりさせてもらうことが肝要　米内は陸軍に対してそっけなくものの言い方が激しすぎる印象を与えている

というものだった。

しかし、阿南は、戦争終結のためには、軍を挙げてアメリカと戦い、一撃によって有利な条件での講和に持って行きたいと強く考えていた。阿南は、本土決戦よりも、その前に沖縄戦で、全力を挙げてアメリカを叩くべきだと主張していた。角田前掲書（一九八頁〜）によれば、当時、大本営は、本土決戦のために航空戦力を温存し、残余を沖縄作戦に充てる意図であったが、阿南はこれに大反対であり、「本土決戦ばかり考えず、航空戦力のすべてを挙げて沖縄の敵を叩くべきだ。戦力を集中せずして、敵をたたけるわけがない。俺も特攻隊員として敵艦に突入する覚悟だ」と大変な見幕だった＊23。阿南は、航空総軍作戦参謀に、「本土決戦は考えなくともよい、陸軍航空の主力をもって敵艦隊を攻撃することはできぬか」と強く申し入れたが、梅津の反対で実現しなかった。このとき、阿南の幼年学校同期の将軍だった沢田茂は、「大先輩であり、日ごろは尊敬している梅津さんを、この時ばかりは阿南が遠慮なく罵倒するのでハラハラさせられた」と回想する（同一八五頁）。中国戦線でもニューギニア戦線でも、阿南は、作戦環境がどんなに客観的に不利な情勢にあっても、結果を恐れず勇猛に戦う指揮官だった。

＊23　阿南は、本来生還の可能性を否定する特攻作戦については反対であった。阿南は特攻作戦が開始されたころ、「体当リ決死的壮挙ハ吾人軍人トシテハ当然敢行スベキ要件ナリ。然レドモ上司トシテハ彼山本元帥の特別攻撃隊ヲ決心セル如ク、生還ノ処置ハ講ズルヲ武士ノ情ナリト信ズ。若キ勇者ヲ徒ラニ散セザル様努ムルハ先輩ノ義務ナリ」としていた（角田前掲書一八四頁）。その阿南が自ら沖縄で敵艦に特攻する、と語ったこと

は、阿南の沖縄戦への意気込みの激しさを物語る。

沖縄戦が完全に敗北し、軍が全滅したあとも、阿南は次の本土決戦をあきらめてはいなかっただろう。海軍は壊滅状態でも、陸軍はそうでなかった。中国には一〇五万の日本軍がおり、岡村寧次司令官の下で意気軒高だった。

しかし、少なくとも、ポツダム宣言の後は、阿南は、本土決戦を内心ではあきらめていたようだ。それは天皇がもはやこれ以上国民の犠牲を生まず戦争を終結させたいと強く願っていることを阿南は理解していたからだ。

当時国務相だった安井藤治は、一九五九年八月の阿南を偲ぶ会で、「八月一日の夜に官邸で、二時間以上和戦の問題を論じた。そのとき、阿南君が心中、何とかして早く戦いをやめたいと考えていることをはっきりくみ取った、その時阿南君は戦争を継続するという考えを持っていなかった」と回想した。この会談に加わった沢田茂は、陸軍中将で、予備役に編入された後、参謀本部嘱託となっていたが、阿南や安井との会談は七月三一日だったと記憶していた。沢田は本土決戦に勝ち目はないと思っていたので、まずなんとかこれを避けるようにと言うと、

「阿南は『いや本土決戦はやらんよ。第一、陛下がお許しにならん』と言った。これを聞いて私は阿南の肚がよくわかった。そうか……と思ったので、……その後は、閣議の席などで勇ましく本土決戦を主張する阿南を、私はよそながら安心していた」

と回想する（同三七六頁）。

陛下の御聖断を絶対的に尊重し、それに従うことについて阿南の心には一点の曇りもなかった。

《クーデターを防ぎ、外地の陸軍も含めた降伏への道筋への阿南の苦悩》

陸軍大臣となった阿南は、陸軍の中に蔓延する本土決戦論、一億総特攻論の中で、どのようにして陸軍

を和平にもっていくか、真剣に苦慮していた。口で和平を説けば、陸軍内の強硬派を刺激し、クーデターを招く恐れがあった。これは梅津参謀総長も基本的に同じ考えであった*24。また、阿南は、敗北していない外地の日本軍を、一糸乱れず降伏に同意して内地に帰還させるための方策にも苦慮していた。重なる御前会議等で、阿南や梅津が、四条件や国体護持の保障の明確化を最後まで強硬に主張したのは、外地の日本軍にも向けて、陸軍中央は最後まで主張を曲げず戦ったとの姿勢を理解させるためでもあった。これらの経緯については、主に前掲半藤及び前掲角田のほか文中引用の各文献による*25・26。

＊24　陸軍内では、阿南陸相の信頼厚い軍務局の将校たちがクーデター準備を進め、同志たちが阿南に計画の支持賛同を求めたが、阿南は、明確なことはいわず「計画が粗雑だ」「僕の身体は君たちにやる」「西郷隆盛の心境は分かる」などと言い、同志たちに陸相は決行に賛成である、と思わせた。同志は、阿南大臣が承認するものと信じ、発動前に、東部軍と近衛師団の幹部を陸軍省に招いて陸相から直接命令してもらう準備を整えていた。一四日午前七時、陸相は梅津参謀総長と会見し、意見を求めると梅津は同意しなかった。そこで阿南は、これを理由に同志にクーデター取り止めを明言し、同志たちは「万事休す」となった。しかし、同志の一部はこれに承服せず、一五日午前０時、偽の師団作戦命令を出し、決行しようとしたが、数時間であっけなく幕を閉じた（角田前掲書三五六頁～、実松譲『米内光政正伝』（Ｅ－18）三九一頁～など）。

黄自進編『日中戦争とは何だったのか』（Ａ－31）所収の鈴木多門論文「鈴木貫太郎と日本の『終戦』（二七〇頁～）によれば、鈴木総理は、御前会議で一気に舵を切った。ソ連参戦から二四時間以内に第一回御前会議に持ち込んだ。かなり早く段階から降伏を主張して居た高松宮ですら、「大体の進み方は予想していたが、それでも最後の数日の『テンポ』には全く思索が追及出来ず」と感じるほどのスピードだった。また、陸軍部内ではクーデターをするにも「何しろ時日がとても短かった。組織的行動を起こすには余裕がなかった」という状態だったという。

＊25　外電が日本の降伏申入れの情報を放送し始めたころ、支那派遣軍総司令官岡村寧次大将を始めとして、外地各軍の首脳部は深刻な不安に陥った。寺内南方軍総司令官と岡村支那派遣軍総司令官は、大臣と総長あてに戦争継続の強硬意見を具申した。岡村は、「数百万の陸軍兵力が決戦を交えずして降伏するが如き恥辱は、世界戦史にその類を見ず、派遣軍は満八年連戦連勝、未だ一分隊の玉砕に当りても完全に兵器を破壊し之を敵手に委せざりしに、百万の精鋭健在のまま敗残の重慶軍に無条件降伏するが如きは、いかなる場合にも絶対に承服し得ざる所なり」と強硬な降伏反対意見を具申した(角田前掲書三一七頁〜)。

＊26　筒井清忠編『昭和史講義　軍人篇』(A-2)所収の波多野澄雄論文「阿南惟幾」(八五頁〜)は「公の議論での阿南の強硬な態度は、下の方の強硬な意見に対する配慮だけではなく、終戦における三〇〇万を超える内外地軍の復員の引き受けのためには、自主的に行なう武装解除と戦争裁判、保障占領の回避は、軍の名誉をたもちつつスムーズな復員を実現し、さらに国体の護持を確実なものとするために必須の要件であった」としている。

内閣書記官長の迫水久常は『機関銃下の首相官邸』(A-75)(二八三頁〜)で、八月一三日の長時間の閣議の最中の印象深い出来事を回想している。それは、閣議開始後間もなく、阿南は迫水を促して隣室に出ていき、電話で陸軍省軍務局長室を呼び出して、次のように言った。

「閣議では、閣僚が逐次、君たちの意見を了解する方向に向かいつつあるから、君たちはわたしが帰るまで動かずにじっとしていてほしい。ここに書記官長がいるから、要すれば閣議の模様を直接話してもらってもよい」

迫水は、閣議の状況は、陸軍大臣の意向が了解されつつあるどころか、陸軍大臣はまさに孤軍奮闘の形であるのにどうしてこんなことを言われるのだろうか、と思わず大臣の顔を見ると、阿南陸相は迫水に目くばせをした。迫水は大臣が腹芸をしているのだと考え、もし電話に出ることになれば、しかるべく口裏を合わせようと決心していると、それに及ばず電話は切られたという。閣議が宣言受諾の方向に流れていることを強硬派が知れば暴発を招いてしまう。阿南は最後の最後まで強硬派の暴発を防ぐためこの腹芸で通したのだ。阿南が、ぎりぎりまでクーデターを否定しないような言動をする一方で、閣議で宣言受諾論に進みつつあることを、迫水まで使った腹芸で強硬派に知らせなかったのはまさに綱渡りだった*27。

八月一四日、陸軍中堅将校が決起を強く阿南に訴えたので、阿南は梅津美治郎参謀総長を訪問したが、梅津は、「既に大命は下った。これを犯してクーデターをやる軍隊は不忠の軍隊である。今は御聖断に従うのみ。正々堂々と降伏しよう。これが軍の最後の勤めであろう」と断じたため、決起計画は崩れ去った（筒井清忠編『昭和史講義　軍人篇』（A-2）所収の庄司潤一郎論文「梅津美治郎」六五頁〜）*28。ただ、これも阿南は既に覚悟の上のことであり、阿南に決起を促す中堅将校を抑えるべく梅津からも引導を渡させるために、阿南が踏んだ手順であったのだろう。阿南は、三笠宮にも徹底抗戦への理解を求め、宮から手厳しく拒まれた。これも陸相として最後まで打つべき手は尽くすというけじめであったのだろう。

＊27　角田前掲書（三四一頁〜）によれば、阿南が閣議の途中に席を外して迫水と共に別室で陸軍省に電話をしたという事実について、戦後、その真偽について議論があった。しかし、参謀本部第二部長だった有末精三中将の戦後の証言で、阿南からの電話に出たのは、軍事課長の荒尾興功大佐で、それを荒尾がすぐに吉積局長に報告したものだと明らかになった。荒尾は死去するまで終戦時の陸軍内部の事情や阿南の心境について語らなかったという。

＊28　梅津は、冷静沈着、緻密な軍人で、日米開戦にも消極的だった。うるさいことをいわない「人物」が部下から祭り上げられたり、威勢のよい強硬論を吐く幹部が幅を利かせる中で、梅津は部下にも迎合せず物事を緻密に考え抜いて方針を決めるタイプだった。梅津何応欽協定は悪名が高いが、これは部下の酒井中将が梅津の不在中に独断専行したものだった。天皇の信頼も厚く、一九三九年八月の阿部内閣組閣のときには、陸軍

大臣の人選について、天皇は梅津か畑のどちらかにすべしと明確に希望した。一九四五年六月に梅津は天皇に「支那総軍の装備は大会戦をするなら一回分にも満たない」などと実情を率直に上奏して天皇を驚かせ、これが天皇が一撃講和論を改めて和平に舵を切ることにつながったと言われる。また、ポツダム宣言受諾の際の梅津の上記の決断は、阿南と共に高く評価される。梅津については、近年研究が進んで評価が高まっている（吉見直人『終戦史』（A-77）など）。その反面、盧溝橋事件当時、梅津は、自ら積極的に拡大論を煽ることはしなかったが、拡大論を抑えることはせず基本的にこれを支持していた（ただ、近衛が梅津を「アカ」だとしたのは誤りだった）。近衛が蔣介石との和平工作の布石として杉山陸相を更迭して板垣征四郎を陸相としたとき、梅津が東條英機を後任の次官に据えたことが結果としてその後の国策を大きく誤らせた。また、ソ連を相手とする和平工作を陸軍内で主導したのは梅津だったし、梅津は繆斌工作について、杉山と歩調を合わせて潰した一人でもあった。梅津は、自説を強硬に主張することはなく、慎重に状況を見渡しながら沈着に物事を進めていくタイプだった。梅津がその真価を発揮したのは、戦争末期近くになってからだろう。梅津を絶賛する向きもあるが（佐野量幸『梅津美治郎大将』（D-32））、やはり梅津もその功のみでなく罪も伴っていたというべきだろう。

《阿南は鈴木内閣の下で戦争を必ず終結させる決意をしていた》

阿南は、徹底抗戦を貫徹しようと思えば、講和論の米内を辞任させたほうがやりやすかった。しかし、阿南はそれをやらなかった。下村海南『終戦秘史』（A-76）（五七頁～）及び角田前掲書（二五四頁～）によれば、一九四五年六月九日の帝国議会で、鈴木総理が、「太平洋は名の如く平和の洋にして日米交易のために天の与えたる恩恵である、もしこれを軍隊搬送のために用うるが如きことあらば、必ずや両国ともに天罰を受くべし」と発言した「天祐天罰事件」で、議会の強硬派や右翼から猛烈な攻撃を受け、阿南陸相がその沈静化に努力した。その後の収拾策において、米内海相と左近寺国務相が反対意見を主張し、辞意を漏らした。正面から和平を口にしていた米内が辞職することは陸軍にとっては思うつぼのはずだったが、阿南は左近司邸に特使を派遣し、「自分は陛下にお供するからどうか何分お頼みする」と申入れる手紙を届け、米内の辞意を踏みとどまるように要請した。阿南は、この内閣は道草を食ってはならぬ、鈴木内閣により時局を収拾せねばならぬと考えていた。阿南の手紙を読んだ米内は「阿南がこんなことをいってきたのか、感心だな」と言い、米内は辞意を撤回した。阿南の死後、米内は「私には阿南と言う男は遂にわからなかった」と語ったという。

御前会議でポツダム宣言受諾への反対を徹底するならば、阿南は陸軍大臣を辞任することで鈴木内閣を倒すことができた。しかし阿南はそれをやらなかった。最後の最後まで陸軍の暴発を防いで講和にもっていくためには、鈴木総理が決意していた降伏が実現されるまで陸軍を抑えきらなければならない。阿南はすでに自決を決意していたのであろう。

鈴木貫太郎は、こう回想している（『鈴木貫太郎自伝』（E-17）三三八頁）。

「彼にして偏狭な武弁であり、抗戦のみを主張する人ならば、簡単に席を蹴って辞表を出せば、余の内閣などはたちまち瓦解してしまうべきものであった。それを反対論を吐露しつつ最後の場面までについて来て、立派に終戦の御詔勅に副署して後、自刃して行かれた。このことは実に立派な態度であったと思う」

また、内閣書記官長だった迫水久常も、次のように回顧している（迫水久常『機関銃下の首相官邸』（A-75）二〇八頁）[*29・30]。

「内閣は陸軍大臣が辞表を提出すれば、すぐにもつぶれるのであるから鈴木内閣の運命はまったく陸軍の出方如何にかかるという立場にたたされている。もしそうして鈴木内閣がつぶれれば、あとは軍部内閣となって、本土決戦一億玉砕の道をつき進むだけである。私はいまそのときの不安定な状態を思い起こすとともに軍の下からのつき上げを抑え、鈴木内閣を存続せしめた阿南陸軍大臣を、真の勇者として、改めて心から高く評するのである」

＊29 御前会議で宣言受諾が決定されても直ちに正式な国策決定となるのではなく、その後閣議を行い、閣議決定がなされてから改めて天皇に上奏し、裁可されることとなる。また、その後に作成される降伏受諾の詔書には閣僚の署名が必要だった。したがって、阿南は、一四日の御前会議のあと、閣議で改めて反対し、あるいは詔書への署名を拒否して陸相を辞任することはできた。八月九日午前中からの約一七時間余の会議が続いた日、安井藤治国務大臣が阿南に、「陸軍大臣として君みたいに苦労した人は他にないな」と言うと、阿南は「けれども安井君、私は鈴木総理の内閣で絶対に辞職はしないよ。どうも国を救うのは鈴木内閣だ。それだから私は、最後の最後まで鈴木総理と事を共にしていくんだ」と言った。安井は、閣僚の多くが、八月一四日終戦詔書に署名する最後の瞬間まで、阿南が辞職する懸念を持ち続けたが、阿南はこの切り札を使う気はなかった、と回想する（角田前掲書三〇六頁～）。

＊30 鈴木貫太郎は、「東郷外相が、常に冷静に、反対の立場の人々にたいして毅然としてポツダム宣言の意義を説明され、信念をもって終始されたことにたいしても深い敬意を感ずるものである」とも回想している（鈴木前掲書三三八頁）。

また、天皇は、侍従を通じて池田純久に、「必要なら自ら陸海軍省に赴いて将校一同に訓辞してもよい」と言われた。しかし、阿南陸相は「之以上陛下に御迷惑をおかけしては相すまぬ。軍内は自分が責任をもって纏めるから、それを陛下に申し上げてもらいたい」と言われたと池田は回想する（池田純久『陸軍葬儀委員長』（D-23）一二二頁）。

鈴木前掲書（三三七頁～）及び迫水（三〇三頁～）によれば、八月一四日午後一一時ころ、ご詔勅の副署を済ませて閣僚一同が解散する時になって、総理大臣室に阿南陸相が入ってきて、

「自分は陸軍の意志を代表して随分強硬な意見を述べ、総理をお助けするつもりが反って種々意見の対立を招き、閣僚として甚だ至らなかったことを深く陳謝いたします」と頬に涙を流しながら言った。鈴木総理は席を立って歩み寄り、阿南の肩に手を置いて、「そのことはよくわかっております。しかし阿南さん、皇室は必ずご安泰ですよ」と言い、「私もそう信じます」とのやりとりの後、阿南は丁寧に一礼して退室した。総理は迫水に「阿南君は暇乞いにきたのだね」と言った。迫水はこの光景は終生忘れ得ない感激であると回想している。また、迫水は、終戦の際、陸軍がクーデターの準備をしたとき、阿南陸相は、これを承諾し、みずからその指揮をとるから自分に任せよ、といったというが、これも部下の暴発を防ぐための阿南の深謀によるものであったとしている（同三二二頁）。

東久邇宮日記によれば、一九四五年一月二六日、阿南が来訪し、今次大戦における陸軍と大本営の基本的な対応の問題や欠陥を語った。阿南は最後に、こう語った。

「根本的には、士官学校、陸軍大学の戦術教育が間違っていたのである。教官の質問に対し、適当な解答をしたものが優秀な成績を得るようだったが、これは常に受身に立つ習慣をつくり、自発的、積極的に立つ教育を受けていなかったので、実敵に直面する時、つねに後手後手となり、敵の後塵を拝することとなり易い。また、学術の研究に走り、精神的鍛練を欠き、才子的頭脳の鋭敏なものが成績優秀とされ、精神的要素があまりにも顧みられなかった。これらの将校が、陸軍中央部の枢要な地位を占めていたことが、今日戦況不振の根本原因となったのである」

これは陸軍のみならず、海軍にも通じるものであり、日清日露戦争の勝利が悪しき成功体験となって、陸海軍の幹部が成績優秀者序列の悪しき「エリート教育」に陥ったことの誤りを阿南は鋭く指摘していた。

《なぜ阿南は「米内を斬れ」と言ったのか》

実松前掲書（三九二頁）は、「阿南の本心は和平であったが、陸軍内部に高まった不穏な空気を暴発させないで部内を誘導するためにあえて芝居をした」との見方には、否定的であり、その理由に、阿南が和平のために献身した「米内を斬れ」と言って息を引き取ったことを挙げている。しかし、前述のように、阿南は、ポツダム宣言受諾問題が激論されていたときは、すでに天皇の意を受けて講和論となっていた。阿南が、クーデターの暴発を抑えるために「腹芸」を続けたことも、前述の迫水の証言などから明らかだ。実松の見方には賛同できない。それならば、米内は、どのような心境でこのような言葉を吐いたのであろうか。

もともと、米内と阿南とは、疎遠であり、信頼して話のできる相手方ではなかった＊31。

＊31 阿川弘之『米内光政 下巻』（E-19）（一九三頁）によれば、阿南の義弟で、クーデター決起を迫った竹下正彦は、「率直に言って、阿南は米内がきらいだった。鈴木貫太郎首相に対しては、愛敬の念非常に深いものがあったが、米内を褒めた言葉を聞いたことがない」と述懐し、米内の方も、戦後小島秀雄少将に「阿南について人はいろいろ言うが、自分には阿南という人物はとうとう分からずじまいだった」と漏らしたという。

米内がこの言葉を口にしたのは、自決前の夜、自宅で竹下正彦（※阿南の義弟でクーデター計画にも加わっていた）らと酒を酌み交わしながら最後の語らいをしていたときのことだった。角田は、この疑問について、前掲『一死大罪を謝す』（四二九頁～）で、こう書いている。

「竹下は、かねがね阿南が米内さんを尊敬していると思ったので『思いがけない言葉でした』と語る。竹下は『それほど意味のある言葉とは思われません……その時阿南はもうかなり酔っていましたし〝米内を斬れ〟といったあと、すぐ他の話に移ったことからも、深い考えから出た言葉ではなかったことがわかります』と語った。しばらく後で部屋に入った林三郎も、『私があった時の阿南さんは少々ろれつが廻らないほど酔っておられましたから、〝米内を斬れ〟という言葉も単に口走っただけで、意味はなかったと思います』と語る。松谷誠も、『その場にいた竹下さんのいう通り、意味のない言葉だったのでしょう……日ごろから阿南さんは、深く考えてものをいう人ではなかった。自分の言葉の影響も余り考えず、瞬間的に頭にひらめいたことをすぐ口に出す人でした』と語る」

そして、角田自身は、こう推測している。

「阿南が米内を斬れといったのは、夜の閣議で、阿南が米内と詔書の文言で激しくやり合ってからまだ数時間しかたっていない時だったので＊32、数日来のこうしたやりとりの度に、阿南は米内に対し『あまりに武士の情けがない』という憤懣を抱きながら、それを押さえてきたのではなかったか、それが酒の勢いでつい口に出たということであろうか」

＊32　一四日午後四時、詔書の原案ができあがり、閣僚たちが審議したとき、阿南が「戦勢日ニ非ノリ」について「身命を投げ出して戦ってきた将兵が承服しない」として「戦局必ズシモ好転セズ」と変更を要求し、米内が語気鋭く反対した。米内はこれにこだわったが、海軍省に用事で戻り、閣議室に戻った時、阿南と低い声で何か話した後迫水に「どちらでも大差はないようなので私は陸相意見に賛成します」と言い、一同唖然とした（同三八七頁）。

ただ、この点だけは、私は角田とは異なる印象を持っている。「米内を斬れ」というすさまじい言葉は、いかに酒の席で、親しい身内との内話であったとしても、重厚な阿南が軽々に出せる言葉ではないだろう。この言葉は、竹下正彦が、「大本営機密作戦日誌」に記載していた。その記載では、自刃の前の阿南の言葉として、まずお世話になった要人、知人らへの感謝、家族に対する言葉に続いて

一　豊田、大西、畑閣下ニ厚思ヲ謝ス
一　板垣、石原、小畑閣下ニ同ジク
一　荒木閣下ニヨロシク
一　米内ヲ斬レ

と並んでいる（大本営陸軍部戦争指導班『機密戦争日誌（下）』（D－5）七六六頁～）。

酒の席でのそのような瞬間的に口に出た言葉であれば、竹下らは聞き流すだけで、記録に残すようなことはしなかったのではなかろうか。竹下が敢えてこの阿南の言葉を記録にとどめたのは、竹下がこの言葉に何かの重みを感じたからではないだろうか。しかし、戦後になって、それが阿南の真剣な言葉だったと説明すれば大きな物議をかもすおそれがある。竹下も林も松谷もこの言葉の意味を薄めるような配慮が働き、前記のような説明をしたのではないかという気がする。

阿南は、陸軍の長として、降伏を受け入れるにあたり、天皇と国民に対し、一命を差し出して陸軍の戦争責任をお詫びするとともに、無数の犠牲の英霊の後を追い、自決することには何の迷いもなかった。しかし、自決を前にした阿南の胸中には様々な思いが巡ったであろう。

天皇は、御前会議で、陸海軍、特に陸軍に対し、これまで陸軍の説明や方針に裏切られ続けたことをあからさまに述べた。また、阿南は、徹底抗戦の理解を得るため、三笠宮を訪ねたが、三笠宮からこれまでの陸軍を手厳しく批判され、深い衝撃を受けた。たしかに、陸軍は、日中戦争以来、弁解の余地のない過ちを多数犯した。しかし、阿南は、中国戦線でもニューギニア戦線でも、無数の将兵達が、日本のために勇敢に戦い続けたことを身をもって体験していた。そのような阿南にとって、天皇や三笠宮の陸軍に対する厳しい言葉がどれほど辛いものであったかは、想像に難くない。

しかし、ひるがえって海軍はどうか。海軍は、太平洋戦線で壊滅状態になり、もはや戦えないことは誰の目にも明らかな状況だった。米内は天皇の和平の心に沿うような「正論」を述べ続けた。しかし、ポツダム宣言以来、米内と激論が続く中で、阿南の心には次のような思いが去来していたのではないだろうか。

海軍はもともと陸軍が望んでいなかった上海事変を拡大させ、南進策を煽り、米英との敵対関係を招いた。もともと陸軍は、南進するとしても、援蔣ルートの遮断と、英仏の植民地支配の権益を奪って資源を確保することが主眼であり、アメリカと戦争する気はなかった。南進して東南アジア以西を確保する持久戦で、イギリスの屈服を待つだけだった。しかし、海軍は、真珠湾攻撃という大博打に出てアメリカを戦争に巻き込んだ。ミッドウェーでも惨憺たる敗北をし、陸軍の無数の兵士まで太平洋戦争につぎ込ませて莫大な人命を失わせた。レイテ沖海戦、マリアナ沖海戦で惨敗し、本土に凄まじい空襲を重ねさせた。その最大の責任は海軍にあった。壊滅状態になった海軍がこの期に及んで宣言を受諾して降伏するしかないというのは当然だろう。しかし、陸軍は、中国大陸での困難な戦いを続け、いまだに膨大な将兵たちが日本の勝利を信じて戦っている。陛下が講和を願っておられることは百も承知している。海軍は陛下にいい顔をして、宣言受諾を主張している。しかし阿南は陸軍の長として、そのような態度はとれない。陛下の御聖断には従うが、陸軍の無数の英霊と今も戦いを続けている兵士たちのために、その梯子を外すようなことはできない。

自決を覚悟していた阿南には、「米内さん、貴方はどうなのか。貴方も、降伏を受け入れる以上、海軍の長として、日本を敗北に至らせた責任を取り、自決の覚悟がおありだろう。もしあなたにその覚悟がないというのなら、私は部下をしてあなたを斬らせますよ」という思いがあったのではないだろうか＊33・34。ただ、阿南は、この言葉を口にしたが、それは、米内を殺害させるための竹下らに対する「具体的命令」という意味まではなかったものと思う。それは、日中戦争開戦以来の阿南の心に積もり積もった、海軍、そして米内に対する怒りの思いが、死を望む前に、親しい身内限りの席で、思わず口をついて出た言葉ではなかったのだろうか、と思える。

＊33　日米開戦から敗戦に至るまでも重要な節目で、海軍の採った態度には、「狡さ」が見られた。三国同盟について以前は反対し続けた海軍は、第二次近衛内閣でこの問題が議論されたとき、近衛から意見を求められ、豊田海軍次官が「海軍としては実は肚の中では三国条約に反対である。しかしながら海軍がこれ以上反対す

ることは最早国内の政治事情が許さぬ。故にやむを得ず賛成する」と言い、近衛の梯子を外した。また、日米開戦直前、一〇月一四日、近衛が荻外荘で、陸海外三相と鈴木企画院総裁と和戦の激論をしたとき、及川海相は、「和戦の決定は総理に一任する」と逃げを打った。その日の午後、武藤軍務局長が書記官長に対し、海軍が総理一任、と言っていることを批判し、海軍がこの際は戦争を欲せず、と公式に陸軍に言ってくるなら陸軍も部下を抑えやすいので、なんとかそう仕向けてもらえまいか、と言って来た。書記官長が岡海軍軍務局長に話したところ、岡は「海軍としては戦争を欲しないとは正式に言えない。言い得ることは首相の裁断に一任、が精一杯である」と逃げた。夜、鈴木総裁が近衛を訪ね、東條陸相からの伝言として「海軍は戦争を欲しないようである。それならなぜ海軍大臣は自分にそれらをはっきり言ってくれないのか。海軍大臣からはっきり話があれば、自分としても亦考えなければならんのである。然るに海軍大臣は全部責任を総理に任せている形がある。之は恂に遺憾である。海軍がそういうように肚がきまらないならば、九月六日の御前会議は根本に覆るのだ」などと云った。しかし海軍は逃げを打ち続けた。

*34 阿南は、一九四五年二月末から、本土決戦に取り組むため、陸海軍の対立問題を解決するため、陸軍の側から積極的に陸海合同の実現を提案した。しかし、戦力が著しく減少した海軍は、陸海合同は結局海軍の併合を意味するので到底応じられないとの考えからこれを拒んだ。三月三日の陸海軍首脳会談で、陸軍は、陸海合同を速やかに決定するためには、陸軍航空は全部海軍に入れてもよい、と思い切った譲歩の提言をした。阿南は参謀本部第一部長の宮崎周一中将から、この提言の具申を受けると、「結構ですよ」と嬉しい誘いを受けたような笑顔で、「喜んで豊田大将（連合艦隊司令長官）の指揮を受けましょう。すぐにも河辺（航空本部次長）を連れて日吉台に挨拶に行ってもよい」と即答した。阿南は豪北の第二方面軍司令官時代、海軍によってしばしば煮え湯を飲まされた思いを味わったが、その経験があればこそ、陸海軍一体化の必要を痛感していた。しかし、米内海相は、即座に「不可」と答え、三月一九日、杉山陸相が三時間にわたって米内と懇

談したが、米内は応じなかった。行き詰まり打開のため、三月二〇日陸軍三長官に小磯首相も加わり懇談したが、結局海軍の拒否的態度に変わりなかった。約一か月にわたる努力も、またこの間、宮中、皇族、陸軍・総理大臣を挙げての推進もついに水泡に帰した。海軍が応じなかったのは、陸軍に統合されてその傘下に入ってしまうことのおそれから来る組織の面子や利害論にあった。こうして陸海軍は宿命的な対立のまま敗戦への道をたどった（角田前掲書一九五頁～）。阿南の信条は「徳義ハ戦力ナリ。軍ノ大小ヲ論ゼズ、状況判断ガ他隊ト関連セル場合ハ、カナラズ徳義ニ立脚シ、武士道的用兵ニ終始スベク、是レ皇軍タル所以ナリ。海陸軍ノ協力ノ如キ特ニ茲ニ着意ノ要大ナリ」としており、「陸海軍」ではなく「海陸軍」としている。阿南は、自分や陸軍側が頭を下げてでも、皇軍全体のためによかれと思うことを進めようとした。阿南には、組織を背景とした「私心」は全くなかった。個人的には気性が合わず信頼していない米内に対しても、阿南は、礼を尽くして海相辞任を慰留した。鈴木内閣の下で戦争を終結させるためだった。しかし、米内を始めとする海軍幹部には、阿南のような度量と識見が乏しかったように思われる。自決前夜、阿南がこれらのことをどこまで具体的に想起していたかは定かでないが、「米内を斬れ」との言葉の背後にこれらの様々な思いが潜んでいたのではないか、と私には感じられる。

おわりに

本書及び同時に発刊した『日中和平工作秘史―繆斌工作は真実だった』は、二〇一六年の『ゼロ戦特攻隊から刑事へ』出版以来、約五年間の研究を踏まえて公刊に至ったが、その間には、様々な方の御協力と御支援を頂いた。まず、門外漢だった私をこの分野の研究に引き込むきっかけとなったのは、同書の主人公大舘和夫氏の「三笠宮上海護衛飛行」の記憶であり、同氏に心より感謝したい。また、共著者である西嶋大美氏からは、その後もその事実関係の継続調査などで協力と激励を頂いた。宮内庁の書陵部主任研究官の植山淳氏からは皇室関係の資料調査で貴重な助言を頂いた。日中和平工作史の権威である戸部良一教授からは、本研究開始の初期に、三笠宮による和平工作など、戦争末期の重慶との和平工作の真偽の解明の鍵は、当時蒋介石に日本との和平の意思があったか否かだ、との核心的な助言を頂き、その後の研究視点の基本軸を定めることができた。蒋介石研究の権威である鹿錫俊教授からは、日本の文献には十分現れていない蒋介石の抗日戦における意思や行動について多くの貴重な指摘を頂いた。これらを通じて、本書の中心的テーマである近衛文麿が取り組んだ蒋介石や連合国を相手方とする和平工作の意義も一層明らかになったのではないかと思う。

私は、早稲田大学勤務当時から、浅古弘名誉教授が主宰する東アジア法研究所の科研費プロジェクト「帝国と植民地法制研究会」の研究員であるが、同教授を始めとして、同プロジェクトのメンバーの各位からも支援や激励を頂いた。日本大学危機管理学部においては、本来の専門である刑事司法制度の研究教育以外に、日中和平工作史の研究もテーマに加えたので、福田弥夫学部長を始め、図書館等の事務局職員の各位から資料収集調査などで大いに協力を頂いた。これらの各位に心から感謝したい。

最後に、本書の執筆や出版に対し常に温かい理解をもって支援をいただいた、私が所属する虎ノ門総合法律事務所代表であり、司法研修所同期の畏友である北村行夫弁護士に、心から感謝したい。また、本書は派手さのない地味な研究ではあるが、その意義と目的をよく理解し、出版を快く引き受けていただいた芙蓉書房出版平澤公裕社長に心からお礼申し上げる。

参考文献・資料

◎A　日中戦争・太平洋戦争関連

（全般）

A-1『昭和史』半藤一利　平凡社　二〇〇九年
A-2『昭和史講義（2及び軍人篇）』筒井清忠編　ちくま新書　二〇一六・二〇一八年
A-3『昭和史の急所』保阪正康　朝日新書　二〇一九年
A-4『昭和史七つの謎』保阪正康　講談社文庫　二〇〇三年
A-5『昭和の怪物七つの謎』保阪正康　講談社現代新書　二〇一八年
A-6『昭和史七つの裏側』保阪正康　PHP研究所　二〇一九年
A-7『日本のいちばん長い日』半藤一利　文春文庫　二〇〇六年
A-8『昭和史追跡』新名丈夫　新人物往来社　一九七〇年
A-9『戦前日本のポピュリズム』筒井清忠　中公新書　二〇一八年
A-10『真実の中国史』宮脇淳子　PHP文庫　二〇一八年
A-11『変動期の日本外交と軍事』近代外交史研究会編　原書房　一九八七年
A-12『語り継ぐ昭和史1～3』　朝日文庫　一九九〇年
A-13『朝暘門外の虹』山崎朋子　岩波書店　二〇〇三年
A-14『わが九十年の生涯を顧みて』青木一男　講談社　一九八一年
A-15『昭和の名将と愚将』半藤一利・保阪正康　文春新書　二〇〇八年
A-16『戦争の引鉄』新名丈夫　新人物文庫　二〇一〇年

（日中戦争関連）

A-17『日中戦争史』秦郁彦　河出書房新社　二〇一一年
A-18『日中戦争』臼井勝美　中公新書　一九六七年
A-19『人物からたどる近代日中関係史』池田維ほか　国書刊行会　二〇一九年
A-20『決定版日中戦争』波多野澄雄ほか　新潮社　二〇一八年

A.21『日中戦争（1～5）』児島襄　文春文庫　一九八八年
A.22『近代日本戦争史　第三編　満州事変・支那事変』河野収編集　同台経済懇話会　一九九五年
A.23『日中十五年戦争史』大杉一雄　中公新書　一九九六年
A.24『日中戦争』小林英夫　講談社現代新書　二〇〇七年
A.25『大アジア主義と頭山満』葦津珍彦　葦津事務所　二〇〇七年
A.26『大アジア燃ゆるまなざし―頭山満と玄洋社』読売新聞西部本社　海鳥社　二〇〇一年
A.27『頭山満―アジア主義者の実像』嵯峨隆　ちくま新書　二〇二一年
A.28『人ありて―頭山満と玄洋社』井川聡・小林寛　海鳥社　二〇〇三年
A.29『頭山満伝』井川聡　産経ＮＦ文庫　二〇二一年
A.30『日中戦争全史（上・下）』笠原十九司　高文研　二〇一七年
A.31『日中戦争とは何だったのか』黄自進ほか　ミネルヴァ書房　二〇一七年
A.32『日本はいかにして中国との戦争に引きずりこまれたか』田中秀雄　草思社　二〇一四年
A.33『中国人と日本人　交流・友好・反発の近代史』入江昭編　ミネルヴァ書房二〇一二年
A.34『満州事変はなぜ起きたのか』筒井清忠　中公選書　二〇一五年
A.35『満州事変』宮田昌明　ＰＨＰ新書　二〇一九年
A.36『英米世界秩序と東アジアにおける日本』宮田昌明　錦正社　二〇一四年
A.37『謎解き「張作霖爆殺事件」』加藤康男　ＰＨＰ新書　二〇一一年
A.38『満州事変から日中戦争へ』加藤陽子　岩波新書　二〇〇七年
A.39『日本人が知らない満州国の真実』宮脇淳子　扶桑社新書　二〇一八年
A.40『満州国の正当性を弁護する』ジョージ・ブロンソン・リー　田中秀雄訳　草思社　二〇一六年
A.41「日本帝国主義の崩壊」山口重次『満州と日本人』季刊2所収　大湊書房　一九七六年一月
A.42『満州国の最後を背負った男』荒巻邦三　弦書房　二〇一六年
A.43『お役所仕事の大東亜戦争』倉山満　三才ブックス　二〇一五年
A.44『昭和12年とは何か』宮脇淳子ほか　藤原書店　二〇一八年
A.45『日中戦争と汪兆銘』小林秀夫　吉川弘文館　二〇〇三年

A-46『毛沢東　日本軍と共謀した男』遠藤誉　新潮新書　二〇一五年
A-47『毛沢東の対日戦犯裁判』大澤武司　中公新書　二〇一六年
A-48『悪政・銃声・乱世　児玉誉志夫』広済堂　一九七四年
A-49『「大東亜戦争」はなぜ起きたのか」』松浦正孝　名古屋大学出版会　二〇一〇年
A-50『謀叛の児　宮崎滔天の「世界革命」』加藤直樹　河出書房新社　二〇一七年
A-51『「日中歴史共同研究」報告書　第2巻』北岡伸一・歩平編　勉誠出版　二〇一四年
A-52『戦争まで　歴史を決めた交渉と日本の失敗』加藤陽子　朝日出版社　二〇一六年

(日米戦争関連)

A-53『日米戦争』入江昭　中央公論社　一九七八年
A-54『太平洋戦争(上・下)』児島襄　中公文庫　一九七四年
A-55『なぜ必敗の戦争を始めたのか』半藤一利　文藝春秋　二〇一九年
A-56『陸軍省軍務局と日米開戦』保阪正康　中公文庫　一九八九年
A-57『誰が第二次大戦を起こしたのか』渡辺惣樹　草思社　二〇一七年
A-58『太平洋戦争を読み直す』保阪正康　PHP文庫　二〇一六年
A-59『太平洋戦争』新名丈夫　新人物往来社　一九七一年
A-60『日米開戦の謎』鳥居民　草思社　一九九一年
A-61『日米開戦と情報戦』森山優　講談社現代新書　二〇一六年
A-62『日米開戦の真実　大川周明著「米英東亜侵略史」を読み解く』佐藤優　小学館　二〇〇六年
A-63『日本はなぜ開戦に踏み切ったか』森山優　新潮社　二〇一二年
A-64『日本は誰と戦ったのか』江崎道朗　KKベストセラーズ　二〇一七年
A-65『コミンテルンの謀略と日本の敗戦』江崎道朗　PHP新書　二〇一七年
A-66『あなたが知らない太平洋戦争の裏話』新名丈夫　新人物文庫　二〇一〇年
A-67『日米開戦の正体』孫崎享　祥伝社　二〇一五年
A-68『東京空襲写真集』早乙女勝元監修　勉誠出版　二〇一五年
A-69『大東亜戦争本土空襲全史』佐藤孔健発行人　standards 二〇一七年

A-70『本土空襲全記録』NHKスペシャル取材班　角川書店　二〇一八年

（終戦関連）

A-71『敗戦の記録　参謀本部所蔵』原書房　二〇〇五年
A-72『終戦史録1～6』外務省編　北洋社　一九七七年
A-73『われ敗れたり』児玉誉志夫　東京出版社　一九四九年
A-74『昭和二十年（1～3）』鳥居民　草思社　一九八五～八七年
A-75『機関銃下の首相官邸』迫水久常　恒文社　一九六四年
A-76『終戦秘史』下村海南　講談社学術文庫　一九八五年
A-77『終戦史』吉見直人　NHK出版　二〇一三年
A-78『かくて太平洋戦争は終わった』川越重男　PHP文庫　二〇〇五年
A-79『東条英機暗殺計画と終戦工作（別冊歴史読本）』新人物往来社　二〇〇八年
A-80『東京裁判（上・下）』児島襄　中公新書　一九七一年
A-81『戦後日本を狂わせたOSS「日本計画」』田中英道　展転社　二〇一一年
A-82『騙される日本人』藤井厳喜　PHP研究所　二〇〇六年
A-83『戦争調査会　幻の政府文書を読み解く』井上寿一　講談社現代新書　二〇一七年
A-84『日ソ中立条約の虚構　終戦工作の再検証』工藤美知尋　芙蓉書房出版　二〇二一年
A-85『「東京裁判」を読む』半藤一利、保阪正康、井上亮　日本経済出版社　二〇〇九年

◎B　和平工作史関連（近衛文麿が関与した工作についてはCに掲載）

B-1『終戦工作の記録（上・下）』江藤淳監修　講談社文庫　一九八六年
B-2『ピース・フィーラー　支那事変和平工作の群像』戸部良一　論創社　一九九一年
B-3「対中和平工作1942-45」戸部良一　『国際政治』（日本国際政治学会）一〇九号　一九九五年
B-4『日中講和の研究』殷燕軍　柏書房　二〇〇七年
B-5『人間影佐禎昭』「人間影佐禎昭」出版世話人会　松本重治ほか　一九八〇年
B-6「汪兆銘政権の樹立と日本の対中政策構想」劉傑　『早稲田人文自然科学研究』五〇号　一九九六年

B-7『昭和史への一証言』松本重治　毎日新聞社　一九八六年
B-8『揚子江は今も流れている』犬養健　中公文庫　一九八四年
B-9『悲劇の証人　日華和平工作秘史』西義顕　文献社　一九六二年
B-10『貴族の退場』西園寺公一　ちくま学芸文庫　一九九五年
B-11『日中戦争と汪兆銘』小林英夫　吉川弘文館　二〇〇三年
B-12『上海テロ工作76号』晴気慶胤　毎日新聞社　一九八〇年
B-13『支那事変の回想』今井武夫　みすず書房　一九六四年
B-14『日中和平工作　回想と証言』今井武夫　みすず書房　二〇〇九年
B-15『幻の日中和平工作　軍人今井武夫の生涯』今井貞夫　中央公論事業出版　二〇〇七年
B-16『日中和平工作の記録　今井武夫と汪兆銘・蔣介石』広中一成　彩流社　二〇一三年
B-17「土井章名誉教授記念論文集」『東洋研究』五六号　大東文化大学東洋研究所　一九八〇年
B-18『田尻愛義回想録』田尻愛義　原書房　一九七七年
B-19『中国の中の日本人』梨本祐平　同成社　一九八三年
B-20『歴史の証言―満州に生きて』花野吉平　龍渓書舎　一九七九年
B-21『ある情報将校の記録』塚本誠　中公文庫　一九九八年
B-22『二つの国にかける橋』吉田東祐　元就出版社　二〇〇一年
B-23『繆斌工作成ラズ』横山銕三　展転社　一九九二年
B-24『繆斌工作』田村眞作　三栄出版社　一九五三年
B-25『愚かなる戦争』田村眞作　創元社　一九五〇年
B-26『葬られた繆斌工作』三文字正平『人物往来』第五巻第二号　一九五六年
B-27「小磯内閣が蔣介石政権との和平を託した繆斌工作」前坂俊之『別冊歴史読本　東条英機暗殺計画と終戦工作』新人物往来社　二〇〇八年
B-28『人間緒方竹虎』高宮太平　原書房　一九七九年
B-29『評伝緒方竹虎』三好徹　岩波書店　一九八八年
B-30『緒方竹虎―リベラルを貫く』渡邊行男　弦書房　二〇〇六年

B-31『扶桑七十年の夢』蔣君輝　扶桑七十年の夢刊行会　一九七四年
B-32『葛山鴻爪』小磯國昭自叙伝刊行会　中央公論事業出版　一九六三年
B-33『永久平和の使徒』石原莞爾　武田邦太郎・菅原一彪　冬青社　一九九六年
B-34「対華和平工作史」衛藤瀋吉　日本外交学会編『太平洋戦争終結論』所収　東京大学出版会　一九五八年
B-35「小磯内閣の対重慶工作」鳥居民『国際関係論のフロンティア1』所収　東京大学出版会　一九八四年
B-36『繆斌事件』渡邊行男　『中央公論』一九八八年九月号
B-37『宇垣一成日記3』みすず書房　一九七一年
B-38『永田町一番地　外交敗戦秘録』中村正吾　ニュース社　一九四六年
B-39『漢奸裁判』劉傑　中公新書　二〇〇〇年
B-40『新「南京大虐殺」のまぼろし』鈴木明　飛鳥新社　一九九九年
B-41『ある終戦工作』森元治郎　中公新書　一九八〇年
B-42『「諜報の神様」と呼ばれた男』岡部伸　ＰＨＰ研究所　二〇一四年
B-43『バルト海のほとりにて』小野寺百合子　共同通信社　二〇〇五年
B-44『消えたヤルタ密約緊急電』岡部伸　新潮社　二〇一二年
B-45『「スイス諜報網」の日米終戦工作』有馬哲夫　新潮選書　二〇一五年
B-46『最後の特派員』衣奈多喜男　朝日ソノラマ　一九八八年
B-47『幻の終戦工作　ピース・フィーラーズ９４５夏』竹内修司　文藝春秋　二〇〇五年
B-48『バチカン発・和平工作電　ヒロシマは避けられたか』マーティン・S・キグリー　仙名紀訳　一九九二年
B-49『大連特務機関と幻のユダヤ国家』安江弘夫　八幡書店　一九八九年
B-50『ユダヤ難民を救った男　樋口季一郎伝』木内是壽　アジア文化社　二〇一四年
B-51『太平洋戦争と上海のユダヤ難民』丸山直起　法政大学出版局　二〇〇五年
B-52『日本占領下の上海ユダヤ人ゲットー』関根真保　昭和堂　二〇一〇年
B-53『ゼロ戦特攻隊から刑事へ』西嶋大美・太田茂　芙蓉書房出版　二〇一六年
B-54『阿片王満州の夜と霧』佐野眞一　新潮社　二〇〇五年
B-55『甘粕正彦　乱心の曠野』佐野眞一　新潮社　二〇〇八年

B-56『昭和史疑』山地悠一郎　叢文社　二〇〇八年
B-57『政治なき政治　木村武雄・評伝』石川正敏　時事通信社　一九六三年

◎C　近衛文麿関連

（日記・手記など）

C-1『近衛日記』共同通信社編　一九六八年
C-2『大統領への証言』近衛文麿　毎日ワンズ　二〇〇八年
C-3『平和への努力』近衛文麿　日本電報通信社　一九四六年
C-4『失はれし政治―近衛文麿公の手記』朝日新聞社　一九四六年
C-5『戦後欧米見聞録』近衛文麿　中公文庫　一九八一年

（伝記又は伝記に準ずるもの）

C-6『近衛文麿』矢部貞治　時事通信社　一九五八年
C-7『宰相近衛文麿の生涯』有馬頼義　講談社　一九七〇年
C-8『近衛時代（上・下）』松本重治　中公新書　一九八六・八七年
C-9『近衛内閣』風見章　中公文庫　一九八二年（原著は一九五一年日本出版協同株式会社刊）
C-10『公爵近衛文麿』立野信之　講談社　一九五〇年
C-11『近衛文麿』岡義武　岩波新書　一九七二年
C-12『近衛文麿（上・下）』杉森久英　河出書房新社　一九九〇年
C-13『近衛文麿「六月終戦のシナリオ」』道越治編著　毎日ワンズ　二〇〇六年
C-14『近衛文麿―教養主義的ポピュリストの悲劇』筒井清忠　岩波書店　二〇〇九年
C-15『近衛文麿「黙」して死す』鳥居民　草思社文庫　二〇一四年（原著は二〇〇七年）
C-16『無念なり　近衛文麿の戦い』大野芳　平凡社　二〇一四年
C-17『近衛文麿』古川隆久　吉川弘文館　二〇一五年
C-18『われ巣鴨に出頭せず』工藤美代子　日本経済新聞社　二〇〇六年

（周辺人物による回想など）

C-19『紫山水谷川忠麿遺稿』水谷川忠麿遺稿集刊行会　奈良明新社　一九七一年
C-20『中山優選集』中山優選集刊行委員会　一九七二年
C-21「生涯を中国問題の解決に捧げた哲人中山優」　山鹿市教育委員会『近代の山鹿の偉人たち』所収　二〇一三年
C-22『敗戦日本の内側―近衛公の思い出』富田健治　古今書院　一九六二年
C-23『敗る々日まで』岩淵辰雄　日本週報社　一九四六年
C-24『近衛公秘聞』木舎幾三郎　高野山出版社　一九五〇年
C-25『政界の裏街道を行く』木舎幾三郎　政界往来社　一九五九年
C-26『政界五十年の舞台裏』木舎幾三郎　政界往来社　一九六五年
C-27『一人一殺』井上日召　日本週報社　一九五三年
C-28『濁流』山本有三　毎日新聞社　一九七四年
C-29『朴歯の下駄』野口昭子　全生社　一九八〇年
C-30『近衛家の太平洋戦争』近衛忠大・NHK取材班　NHK出版　二〇〇四年
C-31『近衛家七つの謎』工藤美代子　PHP研究所　二〇〇九年
C-32『夢顔さんによろしく　最後の貴公子近衛文隆の生涯（上・下）』西木正明　集英社文庫　二〇〇九年
C-33『鳩山一郎・薫日記（上）』中央公論新社　一九九九年
C-34『戦火のマエストロ　近衛秀麿』　菅野冬樹　NHK出版　二〇一五年
C-35『近衛秀麿―日本のオーケストラを作った男』大野芳　講談社　二〇〇六年
C-36『近衛文麿とスターリンを結ぶ男』吉橋泰男　二〇一九年（Kindle版）
C-37『近衛内閣史論』馬場恒吾　高山書院　一九四六年
C-38『終戦と近衛上奏文』新谷卓　彩流社　二〇一六年
C-39『大東亜戦争と開戦責任　近衛文麿と山本五十六』中川八洋　弓立社　二〇〇〇年
C-40『近衛文麿の戦争責任』中川八洋　PHP研究所　二〇一〇年
C-41『近衛文麿　野望と挫折』林千勝　ワック　二〇一七年
C-42『真実の日米開戦　隠蔽された近衛文麿の戦争責任』倉山満　宝島社　二〇一七年
C-43『松本重治伝』開米潤　藤原書店　二〇〇九年

C-44『あるデモクラットのたどった運命』ハーバート・ノーマン　中野利子訳　リブロポート　一九九〇年
C-45『悲劇の外交官　ハーバート・ノーマンの生涯』工藤美代子　岩波書店　一九九一年
C-46『ハーバート・ノーマン全集　第一巻　日本における近代国家の成立　第二巻　日本政治の封建的背景』岩波書店　一九七七年

（風見章・尾崎秀美・昭和研究会関連）

C-47『風見章日記・関係資料』みすず書房　二〇〇八年
C-48『風見章とその時代』須田禎一　みすず書房　一九六五年
C-49『評伝　風見章』宇野秀　茨木新聞社　二〇一〇年
C-50『昭和研究会』酒井三郎　ＴＢＳブリタニカ　一九七九年
C-51『ゾルゲ事件　獄中手記』リヒアルト・ゾルゲ　岩波現代文庫　二〇〇三年
C-52『ゾルゲ事件　上申書』　尾崎秀実　岩波書店　二〇〇三年
C-53『ゾルゲ事件』尾崎秀樹　中公文庫　一九八三年
C-54『ゾルゲ事件　覆された神話』加藤哲郎　平凡社　二〇一四年
C-55『新編　愛情はふる星のごとく』尾崎秀実　岩波書店　二〇〇三年
C-56『尾崎秀美とゾルゲ事件』太田尚樹　吉川弘文館　二〇一五年
C-57『開戦前夜の近衛内閣』尾崎秀美・今井清一　青木書店　一九九四年
C-58『ソビエト・コミュニズム』木村定ほか　みすず書房　一九五二年
C-59『明治維新史研究』羽仁五郎　岩波書店　一九七八年

◎Ｄ　陸軍関連

（全般）

D-1『太平洋戦争陸戦概史』林三郎　岩波新書　一九五一年
D-2『昭和陸軍の研究（上・下）』保阪正康　朝日文庫　二〇〇六年
D-3『昭和陸戦全史（1・2・3）』川田稔　講談社現代新書　二〇一四〜一五年
D-4『日本陸軍と中国―「支那通」にみる夢と蹉跌』戸部良一　講談社選書　一九九九年

D-5『機密戦争日誌（上・下）』大本営陸軍部戦争指導班　錦正社　一九九八年
D-6『昭和陸軍の軌跡』川田稔　中公新書　二〇一一年

（回想録）

D-7『宇垣日記』朝日新聞社　一九五四年
D-8『宇垣一成日記3』みすず書房　一九七一年
D-9『軍務局長武藤章回想録』芙蓉書房　一九八一年
D-10『田中作戦部長の証言　大戦突入の真相』田中新一　芙蓉書房　一九七八年
D-11『軍閥　二・二六事件から敗戦まで』大谷敬二郎　図書出版社　一九七一年
D-12『二・二六事件の謎』大谷敬二郎　光人社NF文庫　二〇一二年
D-13『皇軍の崩壊』大谷敬二郎　光人社NF文庫　二〇一四年
D-14『大東亜戦争回顧録』佐藤賢了　徳間書店　一九六六年
D-15『支那事変戦争指導史』堀場一雄　時事通信社　一九六二年
D-16『河辺虎四郎回想録』毎日新聞社　一九七九年
D-17『大東亜戦争収拾の真相』松谷誠　芙蓉書房　一九八〇年
D-18『大本営機密日誌』種村佐孝　芙蓉書房　一九七九年
D-19『昭和陸軍秘録』西浦進　日本経済新聞出版社　二〇一四年
D-20『昭和陸軍謀略秘史』岩畔豪雄　日本経済新聞出版社　二〇一五年
D-21『恋闕　最後の二・二六事件』黒崎貞明　日本工業新聞社　一九八〇年
D-22『アッツキスカ　軍司令官の回想録』樋口季一郎　芙蓉書房　一九七一年
D-23『陸軍葬儀委員長』池田純久　日本出版協同　一九五三年
D-24『日本の曲り角』池田純久　千城出版　一九六八年
D-25『大本営参謀の情報戦記』堀栄三　文春文庫　一九九六年

（評伝・評論）

D-26『帝国陸軍の最後（1～5）』伊藤正徳　角川文庫　一九七三年
D-27『永田鉄山　昭和陸軍「運命の男」』早坂隆　文春新書　二〇一五年

D-28『永田鉄山と昭和陸軍』岩井秀一郎　祥伝社新書　二〇一九年
D-29『我観　石原莞爾』三谷隆以　三谷隆以著作刊行会　一九八四年
D-30『支那派遣軍総司令官　岡村寧次大将』舩木繁　河出書房新社　一九八四年
D-31『最後の参謀総長梅津美治郎』上法快男編　芙蓉書房　一九七六年
D-32『梅津美治郎大将』佐野量幸　元就出版社　二〇一五年
D-33『一死大罪を謝す　陸軍大事阿南惟幾』角田房子　ちくま文庫　二〇一五年
D-34『いっさい夢にござ候　本間雅晴中将伝』角田房子　中央公論社　一九七二年
D-35『昭和陸軍秘史』中村菊男　番町書房　一九六八年
D-36『指揮官の決断　満州とアッツの将軍樋口季一郎』早坂隆　文春新書　二〇一〇年
D-37『陸軍良識派の研究』保阪正康　光人社NF文庫　二〇一三年
D-38『陸軍省軍務局と日米開戦』保阪正康　中公文庫　一九八九年
D-39『大東亜戦争と本土決戦の真実』家村和幸　並木書房　二〇一五年
D-40『秘録　板垣征四郎』板垣征四郎刊行会　芙蓉書房　一九七二年
D-41『多田駿伝』岩井秀一郎　小学館　二〇一七年

（東条英機関連）

D-42『東條英機と天皇の時代』保阪正康　ちくま文庫　二〇〇五年
D-43『東條内閣総理大臣機密記録』伊藤隆ほか　東京大学出版会　一九九〇年
D-44『東條英機暗殺計画』工藤美知尋　光人社NF文庫　二〇一〇年
D-45『三笠宮と東條英機暗殺計画』加藤康男　PHP新書　二〇一七年
D-46『東条英機暗殺計画』森川哲郎　徳間文庫　一九八四年
D-47『わが東条英機暗殺計画』津野田忠重　徳間書店　一九八五年

（辻政信関連）

D-48『潜行三千里』辻政信　毎日新聞社　一九五〇年
D-49『ノモンハン秘史』辻政信　原書房　一九六七年
D-50『蔣介石の密使辻政信』渡辺望　祥伝社　二〇一三年

D-51『悪魔的作戦参謀辻政信』生出寿　光人社NF文庫　一九九三年
D-52『軍人辻政信』長岡弥一郎　不二印刷　一九七六年

◎E　海軍関連

（全般）

E-1『海軍と日本』池田清　中公新書　一九八一年
E-2『日本海軍史』外山三郎　吉川弘文館　二〇一三年
E-3『日本海軍から見た日中関係史研究』樋口秀実　芙蓉書房出版　二〇〇二年
E-4『日本海軍の終戦工作』纐纈厚　中公新書　一九九六年
E-5『海軍の日中戦争』笠原十九司　平凡社　二〇一五年
E-6『海軍戦争検討会議記録』新名丈夫　毎日新聞社　一九七六年
E-7『沈黙の提督井上成美真実を語る』新名丈夫　新人物文庫　二〇〇九年

（日記・回顧録）

E-8『岡田啓介回顧録』中公文庫　一九八七年
E-9『戦藻録　宇垣纏日記』原書房　一九九六年
E-10『海軍大将小林躋三覚書』伊藤隆ほか編　山川出版社　一九八一年
E-11『終戦覚書』高木惣吉　アテネ文庫　一九四八年
E-12『高木惣吉日記』毎日新聞社　一九八五年
E-13『高木惣吉日記と情報（上・下）』みすず書房　二〇〇〇年
E-14『自伝的日本海軍始末記』高木惣吉　光人社　一九七九年
E-15『自伝的日本海軍始末記（続編）』高木惣吉　光人社　一九七九年
E-16『大東亜戦争秘史　失われた和平工作』保科善四郎　原書房　一九五〇年
E-17『鈴木貫太郎自伝』日本図書センター　一九九七年

（伝記・評伝）

E-18『米内光政正伝』実松譲　光人社　二〇〇九年

E・19『米内光正（上・下）』阿川弘之　新潮社　一九七八年
E・20『海軍大将米内光政覚書』高木惣吉写・実松譲編　光人社　一九七八年
E・21『一軍人の生涯　提督米内光政』緒方竹虎　光和堂　一九八三年
E・22『井上成美』阿川弘之　新潮社　一九八六年
E・23『海軍大将井上成美』工藤美知尋　潮書房光人新社　二〇一八年
E・24『山本五十六』田中宏巳　吉川弘文館　二〇一〇年
E・25『山本五十六の乾坤一擲』鳥居民　文藝春秋　二〇一〇年
E・26『山本五十六の真実』工藤美知尋　潮書房光人社　二〇一五年
E・27『山本五十六と米内光政』高木惣吉　光人社　一九八二年
E・28『海軍少将高木惣吉』藤岡泰周　光人社　一九八六年
E・29『終戦の軍師高木惣吉海軍少将伝』工藤美知尋　芙蓉書房出版　二〇二一年
E・30『山本五十六の大罪』中川八洋　弓立社　二〇〇八年

◎F　天皇・皇室関連

F・1『昭和天皇実録　第8巻・第9巻』宮内庁　東京書籍　二〇一六年
F・2『昭和天皇独白録』寺崎英成　文春文庫　一九九五年
F・3『昭和史の天皇　終戦への道（上・下）』読売新聞社編　角川文庫　一九八九年
F・4『昭和天皇の終戦史』吉田裕　岩波新書　一九九二年
F・5『昭和天皇実録　その表と裏（①②）』保阪正康　毎日新聞出版　二〇一五年
F・6『「昭和天皇実録」を読む』原武史　岩波新書　二〇一五年
F・7『侍従長の回想』藤田尚徳　講談社学術文庫　二〇一五年
F・8『天皇家の密使たち　占領と皇室』高橋紘ほか　文春文庫　一九八九年
F・9『英国機密ファイルの昭和天皇』徳本栄一郎　新潮文庫　二〇〇九年
F・10『高松宮日記　第1巻〜第8巻』中央公論社　一九九六〜一九九七年
F・11『高松宮と終戦工作』工藤美知尋　光人社ＮＦ文庫　二〇一四年

F-12『細川日記（上・下）』細川護貞　中公文庫　一九七九年
F-13『私の記録』東久邇宮稔彦　東方書房　一九四七年
F-14『東久邇宮稔彦王』佐藤元英監修　ゆまに書房　二〇一二年
F-15『不思議な宮さま　東久邇宮稔彦王の昭和史』浅見雅男　文春文庫　二〇一四年
F-16『わが思い出の記（帝王と墓と民衆）』三笠宮崇仁　光文社　一九五六年
F-17『古代オリエント史と私』三笠宮崇仁　学生社　一九八四年
F-18『徳川義寛終戦日記』徳川義寛　朝日新聞社　一九九九年
F-19『裕仁天皇の昭和史』山本七平　祥伝社　二〇〇四年
F-20『語られなかった皇族たちの真実』竹田恒泰　小学館文庫　二〇一一年

◎G　外交官関連

G-1『日本外交史24（大東亜戦争・戦時外交）』太田一郎監修　鹿島研究所出版会　一九七一年
G-2『松岡洋右　悲劇の外交官（上・下）』豊田穣　新潮社　一九七九年
G-3『外交五十年』幣原喜重郎　中公文庫　一九八七年
G-4『回想十年（第一巻）』吉田茂　新潮社　一九五二年
G-5『重光葵手記』重光葵　中央公論社　一九八六年
G-6『続　重光葵手記』重光葵　中央公論社　一九八八年
G-7『昭和の動乱（下）』重光葵　中公文庫　二〇〇一年
G-8『外交回想録』重光葵　中公文庫　二〇一一年
G-9『東郷茂徳外交手記』東郷茂徳　原書房　一九六七年
G-10『外交官の一生』石射猪太郎　中公文庫　一九八六年
G-11『泡沫の三十五年　日米交渉秘史』来栖三郎　中公文庫　一九八六年
G-12『加瀬俊一回想録（上・下）』加瀬俊一　山手書房　一九八六
G-13『外務省革新派』戸部良一　中公新書　二〇一〇年
G-14『東亜全局の動揺—我が国是と日支露の関係満蒙の現状』松岡洋右　先進社　一九三一年（再刊　経営科学出

版　二〇一九年）
G-15『ハンガリー公使大久保利隆が見た三国同盟』高川邦子　芙蓉書房出版　二〇一五年

◎H　アメリカその他国際関連

（全般）

H-1『日米の衝突』ウォルター・ラフィーバー　土田宏監訳　彩流社　二〇一七年
H-2『対日十年（上・下）』ジョセフ・グルー　石川欣一訳　ちくま学芸文庫　二〇一一年
H-3『グルー』廣部泉　ミネルヴァ書房　二〇一一年
H-4『ハル回顧録』コーデル・ハル　宮地健次郎訳　中公文庫　二〇〇一年
H-5『ハル・ノートを書いた男』須藤眞志　文春新書　一九九九年
H-6『ウェデマイヤー回想録』A・C・ウェデマイヤー　妹尾作太男訳　読売新聞社　一九六七年
H-7『A Different Kind of War』Milton E. Miles　Doubleday & Company 1967
H-8『PATRIC J. HURLEY』DON LOHBECK　HENRY REGNARY COMPANY 1956
H-9『嵐の中の外交官　ジョン・エマーソン回想録』ジョン・エマーソン　宮地健次郎訳　朝日新聞社　一九七九年
H-10『延安日記（上・下）』ピョートル・ウラジミロフ　サイマル出版会　一九七三年
H-11『OSS in China』MAOCHUN YU　Naval Institute Press 1996
H-12『静かなる降伏』アレン・ダレス　志摩隆訳　早川書房　一九六七年
H-13『Behind Closed Doors』Ellis M. Zacharias　G.P.Putnam' Sons 1950
H-14『暗闘　スターリン、トルーマンと日本降伏』長谷川毅　中央公論新社　二〇〇六年
H-15『ルーズベルトの責任（上・下）』チャールズ・ビーアド　開米潤ほか訳　藤原書店　二〇一一年
H-16『ルーズベルトの開戦責任』ハミルトン・フィッシュ　渡辺惣樹訳　草思社文庫　二〇一七年
H-17『操られたルーズベルト』カーチス・ドール　馬野周二訳　プレジデント社　一九九一年
H-18『裏切られた自由（上・下）』ハーバード・フーバー　渡辺惣樹訳　草思社　二〇一七年
H-19『ヴェノナ　解読されたソ連の暗号とスパイ活動』ジョン・アール・ヘインズほか　中西輝政監訳　扶桑社

二〇一九年
H・20『共産主義中国はアメリカがつくった』ジョゼフ・マッカーシー　副島隆彦監訳　成甲書房　二〇〇五年
H・21『国防長官はなぜ死んだのか』コーネル・シンプソン　太田龍監修　成甲書房　二〇〇五年
H・22『敵国日本』ヒュー・バイアス　内山秀夫ほか訳　刀水書房　二〇〇一年
H・23『ブラック・プロパガンダ』山本武利　岩波書店　二〇〇二年
H・24『象徴天皇制の起源』加藤哲郎　平凡社新書　二〇〇五年
H・25『戦後日本を狂わせたＯＳＳ日本計画』田中英道　展転社　二〇一一年
H・26『アレン・ダレス』有馬哲夫　講談社　二〇〇九年
H・27『OSS』R.Harris Smith　A Delta Book　1972
H・28『The OSS and CIA』Charles River Editors 2019
H・29『This Grim and Savage Game』Tom Moon Da Capo Press 1991
H・30『ザ・スーパースパイ』アレン・ダレス編　落合信彦訳　光文社　一九八七年
H・31『秘密のファイル　ＣＩＡの対日工作（上・下）』春名幹男　共同通信社　二〇〇〇年
H・32『イギリスの情報外交』小谷賢　ＰＨＰ新書　二〇〇四年
H・33『第二次大戦回顧録抄』ウインストン・チャーチル　毎日新聞社編訳　中公文庫　二〇〇一年
H・34『ウインストン・チャーチル』アンソニー・マクカーデン　染田屋茂ほか訳　ＫＡＤＯＫＡＷＡ　二〇一八年
H・35『ハーバート・ノーマン　人と業績』加藤周一編　岩波書店　二〇〇二年
H・36『フランクリン・ルーズベルト（上・下）』ドリス・カーンズ・グッドウイン　砂村榮利子ほか訳　中央公論新社　二〇一四年

（戦記・特攻関連）

H・37『鷲と太陽（上・下）』ロナルド・H・スペクター　毎日新聞外信グループ訳　ＴＢＳブリタニカ　一九八五年
H・38『JAPANESE AIR POWER 米国戦略爆撃調査団報告』大谷内一夫訳　光人社　一九九六年
H・39『提督スプルーアンス』トーマス・B・ブユエル　小城正訳　学習研究社　二〇〇〇年
H・40『特攻　空母バンカーヒルと二人のカミカゼ』マクスウェル・テイラー・ケネディ　中村有以訳　ハート出版　二〇一〇年

H-41『神風特攻隊　地獄の使者』A・J・パーカー　サンケイ新聞社出版局　一九七一年
H-42『ドキュメント KAMIKAZE(上・下)』デニス・ウォーナーほか　妹尾作太男訳　時事通信社　一九八二年
H-43『HELL FROM THE HEAVENS』JOHN WUKOVITS　DA CAPO PRESS 2014
H-44『THE KAMIKAZE HUNTERS』WILL IREDALE　PEGASUS BOOKS　2016
H-45『KAMIKAZE CHERRY BLOSSOMS and NATIONALISMS』EMIKO OHNUKI-TIERNEY　The University of Chicago Press 2002
H-46『ゼロ戦特攻隊から刑事へ』西嶋大美・太田茂　芙蓉書房出版　二〇一六年
H-47『OSS（戦略情報局）の全貌』太田茂　芙蓉書房出版　二〇二二年

◎I　蔣介石・中国関連

（日記・回顧録など）

I-1『蔣介石秘録1～14』サンケイ新聞社　一九七五～七七年
I-2『蔣介石秘録（改定特装版上・下）』サンケイ新聞社　一九八五年
I-3『蔣介石書簡集（上・中・下）』鈴木博訳　みすず書房　二〇〇〇年

（評伝その他）

I-4『蔣介石の「国際的解決」戦略：１９３７～１９４１』鹿錫俊　東京大学出版会　二〇一六年
I-5『中国国民政府の対日政策　１９３１～１９３３』鹿錫俊　東京大学出版会　二〇〇一年
I-6「東亜新秩序をめぐる日中関係」鹿錫俊（井上寿一編『日本の外交』第1巻所収　岩波書店　二〇一三年）
I-7『蔣介石』保阪正康　文春新書　一九九九年
I-8『蔣介石　マクロストーリーから読む蔣介石日記』黄仁宇ほか　東方書店　一九九七年
I-9『蔣介石の外交戦略と日中戦争』家近亮子　岩波書店　二〇一二年
I-10『蔣介石』黄仁宇　北村稔ほか訳　東方書店　一九九七年
I-11『日華・風雲の七十年』張群　古屋奎二訳　サンケイ出版　一九八〇年
I-12『抗日戦争八年』蔣緯國　藤井彰治訳　早稲田出版　一九八八年
I-13『白団　台湾軍をつくった日本軍将校たち』中村祐悦　芙蓉書房出版　一九九五年

I・14『この命義に捧ぐ』門田隆将　角川文庫　二〇一三年
I・15『蔣介石神話の嘘』黄文雄　明成社　二〇〇八年
I・16『李登輝秘録』河崎真澄　産経新聞出版　二〇二〇年
I・17『蔣介石を救った帝国軍人』野嶋剛　ちくま文庫　二〇二一年
I・18『蔣介石が愛した日本』関榮次　PHP新書　二〇一一年
I・19『蔣介石の書簡外交（上・下）』麻田雅文　人文書院　二〇二一年
I・20『蔣介石の戦時外交と戦後構想』段瑞聡　慶應義塾大学出版会　二〇二一年
I・21『蔣介石研究』山田辰雄ほか編　東方書店　二〇一三年

（中国関連）

I・22『周仏海日記』蔡徳金編　村田忠禧ほか訳　みすず書房　一九九二年
I・23『結社が描く中国近現代』野口鐵郎編　山川出版社　二〇〇五年
I・24『上海人物誌』日本上海史研究会編　東方書店　一九九七年
I・25『上海東亜同文書院』栗田尚弥　新人物往来社　一九九三年
I・26『中国諜報機関』ロジェ・フアリゴほか　黄昭堂訳　光文社　一九九〇年
I・27『美貌のスパイ　鄭蘋如』柳沢隆行　光人社　二〇一〇年
I・28『魔都上海に生きた女間諜』高橋信也　平凡社新書　二〇一一年
I・29『マオ　誰も書かなかった毛沢東』ユン・チアン、ジョン・ハリディ　講談社　二〇〇五年
I・30『マオとミカド　日中関係史の中の天皇』城山英巳　白水社　二〇二一年
I・31『対日協力者の政治構想』関智英　名古屋大学出版会　二〇一九年
I・32『傀儡政権　日中戦争、対日協力政権史』広中一成　角川新書　二〇一九年
I・33中国共産党その百年』石川禎治　筑摩書房　二〇二一年

◎Ｊ　その他（全般）

J・1『近代日中関係史年表』近代日中関係史年表編集委員会　岩波書店　二〇〇六年
J・2『日本陸海軍総合辞典』秦郁彦編　東京大学出版会　二〇一二年

J-3『現代史資料』みすず書房
J-4『西園寺公と政局（1～8）』原田熊雄　岩波書店　一九五〇年
J-5『木戸幸一日記（上・下）』木戸日記研究会　東京大学出版会　一九六六年
J-6『木戸幸一関係文書』木戸日記研究会　東京大学出版会　一九六六年
J-7『日本軍のインテリジェンス』小谷賢　講談社選書メチエ　二〇〇七年
J-8『情報と謀略（上・下）』春日井邦夫　国書刊行会　二〇一四年
J-9『戦史叢書』防衛省防衛研究所所蔵
J-10『江戸の遺伝子』徳川恒孝　ＰＨＰ研究所　二〇〇七年
J-11『日本資本主義の精神』山本七平　ビジネス社　二〇一五年

著者
太田　茂（おおた しげる）
1949年福岡県生まれ。京都大学法学部卒。現在、虎ノ門総合法律事務所弁護士。
1977年大阪地検検事に任官後、西日本、東京等各地の地検、法務省官房人事課、刑事局勤務。その間、1986年から3年間北京の日本大使館一等書記官。法務省秘書課長、高知・大阪地・高検各次席検事、長野地検検事正、最高検総務部長を経て、2011年8月京都地検検事正を退官。早稲田大学法科大学院教授、日本大学危機管理学部教授を8年間務めた。剣道錬士七段。令和2年秋、瑞宝重光章。
著書『日中和平工作秘史』『OSS（戦略情報局）の全貌』『ゼロ戦特攻隊から刑事へ』（いずれも芙蓉書房出版）、『実践刑事証拠法』、『応用刑事訴訟法』、『刑事法入門』（いずれも成文堂）

新考・近衛文麿論（しんこう・このえふみまろろん）
――「悲劇の宰相、最後の公家」の戦争責任と和平工作――

2022年11月17日　第１刷発行

著者
太田　茂（おおた しげる）

発行所
㈱芙蓉書房出版
（代表 平澤公裕）
〒113-0033東京都文京区本郷3-3-13
TEL 03-3813-4466　FAX 03-3813-4615
http://www.fuyoshobo.co.jp

印刷・製本／モリモト印刷

ISBN978-4-8295-0848-0

【芙蓉書房出版の本】

日中和平工作秘史

繆斌工作は真実だった

太田　茂著　本体 2,700円

「繆斌（みょうひん）工作」が実現していれば
ヒロシマ・ナガサキもソ連の満州・北方領土侵略もなく戦争は終結していた！
日中和平工作史上最大の謎であり、今も真偽の論争がある繆斌工作。
約400点の文献資料に基づいて、インテリジェンスの手法オシント（open-source intelligence）と、検事として培ってきた「情況証拠を総合する事実認定の手法」で、繆斌工作の真実性を解明・論証する渾身の書。

第１章　和平工作の諸相
　第１　船津工作から銭永銘工作まで
　第２　戦争末期に試みられた中国との和平工作
　第３　欧州を舞台とする和平工作
第２章　蔣介石論　蔣介石は日本との和平を求めていた
第３章　アメリカに日本との和平の意思はあった
第４章　繆斌工作は真実だった
　第１　繆斌工作の概要
　第２　繆斌工作にかかわった人々
　第３　戦後の関係者の回想
　第４　繆斌工作の真実性の検討
　第５　安江工作と表裏一体だった繆斌工作

日米戦争の起点をつくった外交官

ポール・S・ラインシュ著　田中秀雄訳　本体 2,700円

在中華民国初代公使は北京での６年間（1913-19）に何を見たのか？　北京寄りの立場で動き、日本の中国政策を厳しく批判したラインシュの回想録 *An American Diplomat in China*（1922）の本邦初訳。彼がウィルソン大統領に送った書簡は“外交史上最も煽動的”“日本に対する猛烈な告発”とも言われた。20年後の日米対立、開戦への起点はここにあると言って良い。

OSS(戦略情報局)の全貌

ＣＩＡの前身となった諜報機関の光と影

太田　茂著　本体 2,700円

最盛期３万人を擁した米国戦略情報局ＯＳＳ〔Office of Strategic Services〕の設立、世界各地での諜報工作や破壊工作の実情、そして戦後解体されてＣＩＡ（中央情報局）が生まれるまで、情報機関の視点からの第二次大戦裏面史！

ドノヴァン長官の強烈な個性と実行力により、ヨーロッパ、北アフリカ、東南アジア、中国などに拠点を設置し、スパイなどによる情報収集の諜報活動や、枢軸国に対するゲリラ、サボタージュ、破壊工作などの特殊作戦を実行した。その活動の全貌を明らかにする。

陸軍中野学校の光と影

インテリジェンス・スクール全史

スティーブン・C・マルカード著　秋場涼太訳　本体 2,700円

帝国陸軍の情報機関、特務機関「陸軍中野学校」の誕生から戦後における“戦い”までをまとめた書 *The Shadow Warriors of Nakano: A History of The Imperial Japanese Army's Elite Intelligence School* の日本語訳版。1938年～1945年までの7年間、秘密戦の研究開発、整備、運用を行っていた陸軍中野学校の巧みなプロパガンダや「謀略工作」の実像を客観的、総合的な視点で描く。